圖書在版編目(CIP)數據

古代漢語 第3冊:校訂重排本/王力主編;吉常
宏等編.—北京:中華書局,1963.10(2017.9重印)
ISBN 978-7-101-00084-9

Ⅰ.古… Ⅱ.①王… ②吉… Ⅲ.漢語-古代
Ⅳ.H109.2

中國版本圖書館 CIP 數據核字(1999)第09938號

古 代 漢 語
(校訂重排本)
第 三 册

主 編 王 力

編 者 吉常宏 祝敏徹 馬漢麟 郭錫良
　　　 許嘉璐 趙克勤 劉益之 蕭 璋

*

中 華 書 局 出 版 發 行
(北京市豐臺區太平橋西里38號　100073)
http://www.zhbc.com.cn
E-mail:zhbc@zhbc.com.cn
北京瑞古冠中印刷廠印刷

*

850×1168 毫米 1/32 · 17½印張 · 383 千字
1963 年 10 月第 1 版　1981 年 3 月第 2 版
1999 年 5 月第 3 版　2017 年 9 月北京第 58 次印刷
印數:2407001—2447000 册　定價:32.00 元

ISBN　978-7-101-00084-9

目　録

目　録

第 八 單 元

文 選

史 記

《史記》，漢司馬遷著。司馬遷字子長，龍門（今陝西韓城縣北）人，生於公元前 145 年，卒年不詳。

司馬遷的父親司馬談，漢武帝時任太史令，學問很淵博。他曾立志要寫一部史書，但没來得及動筆就死了。司馬遷繼承了他父親的遺志。

司馬遷自幼刻苦學習，二十歲起，曾多次出遊，這使他在知識、思想觀點以至語言等方面爲寫作《史記》做好了準備。

他三十八歲時繼任太史令，動手整理史料，四十二歲時開始寫《史記》。在《史記》"草創未就"時，因他爲李陵投降匈奴一事辯護，觸怒了武帝，竟遭宮刑，精神上受到極大的打擊。出獄後任中書令（由宦者擔任的掌管文書奏事的官）。他用主要精力繼續寫《史記》，一直到死。他把滿腔的不平和憤慨，一齊傾注入《史記》中。經過多年不懈的努力，終於完成了這部空前巨著。

《史記》是我國第一部紀傳體的通史，是偉大的名著。它反映了我國漢以前三千年間政治、經濟、文化各方面的發展過程。司馬遷繼承並發展了漢以前各種史書的優點，建立了全新的體系。全書包括十二本紀、十表、八書、三十世家和七十列傳,共一百三十篇,五十二萬多字(其中有幾篇由西漢褚少孫修改和補充)。"本紀"記載帝王的事蹟和社會上的重大變化;"表"記載歷代世系、列國關係和職官更迭;"書"記載典章制度、天文地理等;"世家"記載王侯外戚的事蹟;"列傳"記載事蹟可傳或行狀可序的人物。其中本紀、世家和列傳是優秀的傳記文學,有着高度的藝術成就和深刻的思想內容,對我們今天認識封建社會的本質有一定的幫助。

司馬遷作《史記》善於突出人物的性格特徵,通過人物的言行來表現人物。所用語言生動形象,繁簡得當,往往只用寥寥數語就使讀者如見其人,如聞其聲。司馬遷在運用口語上的努力,也值得注意。

兩千多年來《史記》產生了極其巨大的影響,後代散文家無不從中吸取營養,而作者所創造的體例,更爲後代的"正史"樹立了楷模。

歷來爲《史記》作注的很多,現在最通行的是所謂"三家注"本:南朝宋裴駰集解、唐司馬貞索隱、張守節正義。

淮陰侯列傳[1]

淮陰侯韓信者,淮陰人也。始爲布衣時[2],貧,無行[3],不得推擇爲吏[4];又不能治生商賈[5]。常從人寄食飲,人多厭之者。常數從其下鄉南昌亭長寄食[6],數月,亭長妻患之,乃晨炊蓐食[7]。食時信往,不爲具食。信亦知其意,怒,竟絕去。信釣於城下,諸母漂[8],有一母見信飢,飯信,竟漂數十日[9]。信喜,謂漂母曰:

"吾必有以重報母。"母怒曰："大丈夫不能自食[10]，吾哀王孫而進食[11]，豈望報乎？"淮陰屠中少年有侮信者，曰："若雖長大[12]，好帶刀劍，中情怯耳[13]。"衆辱之曰[14]："信能死，刺我；不能死，出我袴下[15]！"於是信孰視之[16]，俛出袴下，蒲伏[17]。一市人皆笑信，以爲怯。

〔1〕淮陰，秦縣名，在今江蘇省淮安市。作者在本篇中以同情的筆調叙述韓信的一生，把他寫成一個素懷大志、富有將才，並有一定政治眼光的軍事家。作者肯定韓信在統一天下的過程中所起的作用，同時對他自矜功伐等缺點給予批評。

〔2〕始，等於説當初。布衣，庶人。

〔3〕無行(xìng)，無善行。

〔4〕推擇，推舉選擇。

〔5〕治生，相當於"謀生"，指從事農耕、工藝、經商等謀生手段。

〔6〕常，通"嘗"。數，音 shuò。下鄉，淮陰的屬鄉。鄉下設亭。南昌，亭名。

〔7〕在床上就把飯吃了(依張晏説)。蓐，通"褥"。這是極言吃飯時間之早。

〔8〕母，當時對年老婦女的通稱。漂，在水中拍洗縣絮。

〔9〕大意是：連續幾十天直到漂絮工作完畢，都給韓信飯吃。竟，終，等於説"到……完"。

〔10〕食(sì)，使動用法。自食，等於説自己養活自己。

〔11〕哀，可憐。王孫，等於説公子，尊稱。

〔12〕若，你。

〔13〕中情，內心。怯，勇的反義詞。

〔14〕衆，用作狀語，當衆。

〔15〕袴，通"胯"。袴下，兩腿之間。

〔16〕孰，熟的本字。孰視，即熟視，意思是用眼睛盯着〔他〕很久。

〔17〕蒲伏，即"匍匐"，爬。

及項梁渡淮〔1〕，信杖劍從之，居戲下〔2〕，無所知名。項梁敗，又屬項羽〔3〕，羽以爲郎中〔4〕。數以策干項羽〔5〕，羽不用。漢王之入蜀〔6〕，信亡楚歸漢〔7〕。未得知名，爲連敖〔8〕。坐法當斬〔9〕，其輩十三人皆已斬，次至信，信乃仰視，適見滕公〔10〕，曰："上不欲就天下乎〔11〕？何爲斬壯士！"滕公奇其言，壯其貌，釋而不斬；與語，大説之。言於上，上拜以爲治粟都尉〔12〕，上未之奇也。信數與蕭何語〔13〕，何奇之。

〔1〕項梁，秦末楚人，當時起義將領之一。項梁和他的姪子項羽起兵吳中(今江蘇省吳縣及其附近之地)，立楚懷王孫心爲楚懷王，自號武信君，屢敗秦軍，後來在定陶(在今山東定陶縣西北)爲秦將章邯打敗被殺。渡淮，項梁起兵不久，曾由東陽(在今江蘇寶應縣西北)西行，渡淮北進。

〔2〕戲(huī)，通"麾"，大將之旗。戲下，等於説部下。

〔3〕項羽，項梁的姪子，名籍，羽是字。項梁死後，羽爲諸侯上將軍，統率各路起義軍，大破秦兵，攻破函谷關，焚秦都咸陽(在今陝西咸陽市東)，殺秦降王子嬰，分封天下，自號西楚霸王。後來與劉邦爭天下，被劉邦打敗，自殺。

〔4〕郎中，管守衛的小官。

〔5〕干，求，指欲以策謀求得進用。

〔6〕漢王，即漢高祖劉邦。項羽分封天下，封劉邦爲漢王，王巴、蜀、漢中三郡，都南鄭(今陝西漢中市)。

〔7〕亡楚，從楚逃出。

〔8〕連敖，楚官名。

〔9〕坐法，犯法。

〔10〕滕公，夏侯嬰，劉邦好友。劉邦爲沛公，以嬰爲太僕，劉邦即帝位，

封嬰爲汝陰侯。因爲他曾任滕縣令，所以也稱爲滕公。

〔11〕上，秦漢以來對皇帝的通稱，這裏指劉邦。就，成就。就天下，等於說成就天下的事業。

〔12〕拜，授官，即任命。治粟都尉，管糧餉的軍官。

〔13〕蕭何，劉邦的丞相，在楚漢之爭中起了不小的作用，後來封爲酇侯。

至南鄭，諸將行道亡者數十人[1]。信度何等已數言上[2]，上不我用，即亡。何聞信亡，不及以聞[3]，自追之。人有言上曰：“丞相何亡。”上大怒，如失左右手。居一二日，何來謁上，上且怒且喜，罵何曰：“若亡，何也？”何曰：“臣不敢亡也，臣追亡者。”上曰：“若所追者誰？”何曰：“韓信也。”上復罵曰：“諸將亡者以十數，公無所追；追信，詐也。”何曰：“諸將易得耳，至如信者，國士無雙[4]。王必欲長王漢中，無所事信[5]；必欲爭天下，非信無所與計事者。顧王策安所決耳[6]！”王曰：“吾亦欲東耳[7]，安能鬱鬱久居此乎？”何曰：“王計必欲東[8]，能用信，信即留；不能用，信終亡耳。”王曰：“吾爲公以爲將[9]。”何曰：“雖爲將，信必不留。”王曰：“以爲大將。”何曰：“幸甚！”於是王欲召信拜之。何曰：“王素慢，無禮，今拜大將，如呼小兒耳，此乃信所以去也。王必欲拜之，擇良日，齋戒[10]，設壇場[11]，具禮，乃可耳。”王許之。諸將皆喜；人人各自以爲得大將。至拜大將，乃韓信也，一軍皆驚。

〔1〕行(háng)，輩。諸將行，等於說將官們。道亡，半路上逃走。

〔2〕韓信猜想蕭何已經不止一次對劉邦說過。度(duó)，揣測。

〔3〕聞,使動用法,指使劉邦知道韓信逃走了。

〔4〕國士,國家的奇士。

〔5〕無所事,等於説用不着。

〔6〕只不過王的計策從哪方面決定罷了。顧,只不過。

〔7〕東,用如動詞,指向東出關與項羽争奪天下。

〔8〕計,計劃、打算。

〔9〕第一個"爲"字當因爲講。爲公,等於説瞧在你的份上。

〔10〕齋戒,古人祭祀前專心致志有所戒慎,通常要沐浴更衣,戒酒葷。
　　　這裏説拜將也要齋戒。

〔11〕壇,土臺。場,場地,指廣場。

　信拜禮畢,上坐。王曰:"丞相數言將軍,將軍何以教
寡人計策?"信謝[1]。因問王曰:"今東鄉争權天下,豈非
項王邪[2]?"漢王曰:"然。"曰:"大王自料勇悍仁彊孰與
項王?"漢王默然良久,曰:"不如也。"信再拜賀曰:"惟信
亦以爲大王不如也。然臣嘗事之,請言項王之爲人也。
項王喑噁叱咤[3],千人皆廢[4],然不能任屬賢將[5],此
特匹夫之勇耳。項王見人,恭敬慈愛,言語嘔嘔[6];人有
疾病,涕泣分食飲;至使人有功當封爵者,印刓敝[7],忍
不能予[8]。此所謂婦人之仁也。項王雖霸天下而臣諸
侯,不居關中而都彭城。有背義帝之約而以親愛王[9],
諸侯不平。諸侯之見項王遷逐義帝,置江南[10],亦皆歸
逐其主而自王善地。項王所過,無不殘滅者,天下多怨,
百姓不親附,特劫於威[11],彊耳[12]。名雖爲霸,實失天
下心。故曰其彊易弱。今大王誠能反其道,任天下武勇,
何所不誅!以天下城邑封功臣,何所不服!以義兵從思

東歸之士[13],何所不散[14]！且三秦王爲秦將[15],將秦子弟數歲矣,所殺亡不可勝計,又欺其衆降諸侯。至新安[16],項王詐阬秦降卒二十餘萬[17],唯獨邯、欣、翳得脫,秦父兄怨此三人,痛入骨髓。今楚彊以威王此三人,秦民莫愛也。大王之入武關,秋毫無所害,除秦苛法,與秦民約,法三章耳[18]。秦民無不欲得大王王秦者。於諸侯之約,大王當王關中,關中民咸知之。大王失職入漢中[19],秦民無不恨者[20]。今大王舉而東[21],三秦可傳檄而定也[22]。"於是漢王大喜,自以爲得信晚,遂聽信計,部署諸將所擊。

[1]謝,謙讓,謙謝。

[2]大意是:現在你向東方去爭奪天下,對手難道不是項王嗎? 鄉(xiàng),向,後來寫作"嚮"。

[3]喑(yìn)噁(wù),滿懷怒氣。叱(chì)咤(zhà),發怒的聲音。這是形容項羽凶猛的樣子。

[4]廢,癱瘓,這裏指嚇得像癱瘓了一樣。

[5]任屬(zhǔ),任用委託。

[6]嘔嘔(xū xū),和悅的樣子。

[7]印章的棱角磨損壞了。刓(wán),磨去棱角。敝,損壞。

[8]忍不能予,等於說捨不得給。

[9]義帝,即楚懷王心。項羽分封天下時,先尊懷王爲義帝。當初懷王與諸侯約定,"先破秦入咸陽者王之"。後來劉邦先破關入咸陽,項羽却把關中一帶分封給秦降將章邯、司馬欣和董翳,所以說背義帝之約。親愛,指親近喜愛的人。王(wàng),封王。

[10]項羽分封天下後,隨即命義帝由彭城(今江蘇徐州市)遷至長沙郴(chēn)縣(今湖南郴縣)。義帝行至半路,又被項羽派人殺死。

〔11〕劫，脅迫。劫於威，被威所逼迫。

〔12〕彊(qiǎng)，勉强。《漢書》作“彊服”。這裏可能是脱了一個“服”字（依王念孫説）。

〔13〕這句意思是，打着義兵的旗號，率領着想東歸的戰士。從，跟隨，使動用法。

〔14〕散，指被擊潰。

〔15〕三秦王，指封在大約相當於戰國時秦地的三王：雍王章邯，塞王司馬欣，翟王董翳。

〔16〕新安，地名，在今河南澠池縣東。

〔17〕據《項羽本紀》載，章邯等投降項羽時，手下秦卒有二十萬，投降後，項羽等諸侯軍虐待秦卒，秦卒有怨言，項羽等恐怕他們不服，於是把他們繫殺掩埋在新安城南。詐，騙。阬，掩埋。先騙降，而後繫殺掩埋。

〔18〕法三章，“殺人者死，傷人及盜抵罪”。

〔19〕失職，失去應得的職位，指未能王關中。

〔20〕這是説由於劉邦失職，秦民沒有不感到遺憾的。恨，憾。

〔21〕舉，指舉兵。

〔22〕三秦，指章邯、司馬欣、董翳所佔有的地區。檄(xí)，古代徵召曉諭一類的文書。傳檄而定，指不用武力，一道文書就能收服。

八月，漢王舉兵東出陳倉〔1〕，定三秦。漢二年，出關，收魏、河南〔2〕，韓、殷王皆降〔3〕。合齊趙共擊楚〔4〕。四月，至彭城，漢兵敗散而還。信復收兵，與漢王會滎陽〔5〕，復擊破楚京索之間〔6〕。以故，楚兵卒不能西。

〔1〕八月，漢元年(公元前 206 年)八月。當時各諸侯國都有自己的紀年。陳倉，秦縣名，在今陝西寶雞市東。

〔2〕魏，指魏王豹。豹本爲戰國魏之諸公子，後在楚懷王心部下，立爲魏王。項羽分封諸侯，想自己佔有魏地，於是徙魏豹於河東，爲西魏王。此時豹從劉邦擊楚。河南，指河南王申陽。陽是項羽所

〔3〕韓、殷王,指韓王鄭昌、殷王司馬卬(áng)。二人都是項羽所立。

〔4〕齊,指齊王田榮。趙,指趙王趙歇。

〔5〕滎陽,秦郡名,郡治在今河南滎陽縣東北。

〔6〕京,參看第一冊第9頁注〔12〕。索,索亭,又名大索城,即今河南滎
　　陽縣治。

漢之敗卻彭城,塞王欣、翟王翳亡漢降楚,齊趙亦反漢與楚和。六月,魏王豹謁歸視親疾[1],至國[2],即絕河關反漢[3],與楚約和。漢王使酈生說豹[4],不下[5]。其八月,以信爲左丞相,擊魏。魏王盛兵蒲坂[6],塞臨晉[7],信乃益爲疑兵[8],陳船欲度臨晉,而伏兵從夏陽以木罌缻渡軍[9],襲安邑[10]。魏王豹驚,引兵迎信,信遂虜豹,定魏爲河東郡。漢王遣張耳與信俱[11],引兵東,北擊趙、代。後九月[12],破代兵,禽夏說閼與[13]。信之下魏破代,漢輒使人收其精兵,詣滎陽以距楚[14]。

〔1〕謁,請求。親,這裏指母親(依顏師古說)。

〔2〕至國,到了自己的封地。

〔3〕絕河關,斷絕黃河西岸臨晉關的交通。河關,即臨晉關,後來又名
　　蒲津關。在今山西永濟縣西。

〔4〕酈(lì)生,酈食其(yì jī),劉邦的謀士。說(shuì),勸說。

〔5〕下,降(xiáng)。

〔6〕盛,多,用如動詞,指聚集很多。蒲坂,也在今永濟縣西,在黃河東
　　岸。

〔7〕塞,堵塞,等於說封鎖。

〔8〕益,增。益爲疑兵,多設些使敵人疑惑的軍隊。即虛張旗鼓,迷惑
　　敵人。

〔9〕夏陽,地名,在今陝西韓城縣南。瓵(fǒu),同“缶”。罌瓵,都是甕類。木罌瓵,木製的形體像甕的器物。軍士以木甕縛在身上,增大浮力。

〔10〕安邑,地名,在今山西夏縣北。

〔11〕俱,動詞,同行。張耳被陳餘趕出趙地後即歸漢。

〔12〕後九月,即閏九月。

〔13〕禽,擒獲,後來寫作“擒”。夏說(yuè),代王陳餘之相。閼與(yù yǔ),地名,在今山西和順縣西北。

〔14〕距,通“拒”。

信與張耳以兵數萬,欲東下井陘擊趙〔1〕。趙王、成安君陳餘聞漢且襲之也,聚兵井陘口,號稱二十萬。廣武君李左車說成安君曰〔2〕:“聞漢將韓信涉西河〔3〕,虜魏王,禽夏說,新喋血閼與〔4〕。今乃輔以張耳,議欲下趙,此乘勝而去國遠鬭,其鋒不可當。臣聞‘千里餽糧〔5〕,士有飢色;樵蘇後爨〔6〕,師不宿飽〔7〕’。今井陘之道,車不得方軌〔8〕,騎不得成列,行數百里,其勢糧食必在其後。願足下假臣奇兵三萬人,從間路絕其輜重〔9〕。足下深溝高壘,堅營勿與戰。彼前不得鬭,退不得還,吾奇兵絕其後,使野無所掠,不至十日,而兩將之頭可致於戲下。願君留意臣之計!否,必爲二子所禽矣!”成安君,儒者也〔10〕,常稱“義兵不用詐謀奇計”,曰:“吾聞兵法‘十則圍之〔11〕,倍則戰’,今韓信兵號數萬,其實不過數千,能千里而襲我,亦已罷極〔12〕,今如此避而不擊,後有大者,何以加之〔13〕!則諸侯謂吾怯,而輕來伐我〔14〕。”不聽廣武君策。

〔1〕井陘(xíng),漢縣名,即今河北井陘縣東北之井陘口。

〔2〕李左車,趙國的謀士。廣武君,李左車的封號。

〔3〕西河,指龍門河,在今陝西大荔縣境。

〔4〕喋(dié),通"蹀",踐踏,踩。喋血,踩着血走,指血戰。

〔5〕這是說從千里之外送糧給軍士吃。餽(kuì),通"饋",送。

〔6〕這是說現打柴做飯。樵,打柴。蘇,打草。爨(cuàn),燒飯。

〔7〕宿,久,指經常。

〔8〕方,並。軌,兩輪間的距離。方軌,即兩車並行。

〔9〕閒(jiàn)路,偏僻抄近的小道。

〔10〕儒者,等於說書生。

〔11〕十,兵力等於敵人的十倍。

〔12〕罷,通"疲"。罷極,疲憊。

〔13〕加,等於說勝。

〔14〕輕,輕易。"輕來伐我",一本作"輕我伐我"。《漢書》亦作"輕來伐我"。

　　廣武君策不用。韓信使人閒視〔1〕,知其不用,還報,則大喜,乃敢引兵遂下。未至井陘口三十里,止舍〔2〕。夜半傳發〔3〕。選輕騎二千人〔4〕,人持一赤幟,從閒道萆山而望趙軍〔5〕。誡曰:"趙見我走,必空壁逐我〔6〕,若疾入趙壁〔7〕,拔趙幟,立漢赤幟。"令其裨將傳飧〔8〕,曰:"今日破趙會食〔9〕。"諸將皆莫信,詳應曰〔10〕:"諾。"謂軍吏曰:"趙已先據便地爲壁〔11〕,且彼未見吾大將旗鼓,未肯擊前行,恐吾至阻險而還。"信乃使萬人先行,出,背水陳〔12〕。趙軍望見而大笑。平旦〔13〕,信建大將之旗鼓,鼓行出井陘口。趙開壁擊之,大戰良久。於是信、張耳詳棄鼓旗,走水上軍〔14〕。水上軍開入之〔15〕,復疾戰。趙果空

壁爭漢鼓旗,逐韓信、張耳。韓信、張耳已入水上軍,軍皆
殊死戰[16],不可敗。信所出奇兵二千騎,共候趙空壁逐
利[17],則馳入趙壁,皆拔趙旗,立漢赤幟二千。趙軍已不
勝,不能得信等,欲還歸壁,壁皆漢赤幟,而大驚,以爲漢
皆已得趙王將矣。兵遂亂,遁走,趙將雖斬之,不能禁也。
於是漢兵夾擊,大破虜趙軍,斬成安君泜水上[18],禽趙王
歇。

〔1〕閒(jiàn)視,等於説暗中偵察。

〔2〕舍,軍隊停下來住一夜。止舍,停下來過夜。

〔3〕傳發,傳令出發。

〔4〕輕騎(jì),輕裝的騎兵。

〔5〕萆(bì),隱蔽。萆山,在山上隱蔽。

〔6〕壁,軍隊的營壘。

〔7〕若,你們。

〔8〕大意是:命令裨將傳送食物給軍士吃。裨將,副將。飧,通“餐”,
　　食物。

〔9〕會食,集合吃飯。

〔10〕詳,通“佯”,假裝。

〔11〕便,利。便地,有利的地形。

〔12〕出,指出井陘口。陳,戰陣,後來寫作“陣”。背水陳,背向河水擺
　　開陣勢。

〔13〕平旦,天大亮。

〔14〕水上軍,水邊的軍隊。

〔15〕開,指陣列閃開缺口。

〔16〕殊,也是死。殊死戰,即拚死命作戰。

〔17〕空壁逐利,是説軍隊全部離開了營壘,爭取主動勝利。

〔18〕泜(chí)水,在井陘口附近。

漢獨發間使下齊，寧有詔止將軍乎[3]？何以得毋行也！且酈生一士，伏軾掉三寸之舌[4]，下齊七十餘城；將軍將數萬衆，歲餘乃下趙五十餘城。爲將數歲，反不如一豎儒之功乎？”於是信然之，從其計，遂渡河。齊已聽酈生，即留縱酒，罷備漢守禦[5]。信因襲齊歷下軍[6]，遂至臨菑[7]。齊王田廣以酈生賣己，乃亨之[8]，而走高密[9]，使使之楚請救。

〔1〕未從平原渡過黃河。平原，地名，在今山東平原縣南。

〔2〕范陽，秦縣名，在今河北定興縣南。蒯(kuǎi)通，本名徹，因避漢武帝諱，當時史書改稱“通”。

〔3〕獨，只不過。間使，暗中派來的使臣，等於説密使。寧，難道。

〔4〕這是説酈生乘車入齊，只憑一張嘴。掉，搖，這裏指鼓弄。

〔5〕罷，指撤退、撤走。

〔6〕歷下，今山東省濟南市。

〔7〕臨菑(zī)，當時的齊都，即今山東臨淄縣。

〔8〕亨(pēng)，烹，後來寫作“烹”。

〔9〕高密，今山東高密縣。

韓信已定臨菑，遂東追廣至高密西。楚亦使龍且將，號稱二十萬，救齊。齊王廣、龍且併軍與信戰。未合[1]，人或説龍且曰：“漢兵遠鬬窮戰[2]，其鋒不可當。齊楚自居其地戰，兵易敗散[3]。不如深壁，令齊王使其信臣招所亡城。亡城聞其王在，楚來救，必反漢。漢兵二千里客居，齊城皆反之，其勢無所得食，可無戰而降也。”龍且曰：“吾平生知韓信爲人，易與耳[4]。且夫救齊，不戰而降之，吾何功！今戰而勝之，齊之半可得[5]，何爲止！”遂己"的"必",皆同。

〔5〕須臾,這裏是遲延的意思。

〔6〕右,指向西方。下句的"左"指向東方。

〔7〕執戟,郎中管守衛,執戟。

武涉已去,齊人蒯通知天下權在韓信,欲爲奇策而感動之,以相人説韓信曰[1]:"僕嘗受相人之術。"韓信曰:"先生相人何如?"對曰:"貴賤在於骨法[2],憂喜在於容色,成敗在於決斷,以此參之[3],萬不失一。"韓信曰:"善。先生相寡人何如?"對曰:"願少間[4]。"信曰:"左右去矣!"通曰:"相君之面,不過封侯,又危不安。相君之背[5],貴乃不可言。"韓信曰:"何謂也?"蒯通曰:"天下初發難也,俊雄豪桀建號一呼[6],天下之士雲合霧集,魚鱗雜遝[7],熛至風起[8]。當此之時,憂在亡秦而已。今楚漢分争,使天下無罪之人肝膽塗地[9],父子暴骸骨於中野[10],不可勝數。楚人起彭城,轉鬬逐北,至於滎陽,乘利席卷,威震天下。然兵困於京索之間,迫西山而不能進者[11],三年於此矣。漢王將數十萬之衆,距鞏雒[12],阻山河之險,一日數戰,無尺寸之功,折北不救[13],敗滎陽,傷成皋,遂走宛葉之間,此所謂智勇俱困者也。夫鋭氣挫於險塞,而糧食竭於内府[14],百姓罷極怨望,容容無所倚[15]。以臣料之,其勢非天下之賢聖,固不能息天下之禍。當今兩主之命縣於足下[16]。足下爲漢則漢勝[17],與楚則楚勝[18]。臣願披腹心[19],輸肝膽[20],效愚計,恐足下不能用也。誠能聽臣之計,莫若兩利而俱存之,參分天下,鼎足而居,其勢莫敢先動。夫以足下之賢聖,有甲兵之衆,據彊齊,從燕趙[21],出空虛之地而制其後[22],因民之欲,西鄉爲百姓請命[23],則天下風走而響應矣[24],孰敢不聽!割大弱彊[25],以立諸侯;諸侯已立,天下服聽而歸德於齊。案齊之故[26],有膠泗之地[27]。懷諸侯之德,深拱揖讓[28],則天下之君王相率而朝於齊矣。蓋聞'天與弗取,反受其咎;時至不行,反受其殃'[29]。願足下孰慮之!"韓信曰:"漢王遇我甚厚,載我以其車,衣我以其衣,食我以其食。吾聞之,乘人之車者載人之患,衣人之衣者懷人之憂,食人之食者死人之事[30];吾豈可以鄉利倍義乎?"蒯生曰:"足下自以爲善漢王,欲建萬世之業,臣竊以爲誤矣。始常山王、成安君爲布衣時,相與爲刎頸之交[31]。後爭張黶、陳澤之事,二人相怨[32]。常山王背項王,奉項嬰頭而竄[33],逃歸於漢王。漢王借兵而東下[34],殺成安君泜水之南,頭足異處,卒爲天下笑。此二人相與,天下至驩也[35];然而卒相禽者,何也?患生於多欲,而人心難測也。今足下欲行忠信以交於漢王,必不能固於二君之相與也,而事多大於張黶、陳澤。故臣以爲足下必漢王之不危己,亦誤矣。大夫種、范蠡存亡越[36],霸句踐,立功成名而身死亡。野獸已盡而獵狗亨。夫以交友言之,則不如張耳之與成安君者也;以忠信言之,則不過大夫種、范蠡之於句踐也;此二人者,足以觀矣。願足下深慮之!且臣聞勇略震主者身危,而功蓋天下者不賞。

臣請言大王功略：足下涉西河，虜魏王，禽夏説，引兵下井
陘，誅成安君，徇趙，脅燕，定齊，南摧楚人之兵二十萬，東
殺龍且，西鄉以報。此所謂功無二於天下，而略不世出者
也[37]。今足下戴震主之威，挾不賞之功，歸楚，楚人不
信，歸漢，漢人震恐。足下欲持是安歸乎！夫勢在人臣之
位，而有震主之威，名高天下，竊爲足下危之！”韓信謝曰：
“先生且休矣，吾將念之[38]！”

〔1〕借着給韓信相面來勸説韓信。相人，給人相面。

〔2〕骨法，骨格，骨相。

〔3〕參，參驗。

〔4〕間(jiàn)，這裏指與衆人隔開，即屏退衆人。

〔5〕背，雙關語，明説脊背，暗指背叛。

〔6〕桀，傑，古代多以“桀”爲“傑”。建號，建立名號，指自稱侯王。

〔7〕像魚鱗那樣重疊聚積在一起。雜遝(tà)，叠韻連緜字，重疊紛繁的
　　樣子。

〔8〕熛(biāo)，火花迸起。“熛”“風”都用作狀語。

〔9〕肝膽塗地，喻慘死。

〔10〕中野，田野之中。

〔11〕迫，近，挨近。西山，指成皋以西的山地。

〔12〕鞏，秦縣名，在今河南鞏縣西南。雒，即雒陽(洛陽)。

〔13〕折，挫折。北，敗。不救，挽救不了。

〔14〕内府，等於説倉庫。

〔15〕容容，動盪不安的樣子。

〔16〕命，命運。縣(xuán)，懸掛，後來寫作“懸”。

〔17〕爲，等於説助。

〔18〕與，動詞，與……親善，結盟。

〔19〕披，剖開。

〔20〕輸，等於説獻出。“披腹心，輸肝膽”，後來也説成“披肝瀝膽”，表

示竭盡忠誠。

〔21〕從,使動用法。

〔22〕出兵到劉項力量薄弱的地方,以牽制他們的後方。

〔23〕鄉(xiàng),向。齊在劉項之東,所以說"西鄉"。爲民請命,等於說替百姓說話,指制止劉項之争,減少人民的痛苦。

〔24〕響,名詞,回聲。響應,像回聲一樣地反應。"響應"與"風走"是並列結構。

〔25〕弱,使動用法。大、彊,都用如名詞。

〔26〕案,等於說據,佔有。故,指舊有的疆土。

〔27〕膠,膠河。泗,泗水。膠泗指今山東東部和南部。

〔28〕懷,安撫。之,當依《漢書·蒯通傳》作"以"(依王念孫説,見《讀書雜志》)。深拱,等於說高拱,指兩手拱得很高,不必有所作爲。揖讓,指外表作出謙虚的樣子。

〔29〕這是諺語。取,古音在侯部,咎,古音在幽部。漢代侯幽通押。行、殃,同在陽部。

〔30〕死人之事,爲人家的事而死。

〔31〕常山王,即張耳。成安君,即陳餘。相與,等於說相交。刎頸之交,雖割頸也不反悔的交情,即誓同生死的至交。

〔32〕張耳與陳餘本爲至交。秦將章邯打敗項梁軍後,又大敗趙軍。當時趙歇爲王,陳餘爲將,張耳爲相,都逃至鉅鹿(秦縣名,在今河北巨鹿縣)。陳餘率數萬人駐在鉅鹿北,章邯軍駐在鉅鹿南。章邯急攻鉅鹿,張耳召陳餘,陳餘以爲寡不敵衆,不敢出兵。於是張耳派張黶(yǎn)、陳澤去責備陳餘。陳餘不得已,讓二人率五千人試攻秦軍,結果全軍覆没。鉅鹿解圍以後,張耳深恨陳餘,並追問張黶、陳澤二人下落,陳餘一氣卸印出走,從此二人結下怨仇。

〔33〕奉項嬰頭,奉(pěng),後來寫作"捧"。嬰,環抱。猶言捧頸抱頭,形容很狼狽。

〔34〕指劉邦利用韓信、張耳的兵力東進。

〔35〕驩,通"歡"。至驩,最好的交情。

〔36〕大夫種,姓文名種。文種與范蠡(lǐ)都是春秋時越王句踐的大臣,

曾使已經滅亡的越國復興，使句踐稱霸諸侯，但後來文種被迫自殺，范蠡逃亡。

〔37〕大意是：計謀極高，是世上所稀有的(依顏師古說)。

〔38〕念，等於說思考。

後數日，蒯通復說曰："夫聽者，事之候也〔1〕；計者，事之機也〔2〕；聽過計失而能久安者〔3〕，鮮矣。聽不失一二者〔4〕，不可亂以言〔5〕；計不失本末者〔6〕，不可紛以辭。夫隨廝養之役者〔7〕，失萬乘之權；守儋石之禄者〔8〕，闕卿相之位〔9〕。故知者，決之斷也〔10〕；疑者，事之害也。審豪氂之小計，遺天下之大數〔11〕，智誠知之，決弗敢行者〔12〕，百事之禍也。故曰，猛虎之猶豫，不若蜂蠆之致螫〔13〕，騏驥之跼躅〔14〕，不如駑馬之安步〔15〕；孟賁之狐疑〔16〕，不如庸夫之必至也〔17〕；雖有舜禹之智，吟而不言〔18〕，不如瘖聾之指麾也〔19〕。此言貴能行之。夫功者難成而易敗，時者難得而易失也。時乎時，不再來〔20〕。願足下詳察之。"韓信猶豫，不忍倍漢。又自以爲功多，漢終不奪我齊。遂謝蒯通。蒯通說不聽，已詳狂爲巫〔21〕。

〔1〕大意是：聽取意見是事情成功的徵兆。聽，聽取意見。者，語氣詞。候，徵候，迹象。

〔2〕機，樞機，樞紐，關鍵。

〔3〕聽過，聽取意見犯了錯誤，也就是吸取了錯誤的意見。計失，定計失算，也就是打錯了主意。

〔4〕大意是：聽取十次意見連一二次都沒有失誤。

〔5〕亂，惑亂。

〔6〕大意是考慮問題能權衡輕重。

〔7〕隨,順從,聽任,等於説"安於"。厮養,劈柴養馬的隸卒。

〔8〕儋,即"擔"。石,音 shí。儋石都是穀米的量名。

〔9〕闕,等於説失。

〔10〕王念孫説這句應作"決者知之斷",意思是作事堅決不疑,是智者果斷的表現(見《讀書雜志》)。

〔11〕大數,等於説大計。

〔12〕決定了,但是不敢做。

〔13〕蠆(chài),蝎子一類的毒蟲。螫(shì),用毒刺刺人。

〔14〕蹢(jú)躅,等於説躑躅,徘徊不前。

〔15〕安步,穩步走路。

〔16〕孟賁(bēn),古代的勇士。

〔17〕必至,一定達到目的。

〔18〕吟,通噤(jìn),嘴閉着(依段玉裁説)。

〔19〕瘖(yīn),啞巴。聾,通"聵"。

〔20〕這句話大約是諺語。時與來押韻,古音同在之部。

〔21〕已,後來。詳,通"佯"。詳狂,假裝瘋癲。

漢王之困固陵〔1〕,用張良計召齊王信〔2〕,遂將兵會垓下〔3〕。項羽已破,高祖襲奪齊王軍。漢五年正月,徙齊王信爲楚王,都下邳〔4〕。

〔1〕固陵,地名,在今河南淮陽縣西北。漢四年,劉項約定平分天下而罷兵,但劉邦馬上又進兵追擊項羽,並與韓信等約定會師共擊項羽,至固陵,韓信等不至,楚大敗漢軍,於是劉邦只好躲進營壘。這裏所説"困固陵"即指此事。

〔2〕劉邦在固陵失利,問張良對韓信等該怎麼辦。張良建議把自陳(今河南淮陽縣)以東到海邊一帶地方都給韓信,使韓信等各爲自己打仗,漢借以滅楚。這裏所説"張良計"即指此。

〔3〕垓(gāi)下,地名,在今安徽靈璧縣東南。

〔4〕下邳,秦縣名,在今江蘇邳縣東。

信至國，召所從食漂母，賜千金。及下鄉南昌亭長，賜百錢，曰：“公，小人也，爲德不卒[1]。”召辱己之少年令出袴下者，以爲楚中尉[2]。告諸將相曰：“此壯士也，方辱我時，我寧不能殺之邪？殺之無名，故忍而就於此[3]。”

[1]卒，終，完。爲德不卒，做好事有始無終。

[2]中尉，官名，這裏指諸侯王國的中尉，管捕盜賊。

[3]就，成就。就於此，指自己達到眼前的地位。

項王亡將鍾離眛家在伊廬[1]，素與信善。項王死後亡歸信。漢王怨眛，聞其在楚，詔楚捕眛。信初之國，行縣邑[2]，陳兵出入。漢六年，人有上書告楚王信反。高帝以陳平計，天子巡狩會諸侯[3]。南方有雲夢[4]，發使告諸侯會陳：“吾將遊雲夢。”實欲襲信，信弗知。高祖且至楚，信欲發兵反。自度無罪，欲謁上，恐見禽。人或説信曰：“斬眛謁上，上必喜，無患。”信見眛計事，眛曰：“漢所以不擊取楚，以眛在公所。若欲捕我以自媚於漢，吾今日死，公亦隨手亡矣。”乃罵信曰：“公非長者。”卒自剄。信持其首謁高祖於陳。上令武士縛信，載後車。信曰：“果若人言：‘狡兔死，良狗亨；高鳥盡，良弓藏；敵國破，謀臣亡[5]。’天下已定，我固當亨。”上曰：“人告公反。”遂械繫信[6]。至雒陽，赦信罪，以爲淮陰侯。

[1]鍾離眛(mò)，鍾離是複姓。伊廬，在今江蘇灌雲縣附近。

[2]行，巡視。

[3]巡狩，天子親往諸侯境內巡視。天子所至，諸侯都要來朝見。

〔4〕雲夢,見第一册116頁注〔3〕。

〔5〕亨、藏,亡,古音都在陽部。

〔6〕械,拘束手足的刑具,這裏用作狀語。

信知漢王畏惡其能,常稱病不朝從〔1〕。信由此日怨望,居常鞅鞅〔2〕,羞與絳灌等列〔3〕。信嘗過樊將軍噲〔4〕,噲跪拜送迎,言稱臣,曰:"大王乃肯臨臣〔5〕!"信出門笑曰:"生乃與噲等爲伍〔6〕!"上常從容與信言諸將能不〔7〕,各有差〔8〕。上問曰:"如我,能將幾何?"信曰:"陛下不過能將十萬。"上曰:"於君何如?"曰:"臣多多而益善耳。"上笑曰:"多多益善,何爲爲我禽?"信曰:"陛下不能將兵,而善將將,此乃信之所以爲陛下禽也。且陛下所謂天授,非人力也。"

〔1〕朝從,朝見,從行。諸侯要按時朝見皇帝,皇帝出行要從行。

〔2〕鞅鞅(yàng yàng),同怏怏,失意的樣子。

〔3〕絳,指絳侯周勃,最初從劉邦起事,多有軍功,高祖、惠帝時兩次任太尉。灌,指潁陰侯灌嬰,曾在楚漢之爭中立功,文帝時任太尉、丞相。等列,同列。

〔4〕過,訪問。樊噲(kuài),從劉邦起事,封爲舞陽侯。

〔5〕臨,居高視下,這裏指地位高的人來看地位低的人,敬詞。

〔6〕伍,也是等列的意思。

〔7〕常,通"嘗"。從容,指閒暇時。能,形容詞,有才能。不,通"否"。

〔8〕等於說各有長短。差(cī),高低不齊。

陳豨拜爲鉅鹿守〔1〕,辭於淮陰侯。淮陰侯挈其手,辟左右〔2〕,與之步於庭。仰天歎曰:"子可與言乎?欲與子有言也。"豨曰:"唯將軍令之!"淮陰侯曰:"公所居,天

下精兵處也〔3〕；而公，陛下之信幸臣也。人言公之
畔〔4〕，陛下必不信；再至，陛下乃疑矣；三至，必怒而自
將。吾爲公從中起〔5〕，天下可圖也。"陳豨素知其能也，
信之。曰："謹奉教！"漢十年，陳豨果反。上自將而往，信
病不從。陰使人至豨所，曰："弟舉兵〔6〕，吾從此助公。"
信乃謀與家臣夜詐詔赦諸官徒奴〔7〕，欲發以襲呂后、太
子〔8〕。部署已定，待豨報。其舍人得罪於信〔9〕，信囚，
欲殺之。舍人弟上變〔10〕，告信欲反狀於呂后。呂后欲
召，恐其黨不就〔11〕，乃與蕭相國謀，詐令人從上所來，言
豨已得死〔12〕，列侯羣臣皆賀。相國紿信曰〔13〕："雖疾，彊
入賀。"信入，呂后使武士縛信，斬之長樂鍾室〔14〕。信方
斬，曰："吾悔不用蒯通之計，乃爲兒女子所詐〔15〕，豈非天
哉！"遂夷信三族〔16〕。

〔1〕陳豨(xī)，漢將。漢建國後曾屢隨劉邦平定叛亂，後爲劉邦所疑，
　　於是反，最後被殺。守，郡守。

〔2〕辟，避，使動用法。

〔3〕鉅鹿北控燕代，當時駐有重兵，所以韓信這樣説。

〔4〕畔，通"叛"。

〔5〕中，指京城中。從中起，即起兵作内應。

〔6〕弟，通"第"，但，只管。

〔7〕徒，罪犯。奴，奴隸。官徒奴，没入官中的徒奴。

〔8〕呂后，劉邦之妻，名雉。太子，名盈，即漢惠帝。

〔9〕舍人，即門客。

〔10〕上變，上書報告急變的事情。

〔11〕黨(tǎng)，通"儻"，倘若，萬一。就，等於説來。

〔12〕得,這裏指擒獲。

〔13〕紿(dài),欺騙。

〔14〕長樂,漢宮名。鍾室,掛鐘(樂器)的屋子。

〔15〕兒女子,婦人小子,指呂后。

〔16〕夷,滅。三族,父族、母族、妻族。

高祖已從豨軍來,至,見信死,且喜且憐之,問信死亦何言。呂后曰:"信言恨不用蒯通計。"高祖曰:"是齊辯士也。"乃詔齊捕蒯通。蒯通至,上曰:"若教淮陰侯反乎?"對曰:"然,臣固教之。豎子不用臣之策,故令自夷於此。如彼豎子用臣之計,陛下安得而夷之乎?"上怒曰:"亨之!"通曰:"嗟乎! 冤哉,亨也!"上曰:"若教韓信反,何冤?"對曰:"秦之綱絶而維弛〔1〕,山東大擾,異姓並起,英俊烏集。秦失其鹿〔2〕,天下共逐之,於是高材疾足者先得焉。蹠之狗吠堯〔3〕,堯非不仁,狗固吠非其主。當是時,臣唯獨知韓信,非知陛下也。且天下鋭精持鋒〔4〕,欲爲陛下所爲者甚衆,顧力不能耳〔5〕,又可盡亨之邪!"高帝曰:"置之〔6〕!"乃釋通之罪〔7〕。

〔1〕綱,網上的大繩,用來張網的。維,繫車蓋的繩。"綱""維"比喻國家的法度。

〔2〕鹿,比喻帝位。

〔3〕蹠,通"跖",即盜跖。參看第一册 313 頁注〔7〕。

〔4〕鋭,利,使動用法。精,指純鐵。鋒,利刃。精、鋒在這裏等於説武器。

〔5〕顧,但,只不過。

〔6〕置,赦免。

〔7〕釋,解除,等於説赦。

太史公曰:"吾如淮陰,淮陰人爲余言:韓信雖爲布衣時,其志與衆異。其母死,貧無以葬,然乃行營高敞地[1],令其旁可置萬家[2]。余視其母冢,良然。假令韓信學道謙讓,不伐己功,不矜其能,則庶幾哉[3]!於漢家,勳可以比周、召、太公之徒,後世血食矣[4]。不務出此[5],而天下已集[6],乃謀畔逆。夷滅宗族,不亦宜乎!"

〔1〕營,求。
〔2〕這是想將來用萬户守冢。
〔3〕庶幾,差不多。
〔4〕血食,指得到享祭。享祭鬼神要殺牲,所以說"血食"。
〔5〕此,指"學道謙讓,不伐己功,不矜其能"。
〔6〕集,和,指太平。

魏其武安侯列傳[1]

魏其侯竇嬰者[2],孝文后從兄子也[3]。父世觀津人[4]。喜賓客。孝文時,嬰爲吳相[5],病免[6]。孝景初即位[7],爲詹事[8]。梁孝王者[9],孝景弟也。其母竇太后愛之,梁孝王朝,因昆弟燕飲[10]。是時上未立太子,酒酣[11],從容言曰[12]:"千秋之後傳梁王[13]。"太后驩[14]。竇嬰引卮酒進上[15],曰:"天下者,高祖天下;父子相傳,此漢之約也。上何以得擅傳梁王!"太后由此憎竇嬰。竇嬰亦薄其官[16],因病免[17]。太后除竇嬰門籍[18],不得入朝請[19]。孝景三年[20],吳楚反[21],上察宗室、諸竇毋如竇嬰賢[22]，乃召嬰。嬰入見，固辭謝病不足任[23]。太后亦慙。於是上曰："天下方有急，王孫寧可以讓邪！"乃拜嬰爲大將軍[24]，賜金千斤。嬰乃言袁盎、欒布諸名將賢士在家者進之[25]。所賜金，陳之廊廡下[26]，軍吏過，輒令財取爲用[27]，金無入家者[28]。竇嬰守滎陽，監齊趙兵[29]。七國兵已盡破，封嬰爲魏其侯。諸游士賓客爭歸魏其侯。孝景時，每朝議大事，條侯、魏其侯[30]，諸列侯莫敢與亢禮[31]。

〔1〕這篇是竇嬰、田蚡和灌夫的合傳。在這裏，作者深刻地揭露了統治階級的內部矛盾，表示了對當時黑暗政治的批判和譴責。

〔2〕魏其(jī)，漢縣名，竇嬰的采邑，在今山東臨沂縣南。竇嬰字王孫。

〔3〕孝文后，漢文帝劉恒的皇后，即下文的竇太后。從兄，堂兄。

〔4〕這是說：自他父親以前，世世代代爲觀津人。觀津，漢縣名，在今河北武邑縣東南。

〔5〕吳相，吳王濞(bì)的相。濞是劉邦兄劉仲的兒子。

〔6〕因病免職。

〔7〕孝景，即漢景帝，名啟，文帝的兒子。

〔8〕詹事，官名，掌管皇后太子宮中事務。

〔9〕梁孝王，名武，"孝"的謚號。

〔10〕這是說梁孝王以兄弟身份來參加宴飲，不行君臣之禮。昆，兄。昆弟，兄弟。燕，通"宴"。

〔11〕酣(hān)，喝酒盡興。

〔12〕閒談着說。

〔13〕千秋之後，死了之後，這樣說是爲了避免說"死"。

〔14〕驩，通"歡"。

〔15〕引，拉，在這裏等於說拿過來。卮(zhī)，圓形酒器。進，進獻。上，指景帝。這裏有指景帝失言，進酒示罰之意。

〔16〕薄,意動用法,指嫌官職小。

〔17〕(藉)因病離職。

〔18〕門籍,出入宮門的名籍。這是二尺竹牒,上記姓名、年紀、形貌,懸於宮門,核對相符才能入門。

〔19〕朝請,漢制,諸侯朝見天子,春天叫朝,秋天叫請。外戚按時入宮朝見,也稱朝請。

〔20〕當公元前 154 年。

〔21〕這是漢初的一次較大的變亂。吳楚,指參加變亂的吳楚等七國:吳王濞、楚王戊、膠西王卬、膠東王雄渠、菑川王賢、濟南王辟光、趙王遂。七國之中,吳爲主謀,楚爲大國,所以史稱"吳楚七國"。

〔22〕毋,通"無"。

〔23〕謝病,等於説推託有病。

〔24〕大將軍,武官名,掌征伐,地位次於丞相。

〔25〕袁盎,字絲,曾任吳相,官至奉常。後被梁孝王派人刺死。欒布,漢名將,曾爲梁大夫,梁王彭越被誅後拜爲都尉。文帝時爲燕相,官至將軍。七國事平,以功封鄃(yú)侯。進,推薦。

〔26〕廡(wǔ),也是"廊"的意思。

〔27〕過,指前來謁見。財,通"裁",酌量。

〔28〕家,指室內。

〔29〕滎陽當南北之衝,東捍吳楚,北拒齊趙。攻打吳楚的軍隊由主帥周亞夫自將,攻打齊趙的軍隊,由竇嬰遥制。

〔30〕條侯,即周亞夫,絳侯周勃之子,文帝時改封於條(在今河北省景縣境)。

〔31〕列侯,漢制,劉姓子孫封侯者,謂之諸侯。異姓功臣封侯者,謂之列侯,也叫徹侯。亢,通"抗",抗衡。亢禮,彼此以平等禮節相待。

孝景四年,立栗太子〔1〕,使魏其侯爲太子傅〔2〕。孝景七年,栗太子廢,魏其數争,不能得。魏其謝病,屏居藍田南山之下數月〔3〕,諸賓客辯士説之,莫能來〔4〕。梁人高遂乃説魏其曰:"能富貴將軍者,上也;能親將軍者,太后也。今將軍傅太子,太子廢而不能争。争不能得,又弗能死。自引謝病[5],擁趙女[6],屏閒處而不朝[7]。相提而論[8],是自明揚主上之過[9]。有如兩宫螫將軍[10],則妻子毋類矣[11]。"魏其侯然之,乃遂起,朝請如故。

〔1〕栗太子,景帝長子,名榮,栗姬所生。後來被廢,所以從母姓稱栗太子。

〔2〕太子傅,官名,掌輔佐教導太子。太子傅有太傅、少傅之别。

〔3〕屏(bǐng),退隱。藍田,漢縣名,在今陝西藍田縣西。藍田南山之下,大概是當時朝貴退休游樂之地。

〔4〕來,回來,使動用法,使竇嬰回到京城來。

〔5〕引,指隱退。

〔6〕趙女,指美女。古人認爲趙地女子多貌美,所以常用"趙女"代表美女。

〔7〕閒處,閒居。

〔8〕兩相比對來説。

〔9〕明,明顯地。揚,張揚。

〔10〕有如,假如。兩宫,東宫(長樂宫)西宫(未央宫)。指太后、景帝,當時太后住東宫,景帝住西宫。螫(shì),惱怒。

〔11〕妻子,這裏指一家大小。毋,通"無"。類,種。毋類,指全家被誅。

桃侯免相[1],竇太后數言魏其侯。孝景帝曰:"太后豈以爲臣有愛不相魏其[2]!魏其者,沾沾自喜耳[3],多易[4]。難以爲相持重[5]。"遂不用,用建陵侯衞綰爲丞相[6]。

〔1〕桃侯，劉舍。桃，漢縣名，在今河北衡水縣西南。

〔2〕臣，景帝對太后自稱。有愛，有所吝惜。相，使動用法。

〔3〕沾沾，輕薄的樣子（依顏師古説）。

〔4〕易，輕率。

〔5〕持重，等於説擔當重任。

〔6〕建陵，漢縣名，在今江蘇沭陽縣西北。綰，音 wǎn。

武安侯田蚡者〔1〕，孝景后同母弟也〔2〕。生長陵〔3〕。魏其已爲大將軍後，方盛，蚡爲諸郎〔4〕，未貴，往來侍酒魏其，跪起如子姪〔5〕。及孝景晚節〔6〕，蚡益貴幸，爲太中大夫〔7〕。蚡辯有口〔8〕，學槃盂諸書〔9〕，王太后賢之。孝景崩，即日太子立〔10〕，稱制〔11〕，所鎮撫多有田蚡賓客計筴〔12〕。蚡弟田勝，皆以太后弟，孝景後三年封蚡爲武安侯〔13〕，勝爲周陽侯〔14〕。

〔1〕武安，漢縣名，田蚡（fén）的采邑，即今河北武安縣。

〔2〕孝景后，姓王，所以下文又稱王太后。孝景后與田蚡是同母異父的姐弟。

〔3〕長陵，漢縣名，在今陝西咸陽市東北。孝景后父親死後，母親改嫁至長陵田氏，生蚡、勝，所以説生長陵。

〔4〕諸郎，指議郎、中郎、侍郎、郎中等郎官，負責值勤保衛殿門、出充車騎、侍奉皇帝等，屬郎中令（郎中令後來改名光禄勳）。

〔5〕姪，當依《漢書》作“姓”。“子姓”等於説子孫（參用王引之説，見《讀書雜志》）。

〔6〕晚節，晚年。

〔7〕太中大夫，官名，掌議論，屬郎中令。

〔8〕辯，能言善辯。口，指口才。

〔9〕槃，通“盤”。槃盂，相傳是黄帝的史官孔甲所作的書，凡二十六篇，今已亡。《漢書·藝文志》把它歸入雜家。槃盂諸書，《槃盂》一

類的書。

〔10〕太子,指太子徹,即漢武帝,他是景帝的次子。栗太子被廢後就立他爲太子。

〔11〕稱制,代天子執政,這裏指王太后臨朝聽政,武帝即位時僅十六歲。

〔12〕鎮,鎮壓。撫,安撫。所鎮撫,用來鎮撫各地的辦法。筴,通“策”。

〔13〕孝景後三年,即公元前141年。漢景帝在位共十六年,分前中後,前七年,中六年,後三年。

〔14〕周陽,漢縣名,在今山西聞喜縣東。

武安侯新欲用事爲相,卑下賓客〔1〕,進名士家居者貴之,欲以傾魏其諸將相〔2〕。建元元年〔3〕,丞相綰病免,上議置丞相、太尉〔4〕。籍福說武安侯曰:“魏其貴久矣,天下士素歸之。今將軍初興,未如魏其。即上以將軍爲丞相,必讓魏其。魏其爲丞相,將軍必爲太尉。太尉、丞相尊等耳,又有讓賢名。”武安侯乃微言太后風上〔5〕,於是乃以魏其侯爲丞相,武安侯爲太尉。籍福賀魏其侯,因弔曰〔6〕:“君侯資性喜善疾惡〔7〕,方今善人譽君侯,故至丞相;然君侯且疾惡,惡人衆,亦且毀君侯。君侯能兼容〔8〕,則幸久;不能,今以毀去矣〔9〕。”魏其不聽。

〔1〕對賓客謙恭自下。

〔2〕這是說想借以壓過魏其這些將相們。傾,壓過。

〔3〕建元,漢武帝的第一個年號。建元元年,即公元前140年。

〔4〕太尉,官名,掌管軍事的最高官員。景帝時曾一度廢掉,這時復設。

〔5〕微,暗暗地。風,通“諷”,微言勸告。

〔6〕弔,跟“賀”相對。因魏其位至丞相而賀,因隱伏危機而弔。

〔7〕君侯,漢代對列侯之拜爲丞相者的稱呼。

〔8〕兼容,指連惡人一並包容。

〔9〕今,即將,馬上就會。去,指離職。

魏其、武安俱好儒術,推轂趙綰爲御史大夫〔1〕,王臧爲郎中令〔2〕。迎魯申公〔3〕,欲設明堂〔4〕,令列侯就國〔5〕,除關〔6〕,以禮爲服制〔7〕,以興太平。舉適諸竇宗室毋節行者〔8〕,除其屬籍〔9〕。時諸外家爲列侯〔10〕,列侯多尚公主〔11〕,皆不欲就國。以故,毀日至竇太后〔12〕。太后好黃老之言〔13〕,而魏其、武安、趙綰、王臧等務隆推儒術,貶道家言。是以竇太后滋不說魏其等〔14〕。及建元二年,御史大夫趙綰請無奏事東宮。竇太后大怒,乃罷逐趙綰、王臧等,而免丞相、太尉,以柏至侯許昌爲丞相〔15〕,武彊侯莊青翟爲御史大夫〔16〕。魏其、武安由此以侯家居。武安侯雖不任職,以王太后故,親幸,數言事,多效,天下吏士趨勢利者,皆去魏其歸武安。武安日益橫〔17〕。

〔1〕推轂,推車輪前進,這裏指推薦。趙綰,當時著名的儒者。御史大夫,官名,在秦漢時爲副丞相。

〔2〕王臧,也是著名的儒者。郎中令,官名,九卿之一。上文的“諸郎”、“太中大夫”就是郎中令的下屬。

〔3〕魯申公,姓申名培,魯國著名的大儒,以治《詩經》著稱,所謂《魯詩》即他所傳,今已亡佚。趙綰、王臧都是他的學生,二人既貴,於是勸武帝迎魯申公,武帝任他爲太中大夫。後來趙綰、王臧免官自殺,他也免官歸魯,不久病死。

〔4〕明堂,歷來説法不一,這裏的明堂是用來朝諸侯的處所。趙綰、王臧要附會古制,設明堂以朝諸侯,但自己又不能完成此事,所以把魯申公迎來。

〔5〕就國,當時列侯多住在京城,並不在自己封地内,現在要使列侯各歸封國,所以説"就國"。

〔6〕除關,除去關禁。當時列侯出入全要有證件,要受檢查。

〔7〕按照禮來制訂吉凶的服制。

〔8〕適,通"讁"。舉適,舉發譴責。

〔9〕這是説從宗譜中去其名。屬籍,指宗譜。

〔10〕外家,外戚。

〔11〕尚,上攀而爲婚配叫尚。

〔12〕毁,指對竇嬰等人的誹謗。日至,每天傳到。

〔13〕黄老,指黄帝、老子,二人被尊爲道家的鼻祖,於是就用"黄老"代表道家。

〔14〕滋,益,更加。説(yuè),悦的本字。

〔15〕柏至,漢地名,不詳所在。

〔16〕武彊,漢縣名,在今河北武强縣東北。

〔17〕横(hèng),放肆。

建元六年,竇太后崩,丞相昌、御史大夫青翟坐喪事不辦〔1〕,免。以武安侯蚡爲丞相,以大司農韓安國爲御史大夫〔2〕。天下士郡國諸侯愈益附武安。〔3〕

〔1〕喪事不辦,没有把喪事辦好。

〔2〕大司農,官名,九卿之一。掌管租税賦役。

〔3〕"國"是衍文,當據《漢書》删(依王念孫説,見《讀書雜志》)。

武安者,貌侵〔1〕,生貴甚〔2〕。又以爲諸侯王多長〔3〕,上初即位,富於春秋〔4〕,蚡以肺腑爲京師相〔5〕,非痛折節以禮詘之〔6〕,天下不肅〔7〕。當是時,丞相入奏事,坐語移日〔8〕,所言皆聽。薦人或起家至二千石〔9〕,權移主上〔10〕。上乃曰:"君除吏已盡未〔11〕?吾亦欲除吏。"嘗請考工地益宅〔12〕,上怒曰:"君何不遂取武

庫〔13〕!"是後乃退〔14〕。嘗召客飲,坐其兄蓋侯南鄉〔15〕,
自坐東鄉〔16〕,以爲漢相尊,不可以兄故私橈〔17〕。武安由
此滋驕,治宅甲諸第〔18〕。田園極膏腴,而市買郡縣器物
相屬於道。前堂羅鐘鼓,立曲旃〔19〕;後房婦女以百數。
諸侯奉金玉狗馬玩好,不可勝數。

〔1〕侵,通"寢",短小醜陋。

〔2〕生出來就很尊貴。

〔3〕多長,多爲年長之人。

〔4〕春秋,等於説歲月。富於春秋,即年紀尚輕的意思。年輕人未來
　　的歲月還很多,所以稱富。

〔5〕肺腑,等於説心腹(依張守節説)。

〔6〕痏,等於説狠狠地。折節,屈節,意思是降低身份,這裏是使諸侯
　　王對自己屈節的意思。詘,通"屈"。詘之,使他們屈服。

〔7〕肅,敬畏。

〔8〕移日,日影移動,表示時間很久。

〔9〕起家,起用於家,也就是由布衣起用。二千石,指禄秩爲二千石的
　　官員。漢代二千石的官地位很高,包括太子太傅少傅、州牧郡太
　　守等,禄秩僅次於九卿。

〔10〕大權從皇帝那裏移到自己手中。

〔11〕除吏,任命官吏。

〔12〕考工,官名,掌管製造器械之事。考工地,指考工官衙的地。

〔13〕武庫,收藏武器的庫房。

〔14〕退,指收斂,斂迹。

〔15〕其兄,王太后的哥哥、田蚡的同母異父兄王信。蓋,縣名,在今山
　　東沂水縣西北。

〔16〕漢代室内的坐次以東向爲尊。

〔17〕橈(náo),屈,使相位的尊嚴受屈。

〔18〕甲,用如動詞,等於説居第一位。第,第宅,即大宅子。

〔19〕旃(zhān),純色帛做成的旌旛。曲旃,曲柄的旃。田蚡立曲旃在當時是僭越的(參用《史記集解》説)。

魏其失竇太后,益疏不用,無勢。諸客稍稍自引而怠傲〔1〕,唯灌將軍獨不失故〔2〕。魏其日默默不得志,而獨厚遇灌將軍。

〔1〕稍稍,漸漸。引,走開,指離開魏其。

〔2〕故,指故態。

灌將軍夫者,潁陰人也〔1〕。夫父張孟,嘗爲潁陰侯嬰舍人〔2〕,得幸,因進之至二千石。故蒙灌氏姓爲灌孟〔3〕。

〔1〕潁陰,漢縣名,在今河南許昌市。

〔2〕潁陰侯,姓灌名嬰,曾隨劉邦起兵,文帝時任丞相。

〔3〕蒙,冒。

吳楚反時,潁陰侯灌何爲將軍〔1〕,屬太尉〔2〕,請灌孟爲校尉〔3〕,夫以千人與父俱〔4〕。灌孟年老,潁陰侯彊請之〔5〕,鬱鬱不得意,故戰常陷堅〔6〕,遂死吳軍中。軍法:父子俱從軍,有死事,得與喪歸。灌夫不肯隨喪歸,奮曰:“願取吳王若將軍頭〔7〕,以報父之仇。”於是灌夫被甲持戟,募軍中壯士所善願從者數十人〔8〕。及出壁門〔9〕,莫敢前。獨二人及從奴十數騎馳入吳軍〔10〕。至吳將麾下〔11〕,所殺傷數十人。不得前,復馳還,走入漢壁,皆亡其奴〔12〕,獨與一騎歸。夫身中創十餘,適有萬金良藥,故得無死。夫創少瘳〔13〕,又復請將軍曰:“吾益知吳壁中曲

折〔14〕,請復往。"將軍壯義之,恐亡夫,乃言太尉。太尉乃
固止之。吳已破,灌夫以此名聞天下。潁陰侯言之上,上
以夫爲中郎將〔15〕。數月,坐法去。後家居長安,長安中
諸公莫弗稱之〔16〕。孝景時,至代相〔17〕。孝景崩,今上初
即位,以爲淮陽天下交〔18〕,勁兵處〔19〕,故徙夫爲淮陽太
守,建元元年,入爲太僕〔20〕。二年,夫與長樂衛尉竇甫
飲〔21〕,輕重不得〔22〕。夫醉,搏甫——甫,竇太后昆弟也
——上恐太后誅夫,徙爲燕相。數歲,坐法去官,家居長
安。

〔1〕灌何,灌嬰之子,這時已承襲父爵。

〔2〕即周亞夫,當時亞夫任太尉。

〔3〕請,向太尉請求。校尉,武官名。

〔4〕俱,動詞,同行。

〔5〕這是説周亞夫嫌灌孟年老,不想用他爲校尉,經潁陰侯强請而後
　　用之。之,指灌孟。

〔6〕陷,指衝鋒陷陣。灌孟是想借此表示自己不老。

〔7〕若,或。

〔8〕所善願從者,與自己相好而願意隨着自己去的人。

〔9〕壁,軍營。

〔10〕從奴,隨從灌夫的家奴。

〔11〕麾,大將的旗幟。

〔12〕把家奴都喪失盡了。注意"皆"字的語法作用。

〔13〕少,稍。瘳(chōu),病愈。

〔14〕曲折,等於説底細。

〔15〕中郎將,皇帝的侍從武官,統率中郎,屬郎中令。

〔16〕諸公,指諸權貴。

〔17〕代相，代王之相。

〔18〕淮陽，漢郡名，即今河南淮陽縣。天下交，四面八方交會的地點。

〔19〕强大的軍隊所在的地點。

〔20〕太僕，官名，九卿之一，掌管皇帝車馬。

〔21〕衞尉，武官名，九卿之一，負責保衞宮禁。

〔22〕輕重不得，指禮數的輕重不得其平。

灌夫爲人剛直，使酒〔1〕，不好面諛。貴戚諸有勢在己之右〔2〕，不欲加禮，必陵之〔3〕；諸士在己之左，愈貧賤，尤益敬，與鈞〔4〕。稠人廣衆〔5〕，薦寵下輩〔6〕。士亦以此多之〔7〕。夫不喜文學〔8〕，好任俠〔9〕，已然諾〔10〕。諸所與交通〔11〕，無非豪桀大猾〔12〕。家累數千萬，食客日數十百人。陂池田園〔13〕。宗族賓客爲權利〔14〕，橫於潁川〔15〕。潁川兒乃歌之曰：“潁水清，灌氏寧；潁水濁，灌氏族〔16〕。”灌夫家居雖富，然失勢，卿相侍中賓客益衰〔17〕。及魏其侯失勢，亦欲倚灌夫引繩批根生平慕之後棄之者〔18〕。灌夫亦倚魏其而通列侯宗室爲名高〔19〕。兩人相爲引重，其游如父子然〔20〕。相得驩甚〔21〕，無厭，恨相知晚也。

〔1〕使酒，因酒而使氣，等於説發酒瘋。

〔2〕右，等於説上。（古人除乘車外，以右爲上位，以左爲下位。）

〔3〕陵，對人不禮貌。

〔4〕鈞，通“均”。與鈞，跟〔他們〕平等。

〔5〕稠，多。

〔6〕薦，等於説推重。寵，光榮，使動用法。

〔7〕多，用如動詞，意動用法，這裏有“推重”“稱揚”等意思。

〔8〕文學，指文章經術。

〔9〕任，講信任。俠，好意氣，敢抱不平。

〔10〕已，動詞，等於説完成、兑現。然諾，諾言。

〔11〕交通，等於説交往。

〔12〕桀，通“傑”。猾（huá），奸詐，用如名詞。

〔13〕這是説有陂池田園。

〔14〕權，勢力。利，錢財。爲權利，指追逐權勢錢財。

〔15〕潁川，漢郡名，在今河南省中部和東南部一帶。灌夫的家鄉潁陰
　　　即屬潁川郡。

〔16〕族，滅族。“清”“寧”押韻（耕部）；“濁”“族”押韻（屋部）。

〔17〕卿相侍中這類賓客日益減少。侍中，加官名。在原有官職上加
　　　“侍中”就可以出入宮禁，成爲皇帝的親近。能加“侍中”的，有列
　　　侯、將軍、卿大夫等。

〔18〕大意是也想倚靠灌夫來糾正那些生平仰慕他們而後來抛棄他們
　　　的人。引繩和批根都是木工的事。引繩，使合於繩墨；批根（批削
　　　根株），以便造成木器（參用郭嵩燾説，見《史記札記》）。四字連
　　　用，等於一個及物動詞“糾正”的意思。

〔19〕通，等於説交往。

〔20〕游，交遊。

〔21〕相得，指情投意合。

灌夫有服〔1〕，過丞相〔2〕。丞相從容曰〔3〕：“吾欲與
仲孺過魏其侯〔4〕，會仲孺有服。”灌夫曰：“將軍乃肯幸臨
況魏其侯〔5〕，夫安敢以服爲解〔6〕！請語魏其侯帳
具〔7〕，將軍旦日蚤臨〔8〕！”武安許諾。灌夫具語魏其侯
如所謂武安侯〔9〕。魏其與其夫人益市牛酒〔10〕，夜灑掃，
早帳具至旦〔11〕。平明〔12〕，令門下候伺〔13〕。至日中〔14〕，
丞相不來。魏其謂灌夫曰：“丞相豈忘之哉？”灌夫不
懌〔15〕，曰：“夫以服請，宜往。”乃駕，自往迎丞相。丞相特

前戲許灌夫[16]，殊無意往。及夫至門，丞相尚臥。於是夫入見，曰："將軍昨日幸許過魏其，魏其夫妻治具[17]，自旦至今，未敢嘗食。"武安鄂[18]，謝曰："吾昨日醉，忽忘與仲孺言[19]。"乃駕往，又徐行，灌夫愈益怒。及飲酒酣，夫起舞屬丞相[20]，丞相不起，夫從坐上語侵之。魏其乃扶灌夫去[21]，謝丞相。丞相卒飲至夜，極驩而去。

〔1〕服，喪服。

〔2〕過，過門拜訪。

〔3〕從容曰，等於說閒談着說。

〔4〕仲孺，灌夫的字。

〔5〕況，通"貺"(kuàng)，賜，等於說賞光。

〔6〕解，解說，這裏是推託的意思。

〔7〕帳，用如動詞，設置帷帳。具，備辦酒宴。

〔8〕旦日，明日。

〔9〕大意是：灌夫把對武安侯說的話都告訴了魏其侯。具，副詞，完全。如所謂武安侯，如同他跟武安侯說的一樣。

〔10〕益市，多買。

〔11〕早，天快亮的時候。旦，太陽剛露出地面，即清晨。

〔12〕平明，天正明，即天大亮。

〔13〕候伺，窺探，探望。

〔14〕日中，中午。

〔15〕不懌(yì)，不高興。

〔16〕特，只不過。

〔17〕具，酒食。

〔18〕鄂，通"愕"，驚訝。

〔19〕忽，忘。忽忘，同義詞連用。

〔20〕屬(zhǔ)，等於說邀請。這是邀請對方代己起舞。

〔21〕扶,攙着,架着。

丞相嘗使籍福請魏其城南田〔1〕。魏其大望〔2〕,曰:
"老僕雖棄〔3〕,將軍雖貴,寧可以勢奪乎!"不許。灌夫
聞,怒罵籍福。籍福惡兩人有郤〔4〕,乃謾自好謝丞
相〔5〕,曰:"魏其老且死,易忍,且待之〔6〕。"已而武安聞
魏其、灌夫實怒不予田,亦怒曰:"魏其子嘗殺人,蚡活之。
蚡事魏其,無所不可;何愛數頃田? 且灌夫何與也〔7〕?
吾不敢復求田!"武安由此大怨灌夫、魏其。

〔1〕請,這裏是求索的意思。

〔2〕望,怨。

〔3〕老僕,魏其自稱,謙詞。棄,被廢棄。

〔4〕惡(wù),等於說不願意看見。兩人,指魏其、武安。郤(xì),通
"隙",隙,釁隙、嫌隙。

〔5〕謾(mán),說謊。好謝丞相,替魏其說了一些好話委婉地謝絕了丞
相的請求。

〔6〕魏其老了,將要死了,容易忍耐,你姑且等待着吧。這幾句話是籍
福替魏其婉辭謝絕了以後說的。

〔7〕與(yù),參預。

元光四年春〔1〕,丞相言:"灌夫家在潁川,橫甚,民苦
之。請案〔2〕!"上曰:"此丞相事,何請!"灌夫亦持丞相陰
事〔3〕:爲姦利〔4〕,受淮南王金與語言〔5〕。賓客居
間〔6〕,遂止,俱解〔7〕。夏,丞相取燕王女爲夫人,有太后
詔,召列侯宗室皆往賀。魏其侯過灌夫,欲與俱。夫謝
曰:"夫數以酒失得過丞相〔8〕,丞相今者又與夫有郤。"魏
其曰:"事已解。"強與俱。飲酒酣,武安起爲壽〔9〕,坐皆

避席伏〔10〕。已，魏其侯爲壽，獨故人避席耳，餘半膝席〔11〕。灌夫不悦。起行酒〔12〕，至武安，武安膝席曰："不能滿觴。"夫怒，因嘻笑曰："將軍貴人也！"屬之〔13〕。時武安不肯。行酒次至臨汝侯〔14〕，臨汝侯方與程不識耳語〔15〕，又不避席。夫無所發怒，乃罵臨汝侯曰："生平毁程不識不直一錢，今日長者爲壽，乃效女兒咕囁耳語〔16〕！"武安謂灌夫曰："程、李俱東西宫衞尉〔17〕，今衆辱程將軍〔18〕，仲孺獨不爲李將軍地乎〔19〕！"灌夫曰："今日斬頭陷胸〔20〕，何知程李乎！"坐乃起更衣〔21〕，稍稍去。魏其侯去，麾灌夫出〔22〕。武安遂怒，曰："此吾驕灌夫罪〔23〕。"乃令騎留灌夫。灌夫欲出不得。籍福起爲謝，案灌夫項令謝。夫愈怒，不肯謝。武安乃麾騎縛夫，置傳舍〔24〕，召長史曰〔25〕："今日召宗室，有詔。"劾灌夫罵坐不敬，繫居室〔26〕。遂案其前事〔27〕，遣吏分曹逐捕灌氏支屬〔28〕，皆得棄市罪〔29〕。魏其侯大媿〔30〕，爲資使賓客請〔31〕，莫能解。武安吏皆爲耳目，諸灌氏皆亡匿，夫繫，遂不得告言武安陰事。

〔1〕元光，漢武帝的第二個年號。元光四年，當公元前 131 年。

〔2〕案，查辦。

〔3〕陰事，秘密事。

〔4〕作犯法的事來求利。姦，指犯法。

〔5〕大意是：受了淮南王的財物並且説了不該説的話。事詳後。淮南王，劉邦的庶孫劉安，數年後謀反，事洩自殺。著有《淮南子》。

〔6〕居間，指在當中調停。

〔7〕解,和解。

〔8〕得過丞相,得罪於丞相。

〔9〕爲壽,獻祝壽之辭。當時的習慣,在宴會上要相互敬酒祝壽。

〔10〕避席,離開席。避席伏,表示不敢當。

〔11〕餘半,餘下的一半人。膝,用如動詞。膝席,置膝於席上,就是長跪在席上。

〔12〕行酒,依次敬酒。

〔13〕屬,等於説請。

〔14〕次,按順序。臨汝侯,潁陰侯灌嬰的孫子灌賢。潁陰的封爵傳到灌嬰嫡孫灌彊時,因犯法而絶封。元光二年,武帝另封灌賢爲臨汝侯。臨汝,漢地名,即今河南臨汝縣臨汝鎮。

〔15〕程不識,漢武帝時名將,此時任長樂宮衛尉。

〔16〕女兒,等於説兒女。呫(chè)囁(niè),耳語的聲音,等於説唧唧呫呫。

〔17〕李,指李廣,也是當時名將,此時任未央宮衛尉。當時程、李齊名。

〔18〕衆,用作狀語,當衆。

〔19〕不爲李將軍地,等於説不給李將軍留餘地。

〔20〕陷胸,指矛戟穿胸。

〔21〕坐,座位,後來寫作"座"。這裏指座上的人。更衣,上廁所的代稱。

〔22〕麾,指揮,這裏當招講。

〔23〕驕,使動用法。

〔24〕傳(zhuàn)舍,驛站供應過往官員的房舍。這裏指田蚡家的客舍。

〔25〕長(zhǎng)史,官名,是諸史(掌文書的官吏)之長。漢代丞相、御史大夫、大將軍下面都有長史。

〔26〕居室,少府下所屬的官署之一,後改名保宮。

〔27〕案,查辦。

〔28〕分曹,分班。

〔29〕棄市,死刑。古代處決罪犯,多在鬧市,所以説棄市,表示爲人所

棄。

〔30〕媿，同"愧"，慚愧。

〔31〕爲出資費(貨財)，使賓客爲灌夫請罪(依如淳説)。

魏其鋭身爲救灌夫〔1〕，夫人諫魏其曰："灌將軍得罪丞相，與太后家忤〔2〕，寧可救邪？"魏其侯曰："侯自我得之，自我捐之〔3〕，無所恨！且終不令灌仲孺獨死，嬰獨生！"乃匿其家〔4〕，竊出上書，立召入，具言灌夫醉飽事不足誅。上然之，賜魏其食，曰："東朝廷辯之〔5〕。"魏其之東朝，盛推灌夫之善〔6〕，言其醉飽得過，乃丞相以他事誣罪之。武安又盛毀灌夫所爲横恣，罪逆不道。魏其度不可奈何，因言丞相短。武安曰："天下幸而安樂無事，蚡得爲肺腑，所好音樂狗馬田宅。蚡所愛倡優巧匠之屬〔7〕，不如魏其、灌夫日夜招聚天下豪桀壯士與論議，腹誹而心謗，不仰視天而俯畫地〔8〕，辟倪兩宮間〔9〕，幸天下有變〔10〕，而欲有大功！臣乃不知魏其等所爲。"於是上問朝臣兩人孰是。御史大夫韓安國曰〔11〕："魏其言灌夫父死事，身荷戟，馳入不測之吳軍，身被數十創，名冠三軍。此天下壯士。非爲大惡，爭杯酒，不足引他過以誅也。魏其言是也。丞相亦言：灌夫通姦猾，侵細民，家累巨萬，横恣潁川，凌轢宗室〔12〕，侵犯骨肉〔13〕。此所謂'枝大於本，脛大於股，不折必披〔14〕'，丞相言亦是。唯明主裁之！"主爵都尉汲黯是魏其〔15〕；内史鄭當時是魏其〔16〕，後不敢堅對；餘皆莫敢對。上怒内史曰："公平生數言魏其、武安長短,今日廷論,局趣效轅下駒[17],吾并斬若屬矣[18]!"即罷起,入,上食太后[19]。太后亦已使人候伺,具以告太后。太后怒,不食,曰:"令我在也,而人皆藉吾弟[20];令我百歲後[21],皆魚肉之矣[22]。且帝寧爲石人邪[23]?此特帝在,即錄錄[24];設百歲後,是屬寧有可信者乎[25]!"上謝曰:"俱宗室外家,故廷辯之。不然,此一獄吏所決耳。"是時,郎中令石建爲上分別言兩人事。

〔1〕銳,等於説疾進。銳身,疾進其身,也就是挺身而出的意思。

〔2〕忤,逆,等於説作對。

〔3〕捐,抛棄。

〔4〕匿,躲。匿其家,瞞着家裏人。

〔5〕東朝,指太后。太后居長樂宫,在未央宫之東。

〔6〕盛推,極力推崇。

〔7〕倡,樂人。優,戲人。

〔8〕"不"字當是衍文(《漢書》無不字)。仰視天、俯畫地,極言其睥睨無禮的樣子(依周壽昌説)。

〔9〕辟倪(bì nì),同"睥睨",邪視。這裏有窺伺的意思。兩宫,指王太后與武帝。

〔10〕幸,希望。

〔11〕韓安國,字長孺,曾任梁王相及梁内史,後犯罪失官。時田蚡任太尉,安國以賄賂田蚡,得任北地都尉,升大司農。等到田蚡任丞相,安國任御史大夫。

〔12〕凌轢(lì),等於説欺壓。

〔13〕骨肉,指宗室。

〔14〕披,裂。

〔15〕主爵都尉,官名,掌列侯。汲黯(jí àn),人名,性高傲,有氣節,敢直諫。是,意動用法。

〔16〕内史,官名,掌治理京師。鄭當時,人名。

〔17〕局趣,即侷促。

〔18〕若屬,等於説你們這班人。

〔19〕上食,進食。

〔20〕藉,踐踏,即蹂躪的意思。

〔21〕令,假令。百歲後,指死。

〔22〕魚肉,意動用法。

〔23〕石人,比喻没有主見的人(參用周壽昌説)。

〔24〕特,副詞,只。録録,指隨聲附和,没有主見。

〔25〕是屬,這班人。

武安已罷朝,出止車門〔1〕,召韓御史大夫載〔2〕,怒曰:"與長孺共一老秃翁〔3〕,何爲首鼠兩端〔4〕!"韓御史良久謂丞相曰:"君何不自喜〔5〕!夫魏其毀君,君當免冠解印綬歸〔6〕,曰:'臣以肺腑幸得待罪〔7〕,固非其任,魏其言皆是。'如此,上必多君有讓,不廢君;魏其必内愧,杜門齰舌自殺〔8〕。今人毀君,君亦毀人,譬如賈豎女子爭言〔9〕,何其無大體也!"武安謝罪曰:"争時急,不知出此。"

〔1〕止車門,宮禁的外門名。百官上朝時,到此必須下車,步行入宮。

〔2〕載,指同載,同車。

〔3〕共,指共同對付。秃翁,指竇嬰年老頭秃。

〔4〕首鼠,等於説躊躇。首鼠兩端,徘徊於兩端之間。

〔5〕自喜,等於説自愛(依張照説)。

〔6〕綬,古代官員繫在腰間的佩帶,上面可以繫印,綬帶的顔色不同,標誌官位的高低不同。歸,歸隱。

〔7〕待罪,即做官,謙詞。

〔8〕杜,塞。齰(zé),咬。齰舌,指不説話。

〔9〕賈(gǔ)豎,商人。

於是上使御史簿責魏其〔1〕,所言灌夫頗不讎〔2〕,欺
謾,劾繫都司空〔3〕。孝景時,魏其常受遺詔〔4〕,曰:"事
有不便,以便宜論上〔5〕。"及繫灌夫,罪至族。事日急,諸
公莫敢復明言於上。魏其乃使昆弟子上書言之〔6〕,幸得
復召見。書奏上,而案尚書〔7〕,大行無遺詔〔8〕,詔書獨
藏魏其家,家丞封〔9〕。乃劾魏其矯先帝詔,罪當棄市。
五年十月,悉論灌夫及家屬〔10〕。魏其良久乃聞,聞即
恚〔11〕,病痱〔12〕,不食,欲死。或聞上無意殺魏其,魏其復
食,治病。議定不死矣。乃有蜚語〔13〕,爲惡言聞上,故以
十二月晦,論棄市渭城〔14〕。

〔1〕簿責魏其,這是説按簿籍上所記載的灌夫的罪狀追究魏其。

〔2〕魏其所説的灌夫的情況,和簿籍所記載的頗不合。讎,對,符合。

〔3〕都司空,宗正屬官,主逮治宗室及外戚犯法獲罪到髡刑以上者。

〔4〕常,通"嘗",曾經。

〔5〕這是説:用方便靈活的辦法來論事上奏,也就是可以不按照公事
　　程序。

〔6〕昆弟子,即姪。

〔7〕案,查。尚書,官署名,掌章奏文書等。

〔8〕大行,皇帝剛死叫大行。大行是説不回來了(依韋昭説)。這裏指
　　景帝。

〔9〕家丞,官名,太子及諸侯國都有此官,掌管太子或諸侯國的家事。
　　這裏指竇嬰的家丞。封,指用印封藏起來。

〔10〕論,判罪,這裏指處決。

〔11〕恚(huì),怒。

〔12〕痱(féi),舊説是"風病"、"風腫"。

〔13〕蜚，通"飛"。蜚語，無根而至的誹謗之言，等於説流言。

〔14〕晦，一月的最後一天。渭城，即秦時的咸陽。漢制常於立春大赦，田蚡怕竇嬰遇赦，所以在十二月晦殺了他。

其春〔1〕，武安侯病，專呼服謝罪。使巫視鬼者視之，見魏其、灌夫共守，欲殺之。竟死。子恬嗣。元朔三年〔2〕，武安侯坐衣襜褕入宮〔3〕，不敬〔4〕。

〔1〕元光五年的春天。漢武帝太初元年(公元前104年)以前，以十月爲歲首，每年先冬後春。

〔2〕元朔，漢武帝的第三個年號。元朔三年，公元前126年。

〔3〕武安侯，指田恬。襜褕(chān yú)，短衣，不是正式朝服。

〔4〕梁玉繩説下缺"國除"二字，見《史記志疑》。("國除"，侯國被廢除。)

淮南王安謀反覺〔1〕，治。王前朝〔2〕，武安侯爲太尉時，迎至霸上〔3〕，謂王曰："上未有太子，大王最賢，高祖孫，即宮車晏駕〔4〕，非大王立，當誰哉?"淮南王大喜，厚遺金財物。上自魏其時，不直武安〔5〕，特爲太后故耳〔6〕。及聞淮南王金事，上曰："使武安侯在者，族矣!"

〔1〕覺，發覺。事在元狩元年(公元前122年)。

〔2〕前朝，前次朝見〔武帝〕。事在建元二年(公元前139年)。

〔3〕霸上，也寫作灞上，在灞水西，即白鹿原，在今陝西長安縣東。

〔4〕即，假如。宮車晏駕，指皇帝死了，委婉語。晏，晚，遲。皇帝本應早起駕車臨朝，車駕晚出，一定有變故，所以用以代表"死"。

〔5〕以爲武安理曲。直，意動用法。

〔6〕這是説所以治竇嬰的罪，只是因爲太后的緣故。

太史公曰："魏其、武安皆以外戚重。灌夫用一時決筴而名顯〔1〕。魏其之舉，以吳楚〔2〕;武安之貴，在日月之際〔3〕。然魏其誠不知時變,灌夫無術而不遜。兩人相翼〔4〕,乃成禍亂。武安負貴而好權,杯酒責望,陷彼兩賢。嗚呼哀哉! 遷怒及人〔5〕,命亦不延〔6〕。衆庶不載〔7〕,竟被惡言〔8〕。嗚呼哀哉! 禍所從來矣!"

〔1〕用,因。一時決筴,指馳入吳軍求報父仇的事。

〔2〕魏其的顯貴是因爲平定吳楚之亂。

〔3〕日月之際,指武帝初即位和王太后當權的機會。

〔4〕翼,輔翼,輔助。

〔5〕遷怒,把對某人的忿怒移到別人身上。這是指田蚡把對灌夫的忿怒移到竇嬰身上。

〔6〕延,長。

〔7〕衆庶,百姓。載,同"戴",尊奉,等於説擁戴。

〔8〕被,受。惡言,指不好的議論。

漢　書

《漢書》是繼《史記》之後的一部有名的歷史著作。作者班固(公元 32—92 年),字孟堅,東漢扶風安陵(在今陝西咸陽東)人,是有名的歷史家。

公元 58 年,班固開始在家私纂《漢書》,後來被明帝知道了,以私自改作國史罪,將他逮捕入獄。他弟弟班超上書,說明他著述《漢書》的意圖,明帝才釋放了他。因贊賞他的才能,任他爲蘭臺令史(典校圖籍、治理文書的官),並命他繼續編纂《漢書》。歷時二十多年,基本上完成了這部著作。(未完部分是八表和天文志,他死後由他妹妹班昭和馬續先後續補而成。)

公元 89 年,班固隨大將軍竇憲出征匈奴,任中護軍。大敗匈奴後,登燕然山,班固作銘,刻石記功。公元92年,竇憲謀反事敗,班固連坐免官。後又爲仇家洛陽令种(chóng)兢所讒,被捕入獄,死在獄裏,時年六十一歲。

班固寫《漢書》,凡漢武帝以前的史實,基本上根據《史記》,只稍微作了些補充及文字上的變動。武帝以後的,則是在他父親班彪所寫的《後傳》六十五篇的基礎上,經過採集史料,蒐輯異聞,重新加工整理而成的。全書共一百篇,包括十二帝紀、八表、十志、七十列傳。記事起自漢高祖元年(公元前206年),止於王莽地皇四年(公元23年),是我國的第一部斷代史。

班固的《漢書》是從正統觀念出發來叙述並評價歷史人物的,但是作者能够尊重客觀歷史事實,一般地做到了實錄,這就客觀地反映出當時的社會現實,從而暴露了社會的矛盾以及統治階級的腐朽和罪惡。有些篇反映人民的疾苦,對人民表示一定的同情,這也是值得肯定的。

《漢書》語言凝煉,結構緊嚴,對人物的描繪也很細膩,所以過去一些文人往往把《漢書》和《史記》並稱。《漢書》對後代的史學起了一定的示範作用,對於傳記文學也有一定的影響。

歷來爲《漢書》作注的人很多;早在東漢末年,服虔、應劭就給《漢書》作過音義。目前通行的《漢書》,有唐顏師古的注本和清王先謙的《漢書補注》。

藝文志諸子略[1]

儒家者流[2],蓋出於司徒之官[3],助人君順陰陽、明教化者也[4]。游文於六經之中[5],留意於仁義之際。祖述堯舜[6],憲章文武[7],宗師仲尼[8],以重其言[9],

於道最爲高。孔子曰："如有所譽,其有所試[10]。"唐虞之隆,殷周之盛,仲尼之業,已試之效者也。然惑者既失精微[11],而辟者又隨時抑揚[12],違離道本[13],苟以譁衆取寵[14]。後進循之,是以五經乖析[15],儒學寖衰[16]。此辟儒之患。

〔1〕藝文,指書籍。略,概要。《藝文志》是根據西漢劉歆的《七略》寫成的。其中的《諸子略》是根據劉歆《輯略》中有關諸子部分及其《諸子略》寫成的。這裏只採其論述部分而删去其書目。從本文中可以看出,班固是站在儒家正統派的立場來評論諸子學派的。

〔2〕流,流派。

〔3〕司徒,官名,秦以前掌管對人民進行教化的事。

〔4〕陰陽,指儒家所説的陰陽之道,即天地人事自然之道。

〔5〕游文,等於説習文。六經,詩、書、禮、樂、易、春秋。這句大意是鑽研六經的文字。

〔6〕祖述,奉行其道。

〔7〕憲章,法制。這裏用如動詞,是守其法制的意思。

〔8〕尊敬仲尼,並以他爲師。宗,尊敬。

〔9〕大意是説:這樣做是爲了增加自己的學説的重要性。

〔10〕見《論語·衞靈公》,原文作:"如有所譽者,其有所試矣。"大意是:如果我對人有所稱譽,那是因爲我試用過他。

〔11〕精微,指儒家學説的精妙細微之處。

〔12〕辟(pì),僻。辟者,邪僻不正的人。抑,壓抑。揚,抬高。

〔13〕道本,指儒道的本旨。

〔14〕苟,苟且,隨隨便便。譁,喧嘩。寵,尊榮。譁衆取寵,使衆人轟動,以取得尊榮。

〔15〕乖(guāi),背戾,相反,這裏指違反五經的本義。析,分離,這裏指弄得經義支離破碎。

〔16〕竆,通"浸",漸。

道家者流,蓋出於史官〔1〕。歷記成敗、存亡、禍福、古今之道,然後知秉要執本。清虛以自守〔2〕,卑弱以自持〔3〕,此君人南面之術也〔4〕。合於堯之克攘〔5〕,《易》之嗛嗛〔6〕,一謙而四益〔7〕。此其所長也。及放者爲之〔8〕,則欲絕去禮學,兼弃仁義〔9〕;曰:獨任清虛,可以爲治。

〔1〕史官,記事之官。

〔2〕道家主張清虛自守,鼓吹"清静爲天下正","致虛極","見素抱樸,少私寡欲"(俱見《老子》)。

〔3〕道家提倡柔道,認爲弱能勝强,柔能勝剛。《老子》七十六章:"强大處下,柔弱處上。"又七十八章:"天下莫柔弱於水,而攻堅强者莫之能勝。"

〔4〕君,用如動詞。君人,做老百姓的君主。

〔5〕克,能。攘,通"讓"。《尚書·堯典》稱堯之德爲"允恭克讓"(真正恭而能讓)。

〔6〕嗛,通"謙"。《周易·謙卦》:"謙謙君子。"這是説謙而又謙,極言其謙退。

〔7〕益,增益。四益,《周易·謙卦》:"天道虧盈而益謙,地道變盈而流謙,鬼神害盈而福謙,人道惡盈而好謙。"(變盈流謙,依舊説是丘陵川谷之屬,高者漸下,下者漸高。)按:這跟道家所提倡的柔道是一致的,所以班固用來説明道家。

〔8〕放,放任,指無爲。

〔9〕弃,同"棄"。道家主張純任自然,反對仁義禮法;鼓吹無知識,反對學問。老子有以下這些話:"絕聖棄智,民利百倍;絕仁棄義,民復孝慈。""法令滋彰,盜賊多有。""絕學無憂。"莊子在這方面有更多的發揮。

陰陽家者流[1],蓋出於羲和之官[2]。敬順昊天[3],歷象日月星辰[4],敬授民時[5]。此其所長也。及拘者爲之[6],則牽於禁忌[7],泥於小數[8],舍人事而任鬼神[9]。

[1]陰陽家,研究陰陽律曆的一個學派。

[2]羲和,羲氏、和氏,相傳爲上古世掌天地四時的官。《尚書·堯典》:"乃命羲和,欽若昊天,曆象日月星辰,敬授民時。"(欽,敬。若,順。)

[3]昊(hào)天,就是天。昊,大。

[4]歷,通"曆",紀載曆法的書。象,觀測天文的儀器。"歷""象"在這裏用如動詞,指推曆觀象。

[5]敬,慎。時,天時,包括年、月、日、晦、朔、弦、望、四季、節氣等。

[6]拘,固執不通。

[7]牽,牽制。禁忌,有關吉凶的忌諱。後來陰陽家更講擇日占星等迷信的事,禁忌很多。

[8]泥(nì),拘泥,拘執。數,術。小數,有關禁忌的小術。

[9]任,聽憑。

法家者流,蓋出於理官[1]。信賞必罰[2],以輔禮制。《易》曰:"先王以明罰飭法[3]。"此其所長也。及刻者爲之[4],則無教化,去仁愛,專任刑法,而欲以致治;至於殘害至親,傷恩薄厚[5]。

[1]理官,審理獄訟的官,即法官。

[2]信,誠。必,果。兩個詞都用如動詞。

[3]飭,整頓。這句話見於《周易·噬嗑(shì hé)卦》,但"飭"作"勑"。

[4]刻,刻薄,仁厚的反面。

[5]薄厚,使仁厚變爲刻薄。

名家者流[1],蓋出於禮官[2]。古者名位不同,禮亦異數〔3〕。孔子曰〔4〕:"必也,正名乎? 名不正則言不順,言不順則事不成。"此其所長也。及謷者爲之〔5〕,則苟鉤鈲析亂而已〔6〕。

〔1〕名家,戰國時代的一個學派。這個學派企圖用比較嚴密的推理方式來辯論問題,但是也有詭辯的傾向。

〔2〕禮官,古代掌禮儀的官。

〔3〕數,這裏指差等。

〔4〕見《論語·子路》。參看第一册 194 頁。

〔5〕謷(jiào),挑剔,找岔子。

〔6〕鉤,取。鈲(pī),破。鉤鈲,鉤取出詭怪的道理而破壞名實。析亂,分析得支離破碎而淆亂名實。

墨家者流,蓋出於清廟之守〔1〕。茅屋采椽〔2〕,是以貴儉;養三老五更〔3〕,是以兼愛;選士大射〔4〕,是以上賢〔5〕;宗祀嚴父〔6〕,是以右鬼〔7〕;順四時而行,是以非命〔8〕;以孝視天下〔9〕,是以上同〔10〕。此其所長也。及蔽者爲之〔11〕,見儉之利,因以非禮;推兼愛之意,而不知别親疏。

〔1〕清廟,宗廟,宗廟肅然清静,所以稱爲清廟。守字是官字之誤(依余嘉錫説)。

〔2〕采,木名,即櫟(lì)木。

〔3〕三老五更,古代天子以父兄之禮養三老、五更各一人。更當作叟(依錢大昕説,見《潛研堂文集》卷十一)。

〔4〕選士,相傳周代有選士的制度。《禮記·王制》:"命鄉論秀士,升之司徒,曰選士。"大射,古射禮之一。據説諸侯將有祭祀之事,與羣臣射,屢中者得參與祭祀,否則不得參與。

〔5〕上,通"尚"。墨子主張選擇賢者居上位,就是天子也不應世襲而

應由萬民選擇。

〔6〕宗祀，廟祭。

〔7〕右，等於説尊尚。墨家信鬼神，尊尚鬼神。

〔8〕非命，反對天命之説。

〔9〕視，通"示"。

〔10〕上同，指與在上者取得一致，然後天下太平。墨子主張上同於鄉長、國君、天子，最後上同於天。

〔11〕蔽，見解不全面。

從橫家者流〔1〕，蓋出於行人之官〔2〕。孔子曰〔3〕："誦詩三百，使於四方，不能專對〔4〕，雖多，亦奚以爲！"又曰："使乎！使乎〔5〕！"言其當權事制宜〔6〕，受命而不受辭〔7〕。此其所長也。及邪人爲之，則上詐諼而棄其信〔8〕。

〔1〕從橫家，指策辯之士。本來春秋時代的使臣就很講究辭令。戰國時代，蘇秦、張儀合從連橫，以雄辯的語言遊説諸侯。從此策辯之士自成一家，叫做縱橫家。從(zòng)，後來寫作"縱"。

〔2〕行人，《周禮》有大行人、小行人，掌朝覲聘問之事，類似後世的外交官。

〔3〕見《論語·子路》。原文於"誦詩三百"後，尚有"授之以政，不達"。

〔4〕春秋時代，使者出使四方，有會同之事，常引用《詩經》的詩句以見意，所以做外交官要熟讀《詩經》。專對，獨自應對。

〔5〕《論語·憲問》："蘧伯玉使人於孔子，孔子與之坐而問焉。曰：'夫子何爲？'對曰：'夫子欲寡其過而未能也。'使者出，子曰：'使乎！使乎！'""使乎！使乎！"是孔子贊美使者的話。

〔6〕權事制宜，權衡事實做合適的對策。

〔7〕大意是：只從國君那裏接受出使的命令而不接受應對的話。《公羊傳莊公十九年》："聘禮，大夫受命不受辭。"

〔8〕上,通"尚"。諼(xuān),詐。

雜家者流〔1〕,蓋出於議官〔2〕。兼儒墨,合名法,知國體之有此〔3〕,見王治之無不貫〔4〕。此其所長也。及盪者爲之〔5〕,則漫羨而無所歸心〔6〕。

〔1〕雜家,不主一說而糅合諸家之說的一個學派,其學說以《呂氏春秋》《淮南子》所表現的思想爲代表。

〔2〕議官,諫議之官。

〔3〕國體,治國之法。此,指儒、墨、名、法諸家的學說。

〔4〕王治,王者的政治。無不貫,對各家學說無不貫通。

〔5〕盪者,學識浮泛的人。盪,通"蕩"。

〔6〕漫羨(yǎn),即漫衍,指牽涉面很廣而抓不住要點。無所歸心,等於說使人心沒有歸宿。

農家者流,蓋出於農稷之官〔1〕。播百穀,勸耕桑,以足衣食。故八政一曰食,二曰貨〔2〕。孔子曰:"所重民食〔3〕。"此其所長也。及鄙者爲之〔4〕,以爲無所事聖王,欲使君臣竝耕〔5〕,誖上下之序〔6〕。

〔1〕農稷之官,周的始祖棄在堯時做稷官,號曰"后稷"。

〔2〕八政,《尚書·洪範》:"農用八政(農,厚)……一曰食(教民勤於農耕),二曰貨(教民實用貨物),三曰祀(教民敬鬼神),四曰司空(主使民安居),五曰司徒(主教民以禮義),六曰司寇(主治姦盜),七曰賓(教民以禮待賓客),八曰師(建立軍隊)。"食列在第一項,表明八政以食爲先。

〔3〕見《論語·堯曰》。意思是:治理國家,所重的是人民和吃的東西。本文引用這句話,重點只在食上。

〔4〕鄙者,鄙野的人,實指主張親自參加農業勞動的人。儒家認爲參加農業勞動是鄙事,含有輕視之意。

〔5〕竝,同"並"。《孟子·滕文公上》中的許行就是一位農家,主張君臣

並耕而食。

〔6〕誖(bèi)，擾亂。

小説家者流〔1〕，蓋出於稗官〔2〕。街談巷語、道聽塗説者之所造也。孔子曰〔3〕："雖小道〔4〕，必有可觀者焉。致遠恐泥〔5〕，是以君子弗爲也。"然亦弗滅也。閭里小知者之所及〔6〕，亦使綴而不忘〔7〕，如或一言可采，此亦芻蕘狂夫之議也〔8〕。

〔1〕小説，我國上古所説的"小説"和現代所説的"小説"，涵義不同。在上古，凡記載下來的街談巷語，都叫做小説。

〔2〕稗(bài)官，負責記述閭巷風俗的官。

〔3〕見《論語·子張》，但現在的《論語》作"子夏曰"。又，"弗爲"作"不爲"。

〔4〕小道，小的道理。按《論語》原意當解作"小技藝"。《漢書》引用時，只當小道理講，用來説明小説家。

〔5〕這是説：小道用在遠大的事業上就窒礙不通了。泥(nì)，阻滯。

〔6〕里巷裏知識淺薄的人所看到的道理。

〔7〕綴，聯綴，這裏指聯綴辭句記錄下來。

〔8〕芻蕘，割草打柴。這裏泛指一般平民。

凡諸子百八十九家，四千三百二十四篇。

諸子十家，其可觀者九家而已〔1〕，皆起於王道既微，諸侯力政〔2〕，時君世主，好惡殊方。是以九家之説，蠭出竝作〔3〕，各引一端，崇其所善，以此馳説，取合諸侯。其言雖殊，辟猶水火〔4〕，相滅亦相生也；仁之與義，敬之與和，相反而相成也。《易》曰〔5〕："天下同歸而殊塗，一致而百慮〔6〕。"今異家者，各推所長，窮知究慮〔7〕，以明其指[8]，雖有蔽短[9]，合其要歸[10]，亦六經之支與流裔[11]。使其人遭明王聖主，得其所折中[12]，皆股肱之材已[13]。仲尼有言："禮失而求諸野[14]。"方今去聖久遠，道術缺廢，無所更索，彼九家者不猶瘉於野乎[15]？若能修六藝之術[16]，而觀此九家之言，舍短取長，則可以通萬方之略矣[17]。

〔1〕九家，指除小説家以外的九家。

〔2〕政，通"征"。力政，以武力相征伐。

〔3〕蠭，同"蜂"。蠭出，像羣蜂紛飛似的出現了。

〔4〕辟(pì)，比喻，後來寫作"譬"。

〔5〕見《周易·繫辭下》。

〔6〕同一個目的地，可以有不同的途徑；同一個目標，可以有不同的考慮。

〔7〕大意是用盡心思。窮、究，都是盡。

〔8〕指，通"旨"，宗旨。

〔9〕蔽，蔽塞，對某方面的道理蔽塞不通。

〔10〕要，主要的道理。歸，歸宿，目的。

〔11〕支，分支。流裔(yì)，末流。

〔12〕折中，調節過與不及，使合乎中道。

〔13〕股，大腿。肱(gōng)，上胳膊。人體靠股肱來活動，用以比喻輔佐之臣。

〔14〕野，指民間。

〔15〕瘉，通"愈"，勝。

〔16〕六藝，這裏指六經。

〔17〕就可以通曉天下一切道術了。萬方，指天下。略，道術。

霍 光 傳[1]

霍光，字子孟，票騎將軍去病弟也[2]。父中孺，河東平陽人也〔3〕，以縣吏給事平陽侯家〔4〕，與侍者衞少兒私通而生去病。中孺吏畢歸家〔5〕，娶婦生光，因絕不相聞〔6〕。久之，少兒女弟子夫得幸於武帝〔7〕，立爲皇后，去病以皇后姊子貴幸。既壯大，迺自知父爲霍中孺，未及求問。會爲票騎將軍，擊匈奴，道出河東。河東太守郊迎，負弩矢先驅。至平陽傳舍，遣吏迎霍中孺。中孺趨入拜謁，將軍迎拜，因跪曰：“去病不早自知爲大人遺體也〔8〕。”中孺扶服叩頭〔9〕，曰：“老臣得託命將軍，此天力也。”去病大爲中孺買田宅奴婢而去。還，復過焉〔10〕，迺將光西至長安〔11〕。時年十餘歲。任光爲郎〔12〕，稍遷諸曹侍中〔13〕。去病死，後光爲奉車都尉、光禄大夫〔14〕，出則奉車，入侍左右。出入禁闥二十餘年〔15〕，小心謹慎，未嘗有過，甚見親信。

〔1〕《漢書》霍光和金日磾（mì dī）同傳，這裏選的是《霍光傳》的一部分（約刪去三分之一）。這篇傳記主要寫霍光受漢武帝託孤後，經過複雜尖銳的鬭爭，完成了輔昭帝、廢昌邑王、立宣帝這三件大事，通過這三件事就把霍光的一生很形象地刻畫出來。霍光的“沈静詳審”的性格，是貫穿全文的一條線索，廢昌邑王的奏文中，表現出他詳盡地掌握了昌邑王放縱自恣的實情，更突出了他這一特點。作者大力稱譽霍光對漢王朝的忠誠，但也指出霍氏黨親連體、盤踞朝廷，伏下了霍氏覆滅之機。文中有些地方寫得十分細緻生動，有聲有色，使人物躍然紙上。

〔2〕票騎將軍，官名，位次丞相，主征伐。去病，姓霍，漢武帝時爲票姚校尉，曾六次出擊匈奴，立了很多戰功，拜票騎將軍，封冠軍侯。後人稱爲“霍票姚”。票騎，後來寫作驃騎。票姚，後來寫作嫖姚。

〔3〕中,通"仲"。河東,郡名,今山西境内黄河以東之地。平陽,縣名,故城在今山西臨汾縣西北。

〔4〕以縣吏,憑着縣吏的身份。給事,供事,等於説供使唤,平陽侯,曹參的後人。

〔5〕吏畢,在平陽侯家給事完畢。

〔6〕絶,斷絶關係。

〔7〕女弟,即妹。子夫,少兒女弟的名字。幸,寵愛。

〔8〕遺體,留下來的身體,這是説子女的身體是父母留下來的。

〔9〕扶服,同"匍匐"。

〔10〕過,等於説探望。

〔11〕將,帶着。

〔12〕任,保舉。漢制:吏二千石以上視事滿三年,得保舉弟或子一人爲郎。

〔13〕稍,逐漸。遷,升官。諸曹,即左右曹。諸曹、侍中都是加官名。

〔14〕奉車都尉,官名,掌皇帝所乘的車駕。皇帝出行時,要隨車駕侍奉。光禄大夫,漢武帝太初元年,郎中令改爲光禄勳,郎中令屬下的中大夫改爲光禄大夫,掌顧問應對。這是説霍光做了奉車都尉兼光禄大夫。

〔15〕闥(tà),門。禁闥,皇宫中的門。皇帝所居之處,門禁森嚴,所以叫禁闥。

征和二年〔1〕,衞太子爲江充所敗〔2〕,而燕王旦、廣陵王胥皆多過失〔3〕。是時,上年老,寵姬鉤弋趙倢伃有男〔4〕,上心欲以爲嗣,命大臣輔之。察羣臣,唯光任大重〔5〕,可屬社稷〔6〕。上迺使黄門畫者畫周公負成王朝諸侯以賜光〔7〕。

後元二年春〔8〕,上游五柞宫〔9〕,病篤。光涕泣問曰:"如有不諱〔10〕,誰當嗣者?"上曰:"君未諭前畫意邪[11]！立少子，君行周公之事。"光頓首讓曰："臣不如金日磾[12]。"日磾亦曰："臣外國人，不如光。"上以光爲大司馬大將軍[13]，日磾爲車騎將軍，及太僕上官桀爲左將軍[14]，搜粟都尉桑弘羊爲御史大夫[15]。皆拜臥內牀下[16]，受遺詔輔少主。明日，武帝崩，太子襲尊號[17]，是爲孝昭皇帝。帝年八歲，政事壹決於光[18]。

〔1〕征和二年，武帝即位的第五十年，當公元前91年。

〔2〕衞太子，名據，衞皇后所生，所以稱衞太子；諡戾，所以又稱戾太子。江充，字次倩(qiàn)，邯鄲人。武帝拜他爲直指繡衣使者(直接受皇帝調度的司法官吏)，因事和太子不和。征和二年，武帝病，充見武帝年老，恐武帝死後自己爲太子所殺，因而想陷害太子，奏稱武帝的病是由於巫蠱。(巫用呪詛之術爲蠱來害人。蠱音gǔ，毒害人的東西。)於是武帝派江充爲使者，查辦巫蠱。江充在太子宮裏掘蠱，誣稱掘得桐木人。太子很害怕，把江充殺了。丞相劉屈氂(lí)領兵攻太子，太子兵敗，逃到湖縣〔在今河南舊閿(wén)鄉縣東〕。後來被地方官發覺，自縊而死。敗，敗壞。

〔3〕燕王旦，武帝第三子。衞太子死，武帝次子齊王閎(hóng)又早死，旦自以爲按次第當立爲太子，於是上書請求到京在宮禁中值宿護衞。這實際是一種表面的措辭。武帝很生氣，把他的使者下到獄裏。後又因隱藏亡命徒而犯法，武帝對他更加憎惡。本文所說"多過失"，當指此。廣陵王胥，武帝第四子，行爲放蕩，不守法度，所以也說他"多過失"。

〔4〕鉤弋(yì)趙倢伃(jié yú)，昭帝(名弗陵)的母親。鉤弋，宮名。倢伃，同"婕妤"，女官名，位同上卿，爵比列侯。趙倢伃住鉤弋宮，所以稱"鉤弋趙倢伃"。

〔5〕任，擔當得了。大，指大事。重，指重要的任務。

〔6〕屬社稷，拿社稷委託他。

〔7〕黃門,官署名,有黃門侍郎等官,專門在宮内服務,侍奉皇帝。畫者,畫工。

〔8〕後元,漢武帝的最後一個年號。後元二年,當公元前 87 年。

〔9〕五柞(zuò)宮,漢時的離宮(行宮),在今陝西周至縣東南。

〔10〕不諱,不可避諱的事,指死。

〔11〕諭,同"喻",明白,了解。

〔12〕金日磾,字翁叔,原是匈奴休屠王的太子。武帝元狩(公元前122—公元前117 年)年間,昆邪王殺休屠王降漢,日磾和他母親、弟弟都被收入漢廷,在黃門養馬。後被武帝重用。莽何羅謀殺武帝,日磾擒殺何羅,因功封秺(dù)侯,又拜爲車騎將軍。

〔13〕大司馬,是冠於將軍之上的加銜,有了這個加銜,就可以輔朝政。

〔14〕上官桀,字少叔,隴西上邽(今甘肅天水縣。邽音 guī)人。左將軍,官名,位次上卿,主征伐。

〔15〕搜粟都尉,官名,負責催索軍糧。桑弘羊,洛陽人。

〔16〕卧内,卧室。

〔17〕襲尊號,承襲皇帝這個尊號。

〔18〕壹,一切。

先是,後元年〔1〕,侍中僕射莽何羅與弟重合侯通謀爲逆〔2〕。時光與金日磾、上官桀等共誅之〔3〕,功未録〔4〕。武帝病,封璽書曰〔5〕:"帝崩,發書以從事〔6〕。"遺詔封金日磾爲秺侯〔7〕,上官桀爲安陽侯〔8〕,光爲博陸侯〔9〕,皆以前捕反者功封。時衞尉王莽子男忽侍中〔10〕,揚語曰〔11〕:"帝病,忽常在左右,安得遺詔封三子事?羣兒自相貴耳。"光聞之,切讓王莽〔12〕。莽酖殺忽〔13〕。

〔1〕先是,在這以前。後元年,等於說後元元年,當公元前 88 年。

〔2〕侍中僕射(yè),官名,是領導侍中的。莽何羅,本姓馬,"馬"和"莽"音近。馬何羅是東漢明帝皇后的先人,馬后憎惡她的先人謀反,

因而將何羅改姓莽。重合,縣名,故城在今山東樂陵縣西,馬通封在這裏。

〔3〕共誅之,實際是霍光和上官桀捕斬馬通,金日磾擒殺莽何羅(見《漢書》的《昭帝紀》和《金日磾傳》)。這裏説光等三人共誅之,是籠統的説法。

〔4〕功未録,功績没有登記,等於説没有計功行賞。

〔5〕璽(xǐ),印,自秦以後專指皇帝的印。璽書,封口處蓋有皇帝印記的詔書。

〔6〕發,打開。從事,這裏指依照璽書的指示辦事。

〔7〕稑(dù),縣名,故城在今山東成武縣西北。

〔8〕安陽,縣名,故城在今河南正陽縣西南。

〔9〕博陸,在今北京市密雲縣東南。霍光的封號雖是博陸,他的采邑却是北海、河間、東郡(都是郡名)。

〔10〕衞尉,官名,九卿之一,掌管宮門衞屯兵,負責保衞宮城。王莽,字稚叔,天水人,與西漢末年的王莽不是一個人。

〔11〕揚語,把話宣揚出去。

〔12〕切,深切地。讓(rǎng),責問。

〔13〕酖(zhèn),用鴆鳥的羽毛泡成的毒酒。

光爲人沈静詳審〔1〕;長財七尺三寸〔2〕,白皙〔3〕,疏眉目〔4〕,美須顏〔5〕。每出入,下殿門,止進有常處〔6〕。郎、僕射竊識視之〔7〕,不失尺寸。其資性端正如此〔8〕。初輔幼主,政自己出,天下想聞其風采〔9〕。

殿中嘗有怪,一夜羣臣相驚,光召尚符璽郎〔10〕。郎不肯授光,光欲奪之。郎按劍曰:"臣頭可得,璽不可得也!"光甚誼之〔11〕。明日,詔增此郎秩二等〔12〕。衆庶莫不多光〔13〕。

〔1〕沈静,穩重。詳審,審慎。

〔2〕財,通"纔"。

〔3〕皙(xī),膚色白。

〔4〕疏,等於説疏朗。疏眉目,眉毛疏淡,眼睛明亮。

〔5〕須,鬚,嘴下邊的鬍子。古書中"鬚"本作"須","鬚"是後起字。顔
(rán),同"髯",兩頰上的鬍子。

〔6〕止,停步。進,行進。常處,一定的地點。

〔7〕識(zhì),記住。

〔8〕資性,天性。

〔9〕想,想望,希冀。聞,等於説知道。風采,風度文采。

〔10〕尚符璽郎,官名,屬符節令,掌管皇帝的印璽符節。王先謙説,這
句下應據《資治通鑑》補"欲收取璽"四字,才與下文連貫。

〔11〕誼,通"義",意動用法。

〔12〕秩,官吏的禄位。

〔13〕衆庶,老百姓。

光與左將軍桀結婚相親〔1〕,光長女爲桀子安妻,有
女,年與帝相配〔2〕。桀因帝姊鄂邑蓋主,内安女後宮爲
倢伃〔3〕。數月,立爲皇后。父安爲票騎將軍,封桑樂侯。
光時休沐出〔4〕,桀輒入代光決事。桀父子既尊盛,而德
長公主〔5〕。公主内行不修〔6〕,近幸河間丁外人〔7〕。
桀、安欲爲外人求封,幸依國家故事以列侯尚公主者〔8〕,
光不許。又爲外人求光禄大夫,欲令得召見,又不許。長
主大以是怨光。而桀、安數爲外人求官爵弗能得,亦慙。
自先帝時,桀已爲九卿,位在光右〔9〕。及父子並爲將軍,
有椒房中宮之重〔10〕,皇后親安女〔11〕,光迺其外祖,而顧
專制朝事,緣是與光争權〔12〕。燕王旦自以昭帝兄〔13〕,常
懷怨望。及御史大夫桑弘羊建造酒榷鹽鐵〔14〕,爲國興

利,伐其功,欲爲子弟得官,亦怨恨光。於是蓋主、上官桀、安及弘羊皆與燕王旦通謀,詐令人爲燕王上書言:"光出,都肄郎、羽林[15],道上稱蹕[16],太官先置[17]。"又引[18]:"蘇武前使匈奴,拘留二十年不降,還迺爲典屬國[19],而大將軍長史敞亡功爲搜粟都尉[20],又擅調益莫府校尉[21]。光專權自恣,疑有非常[22]。臣旦願歸符璽,入宿衛,察姦臣變[23]。"候司光出沐日奏之[24]。桀欲從中下其事[25],桑弘羊當與諸大臣共執退光[26]。書奏,帝不肯下。

〔1〕結婚,結爲兒女親家。婦之父母與夫之父母相稱爲婚姻。

〔2〕相配,等於説相當。據《昭帝紀》,這時昭帝十二歲。又據《外戚傳》,這時上官皇后才六歲。

〔3〕因,依靠。鄂邑蓋主,武帝長女,封爲鄂邑長公主(鄂邑,今湖北鄂城縣);因她嫁給蓋侯,所以又稱蓋主。昭帝是她撫養長大的。内(nà),送進去,後來寫作"納"。

〔4〕時,按時。休沐,指休假沐浴的日子。漢制,中朝官(大司馬、左右前後將軍、侍中、左右曹、諸吏、散騎、中常侍)每五天可回私宅休沐一次。

〔5〕德,用如動詞,感恩。

〔6〕内行,等於説私生活。不修,等於説不檢點。

〔7〕近幸,親近而寵幸。丁外人,姓丁,名外人。這話是説公主與丁外人私通。

〔8〕幸,希望。故事,舊例。列侯,見本册732頁注〔31〕。這話的大意是:希望按照國家以列侯的身份娶公主爲妻的舊例,封丁外人爲列侯,但丁並不是長公主的丈夫,所以霍光不答應。

〔9〕九卿,漢時爲奉常(太常)、郎中令(光禄勳)、衛尉、太僕、廷尉、典

過自新,伊尹又把他接回,讓他執政。

〔5〕引,援引,這裏有提拔薦舉的意思。給(jǐ)事中,加官名,因供職於宮中,所以叫給事中。掌顧問應對。

〔6〕陰,暗中。車騎將軍,官名,位次上卿。張安世,字子孺,昭帝時封富平侯。

〔7〕中二千石,漢制,官吏按所得俸祿的多寡,分爲若干等級。中二千石月俸百八十斛穀。九卿及御史大夫、執金吾都是中二千石,這裏的中二千石即指這些官。大夫,官名,掌論議,屬光祿勳。博士,官名,掌通曉古今事物,國有疑事,備問對,屬太常。未央宮,漢宮名。

〔8〕鄂(è),通"愕",驚訝。

〔9〕唯唯,象聲詞,答應的聲音。

〔10〕羣下,指臣民。鼎沸,像鼎中的開水那樣沸騰着,比喻人心不安。

〔11〕諡常爲孝,漢代自惠帝起,每個皇帝的諡號都加一個"孝"字,如武帝的全稱是"孝武皇帝"。

〔12〕血食,見本冊 730 頁注〔4〕。

〔13〕絶祀,斷絶祭祀,等於説亡國。

〔14〕旋踵,轉動腳跟向後退。不得旋踵,等於説不得躊躇。

〔15〕謝,謝罪。

〔16〕九卿,這裏指田延年,因田延年是大司農,爲九卿之一。

〔17〕匈匈,同"洶洶",紛擾不安的樣子。

〔18〕受難,受責難。

〔19〕等於説"唯大將軍之令是從"。

光即與羣臣俱見白太后〔1〕,具陳昌邑王不可以承宗廟狀〔2〕。皇太后迺車駕幸未央承明殿〔3〕,詔諸禁門,毋內昌邑羣臣〔4〕。王入朝太后還,乘輦欲歸温室〔5〕。中黃門宦者各持門扇〔6〕,王入,門閉。昌邑羣臣不得入。王曰:"何爲?"大將軍跪曰:"有皇太后詔,毋內昌邑羣臣。"王曰:"徐之[7],何迺驚人如是!"

　　光使盡驅出昌邑羣臣,置金馬門外[8]。車騎將軍安世將羽林騎收縛二百餘人,皆送廷尉、詔獄[9]。令故昭帝侍中、中臣侍守王[10]。光敕左右[11]:"謹宿衞!卒有物故自裁[12],令我負天下,有殺主名。"王尚未自知當廢,謂左右:"我故羣臣從官安得罪,而大將軍盡繫之乎?"頃之,有太后詔召王。王聞召,意恐,迺曰:"我安得罪而召我哉?"

〔1〕見白太后,謁見太后並向太后稟白。

〔2〕具陳,詳盡地陳述。

〔3〕幸,太后到哪裏去也叫做幸。承明殿,在未央宮中,是皇帝召見儒生學士的地方。

〔4〕内(nà),放進來,後來寫作"納"。昌邑羣臣,昌邑王原有的羣臣。

〔5〕温室,即温室殿,在未央宮中,是冬日取暖的地方。

〔6〕中黄門宦者,住在宮禁裏在黄門内服役的宦官。黄門,因宮門是黄的,所以叫黄門。持,把持着。

〔7〕徐之,等於説慢一點。

〔8〕金馬門,未央宮前有銅馬,所以未央宮門叫金馬門。

〔9〕廷尉,官名,掌刑法。詔獄,監獄的一種,專門拘禁皇帝特旨交審的罪犯。這種罪犯,漢代都由司空負責審判。一般罪犯則由廷尉審判。

〔10〕中臣侍,當作中常侍(依朱一新、王先謙説,見《漢書補注》),加官名。

〔11〕敕(chì),告誡。

〔12〕卒,倉卒。物故,等於説死亡。自裁,自殺。

　　太后被珠襦[1],盛服坐武帳中[2]。侍御數百人〔3〕,皆持兵;期門武士陛戟陳列殿下〔4〕。羣臣以次上殿,召昌邑王伏前聽詔。光與羣臣連名奏王。尚書令讀奏曰〔5〕:"丞相臣敞、大司馬大將軍臣光、車騎將軍臣安世、度遼將軍臣明友〔6〕、前將軍臣增〔7〕、後將軍臣充國〔8〕、御史大夫臣誼〔9〕、宜春侯臣譚〔10〕、當塗侯臣聖〔11〕、隨桃侯臣昌樂〔12〕、杜侯臣屠耆堂〔13〕、太僕臣延年〔14〕、太常臣昌〔15〕、大司農臣延年〔16〕、宗正臣德〔17〕、少府臣樂成〔18〕、廷尉臣光〔19〕、執金吾臣延壽〔20〕、大鴻臚臣賢〔21〕、左馮翊臣廣明〔22〕、右扶風臣德〔23〕、長信少府臣嘉〔24〕、典屬國臣武〔25〕、京輔都尉臣廣漢〔26〕、司隸校尉臣辟兵〔27〕、諸吏文學光祿大夫臣遷、臣畸、臣吉、臣賜、臣管、臣勝、臣梁、臣長幸、臣夏侯勝〔28〕、太中大夫臣德、臣卬〔29〕,昧死言皇太后陛下〔30〕:臣敞等頓首死罪。天子所以永保宗廟、總壹海内者〔31〕,以慈孝禮誼賞罰爲本。孝昭皇帝早棄天下,亡嗣。臣敞等議,禮曰:'爲人後者,爲之子也。'〔32〕昌邑王宜嗣後。遣宗正、大鴻臚、光祿大夫奉節〔33〕,使徵昌邑王。典喪〔34〕,服斬縗〔35〕,亡悲哀之心,廢禮誼。居道上〔36〕,不素食。使從官略女子〔37〕,載衣車〔38〕,内所居傳舍。始至,謁見〔39〕,立爲皇太子,常私買雞豚以食。受皇帝信璽、行璽大行前〔40〕,就次發璽不封〔41〕。從官更持節引内昌邑從官、騶宰、官奴二百餘人〔42〕,常與居禁闥内敖戲〔43〕。自之符璽〔44〕,取節十六〔45〕。朝暮臨〔46〕,令從官更持節從〔47〕。爲書曰〔48〕:

‘皇帝問侍中君卿[49]。使中御府令高昌奉黃金千斤賜君卿取十妻[50]。’大行在前殿，發樂府樂器[51]，引内昌邑樂人，擊鼓歌吹作俳倡[52]。會下還[53]，上前殿，擊鐘磬。召内泰壹、宗廟樂人[54]，輦道牟首[55]，鼓吹歌舞，悉奏衆樂。發長安廚三太牢具祠閣室中[56]。祀已，與從官飲啗[57]。駕法駕皮軒鸞旗[58]，驅馳北宫、桂宫[59]，弄彘鬭虎。召皇太后御小馬車[60]，使官奴騎乘，遊戲掖庭中[61]。與孝昭皇帝宫人蒙等淫亂[62]，詔掖庭令敢泄言[63]，要斬[64]。”

太后曰：“止！爲人臣子，當悖亂如是邪！”王離席伏。

〔1〕珠襦，用珍珠穿成的短上衣。

〔2〕武帳，帷帳中設置五兵（矛、戟、鉞、楯、弓矢），所以叫武帳。

〔3〕侍御，守衛在左右的侍從。

〔4〕期門，官名，掌執兵器隨從皇帝，屬光禄勳。陛，宫殿的臺階，名詞作狀語。戟，用如動詞，拿着戟。陛戟，在殿階下拿着戟來護衛。

〔5〕尚書令，官名，掌管文書，屬少府。

〔6〕明友，姓范，霍光的女婿，因擊氏及烏桓有功，拜度遼將軍，後封平陵侯。

〔7〕前將軍，官名，位上卿，主征伐。增，姓韓，襲父封爲龍頟（è）侯，昭帝時拜前將軍。

〔8〕充國，姓趙，武帝時破匈奴有功。宣帝時因功封營平侯。

〔9〕誼，姓蔡，誼又作義。因通經爲霍光幕府中人物，後來代替楊敞爲丞相，封陽平侯。

〔10〕譚，姓王，襲父封爲宜春侯。

〔11〕聖，姓魏，襲父封爲當塗侯。

〔12〕昌樂,姓趙,故蒼梧王趙光的兒子,光降漢,封隨桃侯,昌樂襲父封。

〔13〕屠耆(zhǐ)堂,本胡人,他祖父復陸支降漢,從霍去病有軍功,封杜侯。

〔14〕延年,姓杜,昭帝時因揭發上官桀的逆謀,封建平侯。

〔15〕太常,掌宗廟禮儀。昌,姓蘇,封蒲侯。

〔16〕延年,即田延年。

〔17〕德,即劉德。

〔18〕樂成,即史樂成。

〔19〕光,姓李。

〔20〕執金吾,官名,負責京師的治安。“吾”是大棒的名稱,棒是銅的,所以叫“金吾”。巡邏時,手拿金吾,因而把“執金吾”作爲官名(參用崔豹及俞樾説)。延壽,姓李。

〔21〕賢,姓韋,通《詩》、《禮》、《尚書》,曾教昭帝讀《詩》。後來代蔡誼爲丞相。

〔22〕左馮翊,官名,與京兆尹、右扶風分治京畿地區,叫做三輔。廣明,姓田。

〔23〕右扶風,官名。德,姓周。

〔24〕長信少府,官名,掌皇太后宫。太后居長信宫,所以叫長信少府。嘉,不知其姓。

〔25〕武,即蘇武。

〔26〕京輔都尉,官名,屬中尉。廣漢,姓趙,昭帝時著名的能吏。

〔27〕司隸校尉,官名,掌巡察京師及近郊,察舉百官以下及京師近郊犯法者。辟兵,不知其姓。

〔28〕諸吏文學光禄大夫,概括下文九人的官職,或爲諸吏,或爲文學(學習經術的儒生),或爲光禄大夫。遷,姓王。畸,姓宋。吉,即丙吉。賜、管、勝、梁、長幸,都不知其姓。夏侯勝,字長公,以治《尚書》著名,和他從兄的兒子建,並稱爲大小夏侯。

〔29〕德,不知其姓。卬(áng),趙充國的兒子。

〔30〕昧死,冒着死罪。

〔31〕總壹,統一。

〔32〕禮,指《儀禮》,但今本《儀禮》無所引二句,今本《禮記》亦無,只見
　　　於《公羊傳成公十五年》。爲人後者,指出繼於人,做人家的後嗣
　　　的人。

〔33〕奉節,指拿着太后所給的旄節(表示奉太后之命)。

〔34〕典,主。典喪,主持喪事,這裏是説作爲喪主。

〔35〕斬縗(cuī),用最粗的生麻布做的孝衣,衣的下邊不用綫縫,是喪服
　　　中最重的。

〔36〕居道上,指在來京師的道上。

〔37〕從官,侍從的官吏。略,通“掠”。

〔38〕衣車,後面有帷幔遮蔽,前面有門可開可閉的車(依孫詒讓説,見
　　　《周禮正義·春官·巾車》)。

〔39〕始至,指剛到京師。謁見,指謁見太后。

〔40〕信璽、行璽,漢初,皇帝有三璽,天子之璽,皇帝自己佩帶着,信璽、
　　　行璽,存放在符節臺(掌管符節印璽的官署)。大行前,指昭帝的
　　　靈柩前。

〔41〕次,指所居之位。發璽,打開封匣取出璽來。這話是説昌邑王這
　　　種行爲是極不嚴肅的。

〔42〕更(gēng),輪流更替。引,招引。驺宰,管馬厩的人。官奴,被没
　　　收在官府中的奴隸。

〔43〕敖戲,遊戲。

〔44〕之,動詞。符璽,指藏符璽的官署。

〔45〕節,符節。

〔46〕臨(lìn),哭,用於哭奠死者。這裏指昌邑王到昭帝的靈柩前去哭。

〔47〕這句是説昌邑王對符節也很不嚴肅。

〔48〕爲書,寫了封信。

〔49〕問,問候。君卿,人名,是昌邑王的侍中。

〔50〕御府令,官名,掌管皇家衣服珍寶財物,屬少府。宦官做這個官,

加"中"字,稱爲中御府令。高昌,人名。

〔51〕樂府,掌管音樂的官署,開始設立於漢武帝時,負責採集歌謠,製定樂譜,訓練樂工。

〔52〕作俳(pái)倡,作俳倡之戲,等於說演戲。

〔53〕下,指昭帝的靈柩下葬。

〔54〕泰壹,即太一,神名。這句是說把祭祀泰壹神和祭祀宗廟時奏樂的樂工召納到後宮。

〔55〕輦道,帝王車駕所行之路。牟首,池名,在上林苑中。這句是說從輦道到牟首。

〔56〕長安廚,官署名。太牢,牛羊豕三牲。具,饌,這裏指祭品。祠,祭祀。閣室,閣道(宮苑中架木以通車的道)旁的屋子。這句的大意是:把長安廚的三份太牢的祭品取出在閣室裏祭祀。

〔57〕啗(dàn),同"啖",吃。

〔58〕法駕,皇帝所乘之車的一種。皮軒,用虎皮作屏障的車。鸞旗,用羽毛編起來列繫橦(旗竿)旁的一種旗子。皮軒、鸞旗都是先行的儀仗。按:法駕只有在祭天和郊祀社稷時才能用。

〔59〕北宮、桂宮,都是漢代的宮名,都在長安城中未央宮北。

〔60〕召,招來,這裏作取來解。皇太后御小馬車,皇太后所用的小馬車。這種車是皇太后在宮中乘着遊玩的。小馬,又名果下馬,高三尺。

〔61〕掖庭,宮殿中的旁舍,這裏作宮庭解。

〔62〕蒙,宮人的名字。

〔63〕掖庭令,宮庭內管宮女的官。

〔64〕要(yāo),腰,後來寫作"腰"。

尚書令復讀曰:"取諸侯王、列侯、二千石綬及墨綬、黃綬以并佩昌邑郎官者免奴〔1〕。變易節上黃旄以赤〔2〕。發御府金錢、刀、劍、玉器、采繒〔3〕,賞賜所與遊戲者。與從官、官奴夜飲,湛沔於酒〔4〕。詔太官上乘輿

食如故[5]。食監奏[6]:‘未釋服[7],未可御故食[8]。’
復詔太官趣具[9],無關食監[10]。太官不敢具,即使從官
出買雞豚,詔殿門內以爲常[11]。獨夜設九賓温室[12],延
見姊夫昌邑關內侯[13]。祖宗廟祠未舉[14],爲璽書,使使
者持節,以三太牢祠昌邑哀王園廟,稱嗣子皇帝[15]。受
璽以來二十七日,使者旁午[16],持節詔諸官署徵發凡千
一百二十七事[17]。文學光禄大夫夏侯勝等及侍中傅嘉
數進諫以過失,使人簿責勝,縛嘉繫獄。荒淫迷惑,失帝
王禮誼,亂漢制度。臣敞等數進諫,不變更,日以益甚。
恐危社稷,天下不安。臣敞等謹與博士臣霸、臣雋舍、臣
德、臣虞舍、臣射、臣倉議[18],皆曰:高皇帝建功業[19],爲
漢太祖[20];孝文皇帝慈仁節儉,爲太宗[21]。今陛下嗣孝
昭皇帝後,行淫辟不軌[22]。《詩》云[23]:‘籍曰未知,亦既
抱子[24]。’五辟之屬,莫大不孝[25]。周襄王不能事
母[26],《春秋》曰:‘天王出居於鄭[27]。’繇不孝出之,絶之
於天下也[28]。宗廟重於君。陛下未見命高廟[29],不可
以承天序,奉祖宗廟,子萬姓[30],當廢。臣請有司御史大
夫臣誼、宗正臣德、太常臣昌[31],與太祝以一太牢具[32],
告祠高廟。臣敞等昧死以聞。”

　　皇太后詔曰:“可!”

〔1〕諸侯王,漢制,皇子封爲王,其實是諸侯,總名之爲諸侯王。諸侯
　　王金印龜(鈕,綠色)綬,列侯金印紫綬,二千石銀印青綬,秩比六百
　　石以上銅印墨綬(墨綬即黑綬),比二百石以上銅印黄綬。者,衍
　　文(依王先謙説)。免奴,被赦免爲良人的奴隷。這句是説昌邑王

拿諸侯王等的印綬給自己的郎官和免奴們佩帶。

〔2〕旄,節上用旄牛尾作的裝飾。這句是説把黄旄改變爲赤旄。

〔3〕御府,宫中藏財物的府庫。采繒(zēng),有文彩的絲織物。

〔4〕湛(chén)沔,同“沈湎”,沈溺,特指沈溺於酒。

〔5〕上,等於説進獻。乘輿,皇帝的代稱。如故,像過去那樣。

〔6〕食監,監管皇帝膳食的人。

〔7〕未釋服,未脱孝服,指居喪未滿。

〔8〕御,皇帝進用叫御。故食,指平日吃的食物。

〔9〕趣,通“促”,急速。

〔10〕關,指通過,經過。

〔11〕殿門,指看守殿門的人。内(nà),使入,後來寫作“納”。

〔12〕設九賓温室,在温室殿中設九賓之禮。九賓,由儐者(司儀)九人
　　　以次傳呼接引上殿。只有接待貴賓才用這種儀式。

〔13〕昌邑關内侯,劉賀做昌邑王時所封的關内侯,這不如皇帝所封的
　　　侯爵級别高。

〔14〕舉,舉行。按制度,新君即位,須在已葬故君三十六日之後,才祭
　　　祀祖先的宗廟,昌邑王即位僅二十多天,所以還没舉行祭祀宗廟
　　　的儀式。

〔15〕昌邑哀王園廟,指昌邑哀王的陵廟。以上是説:昌邑王還没祭祀
　　　祖先的宗廟,先祭自己的父親,是違禮的;既然做了昭帝的嗣子,
　　　再對昌邑王稱“嗣子皇帝”,也是違禮的。

〔16〕旁午,一縱一横爲旁午,表示錯雜。這是説:使者紛紛四出。

〔17〕徵發,指徵發物資。事,量詞,件。

〔18〕霸、德、射、倉,這四人的姓都不詳。雋(juàn)舍、虞舍,這兩人同
　　　名,所以都標出姓來。

〔19〕高皇帝,指漢高祖劉邦。

〔20〕太祖,等於説始祖。“太祖”是廟號,高皇帝的“高”是謚號。

〔21〕太宗,文帝的廟號,“文”是謚號。

〔22〕不軌,不合法度。

孫病已，武帝時有詔掖庭養視[7]，至今年十八，師受《詩》、《論語》、《孝經》[8]。躬行節儉，慈仁愛人。可以嗣孝昭皇帝後，奉承祖宗廟，子萬姓。臣昧死以聞。"

皇太后詔曰："可！"

〔1〕庭，指掖庭。

〔2〕已前不用，已經在先前選立皇帝時不被用。

〔3〕皇曾孫，病已(即宣帝，後改名詢)是武帝的曾孫，所以稱皇曾孫。

〔4〕禮，指《禮記·大傳》。原文是："是故人道親親也。親親故尊祖，尊祖故敬宗。"

〔5〕親親，愛自己的父母。祖，指遠祖。宗，指由遠祖傳下來的較近的上輩親屬。

〔6〕太宗，當爲大宗(依王念孫說，見《讀書雜志》)。貴族之家，父親死後，嫡長子繼嗣，代代相傳，所謂"百世不遷之宗"。帝王則以皇帝之世代相傳爲大宗。昭帝無子，所以說"大宗無嗣"。

〔7〕巫蠱事起，衛太子一支的人，除病已外，全被殺害。後來武帝後悔了，於是命令掖庭令撫養病已。

〔8〕師受，從師傳受。

光遣宗正劉德至曾孫家尚冠里[1]，洗沐，賜御衣[2]。太僕以軨獵車迎曾孫[3]，就齋宗正府[4]。入未央宮見皇太后，封爲陽武侯[5]。已而[6]，光奉上皇帝璽綬，謁於高廟。是爲孝宣皇帝。

明年，下詔曰："夫襃有德，賞元功，古今通誼也。大司馬大將軍光，宿衞忠正[7]，宣德明恩[8]，守節秉誼[9]，以安宗廟。其以河北、東武陽益封光萬七千戶[10]，與故所食凡二萬戶。"賞賜前後黃金七千斤，錢六千萬,雜繒三萬疋,奴婢百七十人,馬二千疋,甲第一區[11]。

　　自昭帝時,光子禹及兄孫雲皆中郎將[12]。雲弟山奉車都尉侍中,領胡越兵[13]。光兩女壻爲東西宮衞尉[14]。昆弟諸壻、外孫皆奉朝請[15],爲諸曹大夫、騎都尉、給事中[16]。黨親連體,根據於朝廷[17]。光自後元秉持萬機[18],及上即位,乃歸政。上謙讓不受,諸事皆先關白光[19],然後奏御天子[20]。光每朝見,上虛己斂容[21],禮下之已甚[22]。光秉政前後二十年。

〔1〕尚冠里,里名,在長安城南。

〔2〕御衣,當作御府衣(依王念孫説,見《讀書雜志》),宮內庫中的衣服。

〔3〕太僕,指杜延年。軨(líng)獵車,一種輕便的小車,這本是射獵所乘的車,所以叫軨獵車。

〔4〕齋,齋戒。修身反省叫做齋,齋必有所戒,所以叫齋戒。宗正府,宗正的衙署。

〔5〕陽武,縣名,故城在今河南原陽縣東南二十八里。按:先封宣帝爲陽武侯,原因是不能立庶人爲皇帝。

〔6〕已而,過了不久。

〔7〕宿衞,指霍光在武帝時宿衞後宮。

〔8〕宣德明恩,宣揚表彰皇帝的恩德。

〔9〕守節,守節操。秉誼,秉持正義。

〔10〕河北,漢時縣名,故城在今山西芮城縣東北。東武陽,縣名,故城在今山東朝城縣西四十里。

〔11〕甲第,最好的宅第。一區,一所。

〔12〕兄,指霍去病。中郎將,官名,宣帝令中郎將統率羽林軍,屬光祿

勳。

〔13〕領胡越兵，統率外族歸附的軍隊。

〔14〕光兩女壻，指范明友和鄧廣漢。范爲未央宮(西宮)衛尉，鄧爲長
　　　樂宮(東宮)衛尉。

〔15〕昆弟諸壻、外孫，指霍光兄弟輩的女婿和外孫。奉朝請，朝廷有事
　　　時即參加朝會。這不是官職，只是一種優遇。

〔16〕騎都尉，官名，統率羽林騎，屬光禄勳。

〔17〕黨親，族黨親戚。連體，連成一體。根據，像樹根一樣盤據着。

〔18〕萬機，等於説萬事，指治理天下的萬事。

〔19〕關白，稟告請示。

〔20〕御，進。

〔21〕斂容，收斂起放逸鬆懈的表情，也就是態度嚴肅莊重起來。

〔22〕禮下之，以禮接待他並且屈居於他之下，表示很謙遜。已甚，太
　　　過。

地節二年春〔1〕，病篤。車駕自臨問光病，上爲之涕
泣。光上書謝恩曰：“願分國邑三千户以封兄孫奉車都尉
山爲列侯，奉兄票騎將軍去病祀。”事下丞相御史，即日拜
光子禹爲右將軍。光薨，上及皇太后親臨光喪，太中大夫
任宣與侍御史五人持節護喪事〔2〕，中二千石治莫府冢
上〔3〕，賜金錢、繒絮，繡被百領〔4〕，衣五十篋，璧、珠璣、
玉衣、梓宮、便房、黄腸題湊各一具〔5〕，樅木外臧椁十五
具〔6〕，東園温明〔7〕，皆如乘輿制度〔8〕。載光尸柩以輼
輬車〔9〕，黄屋左纛〔10〕，發材官、輕車、北軍五校士〔11〕，軍
陳至茂陵〔12〕，以送其葬。謚曰宣成侯。發三河卒，穿復
土起冢〔13〕，祠堂置園邑三百家〔14〕，長丞奉守如舊法〔15〕。

　　　〔1〕地節，宣帝的第二個年號。地節二年爲宣帝即位後的第六年，當

公元前 68 年。

〔2〕侍御史,官名,御史大夫下的屬官。

〔3〕中二千石,指中二千石的官。治莫府冢上,等於説在墳上設立臨時辦公處。

〔4〕繡被,錦繡被子。領,量詞。

〔5〕璧,平圓形而中心有孔的玉。璣(jī),不圓的珠子。玉衣,裹尸之物。梓宮,棺材,因用梓木做成,所以叫梓宮。便(pián,通楩)房,用楩木做成的槨(套在棺材外面的大棺材)。題湊,用木累在棺上,好像四面有檐的屋子,木的頭都向内,所以叫題湊(題,頭。湊,聚);因用黄心柏木,所以叫黄腸題湊。

〔6〕樅(cōng),松杉科常緑喬木。臧,通"藏"(zàng)。外臧槨,厨廄之屬。(參用服虔説。服虔説"在正臧外,婢妾臧也,或曰厨廄之屬也。"按,漢代不以人殉葬,故未從婢妾臧之説。)

〔7〕東園,官署名,專門製作供喪葬用的器物,屬少府。温明,下應有"秘器"二字(依王念孫説,見《讀書雜志》)。這種温明秘器,形如方漆桶,一面開着,把鏡子放在裏面,懸在尸上,大斂時,封入棺内。因藏在棺材裏,所以叫秘器。

〔8〕乘輿制度,指皇帝的喪葬制度。

〔9〕輼(wēn)輬(liáng)車,像衣車,旁有窗,關上就温暖,打開就凉爽,所以叫輼輬車。這本是供人卧息的車,後因用來載喪,於是成爲喪車。

〔10〕黄屋,用黄繒做車蓋的裏子。左纛(dào),在車衡(轅端横木)的左方插上纛。纛,飾有羽毛的大旗。按:黄屋左纛,是皇帝乘輿的制度。

〔11〕材官,高級武官手下的武弁。輕車,漢代兵種之一。北軍,漢代禁衛軍之一,共五營。五校,即五營。北軍五校的軍士只有在皇帝出殯時才充任儀仗隊,現爲霍光送殯,也是用皇帝喪葬的制度。

〔12〕軍陳,軍隊排成行陣。陳,戰陣,後來寫作"陣"。茂陵,漢武帝的墓地。霍光的墳墓在茂陵的東邊。

〔13〕三河,指河東郡、河内郡(今河南黄河以北地區)、河南郡(今河南
　　黄河以南地區)。卒,指服勞役的隸卒。穿,指穿壙,即挖掘墓穴。
　　復土,下棺後把土填上。起冢,封起墳頭。
〔14〕大意是在祠堂附近用三百户人家作爲看守陵園的一個邑。
〔15〕長丞,守護陵園的官吏。如舊法,等於説按舊例。

常 用 詞（八） 93字

建置罷　學養　干謁　徇矯效　留遣逢候延　勝敗守破騎伏
圍突　禽縱購　抑按拔擢挾將　烝亨　顧察裁斷　奏敕　委捐詳
詐　與奪　至止　癰痲　恨驚冀

　　貴賤　壯大多　篤專壹　稍略　輒猶

　　陰陽　休咎　機要　祖賓郎男　部曹　鄰里　獄闕祠第屏帳
壁案　字畫　項乳體意

453.【建】

(一)竪立。老子五十四章:"善～者不拔。"(善於竪立的,人家
拔不掉。)引申爲竪起,特指竪起旗鼓、旌節。左傳哀公十三年:"～
鼓整列。"(整列:擺開陣勢。)史記淮陰侯列傳:"信～大將之旗鼓。"
丘遲與陳伯之書:"乘軺～節。"(軺 yáo 車:古代使者或被徵召者所
乘的一種輕便車。)

(二)設立,建立。左傳襄公三年:"～一官而三物成。"史記淮
陰侯列傳:"欲～萬世之業。"

(三)向在上者提出意見。漢書霍光傳:"何不～白太后,更選
賢而立之。"又東平思王宇傳:"～欲使我輔佐天子。"

(四)建築。水經注廬江水:"其水歷澗,逕龍泉精舍南,太元中

沙門釋慧遠所~也。"(精舍:這裏指寺院。沙門:和尚。)

454.【置】

(一)安放,放,安置。史記項羽本紀:"項王則受璧,~之坐上。"又淮陰侯列傳:"~之亡地而後存。"又:"諸侯之見項王遷逐義帝,~江南。"引申爲擺設。戰國策趙策三:"平原君乃~酒。"漢書霍光傳:"酒謀令長公主~酒請光,伏兵格殺之。"又爲安置在某一職位上。史記項羽本紀:"因~以爲上將軍。"韓愈進學解:"投閑~散。"(置散:安置在不重要的位子上。)

(二)建立,設立。多指機關或官職。漢書張禹傳:"~從事史五人。"漢書霍光傳:"~園邑三百家。"引申爲購置,特指購買產業。宋史食貨志:"女適人以匲錢~產,以夫爲户。"(匲 lián 錢:陪嫁的錢。)

(三)放下來,擱下,放開,放棄。史記項羽本紀:"沛公則~車騎,脱身獨騎。"嵇康與山巨源絶交書:"足下若嬲之不~。"(嬲 niǎo:戲相擾。)鮑照擬行路難:"棄~罷官去。"引申爲赦免。史記淮陰侯列傳:"高帝曰:'~之。'乃釋通之罪。"

(四)驛車,驛馬。孟子公孫丑上:"德之流行,速於~郵而傳命。"蘇軾荔枝歎詩:"十里一~飛塵灰。"按,"置"字的意義隨時代而不同:大約在先秦時代,"置"指驛車;漢代以後,"置"指驛馬。

[辨]寘,置。二字在上古不同音("寘"在錫部照母,"置"在職部知母),意義也不完全相同。"寘"字一般只用於"安放"的意義,如詩經周南卷耳:"寘彼周行。"左傳宣公二年:"寘諸畚。"其餘的意義都只寫作"置",不寫作"寘"。

455.【罷】

（一）停止。論語子罕：“欲～不能。”史記魏其武安侯列傳：“武安已～朝，出止車門。”王勃滕王閣詩：“佩玉鳴鸞～歌舞。”

（二）罷免，撤職。史記魏其武安侯列傳：“竇太后大怒，乃～逐趙綰王臧等，而免丞相太尉。”歐陽修瀧岡阡表：“修以非才，入副樞密，遂參政事，又七年而～。”

（三）讀 pí，通“疲”。疲勞。史記淮陰侯列傳：“能千里而襲我，亦已～極。”賈誼過秦論上：“率～散之卒，將數百之衆。”

456.【學】

（一）學習。論語述而：“～而不厭。”又子張：“～而優則仕。”又子路：“樊遲請～稼。”又名詞。論語雍也：“有顏回者好～。”成語有“求～”，“治～”。注意：“學”字用作不及物動詞時，泛指學習。古人所謂“學”，一般指書本知識，但也有師傅口授的知識，這些知識有的是關於政治的，有的是關於生產的，有的是關於修養的，等等。“學”字用作及物動詞時，則專指學習某一方面的知識，如“～稼”，“～詩”等。

（二）學校。禮記學記：“比年入～。”（比年：每年。）又：“古之教者，家有塾，黨有庠，術有序，國有～。”（術就是遂，一萬二千五百家爲遂。）〔太～〕古學校名，爲國家培養人才的最高機關。韓愈進學解：“國子先生晨入太～。”

457.【養】

養活，使能生活下去。禮記禮運：“矜寡孤獨廢疾者皆有所～。”戰國策齊策四：“是助王～其民也。”又特指奉養〔父母或其他尊親〕。戰國策齊策四：“至老不嫁，以～父母。”李密陳情表：“臣以供～無主，辭不赴命。”歐陽修瀧岡阡表：“祭而豐不如～之薄也。”

舊時於奉養的意義讀去聲(yàng)。

[辨]養,畜。養指養人,畜(xù)指養禽獸,雖然也有通用的時候,如孟子梁惠王的"仰不足以事父母,俯不足以畜妻子",司馬遷報任安書的"倡優畜之",但那是就"低賤"的人而言,在多數情況下還是有分別的。

458.【干】

(一)盾牌。禮記檀弓下:"能執~戈,以衞社稷。""干戈"二字連用,往往表示兵事。論語季氏:"而謀動~戈於邦內。"

(二)岸。詩經魏風伐檀:"寘之河之~兮。"杜甫有客詩:"謾勞車馬駐江~。"

(三)犯,冒犯,觸犯,衝犯。左傳襄公二十三年:"~國之紀。"孔稚珪北山移文:"~青雲而直上。"李白古風五十九首:"鼻息~虹蜺,行人皆怵惕。"杜甫兵車行:"哭聲直上~雲霄。"

(四)追求。論語爲政:"子張學~禄。"引申爲向統治者獻策以追求禄位。史記淮陰侯列傳:"數以策~項羽。"列子説符:"好學者以術~齊侯。""干謁"二字連用,表示爲了謀求禄位而謁見當權者。杜甫赴奉先縣詠懷詩:"獨恥事~謁。"

(五)[~支]指天干和地支。天干十:甲乙丙丁戊己庚辛壬癸;地支十二:子丑寅卯辰巳午未申酉戌亥。干支相配,凡六十組而循環。即甲子、乙丑等直到癸亥。東漢以前用來紀日,建武(公元56年)以後,也用來紀年。

(六)[若~][如~]指不定的數目。禮記曲禮下:"聞之始服衣若~尺矣。"任昉王文憲集序:"是用綴緝遺文,永貽世範,爲如~袟,如~卷。"〔袟(帙)zhì:書套。〕

(七)關,發生關係(晚起義)。李清照鳳凰臺上憶吹簫詞:"非
~病酒,不是悲秋。"

459.【謁】

告,禀告。左傳隱公十一年:"惟我鄭國之有請~焉。"漢書霍
光傳:"~於高廟。"引申爲謁見。古代的謁見是把姓名籍貫官爵寫
在名片上,並寫明因何事求見。史記淮陰侯列傳:"欲~上,恐見
禽。"漢書霍光傳:"使蒼頭奴上朝~。"杜甫赴奉先縣詠懷詩:"獨恥
事干~。"

460.【徇】

(一)巡行,特指巡行以示衆。左傳僖公二十八年:"殺顛頡以
~於師。"引申爲巡行並劫掠。史記淮陰侯列傳:"引兵下井陘,誅
成安君,~趙,脅燕,定齊。"又項羽本紀:"籍爲裨將,~下縣。"

(二)從。以身從人(從葬),以身從物,都叫"徇"。左傳文公六
年:"奄息、中行、鍼虎爲~。"漢書賈誼傳:"貪夫~財,烈士~名。"
司馬遷報任安書:"常思奮不顧身,以~國家之急。"這個意義後來
又寫作"殉"。

(三)營謀,爲……打算。史記項羽本紀:"今不恤士卒而~其
私。"按:這個意義一般只用於"徇私"這個成語。

461.【矯】

(一)揉曲使直。荀子性惡:"故枸木必將待檃栝烝~然後直。"
(枸木:曲木。檃栝 yǐn guā:矯正曲木的工具。烝:烤。)"矯"又用
於譬喻(抽象意義)。莊子胠篋:"爲之仁義以~之。"文心雕龍鎔
裁:"檃括情理,~揉文采也。"現代有雙音詞"~正"。

(二)强的樣子。禮記中庸:"至死不變,强哉~!"今雙音詞有

"～健"。[～～]勇武的樣子。詩經魯頌泮水:"～～虎臣。"

(三)假傳〔命令〕。戰國策齊策四:"～命以責賜諸民。"史記魏公子列傳:"～魏王令代晉鄙。"又魏其武安侯列傳:"乃劾繫魏其～先帝詔,罪當棄市。"

(四)舉。揚雄解嘲:"～翼厲翮,恣意所存。"陶潛歸去來辭:"時～首而遐觀。"

462.【效】

(一)致,呈獻。史記淮陰侯列傳:"諸將～首虜。"引申爲交出,授與。左傳文公八年:"～符於府人。"(把符節交出給主管符節的人。)用於抽象意義,表示貢獻,獻出。史記淮陰侯列傳:"願～愚忠。"又:"臣願披腹心,輸肝膽,～愚計。"司馬遷報任安書:"上之不能納忠～信。"又:"誠欲～其款款之愚。"今成語有"～勞","～忠"等。

(二)結果,後果。淮南子脩務:"哭者,悲之～也。"司馬遷報任安書:"苟合取容,無所短長之～,可見於此矣。"引申爲有效(動詞)或效果(名詞)。漢書藝文志:"唐虞之隆,殷周之盛,仲尼之業已試之～者也。"後漢書班超傳:"固大喜,具上超功～。"(固:竇固。)蘇洵六國論:"斯用兵之～也。"現代有雙音詞"～果","～用","～驗","功～"等。

(三)模仿,仿效。史記魏其武安侯列傳:"今日廷論,局趣～轅下駒。"王勃滕王閣序:"阮籍猖狂,豈～窮途之哭?"

463.【留】

停留,不走,不離開原地點。跟"去"相對。史記淮陰侯列傳:"王計必欲東,能用信,信即～。"陶潛歸去來辭:"曷不委心任去～。"

文心雕龍鎔裁："字去而意～。""留"又用於使動意義,表示不讓走,不讓離開。史記項羽本紀："項王即日因～沛公與飲。"引申爲拘留,扣留。史記魏其武安侯列傳："乃令騎～灌夫,灌夫欲出不得。"

464.【遣】

(一)派遣,差使,打發。史記項羽本紀："乃～其子宋襄相齊。"引申爲放逐,遷謫。韓愈柳子厚墓誌銘："中山劉夢得禹錫亦在～中。"又爲排遣,使離開(後起義)。杜甫白水崔翁高齋詩："贈此～岑寂。"

(二)釋放,放走。後漢書班超傳："欲示以威信,釋而～之。"又："即遣使請罪,願得生歸。超縱～之。"

465.【逢】

(一)遭遇。詩經邶風柏舟："～彼之怒。"又王風兔爰："～此百憂。"左傳宣公三年："魑魅罔兩,莫能～之。"(罔兩:即魍魎。)引申爲遇見。論衡非韓："使韓子～人不拜,見君父不謁,未必有賊於身體也。"李白清平調："若非羣玉山頭見,會向瑤臺月下～。"

(二)迎。史記項羽本紀："於是大風從西北而起……～迎楚軍。""逢"又用於抽象的意義,表示迎合。孟子告子下："今之大夫皆～君之惡。"今成語有"～迎",表示在言語或行爲上討好別人。

[辨]逢,遇,遭。在遭遇的意義上,"逢""遇""遭"都是同義詞。但"逢迎"的意義不能用"遇"或"遭","待遇"的意義不能用"遭"或"逢"。"遭"字較多地用於不幸的事,如鄒陽獄中上梁王書"恐遭此患也",但這並不是絕對的。

466.【候】

(一)守望,放哨。戰國策秦策四："韓必爲關中之～,……而魏

亦關内～矣。"又指哨所。史記律書："願且堅邊設～。"這種意義又
寫作"堠"。蘇軾荔枝歎詩："五里一～兵火催。"引申爲伺候，偵察。
史記魏其武安侯列傳："太后亦已使人～伺。"漢書霍光傳："～司光
出沐日奏之。"[斥～](1)偵察或偵察兵。史記李將軍列傳："然亦
遠斥～，未嘗遇害。"(2)瞭望敵情的土堡。尹耕紫荆關詩："斥～直
通沙磧外。"

（二）問候。漢書霍光傳："禹故長史任宣～問。"

（三）氣候。按：古人以五日爲一候，三候爲一氣，六氣爲一時，
四時爲一歲。氣和候都和寒暖有關。後來連稱爲"氣候"，也簡稱
爲"候"，指時令的寒暖變化。謝靈運登池上樓詩："衾枕昧節～。"
杜甫雨詩："白谷變氣～。"又秋行詩："荆揚風土暖，肅肅～微霜。"
[時～]時令和氣候。梁簡文帝與劉孝綽書："玉霜夜下，旅鴈晨飛，
想涼燠得宜，時～無爽。"李清照聲聲慢詞："乍暖還寒時～，最難將
息。"

（四）症候。陶弘景肘後方序："其論諸病證～。"（證：通症。）

467.【延】

（一）引長，延長。左傳成公十三年："君亦悔禍之～。"史記魏
其武安侯列傳："遷怒及人，命亦不～。"

（二）引進，迎接。戰國策齊策四："宣王使謁者～入。"（謁者：
通報的人。）引申爲羅致，延請。漢書公孫弘傳："以～賢人。"今有
雙音詞"～聘"。[～見]接見。漢書霍光傳："～見姊夫昌邑關内
侯。"

468.【勝】

（一）讀 shēng，陰平聲。動詞，用於名詞的前面。禁得起。史

記項羽本紀:"沛公不～栝杓。"杜甫春望詩:"白頭搔更短,渾欲不
～簪。"現代有雙音詞"～任"。

(二)也讀 shēng。副詞,用於動詞的前面。盡。孟子梁惠王
上:"穀與魚鼈不可～食,材木不可～用。"史記淮陰侯列傳:"所殺
亡不可～計。"司馬遷報任安書:"古者富貴而名摩滅,不可～記。"

(三)打勝仗。跟"敗"相對。孟子梁惠王上:"鄒人與楚人戰,
則王以爲孰～?"注意:在這個意義上,古人説"勝"不説"贏"。引申
爲勝過。論語雍也:"質～文則野,文～質則史。"杜甫北征詩:"顏
色白～雪。"

(四)優美的,雅的,可喜可樂的(後起義)。文心雕龍隱秀:"文
集～篇,不盈十一;篇章秀句,裁可百二。"王勃滕王閣序:"～友如
雲。"又:"躬逢～餞。"又:"～地不常,盛筵難再。""勝"又用作名詞,
表示優美的山水或古跡。蘇轍快哉亭記:"即其廬之西南爲亭,以
覽觀江流之～。"又:"而況乎濯長江之清流,挹西山之白雲,窮耳目
之～以自適也哉?"現代有雙音詞"名～"。

469.【敗】

(一)毀壞。左傳僖公十五年:"涉河,侯車～。"(〔秦伯的兵〕渡
河,〔看見〕晉侯的車壞了。)"敗"又用於抽象的意義。左傳成公二
年:"若之何其以病～君之大事也?"漢書霍光傳:"衞太子爲江充所
～。"世説新語德行:"～義以求生,豈苟巨伯所行邪?"又爲成功的
反面,跟"成"相對。史記淮陰侯列傳:"夫功者難成而易～。"引申
爲〔食物〕腐敗或味道變壞。論語鄉黨:"魚餒而肉～,不食。"仲長
統昌言理亂:"三牲之肉,臭而不可食;清醇之酎,～而不可飲。"(酎
zhòu:醇酒。)現代有雙音詞"～壞","腐～"。

(二)打敗仗。史記淮陰侯列傳："至彭城,漢兵～散而還。"又項羽本紀："宋義論武安君之軍必～。"注意:在這個意義上,古人說"敗"不說"輸"。

[辨]敗,負。"敗"和"負"是同義詞,都表示打敗仗。但是"負"字一般只用於勝負對舉的時候;否則只說"敗",不說"負"。例如"武安君必敗"不說成"武安君必負";"兵未戰而先見敗徵"不說成"兵未戰而先見負徵"。

470.【守】

(一)防守,保衛。跟"攻"相對。孟子梁惠王下："鑿斯池也,築斯城也,與民～之。"引申爲保守,保持。戰國策魏策四："受地於先王,願終～之。"揚雄解嘲："故默然～吾太玄。"

(二)名詞。官職,職守。孟子公孫丑下："有官～者,不得其職則去。"漢書藝文志："墨家者流,蓋出於清廟之～。"

(三)一郡的首長。史記項羽本紀："於是籍遂拔劍斬～頭。"(籍:項羽的名。)又萬石君列傳："慶自沛～爲太子傅。"(慶:指石慶。)郡守又稱爲"太守"。漢書龔遂傳："上以爲勃海太～。"歐陽修醉翁亭記："太～謂誰? 廬陵歐陽修也。"

471.【破】

(一)打破。及物動詞。史記項羽本紀："皆沈船,～釜甑。"射中箭靶叫做"破的"。曹植白馬篇："控弦～左的。"引申爲殘破。不及物動詞。杜甫春望詩："國～山河在,城春草木深。"

(二)打敗(敵軍),攻破(城池)。史記淮陰侯列傳："於是漢兵夾擊,大～虜趙軍。"蘇洵六國論："六國～滅。"蘇軾赤壁賦："方其～荆州,下江陵,順流而東也。"現代有雙音詞"擊～"。

472.【騎】

(一)騎〔馬〕。史記項羽本紀："駿馬名騅,常～之。"

(二)讀 jì,去聲。騎兵。史記項羽本紀："沛公旦日從百餘～來見項王。"又魏其武安侯列傳："獨二人及從奴十數～馳入吳軍。"高適燕歌行："胡～憑陵雜風雨。"

473.【伏】

(一)趴〔在地上、床上等〕。禮記曲禮上："寢毋～。"史記淮陰侯列傳："且酈生一士,～軾掉三寸之舌。"鄒陽獄中上梁王書："則士有～死堀穴巖藪之中耳。"又古人以伏地表示尊敬或敬畏。漢書霍光傳："召昌邑王～前聽詔。"又："王離席～。""伏罪"或"伏法"二字連用,表示因罪受到制裁或刑罰。司馬遷報任安書："假令僕～法受誅,若九牛亡一毛,與螻蟻何以異?""伏惟"二字連用,表示伏在地上想,是敬詞,常用於涉及君主的時候。楊惲報孫會宗書："～惟聖主之恩不可勝量。"引申爲埋伏。左傳莊公十年："懼有～焉。"史記淮陰侯列傳："而～兵從夏陽以木罌缻渡軍。"

(二)夏祭名。夏祭爲伏;冬祭爲臘。楊惲報孫會宗書："歲時～臘,烹羊炰羔。"杜甫詠懷古跡詩："歲時～臘走村翁。"按:伏祭之名由三伏而來。三伏是:夏至後第三庚日爲初伏,第四庚日爲中伏,立秋後第一庚日爲末伏。

474.【圍】

(一)環繞。莊子則陽："精至於無倫,大至於不可～。"引申爲以軍隊包圍。史記淮陰侯列傳："楚方急～漢王於滎陽。"高適燕歌行："力盡關山未解～。"

(二)名詞。獵時的包圍圈。漢書霍光傳："張～獵黃山苑中。"

又量詞,表示打獵的次數(後起義)。李商隱北齊詩:"更請君王獵
一~。"

(三)量詞。合抱爲一圍(或云直徑一尺爲一圍,又云周圍八尺
爲一圍,等等)。枚乘上書諫吳王:"夫十~之木,始生如蘗。"

475.【突】

(一)很急速地向前衝或向外衝。王延壽魯靈光殿賦序:"盜賊
奔~。"又成語有"~圍"。[~如]副詞。突然。周易離卦:"~如其
來如。"

(二)竈上的烟囪。漢書霍光傳:"曲~徙薪亡恩澤,焦頭爛額
爲上客。"漢書敍傳:"孔席不煖,墨~不黔。"(孔子的席沒有坐暖,
墨子的竈突沒有薰黑,又踏上征途,周遊列國了。煖:同"暖";黔:
黑。)

476.【禽】

(一)鳥獸的總名。周易屯卦:"即鹿無虞,以從~也。"左傳宣
公十二年:"使攝叔奉麇獻焉,曰:'以歲之非時,獻~之未至,敢膳
諸從者。'"漢書蒯通傳:"野~殫,走犬亨。"引申爲一般的鳥獸。孟
子滕文公下:"終日而不獲一~。"周禮天官庖人"六禽",鄭玄注:
"宜爲羔豚犢麛雉鴈。"(羔:小羊。豚 tún:小猪。犢 dú:小牛。麛
mí:小鹿。雉 zhì:野雞。鴈:鵝。)三國時華佗創"五禽戲"。五禽指
虎鹿熊猿鳥五種鳥獸。又爲鳥類。孟子梁惠王上:"君子之於~獸
也,見其生,不忍見其死。"謝靈運登池上樓詩:"園柳變鳴~。"

(二)捉,逮住。史記淮陰侯列傳:"~趙王歇。"又:"欲謁上,恐
見~。"這個意義後來寫作"擒"。

477.【縱】

（一）釋放。跟"禽"相對。莊子胠篋："掊擊聖人，～舍盜賊。"後漢書班超傳："超～遣之。"引申爲放縱，不拘束。楚辭離騷："夏康娛以自～。"史記淮陰侯列傳："齊已聽酈生，即留～酒。"蘇軾前赤壁賦："～一葦之所如。"陸游鵲橋仙詞："華燈～博。"現代有雙音詞"放～"，"～容"。又引申爲放〔火〕。後漢書班超傳："超乃順風～火。"

（二）連詞。即使。史記項羽本紀："～江東父兄憐而王我，我何面目見之？"

（三）讀 zōng，陰平聲。豎的，直的，南北的方向。跟"橫"相對。荀子王制："案以中立，無有所偏而爲～橫之事。"盧照鄰長安古意詩："玉輦～橫過主地。"這個意義在上古一般寫作"從"。漢書藝文志："從橫家者流，蓋出於行人之官。"賈誼過秦論上："尊賢重士，約從離衡。"（衡：同"橫"。）

478.【購】

懸賞徵求。史記項羽本紀："吾聞漢～我頭千金，邑萬戶。"又淮陰侯列傳："有能生得者～千金。"

［辨］購，買，市。"購"和"買"不是同義詞，"買"和"市"是同義詞。"購"字在上古只是懸重賞以徵求的意思，所購的東西往往不是商品，跟買賣的性質大不相同。直到宋代，"購"字也只表示重價收買，跟一般的買還是有細微的分別的。

479.【抑】

（一）用手壓，摁(ēn)。跟"揚"相對。老子七十七章："高者～之，下者舉之。""抑"常用於抽象的意義，表示按下來。漢書霍光傳："朕以大將軍故，～而不揚。"又表示控制。漢書霍光傳："宜以時～制，無使至亡。”史記魏公子列傳：“遂乘勝逐秦軍至函谷關，～秦兵，秦兵不敢出。”又表示克制自己，不驕傲。陸雲贈顧尚書詩：“謙光自～，厥輝彌揚。”又表示不使太顯露。柳宗元答韋中立論師道書：“～之欲其奧。”

（二）[～鬱]雙聲連緜字。苦悶的樣子。白居易與元九書：“彷徨～鬱。”也作“悒鬱”。司馬遷報任安書：“是以獨悒鬱而誰與語？”

（三）連詞。表示輕微的轉折。孟子梁惠王上：“～王興甲兵，危士臣，構怨於諸侯，然後快於心與？”“抑”字又用來表示選擇的問。論語學而：“求之與？　～與之與？”柳宗元答韋中立論師道書：“有取乎？　～其無取乎？”有時候，兩個“抑”字前後呼應，也是表示選擇的問。韓愈送孟東野序：“～不知天將和其聲，而使鳴國家之盛邪？　～將窮餓其身，思愁其心腸，而使自鳴其不幸邪？”

（四）副詞。“抑亦”二字連用，表示委婉語氣。文心雕龍物色：“屈平所以能洞鑒風騷之情者，～亦江山之助乎？”

480.【按】

（一）用手向下壓，摁(èn)。漢書霍光傳：“田延年前，離席，～劍。”字又寫作“案”。史記魏其武安侯列傳：“案灌夫項令謝。”引申爲按下不用，抑止。史記淮陰侯列傳：“莫如案甲休兵。”今成語有“～兵不動”。

（二）勒住，拉住。史記絳侯周勃世家：“於是天子乃～轡徐行。”文心雕龍情采：“～轡於邪正之路。”

（三）巡行，巡視。史記衛將軍驃騎列傳：“遂西定河南地，～榆谿舊塞。”[～行]巡視。洛陽伽藍記開善寺：“復引諸王～行府庫。”後世官職有“巡～”。

（四）按照，依照。商君書君臣："緣法而治，～功而賞。"（緣：依據。）漢書揚雄傳："各～行伍。"

（五）查考，考察。賈誼治安策："～之當今之務。"字又作"案"。論衡問孔："案聖人之言，上下多相違。"

按：在古代"按"字往往寫作"案"。參看"案"字條。

[辨]抑，按。"抑"比"按"重，所以"抑"引申爲壓抑、抑制，"按"引申爲按照、依照。

481.【拔】

（一）拔起來，拔出來。老子五十四章："善建者不～。"史記淮陰侯列傳："～趙幟，立漢赤幟。"又項羽本紀："於是籍遂～劍斬守頭。"引申爲提拔。李密陳情表："過蒙～擢。"

（二）突出，超出。孟子公孫丑上："出乎其類，～乎其萃。"（萃：聚。這裏是"羣"或"類"的意思。）成語有"出類～萃"。孔稚珪北山移文："夫以耿介～俗之標，蕭灑出塵之想。"

（三）攻取，攻佔，佔領。史記項羽本紀："襄城堅守不下，已～，皆阬之。"又魏公子列傳："使蒙驁攻魏，～二十城。"

482.【擢】

（一）拔。枚乘上書諫吳王："夫十圍之木，始生如蘖，足可搔而絶，手可～而拔。"（這裏"擢"指拔的動作，"拔"指拔的結果，即被拔了起來。）

（二）提拔，提升。漢書霍光傳："～郎爲九江太守。"李密陳情表："過蒙拔～。"

[辨]拔，擢。"拔"和"擢"是同義詞，其間只有細微的區別。"擢"可以專指拔的動作而不涉及拔的結果，所以"擢而拔之"不能

説成"拔而擢之"，"擢"也不能表示"攻取"或"佔領"。在提拔的意義上，"拔"往往指提拔本來没有官職的人，"擢"往往指提升官職。

483.【挾】

夾在腋下。孟子梁惠王上："～太山以超北海。"盧照鄰長安古意詩："～彈飛鷹杜陵北。"蘇軾前赤壁賦："～飛仙以遨遊。""挾"又用於抽象的意義，表示有或懷抱着。鄒陽獄中上梁王書："～孤獨之交。"又："～伊管之辯。"引申爲脅持，用强力逼别人執行某事。三國志蜀志諸葛亮傳："～天子以令諸侯。"現代有雙音詞"要挾"。

484.【將】

（一）奉，承。詩經周頌我將："我～我享，維羊維牛。"又商頌烈祖："湯孫之～。"僞古文尚書泰誓："皇天震怒，命我文考肅～天威。""將事"表示奉行其事。左傳成公十七年："晉侯使郤錡來乞師，～事不敬。""將命"表示傳命，轉達命令。論語陽貨："～命者出户。"引申爲奉養。詩經小雅四牡："不遑～父。"又："不遑～母。"（不遑 huáng：不暇，來不及。）引申爲休養，休息，調養（後起義）。李清照聲聲慢詞："乍暖還寒時候，最難～息。"

（二）扶。詩經小雅無將大車："無～大車。"史記田叔列傳："少孤貧，爲人～車。"（將車：扶着車子前進。）樂府詩孤兒行："～是瓜車，來到還家。"樂府詩木蘭辭："爺娘聞女來，出郭相扶～。"引申爲携帶，牽拉。漢書霍光傳："迺～光西至長安。"水經注廬江水："吳猛～子弟登山。"又爲用手拿。李白俠客行："～炙啖朱亥，持觴勸侯嬴。"引申爲拿來。古詩上山采蘼蕪："～縑來比素。"按："將"的意義非常廣泛。凡手的動作，近似於扶、提、携、持……等等，都叫"將"。

（三）讀 jiàng。領，率領〔軍隊〕。史記項羽本紀：“乃遣當陽君、蒲將軍～卒二萬渡河。”又淮陰侯列傳：“陛下不能～兵，而善～將。”〔～(jiāng)軍〕原是一軍的統帥，後來成爲武職的名稱，有“大～軍”，“上～軍”等。史記項羽本紀：“項羽晨朝上～軍宋義。”

（四）讀 jiàng，去聲。將領，將帥。戰國策趙策三：“秦～聞之，爲却軍五十里。”史記廉頗藺相如列傳：“我爲趙～。”作動詞時，表示使爲將。史記孫子吳起列傳：“齊威王欲～孫臏。”又廉頗藺相如列傳：“使趙不～趙括則已。”按：“將軍”和“將領”的“將”，都是從率領的意義引申出來的，而一個讀平聲，一個讀去聲。這是後代才產生的讀音上的差別。

（五）副詞。將要，快要。尚書盤庚中：“予～試以汝遷。”論語季氏：“季氏～伐顓臾。”又陽貨：“吾～仕矣。”又雍也：“～入門，策其馬。”“將”又用於條件句，表示在某種條件下將出現某種情況。論語子路：“衛君待子而爲政，子～奚先？”又季氏：“危而不持，顛而不扶，則～焉用彼相矣？”又子張：“我之不賢與？人～拒我。”由“將要”的意義引申爲“將近”。常指數目的接近。孟子滕文公上：“今滕，絕長補短，～五十里也。”宋書謝靈運傳論：“歷載～百。”（載：年。）

（六）連詞。表示選擇問，與“抑”略同。楚辭卜居：“吾寧悃悃款款朴以忠乎？～送往勞來斯無窮乎？”又爲“與”或“共”（後起義）。常見于駢文、詞賦、詩歌。庾信春賦：“眉～柳而爭綠，面共桃而競紅。”李白月下獨酌詩：“暫伴月～影，行樂須及春。”

485.【烝】

（一）火氣上升。荀子性惡：“枸木必將待櫽栝～矯然後直。”

(這裏的"烝"實際上就是"烘"。)引申爲熱氣盛。常常寫作"蒸"。杜甫早秋苦熱詩："七月六日苦炎～。"又寄劉峽州伯華使君詩："峽內多雲雨,秋來尚鬱～。"引申爲用熱水氣蒸東西。杜甫壯遊詩："～魚聞匕首。"

(二)衆。詩經大雅烝民："天生～民。"杜甫無家別詩："人生無家別,何以爲～黎?"(烝黎:即烝民。)這個意義也寫作"蒸"。漢書霍光傳："天下蒸庶,咸以安寧。"李華弔古戰場文："蒼蒼蒸民,誰無父母?"

(三)下淫上爲烝。左傳桓公十六年："～於夷姜。"

[辨]烝,蒸。二字同音,常常通用。"蒸"的本義是麻之稭稈。後來本義罕用,就借"蒸"爲"烝"。只有下淫上的意義不能寫作"蒸"。

486.【亨】

(一)讀 hēng。通。周易坤卦："品物咸～。"左傳昭公四年："以～神人。"今成語有"萬事～通"。

(二)讀 pēng,後來寫作"烹"。煮。詩經豳風七月："～葵及菽。"又指古代的一種酷刑。史記淮陰侯列傳："上怒曰:'～之。'"又:"通曰:'嗟乎! 冤哉,～也!'"

(三)讀 xiǎng。獻。周易大有卦："公用～于天子。"(亨:指朝獻,即入朝時并進貢。)這個意義後來寫作"享"。指獻食于神。詩經小雅楚茨："以享以祀。"參看"享"字條。

487.【顧】

(一)回頭看。楚辭九章哀郢："過夏口而西浮兮,～龍門而不見。"賈誼論積貯疏："失時不雨,民且狼～。"

（二）關心，照看，照顧。詩經魏風碩鼠："莫我肯～。"司馬遷報任安書："念父母，～妻子。"

（三）連詞。表示輕微的轉折，略等於現代的"不過"。史記淮陰侯列傳："～恐臣計未必足用。"又："且天下銳精持鋒，欲爲陛下所爲者甚衆，～力不能耳。"司馬遷報任安書："～自以爲身殘處穢，動而見尤，欲益反損。"

488.【察】

（一）觀察，審察。孟子梁惠王上："～鄰國之政，無如寡人之用心者。"呂氏春秋察傳："夫得言不可以不～。"引申爲了解，仔細了解。楚辭離騷："荃不～余之中情兮。"漢書霍光傳："於是上始聞而未～。"

（二）昭著，明顯。禮記中庸："言其上下～也。"引申爲看清楚。孟子梁惠王上："明足以～秋毫之末。"又爲審察清楚。左傳莊公十年："小大之獄，雖不能～，必以情。"［～～］(1)明察的樣子。老子二十章："俗人～～。"引申爲苛細的樣子。晉書顧和傳："～～爲政。"成語有"～～爲明"。(2)潔白的樣子。楚辭漁父："安能以身之～～，受物之汶汶者乎?"

489.【裁】

（一）裁〔衣〕。杜甫白絲行："～縫滅盡針線跡。"引申爲剪裁，刪減。文心雕龍鎔裁："剪截浮詞謂之～。"今成語有"～員"。

（二）判決，裁斷。戰國策秦策一："大王～其罪。"［自～］表示自殺。漢書霍光傳："卒有物故自～。"司馬遷報任安書："不能引決自～。"

（三）體制，風格。沈約謝靈運傳論："靈運之興會摽舉，延年之體~明密。"

(四)副詞。僅。漢書功臣表:"~什二三。"這個意義又寫作
"財"、"才"、"纔"。

490.【斷】

(一)及物動詞。砍斷,截斷,剪斷,鋸斷。周易繫辭下:"~木
爲杵。"莊子駢拇:"鶴脛雖長,~之則悲。"又逍遙遊:"宋人資章甫
而適諸越,越人~髮文身,無所用之。"枚乘上書諫吳王:"彈極之絲
~幹。"注意:現代漢語"斷"字作補語,加於"砍""截""剪"等字的後
面,古代漢語只一個"斷"字就表示"砍斷","截斷","剪斷"等動作。
又爲不及物動詞。被弄斷,或自然折斷。這等於現代的"斷"。杜
甫赴奉先縣詠懷詩:"霜嚴衣帶~。""斷"又用於抽象的意義。杜甫
將適吳楚留別詩:"中原消息~。"又月夜憶舍弟詩:"戍鼓~人行。"

(二)決斷,斷定。漢書霍光傳:"當~不~,反受其亂。"

舊時"斷"字有三個讀音:(1)砍斷、截斷等義的"斷"讀濁音上
聲(徒管切);(2)折斷的"斷"(不及物動詞)讀濁音去聲(徒玩切);
(3)決斷的"斷"讀清音去聲(丁貫切)。今普通話無別。

491.【奏】

(一)進。莊子養生主:"~刀騞然。"漢書丙吉傳:"數~甘毳食
物。"(毳:通"脆"。)又韓延壽傳:"爭~酒炙。"論衡逢遇篇:"以夏進
鑪,以冬~扇。"司馬遷報任安書:"使得~薄伎。"

(二)進言或上書〔給君王〕。漢書霍光傳:"候司光出沐日~
之。"又:"光遂復與丞相敞等上~曰。"又:"上令吏民得~封事。"又
名詞。所上的書。蕭統文選序:"表~牋記之列。"

(三)奏〔樂〕。漢書霍光傳:"鼓吹歌舞,悉~衆樂。"王勃滕王

閣序:"鍾期既遇,~流水以何慚?"

492.【敕】(勅,勅)

告誡,囑咐。史記樂書:"余每讀虞書,至於君臣相~。"漢書霍光傳:"光~左右謹宿衞。"世說新語賢媛:"不從母~,以至今日。"引申爲特指皇帝告諭臣下的文書(後起義)。杜甫送楊六判官使西番詩:"~書憐贊普。"(贊普:西番主的名字。)杜甫巴西聞收京詩:"劍外春天遠,巴西~使稀。"

493.【委】

(一)堆積〔在地〕。莊子養生主:"如土~地。"引申爲連結,聚積。沈約謝靈運傳論:"波屬雲~。""~積"連用指財物的聚積。孫子軍爭:"無糧食則亡,無~積則亡。"

(二)捨棄,放棄。孟子公孫丑下:"~而去之。"又爲抛棄。揚雄解嘲:"失路者~溝渠。"又:"~輅脫輓。"白居易長恨歌:"花鈿~地無人收。"

(三)任,託付。鄒陽獄中上梁王書:"繆公~之以政。"漢書霍光傳:"遂~任光。"引申爲任憑,聽任。陶潛自祭文:"樂天~分。"又歸去來辭:"曷不~心任去留。"文心雕龍鎔裁:"若術不素定,而~心逐辭。"

494.【捐】

(一)除去,撤去。孟子萬章上:"父母使舜完廩,~階。"(廩lǐn:倉房。階:梯子。)

(二)捨棄,抛棄。史記魏其武安侯列傳:"侯自我得之,自我~之,無所恨。"古詩十九首:"棄~勿復道,努力加餐飯。"韓愈進學解:"貪多務得,細大不~。"注意:近代的"捐款"、"捐稅"的"捐"都是從"放棄"的意義引申出來的,但是古代的"捐"只當"放棄"講,不當"捐款""捐税"講。

[辨]棄,委,捐。這三個字是同義詞,所以産生雙音詞"委棄""棄捐"。"棄"字比較常用,它表示把自己的東西抛棄了,有"扔掉"的意思。"委"有"抛開"的意思,故引申爲"委託"。在放棄的意義上,捐跟"棄"沒有什麽分别。

495.【詳】

(一)詳細,詳盡。孟子離婁下:"博學而～説之。"又萬章下:"其～不可得聞也。"史記淮陰侯列傳:"願足下～察之。"引申爲詳細地知道。歐陽修瀧岡阡表:"吾耳熟焉,故能～也。""未詳"二字連用,表示不知道底細。水經注廬江水:"言其上有玉膏可採,所未～也。"

(二)讀 yáng,假裝。史記項羽本紀:"見使者,～驚愕。"又淮陰侯列傳:"於是信張耳～棄旗鼓走水上軍。"又:"蒯通説不聽,已～狂爲巫。"這個意義又寫作"佯"。鄒陽獄中上梁王書:"是以箕子佯狂,接輿避世。"又寫作"陽"。漢書田儋傳:"儋陽爲縛其奴。"

496.【詐】

不誠實,虚僞。論語子罕:"久矣哉,由之行～也。"注意:"詐"常被認爲仁義的反面。賈誼過秦論中:"先～力而後仁義。"史記淮陰侯列傳:"常稱義兵不用～謀奇計。"曾鞏戰國策目録序:"謀～用而仁義之路塞。"又:"故論～之便而諱其敗。"引申爲説謊,騙。史記淮陰侯列傳:"追信,～也。"又:"項王～阬秦降卒二十餘萬。"又:"吾悔不用蒯通之計,乃爲兒女子所～。"後漢書班超傳:"乃召侍胡～之曰。"注意:古代沒有"騙"字,凡"騙"的意義都説成"詐"。

[辨]詐，僞。在不誠實的意義上，"詐"與"僞"是同義詞。但是"詐"常被當作仁義的反面來提，可見"詐"的意義較重。在"說謊"的意義上，只能用"詐"，不能用"僞"。

497.【與】

(一)給。跟"取"相對，又跟"奪"相對。左傳隱公元年："欲～大叔，臣請事之。"史記項羽本紀："則～斗卮酒。"又："則～一生彘肩。"司馬遷報任安書："臨財廉，取～義。"世說新語雅量："因嫁女～焉。"這個意義又寫作"予"。史記淮陰侯列傳："忍不能予。"戰國策趙策三："此彈丸之地猶不予也。""施與"二字連用，表示周濟別人。歐陽修瀧岡阡表："汝父爲吏廉，而好施～。"

(二)偕同，結交，親附。左傳僖公三十年："失其所～，不知。"[～國]互相親善的國家。孟子告子下："我能爲君約～國，戰必克。"

(三)讀 yù，去聲。參加，參預。左傳僖公三十二年："蹇叔之子～師。"史記魏其武安侯列傳："且灌夫何～也？"這個意義又寫作"預"。杜甫諸將詩："朝廷袞職雖多預，天下軍儲不自供。"

(四)連詞。和。尚書金滕："我其以璧～珪，歸俟爾命。"（俟 sì：等待。）左傳成公三年："晉人歸楚公子穀臣～連尹襄老之尸於楚。"又介詞。跟，同。左傳僖公四年："齊侯陳諸侯之師，～屈完乘而觀之。"孟子滕文公上："何爲紛紛然～百工交易？"[～其]表示比較。論語八佾："禮～其奢也，寧儉。"

(五)讀 yú，陽平聲。語氣詞。表示疑問。論語憲問："管仲非仁者～？"這個意義後來寫作"歟"。陶潛五柳先生傳："無懷氏之民歟？葛天氏之民歟？"（無懷氏、葛天氏：都是傳說中古帝王的名號。)

498.【奪】

奪去。史記淮陰侯列傳:"即其臥內,上~其印符。""奪"常用於抽象的意義,表示一種強迫的行爲。孟子梁惠王上:"百畝之田,勿~其時。"李密陳情表:"舅~母志。"鄒陽獄中上梁王書:"不~乎衆多之口。"又杜甫自京赴奉先縣咏懷五百字詩:"葵藿傾太陽,物性固莫~。"江淹別賦:"使人意~神駭,心折骨驚。"

499.【至】

(一)到。戰國策齊策四:"孟嘗君就國於薛,未~百里,民扶老攜幼,迎君道中。""至"又用於抽象意義,表示到某時。老子八十章:"民~老死不相往來。"李密陳情表:"臣無祖母,無以~今日。"[~若][~如]至於。江淹別賦:"~若龍馬銀鞍,朱軒繡軸。"又:"~如一赴絕國,詎相見期?"

(二)達到極點的,最完善的,最大的。孝經開宗明義章:"先王有~德要道。"莊子逍遙遊:"此亦飛之~也。"杜甫自京赴奉先縣咏懷五百字詩:"臣如忽~理,君豈棄此物?"蘇軾賈誼論:"君子之愛其身,如此其~也。"引申爲副詞。極,最。賈誼論積貯疏:"古之治天下,~孅~悉也。"李密陳情表:"今臣亡國賤俘,~微~陋。"現代有成語"~少"。

[辨]至,到。在"到"的意義上,"至"和"到"是同義詞,但"至"往往不帶賓語,義近"來";"到"往往帶賓語。

500.【止】

(一)站住,不走了。跟"行"相對。孟子梁惠王上:"或百步而後~,或五十步而後~。"枚乘上書諫吳王:"人性有畏其景而惡其迹者,却背而走,迹愈多,景愈疾,不如就陰而~,景滅迹絶。""止"
又用於使動意義,表示阻止。史記項羽本紀:"交戟之衞士欲~不
内。"又表示留住。論語微子:"~子路宿。"又爲停留。詩經秦風黄
鳥:"交交黄鳥,~于棘。"又爲停止。莊子馬蹄:"争歸於利,不可~
也。"又比喻不做官。孟子公孫丑上:"可以仕則仕,可以~則~。"

(二)副詞。僅(後起義)。杜甫無家別詩:"内顧無所攜,近行
~一身。"

(三)語氣詞。詩經召南草蟲:"亦既見~,亦既覯~,我心則
降。"

501.【寤】

(一)睡醒。詩經周南關雎:"窈窕淑女,~寐求之。"蘇軾後赤
壁賦:"道士顧笑,予亦驚~。"引申爲醒悟,覺悟。漢書霍光傳:"主
人乃~而請之。"鄒陽獄中上梁王書:"是使荆軻衞先生復起,而燕
秦不~也。"又:"是以聖王覺~。"曾鞏戰國策目録序:"其爲世之
大禍明矣,而俗猶莫之~也。"按:"覺悟"的意義後來一般寫作
"悟"。

(二)通"牾"(wǔ)。逆。左傳隱公元年:"莊公~生。"

502.【寐】

睡着。詩經周南關雎:"寤~求之。"曹植洛神賦:"夜耿耿而不
~。"李華弔古戰場文:"寢~見之。"

[辨]寢,卧,眠,寐,睡。寢指在床上睡覺,或病人躺在床上。
寢可以是睡着,也可以是没有睡着。國語晉語一:"歸寢不寐。"公
羊傳僖公二年:"寡人夜者寝而不寐。"就是指没有睡着。卧是靠着
几(一種矮桌子)睡覺,所以孟子公孫丑下説:"坐而言,不應,隱几

而卧。”眠是閉上眼睛，原寫作“瞑”。莊子德充符：“倚樹而吟，據槁
梧而瞑。”睡是“坐寐”，即坐着打瞌睡，與寢不同。戰國策秦策一：
“讀書欲睡，引錐自刺其股。”史記商君列傳：“衞鞅語事良久，孝公
時時睡，弗聽。”假寐則是不脫衣冠而睡。左傳宣公二年：“尚早，坐
而假寐。”到了中古以後，詞義有了變化，睡即等於寐。如杜甫彭衙
行：“衆雛爛漫睡，喚起霑盤餐。”

503.【恨】

引爲憾事，感到遺憾。史記淮陰侯列傳：“大王失職入漢中，秦
民無不～者。”又：“信言～不用蒯通計。”又魏其武安侯列傳：“～相
知晚也。”楊惲報孫會宗書：“然竊～足下不深惟其終始，而猥隨俗
之毀譽也。”諸葛亮出師表：“未嘗不歎息痛～於桓靈也。”(痛：痛
心；恨：感到遺憾。)陶潛自祭文：“余今斯化，可以無～。”歐陽修瀧
岡阡表：“求其生而不得，則死者與我皆無～也。”杜甫八陣圖詩：
“遺～失吞吳。”杜牧泊秦淮詩：“商女不知亡國～。”注意：古代的
“恨”字不當“仇恨”“懷恨在心”講。

[辨]憾，恨，怨。“憾”和“恨”是同義詞：先秦一般只用“憾”，漢
代以後多用“恨”。“恨”和“怨”不是同義詞：恨淺而怨深。“怨”才
是“懷恨在心”，才是“仇恨”。史記淮陰侯列傳：“二人相怨。”又魏
其武安侯列傳：“武安由此大怨灌夫魏其。”這些“怨”字都不能換成
“恨”字。在上面“恨”字條所舉諸例中，“恨”字也都不能換成“怨”
字。有時候，“怨恨”或“恨望”二字連用，那就當“懷恨”講。例如漢
書霍光傳：“欲爲子弟得官，亦怨恨光。”又：“宣見禹恨望深。”這是
要分別來看的。

504.【驚】

馬因害怕狂奔起來。戰國策趙策一："襄子至橋而馬～。"枚乘上書諫吳王："馬方駭，鼓而～之。"引申爲禽獸的驚。曹植洛神賦："翩若～鴻。"王勃滕王閣序："雁陣～寒。"又爲人的吃驚，因意料不到的事而心中震動。漢書霍光傳："羣臣皆～鄂失色。"又："顯恐事敗，即具以實告光，光大～。"賈誼論積貯疏："安有爲天下阽危若是而上不～者！"引申爲情緒被觸動或擾亂(後起義)。陶潛詠荊軻詩："商音更流涕，羽奏壯士～。"杜甫春望詩："恨別鳥～心。"白居易長恨歌："聞道漢家天子使，九華帳裏夢魂～。"

[辨]驚，恐，畏，懼。這四個詞應該分爲兩類："恐""畏""懼"共爲一類，"驚"自成一類。關於"畏"和"懼"的分別，已見於第一冊古漢語通論(三)。"恐"和"懼"是同義詞，但"恐"比"懼"更嚴重一些，常常用來表示大難臨頭，驚慌失措。左傳僖公二十六年："室如縣罄，野無青草，何恃而不恐？"現代有雙音詞"恐怖"。"驚"的主要特點是突然的感受，它不一定表示恐懼。一種外界刺激，使人的內心動盪，叫做驚。"羽奏壯士驚"，不但不是怕，而且相反，壯士是被音樂激發了情緒，更加慷慨激昂了。這些意義都是"恐""畏""懼"所不具備的。

505.【冀】

(一)希望。楚辭離騷："～枝葉之峻茂兮。"漢書霍光傳："～其自新。"李密陳情表："豈敢盤桓，有所希～？"

(二)古九州之一。在今河北山西二全省，及遼寧省遼河以西，河南省黃河以北。

506.【貴】

物價高。跟"賤"相對。左傳昭公三年："屨賤踊～。"(踊：刖足者的屨。）引申爲禄位高。論語述而：“不義而富且～，於我如浮雲。”“貴”又用於使動意義，表示使居高位。漢書霍光傳：“羣兒自相～耳。”又引申爲重視，崇尚。韓非子五蠹：“富國以農，距敵恃卒，而～文學之士。”

507.【賤】

物價低。楊惲報孫會宗書：“方糴～販貴，逐什一之利。”杜甫歲晏行：“今年米～大傷農。”引申爲没有禄位，卑賤。李密陳情表：“猥以微～，當侍東宫。”又爲没有價值，微不足道。李華弔古戰場文：“威尊命～。”又爲以之爲賤，輕視。戰國策齊策四：“左右以君～之也，食以草具。”又謙詞，例如稱自己的私事爲“～事”。司馬遷報任安書：“又迫～事。”

508.【壯】

（一）壯年，指三十歲以上，未到老年。左傳僖公三十年：“臣之～也，猶不如人。”漢書霍光傳：“既～大，迺自知父爲霍中孺。”[丁～]適合服役年齡的男子。史記項羽本紀：“丁～苦軍旅，老弱罷轉漕。”

（二）强，健。左傳宣公十二年：“楚師方～。”“壯”又用於意動，表示欽佩别人的勇敢或有氣概。史記淮陰侯列傳：“滕公奇其言，～其貌。”韓愈送李愿歸盤谷序：“昌黎韓愈聞其言而～之。”

509.【大】

（一）大。跟“小”相對。孟子梁惠王上：“以小易～，彼惡知之？”史記淮陰侯列傳：“若雖長～，好帶刀劍，中情怯耳。”又副詞。大大地，非常，很。漢書霍光傳：“長主～以是怨光。”又：“去病～爲中孺買田宅奴婢而去。”[～夫]古代官職，在卿之下，士之上。漢書

霍光傳:"率三公九卿～夫定萬世册,以安社稷。"[～王]戰國時諸
侯稱王,臣下尊稱之爲"～王"。戰國策魏策四:"～王嘗聞布衣之
怒乎?"史記項羽本紀:"以待～王來。"[～人](1)居高位的人。孟
子滕文公上:"有～人之事,有小人之事。"又盡心下:"説～人則藐
之。"(2)有道德的人。孟子盡心上:"有～人者,正己而物正者也。"
劉伶酒德頌:"有～人先生。"(3)敬詞,指父母。漢書霍光傳:"去病
不早自知爲～人遺體也。"古詩爲焦仲卿妻作:"三日斷五匹,～人
故嫌遲。"

(二)通"太"。左傳隱公元年:"～叔出奔共。"

510.【多】

(一)多。跟"寡"或"少"相對。史記淮陰侯列傳:"又自以爲功
～,漢終不奪我齊。"又副詞。多數。洛陽伽藍記開善寺:"王侯第
宅～題爲寺。"

(二)稱讚。史記魏其武安侯列傳:"士亦以此～之。"又:"上必
～君有讓。"漢書霍光傳:"衆庶莫不～光。"

511.【篤】

(一)厚。詩經唐風椒聊:"碩大且～。"論語泰伯:"君子～於
親。"引申爲純。禮記儒行:"～行而不倦。"又爲固。老子十六章:
"致虚極,守静～。"柳宗元答韋中立論師道書:"僕道不～。"

(二)堅定。論語子張:"信道不～。"用作狀語,表示堅定地。
論語泰伯:"～信好學。"禮記中庸:"明辨之,～行之。"引申爲非常
地,十分地。晉書温嶠傳:"實憑明公～愛。"南史文學傳序:"蓋由
時主～好文章。"[～論]正確的言論。文心雕龍才略:"未爲～論
也。"

(三)重,特指病重。漢書霍光傳:"地節二年春,病～。"李密陳情表:"臣欲奉詔奔馳,則劉病日～。"

512.【專】

專一,集中。孟子公孫丑上:"管仲得君,如彼其～也。"又告子上:"不～心致志則不得也。"韓愈精衛填海詩:"我獨賞～精。"引申爲獨佔,獨裁。左傳莊公十年:"衣食所安,弗敢～也,必以分人。"漢書霍光傳:"光～權自恣。"又:"主弱臣强,～制擅權。"盧照鄰長安古意詩:"意氣由來排灌夫,～權判不容蕭相。"

513.【壹】

(一)專一,無二心。左傳成公十三年:"以懲不～。"司馬遷報任安書:"務～心營職,以求親媚於主上。"("壹"字依漢書。)

(二)總。漢書霍光傳:"天子所以永保宗廟,總～海内者,以慈孝禮誼賞罰爲本。"又副詞。一切。漢書霍光傳:"政事～決於光。"

(三)萬一,如果。漢書霍光傳:"他人～間女,能復自救邪?"

514.【稍】

(一)副詞。漸。史記項羽本紀:"項王乃疑范增與漢有私,～奪之權。"司馬遷報任安書:"以～陵遲,至於鞭箠之間。"漢書霍光傳:"光薨後語～泄。""稍稍"二字叠用,等於現代的"漸漸"。史記項羽本紀:"漢王間往從之,～～收其士卒。"又魏其武安侯列傳:"坐乃起更衣,～～去。"注意:在上古漢語裏,"稍"字用作副詞時,都是"漸"的意思,不是"略"的意思。直到唐宋,一般還用這個意義。杜甫課小豎鉏斫舍北果林詩:"天涯～嘸黑,倚杖更徘徊。"蘇軾與述古自有美堂乘月夜歸詩:"娟娟雲月～侵軒,瀲瀲星河半隱山。"

（二）副詞。稍微，略微（晚起義）。黃宗羲原臣：“其禮～優。”方苞獄中雜記：“邇年獄訟，情～重，京兆五城即不敢專決。”

515.【略】

（一）劃定疆界。左傳昭公七年：“天子經～。”引申爲疆界。左傳僖公十五年：“東盡虢～。”

（二）巡行。左傳隱公五年：“公曰：‘吾將～地焉。’遂往。陳魚而觀之。”又昭公二十四年：“楚子爲舟師以～吳疆。”

（三）軍行異域强取〔財物〕。左傳宣公十五年：“晉侯治兵於稷，以～狄土。”淮南子兵略：“古之用兵者，非利土壤之廣，而貪金玉之～。”雙音詞有“侵～”。引申爲搶劫，掠奪。漢書霍光傳：“使從官～女子。”又龔遂傳：“勃海又多劫～。”這個意義後來又寫作“掠”。後漢書班超傳：“因縱兵鈔掠。”（鈔：義同“掠”。）杜牧阿房宮賦：“取掠其人。”

（四）道術。漢書藝文志：“若能修六藝之術，而觀此九家之言，舍短取長，則可以通萬方之～矣。”

（五）才略，智謀。史記淮陰侯列傳：“此所謂功無二於天下，而～不世出者也。”蘇洵六國論：“燕趙之君始有遠～。”今成語有“雄才大～”。

（六）大概，概要。孟子滕文公上：“此其大～也。”又萬章下：“然而軻也嘗聞其～也。”現代有雙音詞“要略”。引申爲簡略。跟“繁”或“詳”相對。文心雕龍鎔裁：“謂繁與～，隨分所好。”又物色：“～語則闕，詳說則繁。”引申爲略去不載。蕭統文選序：“自非～其蕪穢，集其清英，蓋欲兼功，太半難矣。”又：“又以～諸。”現代有雙音詞“省～”。

(七)副詞。大致,稍微。史記項羽本紀:"～知其意。"司馬遷報任安書:"書不能悉意,～陳固陋。""略無"二字連用,表示毫無。水經注江水:"兩岸連山,～無闕處。"杜甫舟中苦熱遣懷詩:"王室不肯微,凶徒～無憚。"注意:"略無"不應該解作"稍微没有"。

[辨]稍,略,頗。在上古時代,"稍"表示"漸"的意思,跟"略"截然不同。"頗"在漢代也不常常表示"稍微",有時候却被用來表示極度。"頗有"即表示"多有",例如樂府陌上桑:"鬑鬑(lián lián)～有鬚。"這樣,通常表示"稍微"的意義的,就只有一個"略"字了。

516.【輒】(輙)

(一)副詞。表示每次都是那樣。史記項羽本紀:"楚挑戰三合,樓煩～射殺之。"漢書霍光傳:"光時休沐出,桀～入代光決事。"引申爲就一定,就。韓愈進學解:"動～得咎。"柳宗元答韋中立論師道書:"今之世不聞有師。有,～譁笑之。"歐陽修醉翁亭記:"飲少～醉。"

(二)專擅。晉書劉弘傳:"甘受專～之罪。"

517.【猶】

(一)同,如同。詩經召南小星:"寔命不～。"論語顏淵:"虎豹之鞹～犬羊之鞹。"

(二)副詞。尚且,還(hái)。論語微子:"往者不可諫,來者～可追。"李密陳情表:"凡在故老,～蒙矜育。"

(三)[～與][～豫]遲疑不決的樣子。史記淮陰侯列傳:"韓信～豫,不忍倍漢。"

[辨]猶,尚。在"尚且"的意義上,二者是同義詞,所以二字常連用,說成"尚猶"或"猶尚"。

518.【陰】

(一)山北爲陰,水南爲陰。詩經大雅公劉:“相其~陽。”(觀察山北和山南。)按:地名第二字用“陰”的,一般都來自這個意義,如華陰在華山之北,江陰在長江之南。

(二)没有日光,陰天。詩經豳風鴟鴞:“迨天之未~雨。”引申爲陽光照不到的地方。枚乘上書諫吴王:“不如就~而止,景滅跡絶。”周邦彦蘭陵王詞:“柳~直。”又滿庭芳詞:“午~嘉樹清圓。”[光~]原指陽光和陰影,引申爲時間。江淹別賦:“明月白露,光~往來。”

(三)副詞。暗中,暗地裏。韓非子説難:“若説之以厚利,則~用其言而顯棄其身。”史記淮陰侯列傳:“~使人至豨所。”漢書霍光傳:“~與車騎將軍張安世圖計。”

(四)哲學名詞。在古代哲學中,陰陽指兩種對立的事物。例如日月,男女,寒暑,清濁,盛衰,生死,都被視爲陰陽。莊子天運:“一清一濁,~陽調和。”

519.【陽】

(一)山南爲陽,水北爲陽。詩經大雅公劉:“相其陰~。”又秦風渭陽:“我送舅氏,曰至渭~。”韓愈送李愿歸盤谷序:“太行之~有盤谷。”蘇軾喜雨亭記:“雨麥於岐山之~。”按:地名第二字用“陽”的,一般都來自這個意義,如衡陽在衡山之南,洛陽在洛水之北。

(二)日光。詩經小雅湛露:“匪~不晞。”(匪:非。晞 xī:乾。)

(三)表面上,假裝。韓非子説難:“而説之以名高,則~收其身而實疏之。”鄒陽獄中上梁王書:“是以箕子~狂,接輿避世。”(陽字據李善本文選。)這個意義又寫作"佯"、"詳"。參看"詳"字條。

(四)哲學名詞。見"陰"字條。

520.【休】

(一)休息。詩經周南漢廣:"南有喬木,不可～息。"歐陽修醉翁亭記:"行者～於樹。"[～沐]原意是休息沐浴,實指休假。漢書霍光傳:"光時～沐出。"引申爲退職,不再做官。杜甫旅夜書懷詩:"官應老病～。"

(二)喜慶。跟"咎"相對。詩經大雅民勞:"以爲王～。"今成語有"～戚相關"。又爲美善。左傳宣公三年:"德之～明,雖小,重也。"

(三)完了。杜甫天育驃騎歌:"時無王良伯樂死即～。"李商隱馬嵬詩:"他生未卜此生～。"

(四)副詞。別,不要。杜甫歲晏行:"汝～枉殺南飛鴻。"

521.【咎】

(一)災禍。跟"休"相對。史記淮陰侯列傳:"蓋聞天與弗取,反受其～。"賈誼弔屈原賦:"嗟苦先生,獨離此～兮。"

(二)罪過。諸葛亮出師表:"若無興德之言,則責攸之、褘、允之慢,以彰其～。"李華弔古戰場文:"殺之何～?"韓愈進學解:"動輒得～。"引申爲責怪。論語八佾:"既往不～。"王安石遊褒禪山記:"或～其欲出者。"

522.【機】

(一)發動弩的機關。(弩是用機關發射的弓。)周易繫辭上:"言行君子之樞～。"(樞:門上的轉軸。)莊子齊物論:"其發若～栝。"(栝 guā:箭的尾端。)淮南子原道:"其用之也若發～。"史記淮陰侯列傳："計者,事之~也。"引申爲機巧。文心雕龍麗辭："然契~者入巧,浮假者無功。"

(二)事情未發生時,可以預見的跡象。這個意義本作"幾"。後來又寫作"機",如"知幾"作"知機"。周易繫辭下："知幾其神乎。"説文繫傳引作"知機"。又："君子見幾而作。""見幾"也可以寫成"見機"。

(三)事務。僅見于"萬~"。表示天子所處理的萬事。漢書霍光傳："光自後元秉持萬~。"(霍光攝政,所以稱萬機。)按:尚書皋陶謨有"一日二日萬幾"。

(四)織布的機。古詩十九首："纖纖擢素手,札札弄~杼。"後漢書列女傳："此織生於蠶繭,成於~杼。"(杼:持經之具。)

523.【要】

(一)讀 yāo,陰平聲。古"腰"字。墨子兼愛中："昔楚靈王好士細~。"漢書霍光傳："敢泄言~斬。"又："禹~斬,顯及諸女昆弟皆棄市。"[~領](1)腰和脖子。古代有腰斬和斬首的刑罰,所以"要"和"領"並舉。禮記檀弓下："是全~領以從先大夫於九京也。"(九京:即九泉,指地下。)(2)衣腰和衣領,比喻主要的情況。漢書張騫傳："騫自月支至大夏,竟不能得月支~領。"今成語有"不得要~"。在"要領"的第二義上,"要"字今讀去聲。

(二)也讀 yāo。在半路上攔住。孟子公孫丑下："使數人~於路。"又萬章上："將~而殺之。"後漢書班超傳："乃遣兵數百於東界上~之。"這個意義又寫作"邀"。晉書陶潛傳："王弘令潛故人齎酒於半道邀之。"引申爲邀請。詩經鄘風桑中："期我乎桑中,~我乎上宮,送我乎淇之上矣。"陶潛桃花源記："便~還家。"杜甫寒食詩:

"田父~皆去。"也寫作"邀"。杜甫遭田父泥飲詩:"田翁逼社日,邀我嘗春酒。"

(三)讀 yāo。求得,設法獲得。孟子公孫丑上:"非所以~譽於鄉黨朋友也。"今有雙音詞"~求"。

(四)讀 yāo。要挾。論語憲問:"雖曰不~君,吾不信也。"賈誼過秦論下:"章邯因以三軍之衆~市於外。"今有雙音詞"~挾"。又爲要求。史記文帝本紀:"帝欲自將擊匈奴,羣臣諫,皆不聽。皇太后固~帝,帝乃止。"

(五)讀 yào。名詞。要點,基本的東西。莊子天道:"願聞其~。"漢書藝文志:"然後知秉~執本。"又:"合其~歸,亦六經之支與流裔。"韓愈進學解:"記事者必提其~。"又形容詞。簡要的。文心雕龍情采:"故爲情者~約而寫真,爲文者淫麗而煩濫。"又鎔裁:"精論~語,極略之體。"[~害]有戰略價值的[地方]。賈誼過秦論上:"守~害之處。"又爲精要,關鍵。文心雕龍物色:"且詩騷所標,並據~害。"[~之]總之,概括地説。司馬遷報任安書:"~之,死日然後是非乃定。"

注意:上古"要"字一般不當"需要"、"想要"講,中古以後的文言文也很少當"需要"、"想要"講。古人於"想要"意義上説"欲"。

524.【祖】

(一)祖先。自父之父以上都稱祖。漢書霍光傳:"人道親親,故尊~;尊~,故敬宗。"又特指父之父。荀子成相:"下以教誨子弟,上以事~考。"(考:父親。)

(二)動詞。效法,宗奉。史記韓世家:"秦王必~張儀之故智。"漢書藝文志:"~述堯舜。"沈約謝靈運傳論:"莫不同~風騷。"

(三)動詞。祭路神。左傳昭公七年："夢襄公～。"陶潛自祭文："同～行於今夕。"韓愈送楊少尹序："於時公卿設供帳，～道都門外。"引申爲餞別。杜甫許生處乞維摩圖樣詩："～席倍輝光。"

525.【賓】

(一)賓客。詩經小雅鹿鳴："我有嘉～。"

(二)服。國語楚語上："其不～也久矣。"[～服]也就是服。漢書霍光傳："四夷～服。"

526.【郎】

(一)官名。有侍郎，中郎，郎中等。統稱爲"郎"。史記魏其武安侯列傳："蚡爲諸～，未貴。"漢書霍光傳："時年十餘歲，任光爲～。"又："上迺賜福帛十疋，後以爲～。"李密陳情表："歷職～署。"又有分別指稱的。揚雄解嘲："然而位不過侍～。"

(二)少年男子的美稱。世說新語雅量："王家諸～亦皆可嘉。"引申爲婦女稱其所愛的男子。子夜歌："始欲識～時，兩心望如一。"劉禹錫竹枝詞："楊柳青青江水平，聞～江上踏歌聲。"

527.【男】

(一)形容詞。男性的。詩經小雅斯干："乃生～子。"韓愈柳子厚墓誌銘："子厚有子～二人。"

(二)兒子。漢書霍光傳："武帝六～，獨有廣陵王胥在。"

528.【部】

(一)動詞。統率。史記項羽本紀："漢王～五諸侯兵凡五十六萬人，東伐楚。"[～勒]指揮。史記項羽本紀："陰以兵法～勒賓客及子弟。"後漢書班超傳："密召諸～勒兵雞鳴馳赴莎車營。"(莎車：漢時西域國名。)[～署]佈置，安排。史記項羽本紀："梁～署吳中豪傑爲校尉、侯、司馬。"又淮陰侯列傳:"遂聽信計, ~ 署諸將所擊。"又:"~ 署已定。"

(二)部隊。三國志吳志周瑜傳:"瑜爲前~大督。"

(三)部分,門類。說文解字序:"分別~居。"

529.【曹】

(一)左右曹,加官之一種。漢書霍光傳:"稍遷諸~侍中。"又李廣蘇建傳:"復爲右~典屬國。"引申爲尚書省的各部門。後漢書百官志:"成帝初置尚書四人,分爲四~。"[功~]主管祭祀、學校、選舉等事的部門。後漢書范滂傳:"請署功~,委任政事。"

(二)等輩,儕類。一般只用於"吾~","汝~","卿~"等,略等於現代的"我們","你們"等。漢書霍光傳:"女~不務奉大將軍餘業。"後漢書班超傳:"卿~與我俱在絶域。"又爲羣。杜甫曲江詩:"哀鳴獨叫求其~。"

530.【鄉】

(一)五家爲鄉。論語雍也:"原思爲之宰,與之粟九百,辭。子曰:'毋! 以與爾~里鄉黨乎?'"(二十五家爲里,萬二千五百家爲鄉,五百家爲黨。)孟子離婁下:"鄉~有鬬者。"

(二)住處接近的家或國。孟子滕文公下:"今有人日攘其~之雞者。"左傳僖公三十年:"~之厚,君之薄也。"又形容詞。孟子梁惠王上:"~國之民不加少。"漢書霍光傳:"於是殺牛置酒,謝其~人。"

531.【里】

(一)二十五家爲里。里是一個住宅區,里有里門。詩經鄭風將仲子:"無踰我~。"漢書霍光傳:"鄰~共救之。"鄒陽獄中上梁王

書:"～名勝母,曾子不入。"引申爲一般的鄉里,里巷。江淹別賦:
"離邦去～。"韓愈柳子厚墓誌銘:"平居～巷相慕悦。"

(二)量地的單位。上古以三百步爲一里(六尺爲一步)。司馬
遷報任安書:"轉鬥千～。"

532.【獄】

(一)官司,訴訟。詩經召南行露:"何以速我～?"左傳莊公十
年:"小大之～,雖不能察,必以情。"賈誼治安策序:"百姓素樸,～
訟衰息。"孔稚珪北山移文:"每紛綸於折～。"歐陽修瀧岡阡表:"此
死～也。""獄掾","獄吏"都指處理訴訟的官。史記項羽本紀:"乃
請蘄～掾曹咎書抵櫟陽～掾司馬欣。"又魏其武安侯列傳:"此一～
吏所決耳。"

(二)監牢。詩經小雅小宛:"哀我填寡,宜岸宜～。"漢書霍光
傳:"縛嘉繫～。"楊惲報孫會宗書:"妻子滿～。"

533.【闕】

(一)讀 què。城門兩邊的高臺和建築物。詩經鄭風子衿:"在
城～兮。"又特指王宮門前兩邊的觀闕(中間爲通道)。左傳莊公二
十一年:"鄭伯享王于～西辟。"(西辟:西邊。)自有皇帝後,闕指皇
宮的闕。鄒陽獄中上梁王書:"安有盡忠信而趨～下者哉?"楊惲報
孫會宗書:"身幽北～。"皇宮的闕又叫"象魏",因此亦稱"魏～"。
呂氏春秋審爲:"身在江海之上,心居乎魏～之下。"孔稚珪北山移
文:"雖情投於魏～。""城闕"連用時指京城。王勃送杜少府之任蜀
州詩:"城～輔三秦。"杜甫自京赴奉先縣詠懷五百字詩:"鞭撻其夫
家,聚斂貢城～。"引申爲豁口。水經注江水:"自三峽七百里中,兩
岸連山,略無～處。"

(二)讀 què。缺點。詩經大雅烝民:"袞職有～,維仲山甫補之。"司馬遷報任安書:"次之又不能拾遺補～。"嵇康與山巨源絕交書:"吾不如嗣宗之賢,而有弛慢之～。"用作動詞時,表示使虧損。左傳僖公三十年:"若不～秦,將焉取之?"

(三)讀 jué。挖掘。左傳隱公元年:"若～地及泉。"

[辨]闕,缺。"闕"的本義是宮闕,"缺"的本義是器破。"闕"的(一)(三)兩義絕對不能寫作"缺"。第二義原則上與"缺"相通,但是習慣上也不寫作"缺"。

534.【祠】

(一)動詞。春祭。詩經小雅天保:"禴～烝嘗。"(禴:夏祭。烝:冬祭。嘗:秋祭。)引申爲祭。漢書霍光傳:"以三太牢～昌邑哀王園廟。"又:"吏卒奉～焉。"

(二)祠堂。杜甫詠懷古跡詩:"武侯～屋長鄰近。"又奉送崔都水翁下峽詩:"白狗黃牛峽,朝雲暮雨～。"

535.【第】

(一)次第,次序。左傳哀公十六年:"楚國～,我死,令尹司馬,非勝而誰?"(楚國第:依照楚國的選官用人的次序。)又爲動詞。排次序。史記蕭相國世家:"平陽侯曹參身被七十創,攻城略地,功最多,宜～一。"(應該排在一。)再引申爲序數的詞頭,如"第一","第九"等。

(二)大宅子。漢書霍光傳:"甲～一區。"又:"顯夢～中井水溢流庭下。"

(三)科第,科舉榜上的次第。韓愈柳子厚墓誌銘:"能取進士～。"今有"及～"。

（四）副詞。只管。史記陳丞相世家："陛下～出僞游雲夢。"

536.【屏】

（一）國君宫門内當門的小牆。後漢書包咸傳："每進見，錫以几杖，入～不趨。"引申爲板製的擋子，其作用是不讓外面的人看見裹面。杜甫李監宅詩："～開金孔雀，褥隱繡芙蓉。"

（二）讀 bǐng，上聲。排除，除去。論語堯曰："尊五美，～四惡。"漢書霍光傳："古者廢放之人～於遠方。"文心雕龍情采："正采耀乎朱藍，間色～於紅紫。"引申爲讓左右侍從的人走開。史記魏公子列傳："乃～人間語。"又爲退隱。史記魏其武安侯列傳："魏其謝病，～居藍田南山之下數月。"

537.【帳】

（一）帳幕，特指軍用的帳篷。史記項羽本紀："即其～中斬宋義頭。"高適燕歌行："戰士軍前半死生，美人～下猶歌舞。"用作動詞時，指準備宴飲用的帷帳。史記魏其武安侯列傳："請語魏其侯～具。"又特指餞行宴飲的帷帳。江淹别賦："～飲東都，送客金谷。"柳永雨霖鈴詞："都門～飲無緒。"引申爲牀上的帳。孔稚珪北山移文："蕙～空兮夜鶴怨。"

（二）計算的簿子，銀錢出入的記録（後起義）。隋書高帝本紀："凡是軍人，可悉屬州縣，墾田籍～，一與民同。"這個意義後來又寫作"賬"。

538.【壁】

（一）牆。史記司馬相如列傳："家居徒四～立。"柳宗元永州韋使君新堂記："宗元請志諸石，措諸～。"引申爲陡峭的山崖。水經注廬江水："高～緬然。"（緬然：高而遠的樣子。）

（二）壁壘，軍營的圍牆。史記淮陰侯列傳："趙見我走，必空～逐我。"又魏其武安侯列傳："吾益知吳～中曲折，請復往。"

539.【案】

（一）木製的托盤，有脚，用來盛食物。史記萬石君列傳："對～不食。"後漢書梁鴻傳："每歸，妻爲具食，不敢於鴻前仰視，舉～齊眉。"鮑照擬行路難詩："對～不能食，拔劍擊柱長歎息。"

（二）几之一種，即矮小的方桌。三國志吳志周瑜傳注引江表傳："孫權拔刀斫前奏～曰：'諸將復有言迎曹者，與此～同。'"

（三）官府的文書，案卷。隋書劉炫傳："故諺云：老吏報～死。"劉禹錫陋室銘："無～牘之勞形。"

（四）向下壓。史記魏其武安侯列傳："～灌夫項，令謝。"引申爲按下不用。史記淮陰侯列傳："莫如～甲休兵。"

（五）按察，查辦。史記魏其武安侯列傳："灌夫家在潁川，橫甚，民苦之。請～！"引申爲考察。論衡問孔："～聖賢之言，上下多相違。"

（四）（五）兩個意義都可以寫成"按"。

540.【字】

（一）生子。周易屯卦："女子貞不～。"引申爲撫育，撫養。尚書康誥："父不能～厥子。"左傳成公十一年："又不能～人之孤而殺之。"

（二）文字。漢書劉歆傳："分文析～。"按，獨體爲文，合體爲字。在一般的用法上，"文"和"字"不再分別。漢書藝文志："說五～之文，至於二三萬言。"

（三）表字。這是人名之一種。上古時代，男子生下來三個月父親就給命名。到了二十歲,舉行冠禮時,再給他一個字。從此以後,只有君父和尊長以及他自稱時稱名,卑輩和平輩對他只能稱字,不能稱名。男子既有名,又有字,中國這個習俗貫串整個封建社會。漢書霍光傳:"霍光,~子孟。"

541.【畫】

(一)劃分界限。左傳襄公四年:"茫茫禹跡,~爲九州。"司馬遷報任安書:"故士有~地爲牢,勢不可入。"引申爲劃定界限,不再前進。論語雍也:"力不足者,中道而廢;今女~。"這個意義現在寫作"劃",又簡化爲"划"。

(二)計劃,籌劃。動詞。韓非子外儲說左上:"客有爲齊王~者,齊王問曰:'~孰最難者?'"鄒陽獄中上梁王書:"衛先生爲秦~長平之事。"揚雄解嘲:"留侯~策,陳平出奇。"又名詞。鄒陽獄中上梁王書:"此二人者,皆信必然之~。"史記淮陰侯列傳:"言不聽,~不用。"這個意義現在也寫作"劃",又簡化爲"划"。

(三)圖畫。動詞。莊子田子方:"宋元君將~圖,衆史皆至……公使人視之,則解衣般礴,臝(裸),君曰:'可矣,是真~者矣。'"漢書霍光傳:"上迺使黃門~者~周公負成王朝諸侯以賜光。"又名詞。漢書霍光傳:"君未諭前~意邪?"

舊時於第一二兩義讀入聲,第三義讀去聲,今普通話無別。

542.【項】

(一)脖子的後部。史記魏其武安侯列傳:"案灌夫~,令謝。"後漢書楊震傳:"卿強~,真楊震子孫。"又左雄傳:"監司~背相望。"

(二)條目(後起義)。宋史兵志:"願應募爲部領人者,逐~名目,權攝部領。”

[辨]領,項,頸。領是脖子的通稱,項是脖子的後部,頸是脖子的前部。史記張耳陳餘列傳:“兩人相與爲刎頸之交。”“刎頸”不能説成“刎項”或“刎領”。後代“頸”字也變成了脖子的通稱。

543.【乳】

(一)動詞。生子。禮記月令:“〔季冬之月〕雁北鄉,鵲始巢,雉雊,雞 ~ 。”(雊 gòu:雉鳴。)漢書李廣蘇建傳:“乃徙武北海上無人處,使牧羝,羝 ~ 乃得歸。”(武:蘇武。羝 dǐ:公羊。)論衡氣壽:“婦人疏字者子活,數 ~ 者子死。”(“字”與“乳”對文,“字”也是生子。)“乳”用作定語,表示“剛生子的”(多指獸類)。莊子盜跖:“案劍瞋目,聲如 ~ 虎。”荀子榮辱:“~ 彘觸虎,~ 狗不遠遊。”(狗:同“狗”。)又表示產科的。漢書霍光傳:“私使 ~ 醫淳于衍行毒藥殺許后。”

(二)乳汁。漢書高帝紀:“是口尚 ~ 臭,不能當韓信。”魏書王琚傳:“常飲牛 ~ ,色如處子。”又動詞,表示哺乳,喂奶。左傳宣公四年:“虎 ~ 之。”漢書張騫傳:“還見狼 ~ 之。”[~ 母]奶媽。荀子禮論:“~ 母,飲食之者也。”

(三)乳房。莊子徐无鬼:“~ 閒股脚。”白虎通聖人:“文王四 ~ 。”

(四)初生的〔鳥〕(後起義)。鮑照詠採桑詩:“~ 燕逐草蟲。”蘇軾賀新郎詞:“~ 燕飛華屋。”

544.【體】

(一)身體的各部分,如頭、手、足、肩、背、股等。孟子公孫丑上:“子夏、子游、子張皆有聖人之一 ~ ,冉牛、閔子、顏淵則具 ~ 而微。”(具體:具備所有身體的各部分。)史記項羽本紀:“王翳取其頭，……最其後郎中騎楊喜、騎司馬呂馬童、郎中呂勝、楊武各得其一～；五人共會其～，皆是。"作動詞時，表示把身體各部分分解開，肢解。禮記禮運："～其犬豕牛羊。"又特指手足。論語微子："四～不勤。"文心雕龍麗辭："造化賦形，支～必雙。"（支：肢。）引申爲泛指身體。孟子告子下："勞其筋骨，餓其～膚。"漢書霍光傳："去病不早自知爲大人遺～也。"［一～］略等於現代的"一樣"。司馬遷報任安書："古今一～，安在其不辱也?"

（二）形狀，形體。周易繫辭上："故神無方而易無～。"引申爲徵兆，跡象。詩經衛風氓："爾卜爾筮，～無咎言。"（體：卦體，卦象。）

（三）體制，體裁。沈約謝靈運傳論："自漢至魏，四百餘年，辭人才子，文～三變。"蕭統文選序："古詩之～，今則全取賦名。"

（四）動詞。設身處其間來分析，體察。禮記中庸："敬大臣也，～羣臣也。"又："～羣臣，則士之報禮重。"後來的"～會"、"～諒"、"～恤"等義，由此引申出。

545.【意】

（一）名詞。意思。楚辭卜居："用君之心，行君之～。"史記魏其武安侯列傳："或聞上無～殺魏其。"

（二）動詞。料想，猜測。史記項羽本紀："然不自～能先入關破秦。"列子説符："人有亡鈇者，～其鄰之子。"楊惲報孫會宗書："豈～得全其首領，復奉先人之丘墓乎?"柳宗元答韋中立論師道書："不～吾子自京師來蠻夷間，乃幸見取。"李商隱安定城樓詩："不知腐鼠成滋味，猜～鵷雛竟未休!"［～者］表示我想大概是。莊子天運："～者其運轉而不能自止邪?"荀子天道："～者身不敬與?"

古漢語通論(十九)

古代文化常識(一)

天文,曆法,樂律

(一)天　文

在上古時代,人們把自然看得很神秘,認爲整個宇宙有一個至高無上的主宰,就是帝或上帝。在上古文獻裏,天和帝常常成爲同義詞。古人又認爲各種自然現象都有它的主持者,于是把它們人格化了,並賦予一定的名字,例如風師謂之飛廉,雨師謂之屛翳(屛翳),雲師謂之豐隆,日御謂之羲和,月御謂之望舒①,等等,就是這種觀念的反映。這些帶有神話色彩的名字,爲古代作家所沿用,成了古典詩歌辭賦中的辭藻。這是一方面。另一方面,我國是世界上最早進入農耕生活的國家之一,農業生産要求有準確的農事季節,所以古人觀測天象非常精勤,這就促進了古代天文知識的發展。根據現有可信的史料來看,殷商時代的甲骨刻辭早就有了某些星名和日食、月食的記載,《尚書》《詩經》《春秋》《左傳》《國語》《爾雅》等書有許多關於星宿的敘述和豐富的天象記錄,《史記》有《天官書》,《漢書》有《天文志》。我們可以說遠在漢代我國的天文知識就已經相當豐富了。

古人的天文知識也相當普及。明末清初的學者顧炎武說:

三代以上,人人皆知天文。"七月流火",農夫之辭也。"三星在

---

① 這裏是舉例性質,見《廣雅·釋天》。

户"，婦人之語也。"月離於畢"，戍卒之作也。"龍尾伏辰"，兒童之謠
也。後世文人學士，有問之而茫然不知者矣①。

我們現在學習古代漢語當然不是系統學習我國古代的天文學，但
是了解古書中一些常見的天文基本概念，對於提高閱讀古書能力
無疑是有幫助的。現在就七政、二十八宿、四象、三垣、十二次、分
野等分別加以叙述。

古人把日月和金木水火土五星合起來稱爲七政或七曜。金木
水火土五星是古人實際觀測到的五個行星，它們又合起來稱爲五
緯。

金星古曰明星，又名太白，因爲它光色銀白，亮度特强。《詩
經》"子興視夜，明星有爛"②，"昏以爲期，明星煌煌"③，都是指金星
説的。金星黎明見於東方叫啟明，黃昏見於西方叫長庚，所以《詩
經》説"東有啟明，西有長庚"④。木星古名歲星，逕稱爲歲。古人
認爲歲星十二年繞天一周，每年行經一個特定的星空區域，並據以
紀年⑤。水星一名辰星，火星古名熒惑，土星古名鎮星或填星。值
得注意的是，先秦古籍中談到天象時所説的水並不是指行星中的
水星，而是指恒星中的定星（營室）⑥，《左傳莊公二十九年》"水昏
正而栽"，就是一個例子。所説的火也並不是指行星中的火星，而

---

① 見《日知録》卷三十"天文"條。"七月流火"見《詩經·豳風·七月》，"三星在户"
　　見《詩經·唐風·綢繆》，"月離於畢"見《詩經·小雅·漸漸之石》，"龍尾伏辰"見
　　《左傳僖公五年》。
② 見《詩經·鄭風·女曰鷄鳴》。
③ 見《詩經·陳風·東門之楊》。
④ 見《詩經·小雅·大東》。
⑤ 下文談到十二次和紀年法時還要回到這一點上來。
⑥ 即室宿，主要是飛馬座的 α β 兩星。

是指恒星中的大火①,《詩經》"七月流火",就是一個例子。

　　古人觀測日月五星的運行是以恒星爲背景的,這是因爲古人覺得恒星相互間的位置恒久不變,可以利用它們做標誌來説明日月五星運行所到的位置。經過長期的觀測,古人先後選擇了黄道赤道附近的二十八個星宿作爲"坐標"②,稱爲二十八宿:

東方蒼龍七宿	角亢氐房心尾箕
北方玄武七宿	斗牛女虛危室壁
西方白虎七宿	奎婁胃昴畢觜參
南方朱雀七宿	井鬼柳星張翼軫

東方蒼龍、北方玄武(龜蛇)、西方白虎、南方朱雀,這是古人把每一方的七宿聯繫起來想像成的四種動物形象,叫做四象。以東方蒼龍爲例,從角宿到箕宿看成爲一條龍,角像龍角,氐房像龍身,尾宿即龍尾。再以南方朱雀爲例,從井宿到軫宿看成爲一隻鳥,柳爲鳥嘴,星爲鳥頸,張爲嗉,翼爲羽翮。這和外國古代把某些星座想像成爲某些動物的形象(如大熊、獅子、天蝎等)很相類似。

　　上文説過,古人以恒星爲背景來觀測日月五星的運行,而二十八宿都是恒星。了解到這一點,那麼古書上所説的"月離於畢"、

---

① 　即心宿,特指心宿二,即天蝎座 α 星。《史記·天官書》所説的火,才是指火星(熒惑)。

② 　黄道是古人想像的太陽周年運行的軌道。地球沿着自己的軌道圍繞太陽公轉,從地球軌道不同的位置上看太陽,則太陽在天球上的投影的位置也不相同。這種視位置的移動叫做太陽的視運動,太陽周年視運動的軌跡就是黄道。這裏所説的赤道不是指地球赤道,而是天球赤道,即地球赤道在天球上的投影。星宿這個概念不是指一顆一顆的星星,而是表示鄰近的若干個星的集合。古人把比較靠近的若干個星假想地聯繫起來,給以一個特殊的名稱如畢參箕斗等等,後世又名星官。

“熒惑守心”、“太白食昴”這一類關於天象的話就不難懂了①。“月離於畢”意思是月亮附麗於畢宿（離，麗也）；“熒惑守心”是説火星居於心宿；“太白食昴”是説金星遮蔽住昴宿。如此而已。蘇軾在《前赤壁賦》裏寫道：“少焉，月出於東山之上，徘徊於斗牛之間。”也是用的二十八宿坐標法。

　　二十八宿不僅是觀測日月五星位置的坐標，其中有些星宿還是古人測定歲時季節的觀測對象。例如在上古時代，人們認爲初昏時參宿在正南方就是春季正月，心宿在正南方就是夏季五月②，等等。

　　古人對於二十八宿是很熟悉的，有些星宿由於星象特殊，引人注目，成了古典詩歌描述的對象。《詩經》“維南有箕，不可以簸揚；維北有斗，不可以挹酒漿”③，這是指箕宿和斗宿説的。箕斗二宿同出現於南方天空時，箕宿在南，斗宿在北。箕宿四星聯繫起來想像成爲簸箕形，斗宿六星聯繫起來想像成爲古代舀酒的斗形。《詩經》“三星在天”、“三星在隅”、“三星在户”，則是指參宿而言④，因爲參宿有耀目的三星連成一線。至於樂府詩裏所説的“青龍對道隅”⑤，道指黄道，青龍則指整個蒼龍七宿了。有的星宿，伴隨着動人的神話故事，成爲後世作家沿用的典故。膾炙人口的牛郎織女

---

① 《尚書·洪範》僞孔傳：“月經於箕則多風，離於畢則多雨。”“熒惑守心”見《論衡·變虚》篇；“太白食昴”見鄒陽《獄中上梁王書》（見本册 895 頁）。
② 這是就當時的天象説的。《夏小正》：“正月初昏參中，五月初昏大火中。”
③ 見《詩經·小雅·大東》。
④ 此從毛傳。
⑤ 見《隴西行》。

故事不必叙述①,二十八宿中的参心二宿的傳説也是常被後人當作典故引用的。《左傳昭公元年》説:

> 昔高辛氏有二子,伯曰閼伯,季曰實沈,居於曠林,不相能也,日尋干戈,以相征討。后帝不臧,遷閼伯于商丘,主辰(主祀大火),商人是因,故辰爲商星(即心宿);遷實沈于大夏(晉陽),主参(主祀参星),唐人是因,……故参爲晉星(即参宿)。

因此後世把兄弟不和睦比喻爲参辰或参商。又因爲参宿居於西方,心宿居於東方,出没兩不相見,所以後世把親朋久別不能重逢也比喻爲参辰或参商。杜甫《贈衛八處士》所説的"人生不相見,動如参與商",就是這個意思。

隨着天文知識的發展,出現了星空分區的觀念。古人以上述的角亢氐房心尾箕等二十八個星宿爲主體,把黄道赤道附近的一周天按照由西向東的方向分爲二十八個不等分。在這個意義上説,二十八宿就意味着二十八個不等分的星空區域了。

古代對星空的分區,除二十八宿外,還有所謂三垣,即紫微垣、太微垣、天市垣。

古人在黄河流域常見的北天上空,以北極星爲標準,集合周圍其他各星,合爲一區,名曰紫微垣。在紫微垣外,在星張翼軫以北的星區是太微垣;在房心尾箕斗以北的星區是天市垣,這裏不一一細説。

現在説一説北斗。北斗是由天樞、天璇、天璣、天權、玉衡、開陽、搖光七星組成的,古人把這七星聯繫起來想像成爲古代舀酒的

---

① 但是織女不是指北方玄武的女宿,而是指天琴座的 α 星;牛郎也不是指北方玄武的牛宿,而是指天鷹座的 α 星,牛郎所牽的牛才是牛宿。

斗形。天樞、天璇、天璣、天權組成爲斗身,古曰魁;玉衡、開陽、搖
光組成爲斗柄,古曰杓。北斗七星屬於大熊座。

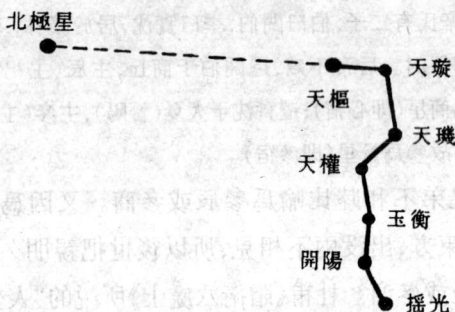

　　古人很重視北斗,因爲可以利用它來辨方向,定季節。把天
璇、天樞連成直線並延長約五倍的距離,就可以找到北極星,而北
極星是北方的標誌。北斗星在不同的季節和夜晚不同的時間,出
現於天空不同的方位,人們看起來它在圍繞着北極星轉動,所以古
人又根據初昏時斗柄所指的方向來決定季節:斗柄指東,天下皆
春;斗柄指南,天下皆夏;斗柄指西,天下皆秋;斗柄指北,天下皆
冬。

　　現在說到十二次。

　　古人爲了説明日月五星的運行和節氣的變換,把黃道附近一
周天按照由西向東的方向分爲星紀、玄枵等十二個等分,叫做十二
次。每次都有二十八宿中的某些星宿作爲標誌,例如星紀有斗牛
兩宿,玄枵有女虛危三宿,餘皆仿此。但是十二次是等分的,而二
十八宿的廣狹不一,所以十二次各次的起訖界限不能和宿與宿的
分界一致,換句話説,有些宿是跨屬於相鄰的兩個次的。下表就説

明了這種情況①：

十二次	二十八宿
1.星紀	斗牛女
2.玄枵	女虛危
3.諏訾②	危室壁奎
4.降婁	奎婁胃
5.大梁	胃昴畢
6.實沈	畢觜參井
7.鶉首	井鬼柳
8.鶉火	柳星張
9.鶉尾	張翼軫
10.壽星	軫角亢氐
11.大火	氐房心尾
12.析木	尾箕斗③

外國古代把黄道南北各八度以内的空間叫做黄道帶,認爲這是日月和行星運行所經過的處所。他們也按照由西向東的方向把黄道帶分爲白羊、金牛等十二個等分,叫做黄道十二宫。其用意和我國古代的十二次相同,但起訖界限稍有差異,對照起來,大致如下表所示：

十二次	黄道十二宫
星紀	摩羯宫
玄枵	寳瓶宫
諏訾	雙魚宫

---

① 這表是根據《漢書·律曆志》作的,各次的名稱、寫法和順序都根據《漢書·律曆志》。

② 諏訾,讀爲 zōu zī。

③ 字加有着重點的是各次的主要星宿(這是參照《淮南子·天文訓》)。

十二次	黄道十二宮
降婁	白羊宮
大梁	金牛宮
實沈	雙子宮
鶉首	巨蟹宮
鶉火	獅子宮
鶉尾	室女宮
壽星	天秤宮
大火	天蝎宮
析木	人馬宮

　　我國古代創立的十二次主要有兩種用途:第一,用來指示一年四季太陽所在的位置,以說明節氣的變換,例如說太陽在星紀中交冬至,在玄枵中交大寒,等等。第二,用來說明歲星每年運行所到的位置,並據以紀年,例如說某年“歲在星紀”,次年“歲在玄枵”,等等。這兩點,後面談到曆法時還要討論。

　　有一件事值得提一提,上述十二次的名稱大都和各自所屬的星宿有關。例如大火,這裏是次名,但在古代同時又是所屬心宿的名稱。又如鶉首、鶉火、鶉尾,其所以名鶉,顯然和南方朱雀的星象有關,南方朱雀七宿正分屬於這三次。《左傳僖公五年》“鶉火中”,孔疏說“鶉火之次正中於南方”,又說“鶉火星者謂柳星張也”,可以爲證。

　　下面談談分野。

　　《史記·天官書》說“天則有列宿,地則有州域”,可見古人是把天上的星宿和地上的州域聯繫起來看的。在春秋戰國時代,人們根據地上的區域來劃分天上的星宿,把天上的星宿分別指配於地上的州國,使它們互相對應,說某星是某國的分星,某某星宿是某某州國的分野①,這種看法,便是所謂分野的觀念。

　　星宿的分野,一般按列國來分配,如表甲②;後來又按各州來
分配,如表乙③:

表　甲

宿	國
角亢	鄭
氐房心	宋
尾箕	燕
斗牛	越
女	吳
虛危	齊
室壁	衛
奎婁	魯
胃昴畢	魏
觜參	趙
井鬼	秦
柳星張	周
翼軫	楚

表　乙

宿	州
角亢氐	兗州
房心	豫州
尾箕	幽州
斗	江湖
牛女	揚州
虛危	青州
室壁	并州
奎婁胃	徐州
昴畢	冀州
觜參	益州
井鬼	雍州
柳星張	三河
翼軫	荊州

　　星宿的分野也有以十二次爲綱,配以列國的,如表丙所示④:

表　丙

次	國
星紀	吳越
玄枵	齊

---

① 也有反過來說某地是某某星宿的分野的。例如《漢書·地理志》:"齊地,虛危之
　分野也。"
② 表甲是根據《淮南子·天文訓》作的。
③ 表乙是根據《史記·天官書》作的。
④ 表丙是根據《周禮·保章氏》鄭玄注作的。

次	國
諏訾	衛
降婁	魯
大梁	趙
實沈	晉
鶉首	秦
鶉火	周
鶉尾	楚
壽星	鄭
大火	宋
析木	燕

　　古人所以建立星宿的分野,主要是爲了觀察所謂"禨祥"的天象,以占卜地上所配州國的吉凶。例如《論衡·變虛篇》講到熒惑守心的時候説:"熒惑,天罰也;心,宋分野也。禍當君。"顯而易見,這是一種迷信。但是古人對於星宿分野的具體分配既然有了一種傳統的了解,那麽古典作家作品在寫到某個地區時連帶寫到和這個地區相配的星宿,就完全可以理解了。庾信《哀江南賦》説"以鶉首而賜秦,天何爲而此醉",王勃《滕王閣序》説"星分翼軫",李白《蜀道難》説"捫参歷井",就是在分野的意義上提到這些星宿的。

　　最後應該指出的是,古人的天文知識雖然已經相當豐富,但是由於科學水平和歷史條件的限制,古代的天文學在很大的程度上是和宗教迷信的占星術相聯繫的。古人對於某些異乎尋常的天象還不能作出科學的解釋,於是在崇敬天帝的思想基礎上,把天象的變化和人間的禍福聯繫起來,認爲天象的變化預示着人事的吉凶。例如日食,被認爲對最高統治者不利,所以《左傳昭公十七年》説:"日有食之,天子不舉(不殺牲盛饌),伐鼓於社。"《禮記·昏義》也説:"日蝕則天子素服而修六官之職。"這是把日食看成是上天對最高統治者的警告。又如彗星(一名孛星,欃槍)的出現,被認爲是兵災的凶象,所以史書上常有記載。甚至行星運行的情況也被認爲是吉凶的預兆。例如歲星正常運行到某某星宿,則地上與之相配的州國就五穀昌盛,而熒惑運行到這一星宿,這個國家就要發生種種禍殃,等等。占星家還認爲某某星主水旱,某某星主饑饉,某某星主疾疫,某某星主盜賊,注意它們的隱現出沒和光色的變化而加以占驗。這些就不一一叙述了。

(二)曆　法

古人經常觀察到的天象是太陽的出沒和月亮的盈虧,所以以晝夜交替的周期爲一"日",以月相變化的周期爲一"月"(現代叫做朔望月)。至於"年"的概念,最初大約是由於莊稼成熟的物候而形成的,《説文》説:"年,熟穀也。"如果説禾穀成熟的周期意味着寒來暑往的周期,那就是地球繞太陽一周的時間,現代叫做太陽年。以朔望月爲單位的曆法是陰曆,以太陽年爲單位的曆法是陽曆。我國古代的曆法不是純陰曆,而是陰陽合曆。平年十二個月,有六個大月各三十天,六個小月各二十九天[①],全年總共354天。但是這個日數少於一個太陽年。《尚書·堯典》説"朞三百有六旬有六日",實際上四季循環的周期約爲 $365\frac{1}{4}$ 日,比十二個朔望月的日數約多 $11\frac{1}{4}$ 日,積三年就相差一個月以上的時間,所以三年就要閏一個月,使曆年的平均長度大約等於一個太陽年,並和自然季節大致

---

① 這是因爲月相變化的周期在二十九到三十天之間,現代測得是29.53日。

調和配合。《堯典》說“以閏月定四時成歲”①，就是這個意思。

　　古人很重視置閏。《左傳文公六年》說：“閏以正時，時以作事，事以厚生，生民之道於是乎在矣。”三年一閏還不够，五年要閏兩次，所以《說文》說“五年再閏”。五年閏兩次又多了些，後來規定十九年共閏七個月。從現有文獻看，殷周時代已經置閏，閏月一般放在年終，稱爲“十三月”。當時置閏尚無定制，有時一年再閏，所以會有“十四月”。春秋時代就沒有一年再閏的情况了。漢初在九月之後置閏，稱爲“後九月”，這是因爲當時沿襲秦制，以十月爲歲首，以九月爲年終的緣故②。上古也有年中置閏，如閏三月、閏六月之類。當閏而不閏叫做“失閏”。如何適當安插閏月，這是古代曆法工作中的重要課題，這裏沒有必要叙述。

　　一年分爲春夏秋冬四時(季)，後來又按夏曆正月、二月、三月等十二個月依次分爲孟春、仲春、季春，孟夏、仲夏、季夏，孟秋、仲秋、季秋，孟冬、仲冬、季冬。這些名稱，古人常用作相應的月份的代稱。《楚辭·九章·哀郢》“民離散而相失兮，方仲春而東遷”③，就是指夏曆二月說的。但是在商代和西周前期，一年只分爲春秋二時，所以後來稱春秋就意味着一年。《莊子·逍遥遊》：“蟪蛄不知春秋。”④ 意思是蟪蛄生命短促不到一年。此外史官所記的史料在

---

① 注意：《堯典》這裏說“歲”，不說“年”，這是用“歲”表示從今年某一節氣(例如冬至)到明年同一節氣之間的這一段時間，使之和“年”有分工，“年”表示從今年正月初一到明年正月初一之間的這一段時間。所以《周禮·春官·大史》說“正歲年以序事”，歲年並舉。

② 這一點，下文還要談到。

③ 見本書第二册 567 頁。

④ 見本書第二册 379 頁。

上古也稱爲春秋,這是因爲"史之所記必表年以首事"①。後來曆法日趨詳密,由春秋二時再分出冬夏二時,所以有些古書所列的四時順序不是"春夏秋冬",而是"春秋冬夏",這是值得注意的②。

古人在長期的生產實踐中逐步認識到季節更替和氣候變化的規律,把周歲 $365\frac{1}{4}$ 日平分爲立春、雨水、驚蟄、春分、清明、穀雨等二十四個節氣③,以反映四季、氣溫、降雨、物候等方面的變化,這是我國古代勞動人民掌握農事季節的經驗總結,對農業生產的發展貢獻很大。二十四節氣系統是我國舊曆特有的重要組成部分,其名稱和順序是:

正月	立春雨水	二月	驚蟄春分
三月	清明穀雨	四月	立夏小滿
五月	芒種夏至	六月	小暑大暑
七月	立秋處暑	八月	白露秋分
九月	寒露霜降	十月	立冬小雪
十一月	大雪冬至	十二月	小寒大寒④

古人最初把二十四節氣細分爲節氣和中氣兩種。例如立春是正月節,雨水是正月中,驚蟄是二月節,春分是二月中,節氣和中氣

---

① 見杜預《春秋序》。舊說春秋猶言四時(《詩經·魯頌·閟宮》鄭玄箋),錯舉春秋以包春夏秋冬四時(杜預《春秋序》孔穎達《正義》),似難置信。

② 例如《墨子·天志中》"制爲四時春秋冬夏,以紀綱之",《管子·幼官圖》"修春秋冬夏之常祭",《禮記·孔子閒居》"天有四時,春秋冬夏",等等。

③ 每個節氣占 15.22 日弱。後代根據太陽移動的速度,有的節氣占 14 日多(冬至前後),有的節氣占 16 日多(夏至前後)。

④ 這是依照後代的順序;名稱和《淮南子·天文訓》相同。驚蟄古名啟蟄,漢代避景帝諱改名驚蟄。又,二十四節氣和陰曆月份的配搭不是絕對固定年年一致的,因爲節氣跟太陽走,和朔望月沒有關係。這裏所列的是綜合一般的情況。

相間,其餘由此順推①。

二十四節氣是根據太陽在黃道上不同的視位置定的。前面講天文時說過,古人把黃道附近一周天平分爲星紀、玄枵等十二次,太陽運行到某次就交某某節氣②。試以《漢書·律曆志》所載的即二千多年前的天象爲例。太陽運行到星紀初點交大雪,運行到星紀中央交冬至,運行到玄枵初點交小寒,運行到玄枵中央交大寒,等等。下表就說明了這種情況③:

太陽視位置 (日躔星次)④	星	紀	玄	枵	諏	訾	降	婁	大	梁	實	沈
	初	中	初	中	初	中	初	中	初	中	初	中
節 氣	大雪	冬至	小寒	大寒	立春	驚蟄	雨水	春分	穀雨	清明	立夏	小滿
太陽視位置 (日躔星次)	鶉	首	鶉	火	鶉	尾	壽	星	大	火	析	木
	初	中	初	中	初	中	初	中	初	中	初	中
節 氣	芒種	夏至	小暑	大暑	立秋	處暑	白露	秋分	寒露	霜降	立冬	小雪

二十四節氣系統是逐步完備起來的。古人很早就掌握了二分二至這四個最重要的節氣:《尚書·堯典》把春分叫做日中,秋分叫

---

① 由於一個節氣加一個中氣差不多是三十天半,大於一個朔望月,所以每月的節氣和中氣總要比上月推遲一兩天,推遲到某月只有節氣沒有中氣,後來就以這個月份置閏,所以古人說"閏月無中氣"。陽曆每月都有節氣和中氣,上半年每月六日和二十一日左右是交節日期,下半年每月八日和二十三日左右是交節日期。

② 實際上二十四個節氣是表示地球在圍繞太陽公轉的軌道上的二十四個不同的位置。

③ 這表是根據《漢書·律曆志》的順序排的,驚蟄在雨水之前,清明在穀雨之後,和後代不同。《漢書·律曆志》並指出交某節氣時太陽所在的星宿及其度數,如冬至日在牽牛初度,即摩羯座 β 星附近。現代天象和古代不同,現在的冬至點在人馬座(相當於古代的析木)。

④ 太陽運行叫做躔。

做宵中,《吕氏春秋》統名之曰日夜分,因爲這兩天晝夜長短相等;《堯典》把夏至叫做日永,冬至叫做日短,因爲夏至白天最長,冬至白天最短,所以《吕氏春秋》分別叫做日長至,日短至①。《左傳僖公五年》説,"凡分至啟閉必書雲物",分指春分秋分,至指夏至冬至,啟指立春立夏,閉指立秋立冬②。《吕氏春秋》則明確提到立春、立夏、立秋、立冬四個季節。到《淮南子》我們就見到和後世完全相同的二十四節氣的名稱了。

我們閱讀古書,有必要了解古人記錄時間的法則,下面就古代的紀日法(包括一天之内的記時法)、紀月法和紀年法分別加以叙述。

古人用干支紀日,例如《左傳隱公元年》"五月辛丑,大叔出奔共"。干是天干,即甲乙丙丁戊己庚辛壬癸。支是地支,即子丑寅卯辰巳午未申酉戌亥。十干和十二支依次組合爲六十單位,稱爲六十甲子:

甲子	乙丑	丙寅	丁卯	戊辰	己巳	庚午	辛未	壬申	癸酉
甲戌	乙亥	丙子	丁丑	戊寅	己卯	庚辰	辛巳	壬午	癸未
甲申	乙酉	丙戌	丁亥	戊子	己丑	庚寅	辛卯	壬辰	癸巳
甲午	乙未	丙申	丁酉	戊戌	己亥	庚子	辛丑	壬寅	癸卯
甲辰	乙巳	丙午	丁未	戊申	己酉	庚戌	辛亥	壬子	癸丑
甲寅	乙卯	丙辰	丁巳	戊午	己未	庚申	辛酉	壬戌	癸亥③

---

① 《孟子》統名之曰日至。《孟子·告子上》"今夫麰麥,播種而耰之,其地同,樹之時又同,浡然而生,至於日至之時皆熟矣",這指夏至而言;《孟子·離婁下》"天之高也,星辰之遠也,苟求其故,千歲之日至可坐而致也",舊説指冬至而言。《左傳》又稱冬至爲日南至。

② 據杜預注。

③ 干支的組合是天干的單數配地支的單數,天干的雙數配地支的雙數,所以不可能有"甲丑""乙寅"之類。

每個單位代表一天,假設某日爲甲子日,則甲子以後的日子依次順推爲乙丑、丙寅、丁卯等;甲子以前的日子依次逆推爲癸亥、壬戌、辛酉等。六十甲子周而復始。這種紀日法遠在甲骨文時代就已經有了。

古人紀日有時只記天干不記地支,例如《楚辭·九章·哀郢》"出國門而軫懷兮,甲之鼂吾以行"①。這種情況在甲骨文時代也已經有了。用地支紀日比較後起,大多限於特定的日子如"子卯不樂"(禮記·檀弓)、"三月上巳"之類。

從一個月來説,有些日子在古代有特定的名稱。每月的第一天叫做朔,最後一天叫做晦。所以《莊子》説"朝菌不知晦朔"②。初三叫做朏(fěi),大月十六、小月十五叫做望,鮑照詩"三五二八時,千里與君同"③,就是指望日的明月説的。近在望後的日子叫做既望④。所以蘇軾《前赤壁賦》説:"壬戌之秋,七月既望。"朔晦兩天,一般既稱干支又稱朔晦,例如《左傳僖公五年》"冬十二月丙子朔,晉滅虢,虢公醜奔京師",《左傳襄公十八年》"十月……丙寅晦,齊師夜遁"。其他日子一般就只記干支⑤,但是人們可以根據當月朔日的干支推知它是這個月的第幾天。例如《左傳隱公元年》"五月辛丑,大叔出奔共",根據後人推定的春秋長曆可以知道辛丑

---

① 見本書第二册 567 頁。

② 見本書第二册 379 頁。

③ 見《翫月城西門廨中》。

④ 西周初期有一種特別的記日法,即把一個月分爲四分,類似現代的周(星期),每分都有一個特定的名稱,"既望"就是其中之一。這種紀日法後來沒有使用,這裏不細説。

⑤ 《尚書》朏日也是既稱干支又稱朏,例如《畢命》"惟十有二年六月庚午朏",這種情況在一般古書中很少見。

是魯隱公元年五月二十三日。

附帶說一說，根據曆譜中干支的日序，甚至可以推斷出古書的錯誤來。《春秋襄公二十八年》說：“十有二月甲寅，天王崩。乙未，楚子昭卒。”從甲寅到乙未共四十二天，不可能同在一個月之内，可見這裏必有錯誤。

下面談談一天之内的記時法。

古人主要根據天色把一晝夜分爲若干時段。一般地說，日出時叫做旦早朝晨，日入時叫做夕暮昏晚①，所以古書上常常見到朝夕並舉，旦暮並舉，晨昏並舉，昏旦並舉，等等。太陽正中時叫做日中，將近日中的時間叫做隅中②，太陽西斜叫做昃。了解到這一點，對於古書上所說的“自朝至於日中昃不遑暇食”③ 這一類記錄時間的話就了解得更加具體了。

古人一日兩餐，朝食在日出之後，隅中之前，這段時間就叫做食時或蚤食；夕食在日昃之後，日入之前，這段時間就叫做晡（餔）時。日入以後是黄昏，黄昏以後是人定。《孔雀東南飛》：“晻晻黄昏後，寂寂人定初。”可以看成爲古代這兩個時段之間的確切描繪。人定以後就是夜半了。

《詩經》：“女曰雞鳴，士曰昧旦。”④ 雞鳴和昧旦是夜半以後先後相繼的兩個時段。昧旦又叫昧爽，這是天將亮的時間。此外古書上又常常提到平旦、平明，這是天亮的時間。

---

① 古代夕又當夜講，通作昔。《莊子·天運》：“蚊虻噆膚，則通昔不寐矣。”《説文》：“晚，暮也。”
② 《左傳昭公五年》孔穎達疏：“隅謂東南隅也，過隅未中，故爲隅中也。”
③ 見《尚書·無逸》。
④ 見《詩經·鄭風·女曰鷄鳴》。

　　古人對於一晝夜有等分的時辰概念之後，用十二地支表示十二個時辰，每個時辰恰好等於現代的兩小時[1]。和現代的時間對照，夜半十二點(即二十四點)是子時(所以說子夜)，上午兩點是丑時，四點是寅時，六點是卯時，其餘由此順推。近代又把每個時辰細分爲初、正。晚上十一點(即二十三點)爲子初，夜半十二點爲子正；上午一點爲丑初，上午兩點爲丑正，等等。這就等於把一晝夜分爲二十四小時了。列表對照如下：

	子	丑	寅	卯	辰	巳	午	未	申	酉	戌	亥
初	23	1	3	5	7	9	11	13	15	17	19	21
正	24	2	4	6	8	10	12	14	16	18	20	22

　　古人紀月通常以序數爲記，如一月二月三月等等；作爲歲首的月份叫做正(zhēng)月[2]。在先秦時代每個月似乎還有特定的名稱，例如正月爲孟陬(楚辭)，四月爲除(詩經)，九月爲玄(國語)，十月爲陽(詩經)，等等[3]。古人又有所謂"月建"的觀念，就是把子丑寅卯等十二支和十二個月份相配，以通常冬至所在的十一月(夏曆)配子，稱爲建子之月，由此順推，十二月爲建丑之月，正月爲建寅之月，二月爲建卯之月，直到十月爲建亥之月[4]，如此周而復

---

[1]　小時本來是小時辰的意思；因爲一小時只等於半個時辰。

[2]　秦避始皇諱，改正月爲端月。但是秦以十月爲歲首，下文還要談到。又《詩經·小雅·正月》"正月繁霜，我心憂傷"，這裏的正月指夏曆四月(毛傳)，不是作爲歲首的正月。

[3]　這裏是舉例性質，參看《爾雅·釋天》。

[4]　庚信《哀江南賦序》："粵以戊辰之年，建亥之月，大盜移國，金陵瓦解。"(見本書本册 1166 頁)。

始①。至於以天干配合着地支來紀月,則是後起的事。

　　我國古代最早的紀年法是按照王公即位的年次紀年,例如公元前 770 年記爲周平王元年,秦襄公八年等,以元、二、三的序數遞記,直到舊君出位爲止。漢武帝開始用年號紀元,例如建元元年、元光三年,也是以元、二、三的序數遞記,更換年號就重新紀元。這兩種紀年法是過去史家所用的傳統紀年法。戰國時代,天文占星家根據天象紀年,有所謂星歲紀年法,星指歲星,歲指太歲。下面分別叙述。

　　先説歲星紀年法。前面講天文時説過,古人把黄道附近一周天分爲十二等分,由西向東命名爲星紀、玄枵等十二次。古人認爲歲星由西向東十二年繞天一周,每年行經一個星次。假如某年歲星運行到星紀範圍,這一年就記爲"歲在星紀",第二年歲星運行到玄枵範圍,就記爲"歲在玄枵",其餘由此類推,十二年周而復始②。《左傳襄公三十年》"於子蟜之卒也,將葬,公孫揮與裨竈晨會事焉。過伯有氏,其門上生莠。子羽曰:'其莠猶在乎?'於是歲在降婁",《國語·晉語四》"君之行也,歲在大火",就是用歲星紀年的例子③。

----

① 《説文》對於十二支各字的解釋就是聯繫着月份的。前人把"建"解釋爲"斗建",意思是斗柄所指,認爲十二支代表北斗星斗柄所指的十二個不同的方位(例如以子爲北,午爲南,卯爲東,酉爲西等等),十一月斗柄指北,所以爲建子之月,以後斗柄每月移指一個方位,十二個月周而復始,這種説法在過去很普遍。南北朝的天文學家祖冲之,清朝的天文學家梅文鼎都指出月建和斗柄所指的方位没有關係。

② 事實上歲星並不是十二年繞天一周,而是 11.8622 年繞天一周,每年移動的範圍比一個星次稍微多一點,漸積至八十六年,便多走過一個星次,這叫做"超辰"。

③ 有人認爲《左傳》《國語》裏的歲星紀年出自劉歆僞託,並不反映當時的實際天象。

　　再説太歲紀年法。古人有所謂十二辰的概念,就是把黄道附近一周天的十二等分由東向西配以子丑寅卯等十二支,其安排的方向和順序正好和十二次相反。二者對照如下表:

十二次 (由西向東)	星紀	玄枵	諏訾	降婁	大梁	實沈	鶉首	鶉火	鶉尾	壽星	大火	析木
十二辰 (由東向西)	丑	子	亥	戌	酉	申	未	午	巳	辰	卯	寅

歲星由西向東運行,和人們所熟悉的十二辰的方向和順序正好相反,所以歲星紀年法在實際生活中應用起來並不方便。爲此,古代天文占星家便設想出一個假歲星叫做太歲①,讓它和真歲星"背道而馳",這樣就和十二辰的方向順序相一致,並用它來紀年。根據《漢書·天文志》所載戰國時代的天象紀録,某年歲星在星紀,太歲便在析木(寅),這一年就是"太歲在寅";第二年歲星運行到玄枵,太歲便運行到大火(卯),這一年就是"太歲在卯",其餘由此類推,如下面圖所示:

---

①　《漢書·天文志》叫做太歲,《史記·天官書》叫做歲陰,《淮南子·天文訓》叫做太陰。

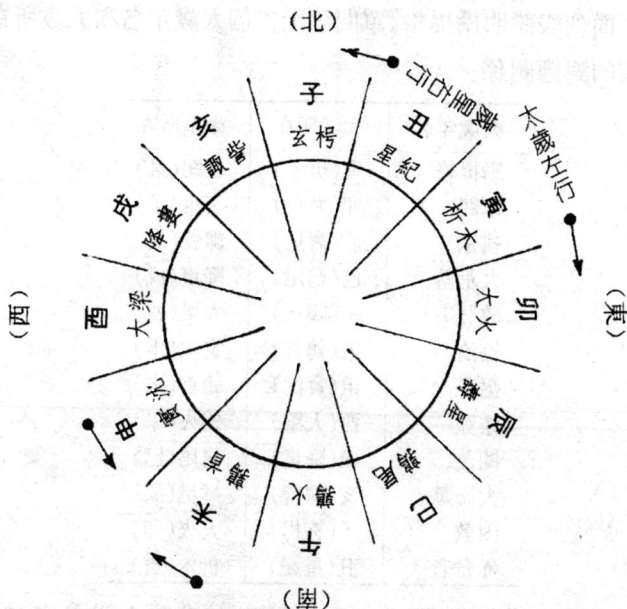

　　此外古人還取了攝提格、單閼等十二個太歲年名作爲"太歲在寅""太歲在卯"等十二個年份的名稱①。屈原《離騷》"攝提貞于孟陬兮，惟庚寅吾以降"②，一般認爲這裏的攝提就是作爲太歲年名的攝提格，是説屈原出生於"太歲在寅"之年③；孟陬指夏曆正月建寅之月；庚寅是生日的干支。這樣説來，屈原的生辰恰巧是寅年寅月寅日。

---

①　單閼，讀 chán yān。

②　見本書第二册 555 頁。

③　注意：屈原時代的"太歲在寅"是反映當時歲星所在的相應的方位的，人們可以把《離騷》裏的攝提(格)翻譯爲寅年，但不能理解爲後世干支紀年法裏的寅年，干支紀年法裏的子丑寅卯只是一套抽象的次序符號，和太歲所在、歲星所在没有關係。又，朱熹《楚辭集注》説："攝提，星名；隨斗柄以指十二辰者也。"這是另外一種解釋。

　　下面列表説明攝提格、單閼等十二個太歲年名和太歲所在、歲星所在的對應關係：

太歲年名	太歲所在	歲星所在
攝提格	寅(析木)	星紀(丑)
單閼	卯(大火)	玄枵(子)
執徐	辰(壽星)	諏訾(亥)
大荒落	巳(鶉尾)	降婁(戌)
敦牂①	午(鶉火)	大梁(酉)
協洽	未(鶉首)	實沈(申)
涒灘	申(實沈)	鶉首(未)
作噩	酉(大梁)	鶉火(午)
閹茂	戌(降婁)	鶉尾(巳)
大淵獻	亥(諏訾)	壽星(辰)
困敦	子(玄枵)	大火(卯)
赤奮若②	丑(星紀)	析木(寅)

　　大概在西漢年間，曆家又取了閼逢、旃蒙等十個名稱，叫做歲陽，依次和上述十二個太歲年名相配(配法和前述六十甲子相同)，組合成爲六十個年名，以閼逢攝提格爲第一年，旃蒙單閼爲第二年，其餘由此類推，六十年周而復始。《史記·曆書·曆術甲子篇》自太初元年(公元前104年)始，就用這些年名紀年。《爾雅·釋天》載有十個歲陽和十干對應，列表如下③：

---

① 牂，讀 zāng。涒，讀 tūn。閹，讀 yǎn。敦，讀 dùn。
② 太歲年名的寫法根據《爾雅·釋天》。大荒落、協洽，《史記·天官書》作大荒駱、叶洽。作噩，《漢書·天文志》作作詻，《淮南子·天文訓》、《史記·曆書》、《天官書》作作鄂。閹茂，《史記·曆書》作淹茂，《天官書》作閹茂，《漢書·天文志》作掩茂。
③ 歲陽名稱也根據《爾雅·釋天》。《淮南子·天文訓》與此基本相同。《史記·曆書》所見十個歲陽的名稱和順序是：焉逢、端蒙、游兆、彊梧、徒維、祝犁、商横、昭陽、横艾、尚章。和《爾雅》有出入。

歲陽	閼① 逢	旃 蒙	柔 兆	強 圉	著 雍	屠 維	上 章	重 光	玄 黓	昭 陽
十干	甲	乙	丙	丁	戊	己	庚	辛	壬	癸

上文説過，十二個太歲年名和十二辰對應。爲便於查閱，再作簡表如下：

太歲年名	攝 提 格	單 閼	執 徐	大 荒 落	敦 牂	協 洽	涒 灘	作 噩	閹 茂	大 淵 獻	困 敦	赤 奮 若
十二辰	寅	卯	辰	巳	午	未	申	酉	戌	亥	子	丑

所以如果用干支來更代，閼逢攝提格可以稱爲甲寅年，旃蒙單閼可以稱爲乙卯年，等等。這些年名創制之初是爲了反映歲星逐年所在的方位的，但是後來發現歲星並不是每年整走一個星次，用它們來紀年並不能反映逐年的實際天象，所以就廢而改用六十甲子紀年了。後世有人使用這些古年名紀年，那是根據當年的干支來對照的。例如司馬光《資治通鑑》卷一百七十六《陳紀》十下注曰：“起閼逢執徐，盡著雍涒灘，凡五年。”是説從甲辰到戊申共五年。清初作家朱彝尊在《謁孔林賦》裏寫道：“粵以屠維作噩之年，我來自東，至於仙源。”其實是説在己酉年。他的《曝書亭集》裏的古今詩繫年，也用這些年名。我們閲讀古書，應該知道這種情況。

　　干支紀年法一般認爲興自東漢②，六十甲子周而復始，到現在沒有中斷。由此可以向上逆推，知道上古某年是什麼干支。一般歷史年表所記的西漢以前的逐年干支，是後人逆推附加上去的，這一點應該注意。

---

① 閼，讀 yān。旃，讀 zhān。重，讀 chóng。黓，讀 yì。
② 有人認爲在漢朝初年就開始用干支紀年，到了東漢元和二年(公元85年)才用政府命令的形式，在全國範圍内實行。

關於紀年法我們就說到這裏。

最後談談"三正(zhēng)"的問題。

春秋戰國時代有所謂夏曆、殷曆和周曆，三者主要的區別在於歲首的月建不同，所以又叫做三正。周曆以通常冬至所在的建子之月(即夏曆的十一月)爲歲首，殷曆以建丑之月(即夏曆的十二月)爲歲首，夏曆以建寅之月(即後世通常所說的陰曆正月)爲歲首。周曆比殷曆早一個月，比夏曆早兩個月。由於三正歲首的月建不同，四季也就隨之而異。下表以月建爲綱，說明三正之間月份和季節的對應：

月建	子	丑	寅	卯	辰	巳	午	未	申	酉	戌	亥
周曆	正月	二月	三月(春)	四月	五月	六月(夏)	七月	八月	九月(秋)	十月	十一月	十二月(冬)
殷曆	十二月(冬)	正月	二月(春)	三月	四月	五月(夏)	六月	七月	八月(秋)	九月	十月	十一月(冬)
夏曆	十一月	十二月(冬)	正月	二月(春)	三月	四月	五月(夏)	六月	七月	八月(秋)	九月	十月(冬)

夏殷周三正是春秋戰國時代不同地區所使用的不同的曆日制度，我們閱讀先秦古籍有必要了解三正的差異，因爲先秦古籍所據以紀時的曆日制度並不統一。舉例來說，《春秋》和《孟子》多用周

曆①，《楚辭》和《呂氏春秋》用夏曆。《詩經》要看具體詩篇，例如《小雅·四月》用夏曆②，《豳風·七月》就是夏曆和周曆並用③。《春秋成公八年》說"二月無冰"，史官把這一罕見的現象載入史冊，顯而易見，這是指周曆二月即夏曆十二月而言；如果是夏曆二月，則已經"東風解凍"，無冰應是正常現象，無需大書特書了。又如《春秋莊公七年》說"秋，大水，無麥苗"，這也指周曆，周曆秋季相當於夏曆五六月，晚收的麥子和"五稼之苗"有可能被大水所"漂殺"；如果是夏曆秋季，就很難索解了。由此可知《孟子·梁惠王上》所說的"七八月之間旱，則苗槁矣"也是用周曆，周曆七八月相當於夏曆五六月，其時正是禾苗需要雨水的時候。根據同樣的理由，我們相信《孟子·滕文公上》所說的"江漢以濯之，秋陽以暴之"的秋陽是指夏曆五六月的炎日④。在《春秋》和《左傳》裏，同一歷史事實，《春秋》經文和《左傳》所記的時月每有出入，甚至同屬《左傳》所記，而時月也互有異同，這可以從三正的差異中求得解釋⑤。例如《春秋隱公六年》說"冬，宋人取長葛"，《左傳》記載爲"秋，宋人取長葛"⑥；《春秋僖公五年》說"春，晉侯殺其世子申生"，《左傳》記此事於僖公四年十二月。可見《左傳》所依據的史料有的是用夏曆。

　　在戰國秦漢之間有所謂"三正論"，認爲夏正建寅、殷正建丑、

①　《孟子·離婁下》："歲十一月徒杠成，十二月輿梁成，民未病涉也。"阮元以爲此用夏曆，但是這一點學者間有爭論。
②　所以原詩說"四月維夏，六月徂暑"，"秋日淒淒，百卉具腓"，"冬日烈烈，飄風發發"。
③　此詩凡言"七月"等處是夏曆，"一之日"等處是周曆。
④　見本書第一冊 309 頁。
⑤　文字錯亂又當別論。
⑥　杜預想調和經傳記時上的矛盾，解釋說："秋取，冬乃告也。"又說："今冬乘長葛無備而取之。"則自相矛盾。其實從周曆夏曆的差異上來解釋就很自然。

周正建子是夏商周三代輪流更改正朔,説什麽"王者始起"要"改正朔""易服色"等等以表示"受命於天"。當然這並不可信。秦始皇統一中國後,改以建亥之月(即夏曆的十月)爲歲首,但是夏正比較適合農事季節,所以並不稱十月爲正月,不改正月(秦人叫端月)爲四月,春夏秋冬和月份的搭配,完全和夏正相同。漢初沿襲秦制。《史記·魏其武安侯列傳》載漢武帝元光五年(公元前130年)十月殺灌夫,十二月晦殺魏其,接着説:"其春,武安侯病,專呼服謝罪。使巫視鬼者視之,見魏其、灌夫共守,欲殺之。"① 司馬遷不説"明春",而説"其春",就是因爲當時以十月爲歲首,當年的春天在當年的十二月之後的緣故。漢武帝元封七年(公元前104年)改用太初曆,以建寅之月爲歲首,此後大約二千年間,除王莽和魏明帝時一度改用殷正,唐武后和肅宗時一度改用周正外,一般都是用的夏正。

附帶談談一些節日。

由於風俗習慣的關係,一年有許多節日。下面把一些主要節日按月加以叙述。

元旦　　　這是正月初一日。

人日　　　這是正月初七日。據傳説,正月一日爲雞,二日爲狗,三日爲猪,四日爲羊,五日爲牛,六日爲馬,七日爲人。高適《人日寄杜二拾遺》(按即杜甫):"人日題詩寄草堂。"

上元(元月元宵)　　　正月十五日。舊俗以元夜張燈爲戲,所以又叫燈節。朱淑貞《生查子》:"去年元夜時,花市燈如畫。"

社日　　　農家祭社祈年的日子,立春後第五個戊日(在春分前

---

① 見本書本册751頁。

後)。杜甫《遭田夫泥飲美嚴中丞》:"田翁逼社日,邀我嘗春酒。"王駕《社日》詩:"桑柘影斜春社散,家家扶得醉人歸。"這是春社。又,立秋後第五個戊日爲秋社,在秋分前後。

寒食　　清明前二日。《荊楚歲時記》説,冬至後一百五日,謂之寒食,禁火三日。因此,有人以"一百五"爲寒食的代稱。温庭筠《寒食節日寄楚望》詩:"時當一百五。"但依照舊法推算,清明前二日不一定是一百五日,有時是一百六。所以元稹《連昌宮詞》説:"初過寒食一百六,店舍無煙宮樹綠。"

清明　　就是清明節。古人常常把清明和寒食聯繫起來。杜牧《清明》詩:"清明時節雨紛紛。"

花朝　　二月十二日爲花朝,又叫百花生日。

上巳　　原定爲三月上旬的一個巳日(所以叫上巳),舊俗以此日臨水祓除不祥,叫做修禊。但是自曹魏以後,把節日固定爲三月三日。後來變成了水邊飲宴、郊外遊春的節日。杜甫《麗人行》:"三月三日天氣新,長安水邊多麗人。"

浴佛節　　傳説四月初八日是釋迦牟尼的生日。《荊楚歲時記》説,荊楚以四月八日諸寺香湯浴佛,共作龍華會。《洛陽伽藍記·法雲寺》:"四月初八日,京師士女多至河間寺。"

端午(端陽)　　五月初五日。《荊楚歲時記》説,屈原在五月五日投江,人們在這一天競渡,表示要拯救屈原。(後來又把船做成龍形,叫龍舟競渡。)關於端午節的傳説很多。唐代以後,端午節被規定爲大節日,常有賞賜。杜甫《端午日賜衣》:"端午被恩榮。"

伏日　　夏至後第三個庚日叫初伏,第四個庚日叫中伏,立秋後第一個庚日叫終伏(末伏),總稱爲三伏。據説伏是隱伏避盛暑的意思①。伏日祭祀,所以也是一個大節日。一般所謂伏日,大約指的是初伏。楊惲《報孫會宗書》:"田家作苦,歲時伏臘,烹羊炰羔,斗酒自勞。"

七夕　　七月七日。《荊楚歲時記》説,七月初七日的晚間是牽牛織女聚會之夜,人家婦女結綵縷穿七孔針,陳酒脯瓜果於庭中,以乞巧。杜牧《七夕》詩:"銀燭秋光冷畫屏,輕羅小扇撲流螢。天街夜色涼如水,臥看牽牛織女星。"

中元　　七月十五日②。佛教傳説:目連的母親墮入餓鬼道中,食物入口,即化烈火,目連求救於佛,佛爲他説盂蘭盆經,叫他在七月十五日作盂蘭盆以救其母③。後代把中元看成鬼節,有施餓鬼等等迷信行爲。

中秋　　八月十五日。人們以爲這時的月亮最亮,所以是賞月的佳節。蘇軾《水調歌頭》(中秋):"明月幾時有,把酒問青天。"

重陽(重九,九日)　　九月初九日。古人以爲九是陽數,日月都逢九,所以稱爲重陽。古人在這一天有登高飲酒的習慣。據《續齊諧記》所載,費長房對汝南桓景説,九月九日汝南有大災難,帶茱萸囊登山飲菊花酒可以免禍。這是一般人認爲重九登高的來源,但不一定可靠④。王維《九月九日憶山東兄弟》:"遥知兄弟登高處,遍插茱萸少一人。"

冬至　　就是冬至節。冬至前一日稱爲小至。古人把冬至看

---

① 此據《史記·秦本紀》"二年初伏"張守節正義。
② 正月十五日爲上元,七月十五日爲中元,十月十五日爲下元。後代只有上元中元成爲節日。
③ 盂蘭盆,梵語,是倒懸的意義。作盂蘭盆,指施佛及僧,以報父母養育之恩。
④ 《風土記》以爲此日折茱萸插頭,以辟惡氣,而禦初寒,與此也不相同。

成是節氣的起點①,從冬至起,日子一天天長起來,叫做"冬至一陽生"②。古人又認爲:冬天來了,春天就要跟着到來。杜甫《小至》詩:"冬至陽生春又來。"

　　臘日　　臘是祭名。《説文》:"冬至後三戌臘祭百神。"可見漢代的臘日是冬至後第三個戌日。但是《荆楚歲時記》以十二月初八日爲臘日,並説村人擊細腰鼓,作金剛力士以逐疫。十二月初八日是一般的解釋,到今天還有"臘八粥"的風俗。杜甫《臘日》詩:"臘日常年暖尚遥,今年臘日凍全消。"又《詠懷古跡》(其四):"歲時伏臘走村翁。"

　　除夕　　一年最後一天的晚上。除是除舊布新的意思。一年的最後一天叫"歲除",所以那天晚上叫"除夕"。蘇軾《守歲》詩:"兒童強不睡,相守夜讙譁。"

　　上述這些節日,不是一個時代的,而是許多時代積累下來的。

(三)樂　律

　　古人把宮商角徵羽稱爲五聲或五音,大致相當於現代音樂簡譜上的 1(do)2(re)3(mi)5(sol)6(la)。從宮到羽,按照音的高低排列起來,形成一個五聲音階,宮商角徵羽就是五聲音階上的五個音級:

宮　商　角　徵　羽

1　　2　　3　　5　　6

後來再加上變宮、變徵,稱爲七音。變宮、變徵大致和現代簡譜上

---

① 《史記·律書》:"氣始於冬至,周而復始。"
② 《史記·律書》:"日冬至,則一陰下藏,一陽上舒。"

的 7(ti)和 #4(fis)相當①,這樣就形成一個七聲音階:

宮　商　角　變徵　徵　羽　變宮

1　2　3　#4　5　6　7

作爲音級,宮商角徵羽等音只有相對音高,没有絶對音高。這就是説它們的音高是隨着調子轉移的。但是相鄰兩音的距離却固定不變,只要第一級音的音高確定了,其他各級的音高也就都確定了。古人通常以宮作爲音階的起點,《淮南子·原道訓》説:"故音者,宮立而五音形矣。"宮的音高確定了,全部五聲音階各級的音高也就都確定了。七聲音階的情況也是這樣。

古書上常常把五聲或五音和六律並舉。《吕氏春秋·察傳》説:"夔於是正六律,和五聲。"②《孟子·離婁上》説:"師曠之聰,不以六律,不能正五音。"可見律和音是兩個不同的概念。律,本來指用來定音的竹管③,舊説古人用十二個長度不同的律管,吹出十二個高度不同的標準音,以確定樂音的高低,因此這十二個標準音也就叫做十二律。十二律各有固定的音高和特定的名稱,和現代西樂對照,大致相當於 C #C D #D E F G #G A #A B 等十二個固定的音。從低到高排列起來,依次爲:

1.黄鐘　2.大吕　3.太簇　4.夾鐘　5.姑洗　6.中吕

C　　　#C　　　D　　　#D　　　E　　　F

----

① 《淮南子·天文訓》把變宮叫做和,變徵叫做繆。後世變宮又叫做閏。我國傳統音樂没有和 4(fa)相當的音,變徵大致和 #4(fis)近似。

② 見本書第二册 406 頁。

③ 蔡邕《月令章句》:"截竹爲管謂之律。"《國語·周語下》:"律以平聲。"後世律管改爲銅製。又,古人也用鐘弦定音,故有所謂管律、鐘律和弦律。

7.蕤賓 8.林鐘 9.夷則 10.南呂 11.無射 12.應鐘①

$^{\#}$F G $^{\#}$G A $^{\#}$A B

十二律分爲陰陽兩類:奇數六律爲陽律,叫做六律;偶數六律爲陰律,叫做六呂。合稱爲律呂。古書上所説的"六律",通常是包舉陰陽各六的十二律説的。

律管的長度是固定的。長管發音低,短管發音高。蔡邕《月令章句》説:"黃鐘之管長九寸②,孔徑三分,圍九分。其餘皆稍短(漸短),唯大小無增減。"十二律管的長度有一定的數的比例:以黃鐘爲準,將黃鐘管長三分減一,得六寸,就是林鐘的管長;林鐘管長三分增一,得八寸,就是太簇的管長;太簇管長三分減一,得 $5\frac{1}{3}$ 寸,就是南呂的管長;南呂管長三分增一,得 $7\frac{1}{9}$ 寸,就是姑洗的管長③;以下的次序是應鐘、蕤賓、大呂、夷則、夾鐘、無射、中呂。除由應鐘到蕤賓,由蕤賓到大呂都是三分增一外④,其餘都是先三分減一,後三分增一。這就是十二律相生的三分損益法。十二個律管的長度有一定的比例,這意味着十二個標準音的音高有一定的比例。

---

① 這樣對照,只是爲了便於了解,不是説上古的黃鐘就等於現代的 C,上古黃鐘的絕對音高尚待研究。其餘各音和今樂也不一一相等。黃鐘、夾鐘、林鐘、應鐘的鐘字又作鍾;太簇又作太蔟、太族、大族、大蔟、泰簇、泰族;中呂又作仲呂;姑洗的洗,讀 xiǎn;無射又作亡射,射,讀 yì。

② 這是晚周的尺度,一尺長約二十三釐米。

③ 尺寸依照《禮記·月令》鄭玄注。

④ 《漢書·律曆志》説:"參分蕤賓損一,下生大呂。"其説非是。應以《淮南子》、《禮記·月令》鄭注及《後漢書·律曆志》爲準。參看王光祈《中國音樂史》上册 22—38 頁。

　　現在説到樂調。

　　上文説過，古人通常以宮作爲音階的第一級音。其實商角徵
羽也都可以作爲第一級音。《管子·地員》篇有一段描寫五聲的文
字，其中所列的五聲順序是徵羽宮商角，這就是以徵爲第一級音的
五聲音階：

徵　羽　宮　商　角

5　6　1　2　3

音階的第一級音不同，意味着調式的不同：以宮爲音階起點的是宮
調式，意思是以宮作爲樂曲旋律中最重要的居於核心地位的主音；
以徵爲音階起點的是徵調式，意思是以徵作爲樂曲旋律中最重要
的居於核心地位的主音；其餘由此類推。這樣，五聲音階就可以有
五種主音不同的調式。根據同樣的道理，七聲音階可以有七種主
音不同的調式。《孟子·梁惠王下》：“‘爲我作君臣相説之樂。’蓋徵
招、角招是也。”招就是韶（舞樂），徵招、角招就是徵調式舞樂和角
調式舞樂。《史記·刺客列傳》載：“高漸離擊筑，荆軻和而歌，爲變
徵之聲，士皆垂淚涕泣。又前而爲歌曰：‘風蕭蕭兮易水寒，壯士一
去兮不復還。’復爲羽聲忼慨，士皆瞋目，髮盡上指冠。”這裏所説的
變徵之聲就是變徵調式，羽聲就是羽調式。以上的記載表明，不同
的調式有不同的色彩，産生不同的音樂效果。

　　但是上文説過，宮商角徵羽等音只有相對音高，没有絶對音
高。在實際音樂中，它們的音高要用律來確定。試以宮調式爲例。
用黄鐘所定的宮音（黄鐘爲宮），就比用大吕所定的宮音（大吕爲

宮)要低。前者叫做黃鐘宮,後者叫做大呂宮①。宮音既定,其他各音用哪幾個律,也就隨之而定。例如:

黃　鐘　宮

黃鐘	大呂	太簇	夾鐘	姑洗	中呂	蕤賓	林鐘	夷則	南呂	無射	應鐘
宮		商		角			徵		羽		

大　呂　宮

黃鐘	大呂	太簇	夾鐘	姑洗	中呂	蕤賓	林鐘	夷則	南呂	無射	應鐘
	宮		商		角			徵		羽	

理論上十二律都可以用來確定宮的音高,這樣就可能有十二種不同音高的宮調式。商角徵羽各調式仿此,也可以各有十二種不同音高的調式。總起來說,五聲音階的五種調式,用十二律定音,可各得十二"調",因此古人有所謂六十"調"之說。所以《淮南子·原道訓》說:"五音之數不過五,而五音之變不可勝聽也。"根據同樣的道理,七聲音階的七種調式,用十二律定音,可得八十四"調"。了解到這一點,那麼古書上所說的"黃鐘爲宮,大呂爲角,太簇爲徵,應鐘爲羽"這一類的話就不難懂了②,所指的不過是不同音高的不同調式而已。

　　有一點需要注意:無論六十"調"或八十四"調",都只是理論上有這樣多的可能組合,在實際音樂中不見得全都用到。例如隋唐

----

① 古書上有時候說"奏黃鐘""歌大呂"等等,雖只提律名,實際上指的是黃鐘宮、大呂宮等等。

② 見《周禮·春官·大司樂》。

燕樂只用二十八宮調[1]，南宋詞曲音樂只用七宮十二調，元代北曲只用六宮十一調，明清以來南曲只用五宮八調。常用的只有九種，即五宮四調，通稱爲"九宮"：

> 五宮：正宮　中呂宮　南呂宮　仙呂宮　黃鐘宮
>
> 四調：大石調（又作大食調）　雙調　商調　越調[2]

古書上又常常提到八音。《尚書·舜典》說："八音克諧。"《周禮·春官·大司樂》說："文之以五聲，播之以八音。"所謂八音，是指上古的八類樂器，即金石土革絲木匏竹。依《周禮·春官·大師》鄭玄注，金指鐘鎛（bó），石指磬，土指塤（xūn），革指鼓鼗（táo），絲指琴瑟，木指柷敔（zhù yǔ），匏指笙，竹指管簫。由此可見八音和五聲、七音是不同性質的。

我國樂律，歷代有不少變更，這裏沒有必要加以敘述。

我國音樂有悠久的歷史，我國樂律知識在二千多年以前就已經非常精微，這是值得我們自豪的。但是由於歷史條件的限制，古人對樂律的理解還有不正確的一面，我們學習古代樂律，對這一點也應該有所瞭解。

古人把宮商角徵羽五聲和四季、五方、五行相配。如果以四季爲綱排起表來，它們之間的配合關係是：

四季	春	夏	季夏	秋	冬

---

[1] 前人把以宮爲主音的調式稱之爲宮，以其他各聲爲主音的調式統稱之爲調，例如八十四調可以分稱爲十二宮七十二調，也可以合稱爲八十四宮調。隋唐燕樂所用的二十八宮調包括七宮二十一調。

[2] 這裏所列的"調"的名稱是傳統慣用的俗名。和上古的"調"對照，大致是：

正宮——黃鐘宮	中呂宮——夾鐘宮	南呂宮——林鐘宮
仙呂宮——夷則宮	黃鐘宮——無射宮	大石調——黃鐘商
雙調——夾鐘商	商調——夷則商	越調——無射商

五聲	角	徵	宮	商	羽
五方	東	南	中	西	北
五行	木	火	土	金	水

這種配合關係,可舉兩條舊注來說明。《禮記·月令》鄭玄注:"春氣和,則角聲調。"所以角配春。《吕氏春秋·孟春紀》高誘注:"角,木也;位在東方。"所以角配木,配東。其餘由此類推。顯而易見,這樣解釋是没有科學根據的。但是古人對於五聲和四季、五方、五行的具體配合既然有了一種傳統的瞭解,那麽古典作家的作品在寫到某個季節時連帶寫到和這個季節相配的音名和方位,就完全可以理解了。歐陽修《秋聲賦》之所以說"商聲主西方之音",就是因爲古人以秋季、商音和西方相配的緣故。

歐陽修《秋聲賦》接着還說:"夷則爲七月之律。"夷則和七月的聯繫要從十二律和十二月的配合來說明。在上古時代,人們把樂律和曆法聯繫起來,依照《禮記·月令》,一年十二月正好和十二律相適應:

孟春之月,律中太簇;

仲春之月,律中夾鐘;

季春之月,律中姑洗;

孟夏之月,律中中吕;

仲夏之月,律中蕤賓;

季夏之月,律中林鐘;

孟秋之月,律中夷則;

仲秋之月,律中南吕;

季秋之月,律中無射;

孟冬之月,律中應鐘;

仲冬之月,律中黄鐘;

季冬之月,律中大吕。

所謂“律中”，據《禮記·月令》鄭玄注就是“律應”，“律應”的徵驗則憑“吹灰”。吹灰是古人候氣的方法，據說是用葭莩的灰塞在律管裏，某個月份到了，和它相應的律管裏的葭灰就飛動起來了。歐陽修《秋聲賦》“夷則爲七月之律”，就是在這個意義上說的。這種方法當然是不科學的，但是也成了典故。陶潛《自祭文》說：“歲惟丁卯，律中無射，天寒夜長，風氣蕭索。”[①] 是指季秋九月。杜甫《小至》：“吹葭六琯動飛灰。”[②] 小至是冬至的前一天，仲冬之月，律中黄鐘，詩人的意思是說：“冬至到了，律中黄鐘，黄鐘管的葭灰飛動了。”韓愈《憶昨行》：“憶昨夾鐘之呂初吹灰。”意思是說“想起了二月的時候”，因爲仲春之月律中夾鐘。

　　由於古人把十二律和十二月相配，後世作家常喜歡用十二律的名稱代表時令月份。例如曹丕《與吳質書》：“方今蕤賓紀時，景風扇物。”就是指仲夏五月說的。

　　關於古代樂律，我們就說到這裏。

---

① 見本書第四册 1271 頁。

② 琯，玉製的律管。前人說這裏的“六琯”包舉六律六吕十二個管，其實是指黄鐘管。詩人爲了和上句“刺繡五紋添弱線”的“五紋”相對，所以說“六琯”。詩歌用詞靈活，不可拘泥。

古漢語通論(二十)

古代文化常識(二)

地理,職官,科舉

(一)地　理

　　歷代地方區域的劃分,各有不同。有時候,同一個區域名稱,而涵義大有區別。有些名稱則是上古所沒有的。現在舉出一些例子來加以說明。

　　州——相傳堯時禹平洪水,分天下爲九州,即冀州、兗州、青州、徐州、揚州、荆州、豫州、梁州、雍州。又相傳舜時分爲十二州,即除了九州外,又從冀州分出并州、幽州,從青州分出營州。這樣,疆域的大小是一樣的,只是州的大小稍有不同罷了。到了漢代,中國的疆土更大了,於是增加了一個交州,一個朔方。後來朔方併入并州,改雍州爲涼州,改梁州爲益州。東漢時代,共有十三州,即:司隸(直轄州)、豫州、兗州、徐州、青州、涼州、并州、冀州、幽州、揚州、益州、荆州、交州。晉初分爲十九州,和東漢十三州比較,增加六州。(1)把涼州分爲雍、涼、秦三州;(2)把益州分爲梁、益、寧三州;(3)把幽州分爲幽、平兩州;(4)把交州分爲交、廣兩州。

　　後漢到南北朝末,州基本上是監察區①,有時也是行政區。不過從南北朝起,州的範圍漸漸地縮小了。在唐代,全國共有三百多

---

　　①　漢武帝爲了加強中央集權,分全國爲十幾個監察區,稱爲州或部。每州置刺史(後或稱州牧)一人,巡察所屬郡國。後來刺史都掌兵權,不是單純的監察官了。

個州,是行政區,宋元所謂州,則與唐代基本上一致。明清改州爲府,所以有"兗州府"、"揚州府"等名稱,只留少數直隸州直轄於省,散州隸屬於府。

郡——郡是行政區域。秦分天下爲三十六郡,其中著名的有隴西、潁川、南陽、邯鄲、鉅鹿、漁陽、右北平、遼西、遼東、河東、上黨、太原、代郡、鴈門、雲中、琅琊、漢中、巴郡、蜀郡、長沙、黔中。後來又增加桂林、象郡、南海、閩中,共爲四十郡。此後歷代都有郡,但是區域變小了。直到隋代才取消了郡。唐代州郡迭改,都是行政區域。宋廢郡。

國——國是漢代諸侯王的封域,也是行政區。國的區域略等於郡,所以"郡國"連稱。

道——唐代的道是監察區,略相當於漢代的州。貞觀年間,分全國爲十道:(1)關內道,即古雍州;(2)河南道,即古豫兗青徐四州;(3)河東道,即古冀州;(4)河北道,即古幽冀二州[①];(5)山南道,即古荊梁二州;(6)隴右道,即古雍梁二州;(7)淮南道,即古揚州;(8)江南道,即古揚州的南部(今浙江福建江西湖南等省);(9)劍南道,即古梁州(劍閣以南);(10)嶺南道,即古揚州的南部。開元年間,又分爲十五道,這是從關內道分出一個京畿(治長安),從河南道分出一個都畿(治洛陽),再把山南分爲山南東道、山南西道,把江南分爲江南東道、江南西道和黔中道。

路——宋代的路最初是爲徵收賦稅轉運漕糧而分的區域,後來逐漸帶有行政區劃和軍區的性質。最初分全國爲十五路,後來

---

① 冀州共出現兩次,表示是冀州的一部分。下仿此。這些說法根據鄭樵《通志》卷四十《地理略》。

分爲十八路、二十三路①。和今天的省區大致相似。例如福建路、廣東路、廣西路、湖南路、湖北路、陝西路、河北路等,都和今天的省名相同,區域也大致相當②。元代也有路,宋代的路大,元代的路小,相當於州府。

省——本來是官署的名稱。元代以中書省爲中央政府,又在路之上分設行中書省(略等於中書省辦事處或中書省行署),簡稱行省。後來行省成爲正式的行政區域名稱,簡稱爲省。

府——依唐代制度,大州稱爲府,因爲這些州都置有都督府或都護府,唐代府隸屬於道,宋代府隸屬於路,元代的府,有的隸屬於路,有的直轄於中央。明清改州爲府(見上文)。

軍——軍是宋代的行政區域,一個軍等於一個州或府,直轄於路。宋代的平定軍即清代的平定州,宋代的南安軍即清代的南安府,可見軍和州府是差不多的。

縣——縣是地方基層行政區域。秦漢的縣屬於郡(漢代國以下也有縣),後代的縣屬於州或府。

我們閱讀古書,要注意同名異地的情況。例如山東,戰國時稱六國爲山東,這是因爲秦都關中,六國在崤山函谷關以東的緣故。所以《戰國策·趙策》説:"六國從親以擯秦,秦必不敢出兵於函谷關以害山東矣。"賈誼《過秦論》也説:"山東豪俊,遂並起而亡秦族矣。"但是《漢書·儒林傳》説,伏生得《尚書》二十九篇,"以教于齊魯之間,齊學者由此頗能言《尚書》,山東大師亡不涉《尚書》以教",這

---

① 此外還有少數特爲軍事而設的路,不領民事。

② 廣東路又稱廣南東路,廣西路又稱廣南西路,湖南路又稱荊湖南路,湖北路又稱荊湖北路。

裏的山東却指齊魯一帶①。又如江南,《史記·貨殖列傳》說:"江南
豫章長沙。"指今天的湖廣江西一帶。今天的江南,《史記》却稱爲
江東,《史記·項羽本紀》說:"縱江東父兄憐而王我,我何面目見
之。"

　　至於具體地名,在不同時代指不同地點,則更爲常見。例如:

　　薊,南北朝以前指今北京(舊址在今北京城西南角);薊州,唐
以後指今河北省薊縣一帶②。

　　桂林,秦代指今廣西貴縣南,三國時指今梧州市,西晉時指今
柳州市東;桂州在南北朝及唐五代、桂林府在明清兩代,都指今桂
林市。

　　關於古代西州郡縣邑的建置、因革及其境域,目前可查閱商務
印書館編印的《中國古今地名大辭典》。

(二)職　官

　　我國古代的職官,歷代建置不同,其間因革損益,情況複雜。
在這個題目下,我們不能全面叙述歷代官制的發展,只能大致談談
幾個重要的問題:中央官制,地方官制,品階勳爵等。

(1)中央官制

　　戰國時代,各國國君之下分設相將,分掌文武二柄。趙惠文王
以藺相如爲相,以廉頗爲將,是人所熟知的例子。《荀子·王霸》說
相是"百官之長",所以《戰國策·齊策》說:"於是梁王虛上位,以故

---

①　古代山東山西有就華山而言,有就太行山而言,這裏不細説。
②　薊縣 1973 年由河北省劃歸天津市。薊州轄境包括現在天津市薊縣和河北省
　　香河、玉田、豐潤、遵化等縣。

相爲上將軍,遣使者黃金千斤,車百乘,往聘孟嘗君。"楚國最高的長官稱爲令尹,次於令尹的是武官上柱國,官號和其他各國不同。

秦代皇帝之下設丞相府、太尉府和御史大夫寺組成中樞機構。丞相稟承皇帝意旨佐理國政;太尉掌全國軍事;御史大夫是皇帝的秘書長兼管監察。丞相官位最高,尊稱爲相國,通稱爲宰相。漢初沿襲秦制,漢武帝以後,丞相地位雖尊,權力却逐漸縮小。例如霍光以大司馬大將軍領尚書事,輔理國政,其權勢就遠在丞相之上。西漢末丞相改稱大司徒,太尉改稱大司馬,御史大夫改稱大司空①,號稱三公(又稱三司),都是宰相。但到東漢光武帝時,"雖置三公,事歸臺閣"②,三公只處理例行公事,臺閣反而成了實際上的宰相府了。

所謂臺閣,是指尚書機構尚書臺說的,後世逐漸稱爲尚書省③,首長是尚書令,副職是尚書僕射。魏文帝鑒於東漢尚書臺的權勢太大,把它改爲外圍的執行機構,另外設置以中書監、令爲首長的中書省,參掌中樞機密。南北朝時皇帝鑒於中書省權勢日大,又設置以侍中爲首長的門下省,對中書省加以限制。這樣,就形成了皇朝中央尚書、中書、門下三省分職的制度:中書省取旨,門下省審核,尚書省執行④,三省首長同爲宰相,共議國政。

唐代因爲唐太宗曾任尚書令,以後此官不再授人,而以左右僕射爲宰相。唐高宗以後左右僕射不再參決大政。唐太宗又認爲中

---

① 大司空是主水土之官,和先前御史大夫的職掌不同。
② 見《後漢書·仲長統傳》。
③ 晉稱爲尚書都省,劉宋稱爲尚書寺,一名尚書省。
④ 隋代避用"中"字,改中書省爲内史省,改侍中爲納言。在唐高宗、武后和玄宗時,三省名稱曾有幾度改變:尚書省稱中臺,文昌臺;中書省稱西臺,鳳閣,紫微;門下省稱東臺,鸞臺,黃門。

書令和侍中的官位太高,不輕易授人,常用他官加上"參議朝政"、"參議得失"、"參知政事"之類的名義掌宰相之職,高宗以後執行宰相職務的稱爲"同中書門下三品"、"同中書門下平章事",宋代簡稱爲"同平章事",以"參知政事"爲副相。

宋代中央是中書和樞密院分掌文武二柄,號稱二府。樞密院類似秦代的太尉府,正副首長是樞密使、副使。

宰相一詞最早見於《韓非子》①,但是正式定爲官號是在遼代。遼代中樞機構是北、南宰相府,各設左、右宰相。明代廢中書省,皇帝親理國政,以翰林院官員加殿閣大學士銜草擬詔諭。後來大學士逐漸參與大政,成了實際上的宰相,號稱輔臣,首席輔臣有元輔、首輔之稱。清沿明制。到雍正時成立軍機處,大學士就没有什麽職權了。

秦漢時中央的行政長官有:(一)奉常,漢初沿用此稱,後來改稱太常,掌宗廟禮儀。(二)郎中令,漢初沿用此稱,後來改稱光禄勳,管宫廷侍衞。(三)衞尉,漢景帝初一度改稱中大夫令,管宫門近衞軍。(四)太僕,管皇帝車馬。(五)廷尉,漢代有時又稱爲大理,是最高的法官。(六)典客,漢初沿用此稱,後來又稱大行令、大鴻臚,管理少數民族來朝事宜。(七)宗正,管理皇族事務。(八)治粟内史,漢初沿用此稱,後來又稱大農令、大司農,管租税賦役。(九)少府,管宫廷總務。以上諸官,後來稱爲九卿。九卿之中,廷尉、典客和治粟内史管的是政務,其餘六卿管的是皇帝私人事務。

九卿之外,還有掌管京師治安的中尉(後來稱爲執金吾),以及

---

① 《韓非子·顯學》:"故明主之吏,宰相必起於州部,猛將必發於卒伍。"又,過去文人常用宰輔宰衡等以稱宰相,但都不是正式官號。

掌管營建宮室的將作少府(後來稱爲將作大匠),等等。

諸卿各有屬官,這裏不都列舉,只就郎中令(光禄勳)的屬官大夫和郎稍加説明如下:

漢代有太中大夫、中大夫(漢武帝改稱光禄大夫)等。大夫"掌論議","無常事,唯詔命所使",是後世散官的性質(後詳)。

郎是皇帝侍衛官的通稱,有議郎、中郎、侍郎、郎中。議郎掌顧問應對,比較特殊。其他諸郎皆"掌守門户,出充車騎"。

此外漢武帝又置期門、羽林作爲光禄勳的屬官,期門是漢武帝微行時的侍從①,羽林是宿衛之官②,都是郎的一類,所以有期門郎、羽林郎之稱。

附帶説一説漢代的加官,這是本官之外另加的官職。

漢代的加官有侍中、給事中、諸吏等。加侍中就能出入宮禁,成爲皇帝的親信。加給事中就能掌顧問應對。加諸吏就能對宮廷官員進行監察和彈劾。後世侍中成爲門下省的首長(見前),給事中成爲門下省的屬官。

漢代的加官還有中常侍和散騎等。中常侍在禁中侍奉皇帝(東漢改用宦者),散騎是皇帝的騎從,掌"獻可替否"。曹魏時合稱散騎常侍,備皇帝顧問並掌規諫。南北朝散騎常侍是集書省(皇帝的侍從顧問機構)的首長,後世併入門下省。

下面説到六部。

尚書本是九卿中少府的屬官,發展爲尚書臺後,事務增多,於

---

① 《漢書·百官公卿表》注引服虔説:"與期門下以微行,後遂以爲官。"王先謙説:"期諸殿門,故有期門之號。"

② 《漢書·百官公卿表》顏師古注:"羽林亦宿衛之官,言其如羽之疾,如林之多也。一説羽所以爲王者羽翼也。"

是分曹治事,每曹設尚書一人,這是後世中央各部的前身。從東漢
到南北朝,部曹尚無定制,隋代始定爲吏、民、禮、兵、刑、工六部,屬
於尚書省。唐避太宗諱,改民部爲户部。此後歷代相承,作爲中央
行政機構的六部制基本未變。

六部的職掌大致是:

(一)吏部,掌官吏的任免、銓叙、考績、升降等。(二)户部,掌
土地、户口、賦税、財政等。(三)禮部,掌典禮、科舉、學校等。(四)
兵部,掌全國軍政。(五)刑部,掌刑法、獄訟等。(六)工部,掌工
程、營造、屯田、水利等。

各部的首長稱爲尚書,副首長稱爲侍郎。部下設司①,司的首
長稱爲郎中,副首長稱爲員外郎。屬官有都事、主事等。

六部仿《周禮》六官,列表對照如下:

六部尚書	《周禮》六官
吏部尚書	天官大宰(冢宰)②
户部尚書	地官大司徒
禮部尚書	春官大宗伯
兵部尚書	夏官大司馬
刑部尚書	秋官大司寇
工部尚書	冬官大司空③

後世以《周禮》六官作爲六部尚書的代稱,如户部尚書稱爲大司徒,

---

① 隋唐時每部分爲四司,第一司即以本部爲名,“佐其長而行政令”,其餘三司各
以職掌命名。例如唐代吏部,第一司仍稱吏部,其餘三司爲司封、司勳、考功。
後代部司有所調整,名稱也不盡相同。

② 杜佑《通典》卷二十三《職官》五説:“若參詳古今,微考職任,則天官大宰當爲尚
書令,非吏部之任。今吏部之始,宜出夏官之司士。”

③ 《周禮·冬官·司空》早亡。後補的《考工記》不足以當《冬官·司空》。

禮部尚書稱爲大宗伯等①。

六部成立，諸卿的職權變小，有的卿由於職務併入有關的部司，後來就裁撤了。

現在説到中央的監察官和諫官。監察官對百官進行糾彈，諫官對皇帝進行規諫。下面分別叙述。

我國古代中央的監察官，可以追溯到戰國時代的御史。御史是記事之官兼糾察之職，秦漢稱爲侍御史，秦以御史大夫爲侍御史之長。西漢御史大夫是副丞相，由其助手御史中丞領導監察彈劾工作。後來成立監察機構御史臺，以御史中丞爲首長。御史臺又稱憲臺，後世或稱肅政臺等，所以習慣上把監察官稱爲臺官。歷代監察官的首長或爲御史大夫，或爲御史中丞等。明清中央監察機構稱爲都察院，首長稱爲左、右都御史。歷代管監察的屬官除侍御史外，還有治書侍御史、殿中侍御史、監察御史等②。

前人把臺官和諫官合稱爲臺諫。西漢有諫大夫，東漢稱爲諫議大夫，是屬於光祿勳的專職諫官。唐代除諫議大夫外，又增設補闕、拾遺，三者各分左右，分屬門下、中書二省。宋代左右補闕改爲左右司諫，左右拾遺改爲左右正言，後來併入諫院，以左右諫議大夫爲首長。隋唐以來，和諫官同居門下省的有給事中，負責審閲各部奏章和封駁中書省所擬的詔旨(有不合者封還駁回)，明代給事中負責稽查六部，並兼任前代諫議、補闕、拾遺之職，所以後來俗稱給事中爲給諫。清雍正時給事中和御史同屬都察院，這樣，御史也就稱爲臺諫了。

---

① 但是吏部尚書則稱冢宰。又清代以户部掌漕糧田賦，故又稱户部尚書爲大司農。

② 唐避高宗諱，改治書侍御史爲持書侍御史，又誤作侍書侍御史。

　　封建皇帝有文學侍從。漢代選文章經術之士待詔金馬門[1]。或供奉辭賦，或講論六藝羣書，没有特定的官號。唐初設翰林院，這是文人和卜醫技術待詔的處所，並不是中央機關。唐玄宗以翰林待詔（後稱翰林供奉）草擬詔令、應和文章。翰林待詔也是文學侍從的性質。從來另建學士院，入院的稱爲翰林學士，專掌皇帝的機密詔令，被認爲是"清要顯美"之官。宋代學士院改稱翰林學士院。明清稱爲翰林院，但職掌和唐宋有所不同。

　　侍奉皇帝講讀稱爲侍讀、侍講。唐代有集賢院侍讀學士等；宋代有翰林侍讀學士、侍講學士等。宋元以來，皇帝和侍讀、侍講學士以及其他高級官員定期在内廷講論經史，稱爲經筵。清代主講經筵者稱爲經筵講官。

　　古有史官。舊説周代太史掌文史星曆兼管國家圖書。秦漢時太史和太卜、太祝等官歸奉常領導。魏晉南北朝設專職史官，一般稱爲著作郎。唐代設史館，以他官兼任史館修撰，由宰相監修國史。宋代史館稱爲國史實録院，有修撰、編修、檢討等官。明代史官併入翰林院，仍沿用過去的官號。

　　我國從古就很重視圖書的收藏和校訂。漢代御史中丞除作爲監察官外，還在蘭臺掌圖籍秘書，其下有蘭臺令史掌校書定字。東漢的秘書監以及後來增設的秘書郎、校書郎都是專管圖書的官員。管理圖書的機構一般稱爲秘書省。唐代秘書省一度稱爲蘭臺，這是因爲蘭臺是漢宫的藏書之處。唐代内廷有收藏經史子集的宏文館和修寫"御本"的集賢殿書院[2]，設學士、直學士、修撰、校理等

————————

[1]　金馬門是漢代未央宫門。未央宫門前有銅馬，故名金馬門。

[2]　"御本"是繕寫給皇帝看的。

官,並有校書郎、正字等,從事圖書的管理、修撰和校訂。宋代把收藏圖書和編修國史的單位合稱爲館閣:館指昭文館、史館和集賢院,閣指秘閣和龍圖、天章等閣①。明代館閣之職併入翰林院,所以翰林院也就稱爲館閣了。

宋代龍圖、天章諸閣各置學士、直學士和待制,其職掌是備皇帝顧問、參與論議或校訂圖書。後來這類閣學士成了朝臣外補(外調)時的"加恩兼職",並不擔任上述職務。宋代又有殿學士,這是授予舊相、輔臣的"職名",有觀文殿大學士、學士,資政殿大學士、學士,端明殿學士。這類殿學士和閣學士都是表示優寵的虛銜。

古代有博士、助教等官。秦漢時博士掌通古今、備顧問。漢文帝時,《論語》、《孝經》、《孟子》、《爾雅》皆立博士,漢武帝設五經博士並置博士弟子學習經術。漢代博士是太常的屬官,所以有太常博士之稱,以聰明威重者一人爲博士祭酒②。魏晉以後歷代所設的太常博士只是禮官的性質,和作爲教官的國子博士、太學博士等職掌不同。晉代以博士爲國子學和太學的教官③,並設助教作爲博士的副職,後代沿置,直到明清中央教育機構國子監還有博士和助教。北魏以後地方教官一度也稱爲博士、助教。附帶說一說教授。宋代府州開始設教授,負責教誨所屬生員。明清府學設教授,州學設學正,縣學設教諭,各以訓導作爲副職。至於地方最高的教育行政長官,宋代各路一度設過提舉學事司,這是清代各省提督學

---

① 秘閣收藏真本書和古字畫。龍圖、天章等十一閣分藏宋太宗、真宗諸帝的"御書""御製文集"等。
② 祭酒的本義是在大饗宴時以年老賓客一人舉酒祭祀地神,引申爲對同輩或同官中年高望重者的尊稱,後用爲官名,如國子祭酒等。
③ 國子學是高級官員子弟的學校,太學是一般官員和庶民俊秀子弟的學校。

政的前身。

　　最後談談武官。

　　春秋時已有將軍稱號。戰國有大將軍，後來又有左右前後將軍，秦漢沿置。漢代還有驃騎將軍、車騎將軍、衛將軍，地位都很高。此外還有臨時設置的將軍，例如對匈奴作戰則置祁連將軍，對大宛作戰則置貳師將軍等。漢代略次於將軍的是校尉，各依職掌命名。例如掌騎士的稱爲屯騎校尉，掌西域屯兵的稱爲戊己校尉等。魏晉以後，將軍和校尉名目繁多，其中不少是虛銜，如雲麾將軍、振威校尉等，這裏不細説。

(2)地方官制

　　春秋時的地方行政單位有邑縣。邑縣的長官，魯衛稱宰，晉稱大夫，楚稱令尹。戰國時有郡有縣。郡的長官爲守，掌軍事爲主；縣的長官爲令，掌民政爲主。後來以郡領縣，形成郡縣二級的地方行政單位。

　　秦漢萬户以上的縣，長官稱令；不及萬户的縣，長官稱長。縣丞助理縣政，縣尉掌管治安。隋唐縣的長官統稱令。宋代派中央官員出掌縣政則稱爲“知某某縣事”，簡稱知縣。明清沿用知縣之稱，元代則稱爲縣尹。歷代縣有諸曹掾史，各有不同職掌。

　　秦漢縣以上的行政單位是郡。秦代郡的行政長官是郡守，掌軍事的是尉，掌監察的是監御史，簡稱爲監。郡丞是郡守的佐貳。漢代郡守改稱太守，後因兼領軍事，所以有郡將之稱。郡的屬官除諸曹外還有督郵、主簿等。督郵舉察屬縣官吏的功罪善惡，並督治地方豪强奸惡,主簿主管文書簿籍①。漢代和郡平行的還有"國",這是皇帝子弟的封地,設官初仿中央,吳楚七國之亂後加以裁削,由中央派相處理行政②。相和太守相當,都是二千石的官③,所以漢代往往用二千石作爲"郡國守相"的代稱。

漢武帝時全國分爲十幾個監察區,稱爲州或部,每州置刺史一人(後或稱爲牧)監察所屬郡國。京師所在的州置司隸校尉,略如刺史。刺史有別駕從事史、治中從事史等屬官。別駕隨刺史出巡,治中"主衆曹文書"④。東漢戰爭頻仍,刺史或州牧都掌兵權。魏晉南北朝刺史多帶將軍稱號,並允許成立軍府,自置僚屬,權勢很大⑤。這樣,刺史就有兩套屬官,一套是屬於監察系統的別駕、治中等,一套是屬於軍事系統的長史、司馬、參軍等。

隋唐縣以上的行政單位是州或郡。稱州時長官是刺史,稱郡時長官是太守⑥,刺史實際上等於太守。古人把刺史或太守稱爲使君,柳宗元爲永州刺史韋公寫了《永州韋使君新堂記》,文章最後說"編以爲二千石楷法",這裏二千石是襲用漢代郡國守相的稱呼,其實是指當時州的行政長官刺史說的。刺史既然成了行政長官,

---

① 督郵職權很重,唐以後始廢。古代官署一般都設主簿,宋以後縣的主簿和丞尉同爲縣令(知縣)的助理。

② 魏晉南北朝改稱内史。

③ 漢制以俸祿多少作爲職官等級的標誌,二千石的官月俸120斛。

④ 杜佑《通典》卷三十二《職官》十四說:"治中從事史一人,居中治事,主衆曹文書,漢制也。"

⑤ 不加將軍稱號的稱爲單車刺史,多由庶姓充任。又,晉代郡守也多加將軍稱號。

⑥ 首都或陪都所在的州稱爲府,有尹、少尹等官。

那麼前代刺史的兩套屬官的稱號也就參用爲行政系統的官號了①。瞭解了這一點，就會知道隋唐州郡的司馬其實是不掌武事的。

　　唐代中央對地方的監察起初是派員出巡各州，稱爲黜陟使(有權罷免或擢升地方官吏)。後來全國分爲若干道，每道派京官一人巡察所屬州縣，先後稱爲巡察使、按察使、採訪處置使、觀察使。唐代又每聚邊境數州爲一鎮，設節度使，兼度支、營田、觀察等使，總攬一方軍政、民政、財政和監察大權。觀察使、節度使有判官、掌書記、推官等屬官。節度使初設於邊防重鎮，後來內地普遍設置，形成藩鎮割據的局面。宋代廢藩鎮制度，節度使只是優寵將帥大臣和宗室勳戚的虛銜。另分全國爲若干路，各路設轉運使等官，掌一路財賦等事。

　　宋代縣以上的行政單位是州，州政由中央派員前往管理，稱爲“知某州軍州事”(“軍”指地方軍隊，“州”指民政)，簡稱知州。州有通判，號稱監州官，不似後世一般的副職。州的屬官有判官管行政，有推官管司法。和州平行的還有府、軍、監，設官和州大致相同。

　　宋代沒有太守，刺史也是虛銜。歐陽修知滁州時寫《醉翁亭記》提到太守，寫《豐樂亭記》提到刺史，都是沿用前代的舊稱。

　　元代地方最高行政機構是行中書省，體制類似中央，也有丞相、參知政事等官。明初沿襲元制，後改稱承宣布政使司，簡稱布政司，但習慣仍稱爲“省”，長官爲左右布政使，掌一省之政。明代

---

① 《舊唐書·高宗紀》載貞觀二十三年(公元649年)七月改諸州治中爲司馬，別駕爲長史。

有戰事時,派朝臣出巡地方,處理軍務,稱爲巡撫。遇有軍事問題牽連幾省,巡撫不能解決時,則派總督處理。總督巡撫都是臨時差使,不算正式地方官。清代總督巡撫才成爲固定的"封疆大吏",巡撫是省級的最高長官,總督則總攬一省或兩三省的軍民要政。這樣,布政使就只管財政和人事,成了督撫的下屬了。

明清一省分爲數道,道下有府有州。府州的長官稱爲知府、知州。其佐貳,府有同知、通判等,州有州同(同知)、州判等。有兩種州:直隸州略等於府;散州隸屬於府,和縣相當。

(3)品階勳爵

品——古代把職官分爲若干等級,通稱爲品。漢代以祿石多寡作爲官位高低的標誌,例如九卿是中二千石,刺史太守之類是二千石,縣令是千石到六百石,祿石不同,月俸收入不同。曹魏時職官分爲九品,一品最高,九品最低。隋唐時九品又分正從,自正四品起,每品又分上下二階,共有三十級。明清加以簡化,九品只各分正從,共十八級。隋唐時九品以內的職官稱爲流內,九品以外的職官稱爲流外。流外官經過考銓轉授流內官,唐代稱爲入流。清代不列入九品之內的官稱爲未入流。

階——隋代把有職務的官稱爲職事官,沒有職務的官稱爲散官。唐代把前代散官官號加以整理和補充,並從新規定品級,作爲標誌官員身份級別的稱號,稱爲階,通稱爲階官。例如文官階是:從一品稱開府儀同三司,正二品稱特進,從二品稱光祿大夫,等等。六品以下的文官階稱郎,例如正六品上稱朝儀郎,正六品下稱承議郎,等等。唐代又採取前代各種將軍和校尉的官號作爲武官階,這裏不再敘述。後來宋元明清都有階官,只是名稱和品級不盡相同而已。

　　唐宋時一個人在某一時期的階官品級和當時所任的職事官的品級不一定相同。階官高於職事官，則在職事官上加"行"字，階官低於職事官，則在職事官上加"守"字，階官比職事官低二品則加"試"字。

　　勳——唐代又採取前代某些散官官號略加補充作爲酬賞軍功的勳號，稱爲勳，通稱爲勳官。有上柱國、柱國、上護軍、護軍、輕車都尉、驍騎尉等等，共十二級。後代沿襲唐制，只是品級略有不同。明代有文勳武勳，武官勳號和前代基本相同，文官勳號除"柱國"外還有正治卿、資治尹之類。清代勳和爵就合而爲一了。

　　爵——舊說周代封爵有公侯伯子男五等。漢代封爵實際上只有王侯二等。皇子封王，相當於先秦的諸侯，所以通稱諸侯王。漢初異姓也封王，後來"非劉氏不王"，異姓受封者通稱列侯。漢武帝以後，諸侯王得在王國境內分封庶子爲侯，也是列侯性質（稱爲王子侯）。漢代列侯食邑一般是縣，有的是鄉、亭，視所食户數多寡而定，所以後來有鄉侯、亭侯之稱。三國以後，歷代封爵制度不盡相同，但是同姓封王基本一致，異姓則一般封爲公侯伯子男[①]。晉宋以後，爵號加"開國"字樣以示尊貴，例如樂安郡開國公，曲阜縣開國子，稱爲開國爵。不加"開國"的稱爲散爵。封地雖說有郡有縣，但是後來都成了虛名，宋代所謂食邑若干户，食實封若干户，並不表示實際的賦稅收入。明清皇室封爵和異姓封爵不同，這裏不再細說了。

[①]　異姓也有封王的，例如楊堅（隋文帝）初仕北周，封隨公，後來封爲隨王。李淵（唐高祖）初仕隋，封唐公，後來封爲唐王。唐代郭子儀有軍功，封爲汾陽王。

(三)科 舉

古有鄉舉里選之說。《周禮·地官·鄉大夫》講到三年舉行一次"大比",以考查鄉人的"德行道藝",選拔賢能的人才。《禮記·王制》提到"鄉論秀士","經過逐級選拔,有所謂俊士、進士等名稱。《禮記·射義》還提到諸侯貢士於天子。這些說法雖然不能證明先秦確有貢舉制度,但是後世科舉制度上的一些做法和用語,有的是從這裏來的。

漢代爲了選拔統治人才,有察舉的制度。漢高祖下過求賢詔,漢文帝也曾下詔察舉賢良方正直言極諫之士,漢武帝又詔令天下察舉孝廉和茂材。茂材就是秀才(優秀的人才),據說後因避東漢光武帝諱才改稱茂才的①。漢昭帝以後,舉士包括多方面的人才。東漢承襲舊制。一般說來,西漢以舉賢良爲盛,東漢以舉孝廉爲盛。但是東漢桓帝靈帝以後,"舉秀才,不知書;察孝廉,父別居"②。可見當時的察舉已經很濫了。

漢代被薦舉的吏民經過皇帝"策問"後按等第高下授官。有所謂"對策"和"射策"。"對策"是將政事或經義方面的問題寫在簡策上,發給應舉者作答;"射策"則類似抽籤考試,由應舉者用矢投射簡策,並解釋射中的簡策上的疑難問題③。後來"策問"的形式定型化了,所以後世把它看成爲一種文體,蕭統《文選》稱之爲

---

① 《史記·屈原賈生列傳》張守節《正義》引應劭云:"避光武改茂才也。"
② 見《抱朴子·審舉》。秀才本應賢良,而連字都不認得;孝廉本應孝廉,而察舉的却是與父不同居的不孝之子。
③ 見《漢書·晉望之傳》顏師古注,《唐撫言》卷一。但是《文心雕龍·議對》說,射策是"言中理準,譬射侯中的",這是對射策的另一種解釋。

"文"①。"對策"也被認爲是一種文體,簡稱爲"策",劉勰《文心雕龍·議對》説是"議"的別體。漢代董仲舒的對賢良策,是這種文體的名篇。至於"射策",後來則成了一個典故,杜甫《醉歌行》説"只今年纔十六七,射策君門期第一",就是在應舉考試的意義上運用這個典故的。

魏晉以後,地方察舉孝廉、秀才的制度基本未廢。所以李密《陳情表》説:"前太守臣逵,察臣孝廉;後刺史臣榮,舉臣秀才。"②魏晉南北朝有所謂九品官人法,各州郡都設中正官負責品評當地人物的高低,分爲上上、上中直到下下九品。這種制度本來是爲了品評人才的優劣,以便選人授官,但是後來由於擔任中正的都是"著姓士族",人物品評全被豪門貴族所操縱,"上品無寒門,下品無勢族",九品實際上成了門第高低的標誌了。

隋廢九品中正,設進士、明經二科取士。唐承隋制,並增設明法、明字、明算諸科,而以進士、明經二科爲主。進士科重文辭,明經科重經術。唐高宗、武則天以後,進士科最爲社會所重,參加進士科考試被認爲是致身通顯的重要途徑。進士科以考詩賦爲主,此外還考時務策等。詩賦的題目和用韻都有一定的規定。詩多用五言六韻(近代變爲五言八韻),有一定的程式,一般稱爲試帖詩。本書第十三單元文選所選的韓愈《學諸進士作精衛銜石填海》一詩,就是這種體裁的作品。

唐代取士由地方舉送中央考試,稱爲鄉貢。被舉送應試的人通稱爲舉人。唐人常説"舉進士",例如韓愈《諱辯》説"愈與李賀

---

① 《文選》著録了王融、任昉所擬的策秀才文共十三首。

② 見本書本册930頁。

書,勸賀舉進士",意思是應舉參加進士科的考試,這種人在唐代就稱爲進士。韓愈《送孟秀才序》説"京師之進士以千數,其人靡所不有",就是指當時應舉參加進士科考試的人説的。唐初設有秀才科,不久即廢,但是唐人後來仍通稱應進士科考試的人爲秀才①。由此可見,唐代進士、舉人和秀才的概念與後世不同(參看下文清代的科舉制度)。

唐代中央主持科舉考試的機關是禮部,考官通常由禮部侍郎擔任,稱爲知貢舉②。唐人有關科舉考試的文章常常講到有司、主司等,都指考官而言。參加進士科考試要請當世顯人向考官推薦獎譽,才有及第(及格)的希望。及第以後稱考官爲座主、爲恩門,對座主則自稱門生。同科及第的人互稱爲同年。

唐人進士及第第一名稱爲狀頭或狀元。同榜的人在長安慈恩寺雁塔題名,稱爲題名會。宴會於曲江亭子,稱爲曲江會。又遍遊名園,以同榜少年二人爲"探花使",探採名花。

唐人進士及第後尚未授官稱爲前進士,還要參加吏部"博學宏詞"或"拔萃"的考選,取中後才授予官職③。韓愈《柳子厚墓誌銘》説,柳宗元"雖少年,已自成人,能取進士第","其後以博學宏辭,授集賢殿正字"④。白居易進士及第後,因爲取中"拔萃",所以授秘書省校書郎。韓愈雖然進士及第,但是由於應吏部考選未中,未能得官。爲此,韓愈以"前鄉貢進士"的名義三次上書宰相求仕。

---

① 見李肇《唐國史補》卷下。
② 唐初考官由吏部考功員外郎擔任,開元中改由禮部侍郎擔任。禮部侍郎缺人,由他官主考,稱爲權知貢舉。
③ 《新唐書·選舉志》:"選未滿而試文三篇謂之宏辭,試判三條謂之拔萃,中者即授官。"
④ 見本書本册 1029 頁。

　　以上所說的進士、明經等科通常每年都舉行考試。此外唐代還有所謂制舉，這是由皇帝特詔舉行的考試，據說是要選拔特殊的人才。無論取中進士、明經等科與否，都可以應制舉。考期不固定，科目由皇帝臨時決定，有賢良方正能直言極諫科，才識兼茂明於體用科，文辭秀逸科，風雅古調科，等等，前後不下百十種。這些稱爲制科。唐代博學宏詞科本來也是制科，開元十九年（公元731年）以後改爲吏部選人的科目，每年舉行考試（見上文）[①]。宋代制舉恢復博學鴻詞科，直到清代還有博學鴻詞科。

　　宋代最初也以進士、明經等科取士。宋神宗時王安石建議廢明經等科，只保留進士科。進士科不考詩賦而改試經義，此外仍考論策（後來也間或兼考詩賦）。禮部考試合格後，再由皇帝殿試覆審，然後分五甲（五等）放榜，授予官職。

　　明清兩代的科舉制度大致相同。下面只就清代的科舉制度加以簡單的叙述。

　　清人爲了取得參加正式科舉考試的資格，先要參加童試，參加童試的人稱爲儒童或童生，錄取“入學”後稱爲生員[②]，又稱爲庠生，俗稱秀才。這是“功名”的起點。

　　生員分爲三種：成績最好的是廩生，有一定名額，由公家發給糧食；其次是增生，也有一定名額；新“入學”的稱爲附生[③]。每年

----

① 參看徐松《登科記考》凡例、卷五、卷七。
② 清代有府學、州學和縣學，統稱爲儒學。儒學和孔廟在一起，稱爲學宮。生員“入學”後即受教官（教授、學正、教諭、訓導）的管教。清初生員尚在學宮肄業，有月課和季考，後來變成有名無實了。
③ 廩生是廩膳生員的簡稱，明初生員每人每月皆由公家給糧食，所以稱爲廩生。後來名額增廣，在增廣名額中的生員稱爲增廣生員，簡稱增生，增生不廩糧。明代府學縣學之外還有附學生員，簡稱爲附生，清代沿用明代的舊稱。

由學政考試,按成績等第依次升降。

正式的科舉考試分爲三級(1)鄉試,(2)會試,(3)殿試。

鄉試通常每三年在各省省城舉行一次,又稱爲大比。由於是在秋季舉行,所以又稱爲秋闈。參加鄉試的是秀才(庠生),但是秀才在參加鄉試之前先要通過本省學政巡迴舉行的科考,成績優良的才能選送參加鄉試①。鄉試取中後稱爲舉人,第一名稱爲解元。

會試在鄉試後的第二年春天在禮部舉行,所以會試又稱爲禮闈,又稱爲春闈。參加會試的是舉人,取中後稱爲貢士,第一名稱爲會元。會試後一般要舉行覆試。

以上各種考試主要是考八股文和試帖詩等。八股文題目出自四書五經,略仿宋代的經義,但是措辭要用古人口氣,所謂代聖賢立言。結構有一定的程式,字數有一定的限制,句法要求排偶,又稱爲八比文、時文、時藝、制藝。

殿試是皇帝主試的考試,考策問。參加殿試的是貢士,取中後統稱爲進士。殿試分三甲錄取。第一甲賜進士及第,第二甲賜進士出身,第三甲賜同進士出身。第一甲錄取三名,第一名俗稱狀元,第二名俗稱榜眼,第三名俗稱探花,合稱爲三鼎甲。第二甲第一名俗稱傳臚。

狀元授翰林院修撰,榜眼、探花授翰林院編修。其餘諸進士再參加朝考,考論詔奏議詩賦,選擅長文學書法的爲庶吉士,其餘分別授主事(各部職員)、知縣等②。庶吉士在翰林院內特設的教習館(亦名庶常館)肄業三年期滿後舉行"散館"考試,成績優良的分

---

①　由捐納而取得監生(國子監生員)資格的(所謂例監),也可以參加鄉試。

②　實際上,要獲得主事、知縣等職,還須經過候選、候補,有終身不得官者。

別授翰林院編修、翰林院檢討①，其餘分發各部任主事，或分發到各省任知縣。

附帶説一説貢生。清代有歲貢、恩貢、拔貢、副貢。每一年或兩三年由地方選送年資長久的廩生入國子監肄業的，稱爲歲貢。逢國家慶典進貢的生員，稱爲恩貢。每三年各省學政就本省生員擇優保送國子監的，稱爲優貢。每十二年各省學政考選本省生員擇優保送中央參加朝考合格的，稱爲拔貢。鄉試取入副榜直接送往國子監的，稱爲副貢。

科舉還有武科一類。唐朝武則天時代就開始有武舉了，後代相沿，直到清代還有武科考試，這裏不細説了。

科舉是封建時代最高統治階級收買士人爲之服務的一種手段，漢代的察舉也是同樣的性質。封建皇帝並不隱諱這一點。漢高祖十一年(公元前 196 年)下詔説："賢士大夫有肯從我游者，吾能尊顯之。"② 漢武帝元封五年(公元前 106 年)下詔説："夫泛駕之馬，跅弛之士，亦在御之而已。"③《唐摭言》記載唐太宗"嘗私幸端門，見新進士綴行而出，喜曰：'天下英雄入吾彀中矣。'"④ 知識分子熱衷於功名利祿者，把科舉當作入仕的途徑，因此也就甘心受人收買和籠絡，雖老死於科場亦無所恨。——"太宗皇帝真長策，賺得英雄盡白頭"⑤，一千多年以前，早就有人揭露了科舉制度的實質了。

---

①　原來是第二甲的授翰林院編修、原來是第三甲的授翰林院檢討。
②　見《漢書·高帝紀》。
③　見《漢書·武帝紀》。跅(tuò)弛，放任無檢束。
④　見《唐摭言》卷一《述進士上篇》。
⑤　見《唐摭言》卷一《散序進士》。

第 九 單 元

文 選

賈 誼

賈誼(公元前 201—公元前 169),西漢洛陽人。十八歲時就很有才名。二十多歲時,文帝任他爲博士。不久,升爲太中大夫。任職期間,在政治法制方面提出了不少建議。文帝想讓他擔任公卿職位,但一些大臣批評他"紛亂諸事",後來文帝也疏遠了他,派他做長沙王太傅。四年以後,被召回京城,改任梁懷王(文帝少子)太傅。這期間,賈誼曾幾次上疏陳述對政事的看法。但終未被重用,才能無從施展,因此鬱鬱不得志。後來梁懷王騎馬摔死,賈誼自傷沒有盡到作太傅的責任,常常哭泣,一年多後就死了,死時才三十三歲。

賈誼是我國古代有名的政論家和辭賦家。他議論政事多中時弊,犀利激切,有戰國縱橫家的風格,對後代有一定的影響。後人將他的政論文輯在一起,名爲《新書》。

論積貯疏[1]

筦子曰[2]:"倉廩實而知禮節[3]。"民不足而可治者,自古及今,未之嘗聞。古之人曰:"一夫不耕,或受之饑;

一女不織，或受之寒〔4〕。"生之有時，而用之亡度〔5〕，則物力必屈〔6〕。古之治天下，至孅至悉也〔7〕，故其畜積足恃。今背本而趨末〔8〕，食者甚衆，是天下之大殘也〔9〕。淫侈之俗，日日以長，是天下之大賊也〔10〕。殘賊公行，莫之或止〔11〕；大命將泛〔12〕，莫之振救〔13〕。生之者甚少，而靡之者甚多，天下財産，何得不蹶〔14〕？漢之爲漢，幾四十年矣〔15〕，公私之積，猶可哀痛〔16〕。失時不雨，民且狼顧〔17〕，歲惡不入〔18〕，請賣爵子〔19〕，既聞耳矣〔20〕，安有爲天下阽危者若是而上不驚者〔21〕？

〔1〕疏，古代的一種文體，是上給皇帝的奏議。本文選自《漢書·食貨志》，標題是後人加的。戰國秦末之際，由於連年戰亂，社會生產力遭到了很大的破壞。漢初，統治者採取了一些措施，力圖恢復社會經濟。文帝即位後，勵精圖治，提倡節儉。當時生產力尚未完全恢復，很多農民棄農業而從事工商。於是賈誼上這篇疏，説明農業生產對治國安邦的重要性，要文帝鼓勵人民從事農業，積貯糧食，以防意外。

〔2〕筦，同"管"。《管子》舊題爲管仲撰，其實有很多地方是後人在輯錄的過程中偽託的。

〔3〕見《管子·牧民》，原作"倉廩實則知禮節"。實，充滿。

〔4〕見《管子·輕重甲》，原作"一農不耕，民或爲之飢；一女不織，民或爲之寒"。之，代詞。

〔5〕亡，通"無"。

〔6〕屈，盡，竭盡。

〔7〕孅，通"纖"，細緻。悉，詳密。

〔8〕本，指農業。末，指工商。

〔9〕殘，傷害。

〔10〕賊,危害。

〔11〕或,句中語氣詞。

〔12〕大命,指社稷的命運。泛,通"覂"(fěng),傾覆,倒。

〔13〕振救,拯救。

〔14〕蹷(jué),竭盡。

〔15〕幾(jī),近。

〔16〕這是說公家私家還是沒有積蓄,很可哀痛。

〔17〕這是說百姓因爲不下雨,就像狼頻頻回顧那樣害怕。狼性疑,走路愛回頭看。

〔18〕歲惡,年成壞。入,納。不入,指納不了稅。

〔19〕指人民有爵賣爵,無爵賣子。

〔20〕聞耳,是說傳達到皇帝的耳朵裏。

〔21〕爲,指治理。阽(diàn),危。阽危,搖搖欲墜。前一個"者"是衍文(依《賈子新書》)。

世之有饑穰〔1〕,天之行也〔2〕,禹湯被之矣〔3〕。即不幸有方二三千里之旱〔4〕,國胡以相恤?卒然邊境有急,數千百萬之衆,國胡以餽之?兵旱相乘〔5〕,天下大屈。有勇力者聚徒而衡擊〔6〕;罷夫羸老〔7〕,易子而齩其骨〔8〕。政治未畢通也〔9〕,遠方之能疑者〔10〕,並舉而爭起矣。迺駭而圖之,豈將有及乎?

〔1〕穰(ráng),豐收。

〔2〕行,道。

〔3〕被,遭受。指禹曾遭九年水災,湯曾遭七年旱災。

〔4〕即,倘若,假若。

〔5〕兵,指戰爭。相乘,相因。

〔6〕衡,通"橫"(hèng),橫暴。衡擊,等於說搶劫。

〔7〕罷,通"疲"。羸(léi),瘦弱。

〔8〕齩,"咬"的本字。

〔9〕這句是説政治力量還没有完全達到各地,也就是説還没有牢固地控制全國。政,政治,政事。治,政令教化。畢,完全。通,達。

〔10〕依《賈子新書》無"能"字。疑,通"擬",指與皇帝相比擬,即"僭越"。

夫積貯者,天下之大命也〔1〕。苟粟多而財有餘,何爲而不成? 以攻則取,以守則固,以戰則勝。懷敵附遠〔2〕,何招而不至? 今歐民而歸之農〔3〕,皆著於本〔4〕,使天下各食其力,末技游食之民〔5〕,轉而緣南畮〔6〕,則蓄積足而人樂其所矣。可以爲富安天下,而直爲此廩廩也〔7〕。竊爲陛下惜之。

〔1〕命,命脈,這裏指命脈之所繫。

〔2〕懷,來,使動用法。懷敵,使敵對者來歸順。附,使動用法。附遠,使遠方的人歸附。

〔3〕歐,驅使,後來一般寫作"驅"。

〔4〕著,附著。著於本,指從事農業。

〔5〕末技,指工商業。

〔6〕緣,沿,繞。畮,同"畝"。緣南畮,指趨向農事。《詩經·豳風·七月》:"同我婦子,饁彼南畝。"見第二册 495 頁。

〔7〕本可以做到使天下富足安定,却造成這種叫人害怕的情況。廩,通懍。廩廩,害怕的樣子。直,等於説却。

鄒　陽

鄒陽,西漢初時齊人。最初在吳王濞手下任職,以文辭著稱。吳王謀反,鄒陽諫而不聽,於是鄒陽改投梁孝王門下。鄒陽爲人有智謀才略,忼慨不苟合,因此被人讒忌。梁孝王聽信讒言要殺他,他在獄中寫了這封信。梁孝王看信後,立刻釋放了他,並且把他當做上客。《史記》有《鄒陽列傳》。

獄中上梁王書[1]

臣聞“忠無不報,信不見疑”,臣常以爲然;徒虛語耳。昔荆軻慕燕丹之義[2],白虹貫日[3],太子畏之[4];衞先生爲秦畫長平之事[5],太白食昴[6],昭王疑之。夫精誠變天地,而信不諭兩主[7],豈不哀哉!今臣盡忠竭誠,畢議願知[8],左右不明,卒從吏訊[9],爲世所疑。是使荆軻衞先生復起,而燕秦不寤也。願大王孰察之。昔玉人獻寶,楚王誅之[10];李斯竭忠,胡亥極刑[11]。是以箕子陽狂[12],接輿避世[13],恐遭此患也。願大王察玉人李斯之意,而後楚王胡亥之聽[14],毋使臣爲箕子接輿所笑。臣聞比干剖心[15],子胥鴟夷[16],臣始不信,乃今知之。願大王孰察,少加憐焉。

〔1〕此篇文字參照《史記》、《漢書》、《文選》。

〔2〕荆軻,戰國末衞人。燕丹,燕太子丹。丹曾在秦爲質,秦始皇對待他很不禮貌,丹於是逃回。當時秦蠶食諸侯,燕丹厚養荆軻,讓他去刺秦王。行刺沒有成功,荆軻被殺。

〔3〕這是說荆軻精誠感動天地,以致天上出現不平常的現象。

〔4〕畏之,指畏其不去(依王先謙說,見《漢書補注》引)。據《戰國策·燕策》載,荆軻臨出發至秦,等一個事先約好一同到秦國去的人,遲遲未發。太子丹懷疑他是不想去秦了。

〔5〕衞先生,秦人。長平之事,秦將白起伐趙,在趙地長平大敗趙軍,

打算趁勢滅趙,派衛先生説秦昭王增撥兵糧,被秦相應侯范雎(事詳後)從中破壞,事未成。下文"昭王疑之"即指此事。

〔6〕太白,即金星。昴,星宿名,趙之分野。太白食昴,金星運行到昴宿的位置,遮住了昴宿,主趙地將有兵事(依蘇林説)。這也是説衛先生的精誠達於上天。

〔7〕諭,明白,懂。這裏是使動用法。

〔8〕把計議説盡了,希望〔大王〕知道。

〔9〕終於聽從了獄吏〔對我〕的審訊。

〔10〕楚人卞和得璞(玉在石中未經治理叫璞),獻給楚武王,武王交給治玉的工匠看,工匠説是石頭,於是武王砍斷卞和的右脚。文王即位,卞和又獻,文王也以爲是石頭,又砍斷他的左脚。到成王時,卞和抱着璞在郊外哭,成王讓工匠治理,果然得到寶玉。後代即稱這塊玉爲和氏璧。這裏説"誅之",就是"刑之"的意思。

〔11〕胡亥,秦二世名。二世即位,荒淫無道,李斯上書諫戒,胡亥不聽,反而聽信趙高誣陷的話,把李斯殺了。

〔12〕箕子,名胥餘,紂的叔伯,因封於箕,故稱箕子。紂荒淫昏亂,箕子諫而不聽,又不肯出走"彰君之惡",於是假裝瘋癲。陽,通"佯",一本即作佯。

〔13〕接輿,參看第一册202頁注〔1〕。

〔14〕後,使動用法,把……放在後邊。實際上是説不要那樣。

〔15〕比干,紂之叔父,極力諫紂,紂大怒,説:"我聽説聖人的心有七個竅。"於是剖出比干的心來看。

〔16〕子胥,即伍子胥,名員(yún),子胥是字,春秋時楚人。子胥的父兄都被楚平王殺死,子胥逃到吳國,輔佐吳王夫差攻打楚國、滅掉越國。後來夫差想攻打齊國,子胥勸諫,夫差不聽,命子胥自殺,並用皮口袋裝了他的屍體扔到江中。鴟夷,又作鴟鵜,皮口袋(依韋昭説,見《國語·吳語》注)。

語曰:"白頭如新,傾蓋如故〔1〕。"何則〔2〕?知與不知也[3]。故樊於期逃秦之燕，藉荆軻首以奉丹事[4]；王奢去齊之魏，臨城自剄，以却齊而存魏[5]。夫王奢樊於期非新於齊秦而故於燕魏也，所以去二國、死兩君者，行合於志，而慕義無窮也。是以蘇秦不信於天下，爲燕尾生[6]；白圭戰亡六城，爲魏取中山[7]。何則？誠有以相知也。蘇秦相燕，人惡之於燕王，燕王按劍而怒，食以駃騠[8]；白圭顯於中山[9]，人惡之於魏文侯[10]，文侯賜以夜光之璧。何則？兩主二臣，剖心析肝相信，豈移於浮辭哉[11]？故女無美惡，入宮見妬；士無賢不肖，入朝見嫉。昔司馬喜臏脚於宋[12]，卒相中山；范雎拉脅折齒於魏，卒爲應侯[13]。此二人者，皆信必然之畫[14]，捐朋黨之私，挾孤獨之交[15]，故不能自免於嫉妬之人也。是以申徒狄蹈雍之河[16]，徐衍負石入海[17]，不容於世，義不苟取比周於朝[18]，以移主上之心。故百里奚乞食於道路[19]，繆公委之以政；甯戚飯牛車下，而桓公任之以國[20]。此二人豈素宦於朝，借譽於左右，然後二主用之哉？感於心，合於行，堅如膠漆，昆弟不能離，豈惑於衆口哉？故偏聽生姦，獨任成亂。昔魯聽季孫之説逐孔子[21]，宋信子冉之計囚墨翟[22]。夫以孔墨之辯，不能自免於讒諛，而二國以危。何則？衆口鑠金，積毁銷骨也[23]。是以秦用戎人由余，而霸中國[24]；齊用越人子臧，而彊威宣[25]。此二國豈拘於俗，牽於世，繫奇偏之辭哉[26]？公聽並觀[27]，垂明當世。故意合則胡越爲昆弟，由余子臧是矣；

不合則骨肉爲讎敵，朱象管蔡是矣[28]。今人主誠能用齊秦之明，後宋魯之聽，則五伯不足侔[29]，三王易爲比也。

〔1〕這是説：相識多年，直到頭髮白了，還和新結識一樣，沒有很深的感情；在路上相遇，停車交談，就好像有多年交情一樣。語，俗語。傾蓋，指兩車緊靠着以致把車蓋擠歪了。

〔2〕何則，爲什麼。

〔3〕白頭如新是因爲不相知，傾蓋如故是因爲相知。

〔4〕樊於期，秦將，被讒害而逃到燕國，秦王殺了他全家，並用重金購其頭。荆軻要刺秦王，樊於期自刎，讓荆軻用他的頭來做進獻的禮物，以便荆軻能接近秦王。藉，借。奉，等於説助。

〔5〕王奢，齊臣，由齊逃到魏，後來齊伐魏，王奢登城對齊將説：“現在你們來不過是因爲我的緣故。我不願意苟且偷生，成爲魏國的拖累。”於是自殺。

〔6〕蘇秦，戰國時的縱橫家。尾生，古代傳説中的極守信的人，據説他與一個女子約定在橋下相見，女子沒到，大水來了，他抱橋柱而死。這裏“尾生”即指極守信用而被人信任的人。蘇秦曾先説秦、趙沒有被用，又以合縱説燕文侯，文侯出車馬金帛，讓他去説諸侯。蘇秦終於成爲縱約之長，並相六國。後來諸侯不信任蘇秦，唯獨燕國仍然信任他，使他爲相。

〔7〕白圭，戰國時中山國之將，因失掉六城，中山王要殺他，他逃到魏，魏文侯待他極厚，於是，白圭爲魏攻取中山（依張晏説，見《史記集解》）。

〔8〕怒，指對讒者怒。駃騠（jué tí），一種駿馬。“食以駃騠”是表示敬重蘇秦。

〔9〕即“白圭因取中山而顯貴”的意思。

〔10〕魏文侯，名都。魏與韓趙分晉後，至魏文侯始列爲諸侯。

〔11〕移，轉移，這裏指變心。

〔12〕司馬喜，戰國時人，據説在宋受臏刑，後來三次爲中山國之相。臏

(bìn)，古代刑罰之一，割去膝蓋骨。脚，小腿。

〔13〕范雎，戰國時魏人。初隨魏國中大夫須賈出使到齊國。回國後，魏相魏齊懷疑范雎通齊，毒打范雎，以至脅斷齒脱，然後把他扔到厠所裏。范雎逃到秦國，爲秦相，封爲應侯。拉(là)，折斷。

〔14〕大意是：深信自己認爲必然可行的計劃。

〔15〕挾，持。

〔16〕申徒狄，姓申徒，名狄，商代人，諫君不聽，投黄河而死。雍之河，雍州的黄河(依服虔説)。雍，古九州之一，今陝西、甘蕭和青海一部份。

〔17〕徐衍，周末人，惡世之亂，自殺。

〔18〕比(bì)周，結黨。義不苟取比周於朝，按照道義不隨便取利結黨於朝。

〔19〕百里奚，見第一册316頁注〔6〕。這裏説"乞食於道路"，未詳出處。

〔20〕甯戚，春秋時衛人。因不被用，於是行商，住在齊郭門之外。齊桓公夜裏出來，甯戚唱着歌餧牛。桓公知道他是賢者，舉用爲大夫。飯，餵。

〔21〕季孫，即季桓子。齊人送給季桓子女子歌舞隊，季桓子接受了，並且三天不上朝，於是孔子離開了魯國。參看第一册202頁《論語·微子》。魯君聽信季孫，就等於是逐孔子。

〔22〕此事出處未詳。

〔23〕鑠(shuò)、銷，都是鎔化的意思。毁，讒言。

〔24〕由余，春秋時人，其祖先爲晉人，後來入居戎地。戎人聽説秦繆(穆)公賢明，派由余到秦國觀察，繆公和他交談，知道他很賢能，於是用計迫他降秦。後來由余替秦謀畫攻打西戎，使秦國能够稱霸。

〔25〕子臧，人名。威、宣，指齊威王、齊宣王。彊，使動用法。此事出處未詳。

〔26〕牽，牽制。繫，束縛。奇偏之辭，一面之辭。

〔27〕公聽，公正地聽取〔意見〕。並觀，各方面都看，即不單看一面的意

思。

〔28〕朱,指丹朱,堯之子。丹朱頑凶不肖,所以堯没傳位給他而禪位於
舜。象,舜之後母弟。象曾與父母共謀,要害死舜。管、蔡,指管
叔、蔡叔,周武王之弟。武王滅商後,封紂的兒子武庚於殷故地,
讓管叔蔡叔輔佐他。武王死,成王年幼,周公攝政,管蔡挾武庚
反,周公殺死了武庚、管叔,流放了蔡叔。

〔29〕伴,相等,這裏等於説相提並論,與下句"比"字意思相近。

是以聖王覺寤,捐子之之心〔1〕,而不説田常之賢〔2〕,
封比干之後〔3〕,修孕婦之墓〔4〕,故功業覆於天下。何
則? 欲善無厭也。夫晉文公親其讎而彊霸諸侯〔5〕;齊桓
公用其仇而一匡天下〔6〕。何則? 慈仁殷勤,誠加於心,
不可以虛辭借也〔7〕。至夫秦用商鞅之法,東弱韓魏,立
彊天下,而卒車裂之〔8〕;越用大夫種之謀〔9〕,禽勁吳而
霸中國,遂誅其身。是以孫叔敖三去相而不悔〔10〕,於陵
子仲辭三公,爲人灌園〔11〕。今人主誠能去驕傲之心,懷
可報之意〔12〕,披心腹,見情素〔13〕,墮肝膽〔14〕,施德厚,終
與之窮達〔15〕,無愛於士〔16〕,則桀之犬可使吠堯,跖之客
可使刺由〔17〕。何況因萬乘之權,假聖王之資乎〔18〕? 然
則荆軻湛七族〔19〕,要離燔妻子〔20〕,豈足爲大王道哉?

〔1〕捐,棄。子之,戰國時燕王噲之相。噲極信任子之,讓位給他,燕
國大亂,齊趁機而入。

〔2〕説(yuè),後來寫作"悦"。田常,春秋時齊簡公的臣,殺簡公而立平
公(簡公弟),相平公,五年,專國政。後來齊終於被田氏所篡奪。
賢,這裏着重指才能。

〔3〕據説武王伐紂後,曾封比干之子。

〔4〕紂曾剖孕婦之腹,這裏是説武王給被紂殺死的孕婦修墓。

〔5〕鞮,指寺人(宦官)披。晉文公重耳爲公子時,獻公使寺人披去殺重耳,追殺時只斬下重耳的袖子。後來重耳歸國爲君,晉臣吕甥、郤芮要殺他,寺人披謁見重耳告密,使重耳得免於難。這裏即指此事。

〔6〕仇,指管仲。齊襄公死後,魯送公子糾回國,桓公小白由莒國先入。齊魯交戰,在戰鬥中管仲曾射中桓公的帶鈎。後來桓公以管仲爲相,齊國遂霸。參看第一册 195 頁《論語·憲問》。

〔7〕借,借用。以虛辭借,即"借用空話"的意思。

〔8〕車裂,古代的一種酷刑,用牛或馬駕車分裂人的身體。商鞅變法,對貴族宗室傷害很大。孝公死後,商鞅被處車裂之刑。

〔9〕種,指春秋時越國大夫文種。參看本册 723 頁注〔36〕。

〔10〕孫叔敖,楚人,曾三次相楚莊王。《史記·循吏列傳》説他三次爲相而不喜,因爲知道是自己的才能得來的;三次免去相也並不悔,因爲知道並不是自己的罪所造成的。

〔11〕據説楚王曾派使者用重金請於陵子仲任楚相,於陵子仲拒絶了,並帶着妻子逃走,爲人灌園。

〔12〕大意是:懷着讓人可以報答之意。鄒陽這是要梁王推誠待士。

〔13〕見(xiàn),表現出。素,通"愫",真情。情素,等於説真情實意。

〔14〕墮肝膽,就是輸肝膽,推心置腹的意思。

〔15〕這是説始終與士同甘苦、共命運。

〔16〕對士毫不吝嗇。

〔17〕由,許由。據説堯想把天下讓給他,他退而隱於潁水之陽,箕山之下。堯又召他爲九州長,許由聽説後認爲玷汚了他的耳朵,於是洗耳於潁水之濱。

〔18〕資,能力。

〔19〕湛,通"沈"。湛七族,即因爲荆軻一人而使七族被殺。

〔20〕要(yāo)離,春秋時吳人。公子光(即吳王闔廬)殺吳王僚而自立,當時僚之子慶忌在衛,公子光使要離前去刺殺。要離爲了能接近

慶忌,請公子光僞加罪於他而燒死了他的妻子。燔(fán),燒。

臣聞明月之珠,夜光之璧,以暗投人於道,衆莫不按劍相眄者[1],何則?無因而至前也。蟠木根柢,輪囷離奇[2],而爲萬乘器者[3],何則?以左右先爲之容也[4]。故無因而至前,雖出隨侯之珠[5],夜光之璧,秖足結怨而不見德[6]。故有人先游[7],則枯木朽株,樹功而不忘。今天下布衣窮居之士,身在貧羸,雖蒙堯舜之術,挾伊管之辯[8],懷龍逢比干之意[9],而素無根柢之容,雖竭精神,欲開忠於當世之君,則人主必襲按劍相眄之跡矣[10]。是使布衣之士,不得爲枯木朽株之資也[11]。

[1]眄,邪視。

[2]蟠木,屈曲的樹。柢(dǐ),樹根。輪囷、離奇,都是連緜字,盤繞屈曲的樣子。

[3]萬乘,指天子。器,指服玩之屬(依李善説)。輪囷離奇的樹根,正好雕飾成爲玩物。

[4]容,指雕飾。

[5]隨,春秋時國名。隨侯之珠,據説隨侯曾救活過一條受了傷的大蛇,後來大蛇銜來一顆明珠報答他,後世即稱之爲隨珠。

[6]秖(zhī),通"適"。

[7]游,指游揚(依王先謙説,是《漢書補注》)。

[8]伊,伊尹。管,管仲。

[9]龍逢(péng),關龍逢,夏代的賢臣。桀無道,龍逢強諫,被桀殺死。

[10]襲,因襲。這是説,人主必定仍舊走上"按劍相眄"的老路。

[11]資,等於説作用。大意是:這就使布衣之士甚至起不了枯木朽株的作用了。

是以聖王制世御俗,獨化於陶鈞之上[1],而不牽乎卑辭之語,不奪乎衆多之口[2]。故秦皇帝任中庶子蒙嘉之言[3],以信荆軻,而匕首竊發[4];周文王獵涇渭,載呂尚而歸,以王天下[5]。秦信左右而亡,周用烏集而王[6]。何則?以其能越拘攣之語[7],馳域外之議[8],獨觀於昭曠之道也[9]。今人主沈於諂諛之辭,牽於帷牆之制[10],使不羈之士與牛驥同皁[11],此鮑焦所以憤於世也[12]。

[1]大意是:聖王治理天下,應該與陶工轉鈞一樣,自有權衡。鈞,陶工製陶器時放在模子下面能够旋轉的工具。

[2]奪,指受影響而改變。

[3]中庶子,官名,太子的屬官,職如侍中。蒙嘉,人名。荆軻到秦國後,贈蒙嘉重禮,蒙嘉替他在秦王那裏説好話,荆軻因而得見秦王。

[4]荆軻見到秦王,進獻樊於期首級及燕督亢地方的地圖,地圖内藏有匕首。荆軻展開地圖給秦王看,趁機刺秦王。

[5]涇渭,二水名,都在今陝西省。呂尚,姓姜,因祖先封於呂,所以稱呂尚。呂尚釣於渭水,文王出來打獵,遇見了他,與他交談,知道他是賢者,和他一同乘車回去。後來呂尚輔佐武王而有天下。

[6]烏集,像烏鴉那樣猝然聚合,這裏指烏集之人,即素不相識的人,指呂尚。

[7]越,超出。拘攣(luán),沾滯,固執。

[8]域外之議,即不受任何局限的議論。

[9]昭,光明。曠,寬廣。

[10]帷牆,指近臣妻妾。制,制約。

[11]皁,同"皂",牲口槽。

[12]鮑焦,見第一册120頁注[2]。

臣聞盛飾入朝者,不以私汙義;砥厲名號者[1],不以利傷行。故里名勝母，曾子不入[2]；邑號朝歌，墨子回車[3]。今欲使天下寥廓之士[4]，籠於威重之權[5]，脅於位勢之貴，回面汙行以事諂諛之人[6]，而求親近於左右，則士有伏死堀穴巖藪之中耳[7]，安有盡忠信而趨闕下者哉？

[1]砥、厲，都是磨刀石，砥細而厲粗，這裏用如動詞。砥厲名號，指修身立名。

[2]曾子極孝，以爲"勝母"（勝過母親）之名不順，所以不入。

[3]朝(zhāo)歌，殷之故都，在今河南湯陰縣南。墨子"非樂"，認爲朝歌就是早晨唱歌的意思。早晨不是唱歌的時候，所以回車不入朝歌。

[4]寥廓，極高的樣子。

[5]籠，籠絡，控制。《文選》作"誘"。

[6]回面，掉轉臉孔，指改變態度。

[7]堀，同"窟"。藪(sǒu)，湖澤。

枚　乘

枚乘(？—公元前140年)，字叔，西漢初時淮陰人。初與鄒陽等在吳王濞手下供職，任郎中，以文辭著稱。吳王謀反，枚乘上書諫阻。吳王不聽，於是枚乘與鄒陽等至梁孝王門下。吳王起兵後，枚乘又上書勸諫。七國反叛平定後，景帝拜他爲弘農都尉（弘農，漢郡名，在今河南靈寶縣東），不久，辭去。武帝即位，召他進京，死在路上。枚乘善於辭賦，所作《七發》今傳於世。《漢書》有《枚乘傳》。

上書諫吳王〔1〕

臣聞“得全者昌,失全者亡〔2〕”。舜無立錐之地,以有天下;禹無十户之聚〔3〕,以王諸侯;湯武之土不過百里,上不絕三光之明〔4〕,下不傷百姓之心者,有王術也〔5〕。故父子之道,天性也〔6〕。忠臣不避重誅以直諫,則事無遺策,功流萬世。臣乘願披腹心而効愚忠,惟大王少加意念惻怛之心於臣乘言〔7〕。

〔1〕這是枚乘給吳王的第一次上書。本篇文字根據《漢書》,參照《文選》。

〔2〕全,完備,指行爲完美無瑕。

〔3〕聚,村落。

〔4〕三光,日月星。不絕三光之明,指無日食月食,金木水火土等星運轉正常。古人以爲日食等現象是上天對帝王的警告;日月星不發生異常現象,這是天下有道所致。

〔5〕王(wàng)術,王天下之術。

〔6〕語見《孝經·聖治》。這裏説“父子”下面説“臣”,這是説父子君臣的道理是一樣的。

〔7〕這話的意思與鄒陽《獄中上梁王書》中的“願大王孰察,少加憐焉”的意思相近。惻怛(dá),等於説惻隱,有憐憫的意思。

夫以一縷之任〔1〕,係千鈞之重,上懸之無極之高,下垂之不測之淵,雖甚愚之人,猶知哀其將絕也。馬方駭,鼓而驚之〔2〕;係方絕,又重鎮之〔3〕。係絕於天,不可復結;墜入深淵,難以復出。其出不出,間不容髮〔4〕。能聽忠臣之言,百舉必脱〔5〕。必若所欲爲,危於累卵〔6〕,難於上天。變所欲爲，易於反掌，安於泰山。今欲極天命之壽[7]，弊無窮之樂[8]，究萬乘之勢，不出反掌之易。居泰山之安，而欲乘累卵之危，走上天之難，此愚臣之所大惑也。

〔1〕任，負擔。

〔2〕方，將。

〔3〕係，用如名詞，指縷。鎮，壓，指加上重量。

〔4〕這是説出得來與出不來，其間相差極微。隱喻能不能從災禍中逃出來，決定於今日，已經很急迫了。

〔5〕脱，指脱離災禍。

〔6〕累卵，堆叠起來的蛋。

〔7〕天命，天所賦予的。

〔8〕弊，盡，指享盡。

人性有畏其景而惡其迹者[1]，卻背而走，迹逾多，景逾疾。不知就陰而止[2]，景滅迹絶。欲人勿聞，莫若勿言。欲人勿知，莫若勿爲。欲湯之滄[3]，一人炊之，百人揚之[4]，無益也，不如絶薪止火而已。不絶之於彼，而救之於此，譬由抱薪而救火也。養由基，楚之善射者也。去楊葉百步，百發百中。楊葉之大，加百中焉，可謂善射矣。然其所止，百步之内耳，比於臣乘，未知操弓持矢也[5]。福生有基，禍生有胎，納其基[6]，絶其胎，禍何自來？

〔1〕景，影的本字。《文選》即作“影”。迹，脚印子。

〔2〕陰，陽光照射不到的地方。

〔3〕湯，熱水。滄(chuàng)，冷。

〔4〕揚，指以勺舀起沸水再傾下，使之散熱。

〔5〕這是説：我所見甚遠，養由基只見百步之内，與我相比，養由基等

於是未知操弓持矢。

〔6〕納,接受。與下文絶字爲反義詞。

泰山之霤穿石〔1〕,單極之綆斷幹〔2〕。水非石之鑽,索非木之鋸,漸靡使之然也〔3〕。夫銖銖而稱之,至石必差〔4〕;寸寸而度之,至丈必過;石稱丈量,徑而寡失〔5〕。夫十圍之木,始生如蘖〔6〕,足可搔而絶〔7〕,手可擢而拔〔8〕,據其未生,先其未形也。磨礱底厲〔9〕,不見其損,有時而盡;種樹畜養〔10〕,不見其益,有時而大;積德累行,不知其善,有時而用;棄義背理,不知其惡,有時而亡。臣願大王熟計而身行之,此百世不易之道也。

〔1〕霤(liù),本指水從屋檐流下來,這裏指山水流下山。

〔2〕極,桔槔上的横木。綆(gěng),同“綆”,汲水的繩子。幹,通“榦”,指井梁。這句是説:桔槔上横木所繫的繩子可以斷榦。

〔3〕靡,通“摩”(依王先謙説),摩擦。

〔4〕銖(zhū),古代量名,一兩的二十四分之一。石,一百二十斤。

〔5〕徑,直接。

〔6〕如,《文選》作“而”,今依《漢書》。蘖(niè),樹木被伐去後新長出來的嫩芽。

〔7〕搔,這裏指用腳趾撬。

〔8〕擢,拔,揪。拔,指拔出來。

〔9〕礱(lóng),也是磨。底厲,《文選》作“砥礪”,也是磨。

〔10〕樹,動詞,栽。

司 馬 遷

報任安書〔1〕

太史公牛馬走司馬遷再拜言〔2〕。少卿足下:曩者辱

賜書[3]，教以愼於接物[4]，推賢進士爲務[5]。意氣懃
懃懇懇[6]，若望僕不相師，而用流俗人之言[7]。僕非敢
如此也。僕雖罷駑[8]，亦嘗側聞長者之遺風矣[9]；顧自
以爲身殘處穢[10]，動而見尤[11]，欲益反損，是以獨鬱悒
而誰與語[12]。諺曰："誰爲爲之？孰令聽之[13]？"蓋鍾子
期死，伯牙終身不復鼓琴[14]。何則？士爲知己者用，女
爲說己者容。若僕大質已虧缺矣[15]，雖才懷隨和[16]，行
若由夷[17]，終不可以爲榮，適足以見笑而自點耳[18]。書
辭宜答，會東從上來[19]，又迫賤事[20]，相見日淺，卒卒無
須臾之閒[21]，得竭指意[22]。今少卿抱不測之罪[23]，涉
旬月[24]，迫季冬[25]，僕又薄從上雍[26]，恐卒然不可爲
諱[27]，是僕終已不得舒憤懣以曉左右[28]，則長逝者魂魄
私恨無窮[29]。請略陳固陋[30]。闕然久不報，幸勿爲過。

〔1〕報，答。任安，字少卿，西漢滎陽人。年輕時很貧困，後來做大將
　　軍衛青舍人，經衛青推舉，任郎中，後來遷益州刺史。征和二年，
　　戾太子發兵殺江充等，當時任安任北軍使者護軍（監理京城禁衛
　　軍北軍的官），太子命令任安發兵，任安接受了命令，但閉門不出。
　　太子事平，任安被判腰斬。他生前曾寫信給司馬遷，責以進賢之
　　義，司馬遷寫了這封信答覆他。在這封信中，表現了他遇刑後的
　　憤慨不滿，並說明自己隱忍苟活的原因。這封信見於《漢書·司馬
　　遷傳》，又見於《昭明文選》。這裏基本上依照《昭明文選》李善注
　　本，並參照五臣注本及《漢書》。

〔2〕太史公，官名，即太史令。牛馬走，像牛馬般被驅使的僕人，這是
　　謙詞。走，等於說僕人。

〔3〕曩(nǎng),從前,過去。

〔4〕慎,《文選》作"順",今從《漢書》。接物,待人接物。

〔5〕務,事。爲務,作爲應當做的事。當時司馬遷任中書令(由宦者擔任),掌文書及推選人才等事,所以任安要他推賢進士。

〔6〕意氣,這裏等於説情意。懃懃懇懇,誠懇的樣子。

〔7〕大意是:好像怨我不效法你的話,而遵行世俗之人的話。望,怨。

〔8〕罷,通"疲"。駑,劣馬。自喻駑馬,表示才能低下。

〔9〕側聞,在旁聽到。這是謙辭。

〔10〕顧,只是。身殘,指身遭宫刑。穢,指卑污醜惡的境地。

〔11〕尤,過,用如動詞,等於説指責、責備。

〔12〕鬱悒(yì),愁悶。誰與語,《文選》李善本作"與誰語",《漢書》作"無誰語",今從《文選》五臣本。

〔13〕第一個爲讀 wèi,介詞。司馬遷引用這兩句的意思是:即使我推賢進士,可是君非聖明之君,我又爲誰去推賢進士,又能讓誰聽我的呢?

〔14〕鍾子期、伯牙,都是春秋時楚人。伯牙善彈琴,鍾子期最能欣賞、了解他的琴音。後來鍾子期死了,伯牙破琴絶弦,終身不再鼓琴,以爲世無知音。司馬遷的意思是:君王不明察,不能了解我,我能做什麽呢?

〔15〕大質,身體。

〔16〕隨,指隨侯珠。見本册 902 頁注〔5〕。和,指和氏璧。見本册 896 頁注〔10〕。

〔17〕由,許由。夷,伯夷。

〔18〕點,污。

〔19〕會,正遇上。東,往東,等於説由西邊。上,當今皇帝,指武帝。按:這是指征和二年七月庚太子舉兵後武帝自甘泉宫(在今陝西淳化縣西北)還長安。

〔20〕又迫於賤事,即又被賤事所迫。賤事,謙詞,指煩瑣的事務。

〔21〕卒卒(cù cù),同"猝猝",匆忙急迫的樣子。

〔22〕《文選》李善本作“得竭至意”。今從《漢書》。指,同旨。指意,意旨,心意。

〔23〕不測,指深。不測之罪,指被處腰斬。

〔24〕過一個月。旬,徧,滿。旬月,滿月。

〔25〕迫,靠近。季冬,十二月。漢律,十二月處決犯人。

〔26〕大意是:我又接近隨皇帝到雍去的日期了。薄,迫近。雍,地名,在今陝西鳳翔縣南。這裏築有祭五帝的壇,漢武帝常到這裏來祭祀。據《漢書·武帝紀》載,征和三年春正月武帝至雍。

〔27〕不可爲諱,死的婉辭,指任安死。

〔28〕終已,等於説終於。懣,煩悶。曉,告知。左右,不直稱對方,而稱對方左右的人,以表尊敬。

〔29〕長逝者,死者,指任安。

〔30〕固陋,指固塞鄙陋之見,這是謙詞。

僕聞之:脩身者,智之符也〔1〕;愛施者,仁之端也;取與者,義之表也〔2〕;恥辱者,勇之決也〔3〕;立名者,行之極也〔4〕。士有此五者,然後可以託於世,而列於君子之林矣。故禍莫憯於欲利〔5〕,悲莫痛於傷心,行莫醜於辱先,詬莫大於宮刑〔6〕。刑餘之人〔7〕,無所比數〔8〕,非一世也,所從來遠矣。昔衛靈公與雍渠同載,孔子適陳〔9〕;商鞅因景監見,趙良寒心〔10〕;同子參乘,袁絲變色〔11〕:自古而恥之。夫以中才之人,事有關於宦豎〔12〕,莫不傷氣〔13〕,而況於慷慨之士乎?如今朝廷雖乏人,奈何令刀鋸之餘〔14〕,薦天下之豪俊哉!僕賴先人緒業〔15〕,得待罪輦轂下〔16〕,二十餘年矣。所以自惟,上之不能納忠效信〔17〕,有奇策才力之譽,自結明主;次之又不能拾遺補闕[18]，招賢進能，顯巖穴之士[19]；外之又不能備行伍[20]，攻城野戰，有斬將搴旗之功[21]；下之不能積日累勞，取尊官厚禄，以爲宗族交遊光寵[22]。四者無一遂[23]，苟合取容[24]，無所短長之效[25]，可見於此矣[26]。嚮者僕常廁下大夫之列[27]，陪外廷末議[28]，不以此時引維綱[29]，盡思慮，今以虧形爲掃除之隸[30]，在闒茸之中[31]，乃欲仰首伸眉，論列是非，不亦輕朝廷，羞當世之士邪？嗟乎！嗟乎！如僕尚何言哉！尚何言哉！

〔1〕符，信，這裏是憑證的意思。

〔2〕表，標誌，表現。

〔3〕大意是：如何對待恥辱，是斷定一個人是否勇敢的標準。

〔4〕行(xìng)，品行。極，指最高的境界。

〔5〕憯(cǎn)，通“慘”。

〔6〕詬(gòu)，恥辱。

〔7〕刑餘之人，在刑罰下得到餘生的人，即受過刑的人，這裏指宦者。

〔8〕没有〔把他們〕放在一起來計算的，即不能和任何人相比。比，比並，放在一起。數(shǔ)，計算。

〔9〕衞靈公和他的夫人同車出遊，讓宦者雍渠參乘，孔子爲次乘。孔子感到很恥辱，說：“我没見過像好色那樣好德的。”於是離開了衞國，到陳國去。

〔10〕商鞅是靠着秦孝公寵信的宦官景監引見而得官的。趙良，當時秦之賢者。他認爲商鞅得官的方法不當，而且傷王族過甚，曾勸說商鞅引退，商鞅不聽。

〔11〕同子，指漢文帝的宦官趙談，司馬遷爲避父諱，改稱他爲同子。袁絲，姓袁名盎，絲是字。漢文帝時人，官至太常，以敢於直諫聞名，後來被梁王派人刺死。在他任中郎時，見趙談參乘，就伏在漢文帝的車前諫阻說：“我聽說天子只和天下的豪傑英雄同車。現在

漢雖缺乏人才,陛下怎麼偏偏和宦者同車呢?"事詳《史記·袁盎列傳》。

〔12〕豎,宮廷供役使的小臣。宦豎,等於說宦官。

〔13〕傷氣,等於說挫傷了志氣。

〔14〕刀鋸之餘,指受過刑的人。

〔15〕緒業,遺業。

〔16〕待罪,即做官,謙詞。輦,皇帝坐的車。輦轂下,京城的代稱。

〔17〕效,獻出。

〔18〕拾遺補闕,拾人君之所遺忘,補人君之所闕失,指諷諫。

〔19〕巖穴之士,指隱士。

〔20〕行伍,古代軍隊的編制,五人爲伍,二十五人爲行。備行伍,等於說備數於行伍之中。

〔21〕搴(qiān),拔取。

〔22〕交遊,指朋友。光寵,光榮富貴。

〔23〕遂,成。

〔24〕苟,苟且。合,指合於時。取容,指取得皇帝的收容。

〔25〕連上句是說,即使苟且合時,取容當道,也没有什麼功效(參用李善說)。

〔26〕即於此可見矣。《文選》"於"作"如",今從《漢書》。

〔27〕廁,夾雜,謙詞。下大夫,周代太史屬下大夫,這也是謙詞。

〔28〕外廷,外朝。漢代把官員分爲外朝官(丞相以下至六百石)和中朝官(大司馬、侍中等)。太史令屬外朝。末議,謙詞。

〔29〕維綱,指國家的法令。

〔30〕掃除之隸,謙詞。

〔31〕闒茸(tà rǒng),下賤,指下賤的人。

　　且事本末未易明也。僕少負不羈之才〔1〕,長無鄉曲之譽〔2〕。主上幸以先人之故,使得奏薄技〔3〕,出入周衞之中〔4〕。僕以爲戴盆何以望天〔5〕,故絶賓客之知〔6〕,

忘室家之業,日夜思竭其不肖之才力,務一心營職,以求親媚於主上[7]。而事乃有大謬不然者!夫僕與李陵俱居門下[8],素非能相善也。趣舍異路[9],未嘗銜杯酒,接慇懃之餘懽[10]。然僕觀其為人,自守奇士[11]:事親孝,與士信,臨財廉,取與義,分別有讓[12],恭儉下人[13],常思奮不顧身,以徇國家之急[14]。其素所蓄積也,僕以為有國士之風。夫人臣出萬死不顧一生之計,赴公家之難,斯已奇矣[15],今舉事一不當[16],而全軀保妻子之臣,隨而媒蘗其短[17],僕誠私心痛之。且李陵提步卒不滿五千,深踐戎馬之地,足歷王庭[18],垂餌虎口,橫挑彊胡[19],仰億萬之師[20],與單于連戰十有餘日[21],所殺過當[22]。虜救死扶傷不給[23],旃裘之君長咸震怖[24]。乃悉徵其左右賢王[25],舉引弓之民[26],一國共攻而圍之。轉鬭千里,矢盡道窮,救兵不至,士卒死傷如積。然陵一呼勞軍,士無不起,躬自流涕,沫血飲泣[27],更張空弮[28],冒白刃,北嚮爭死敵者[29]。陵未沒時[30],使有來報[31],漢公卿王侯皆奉觴上壽[32]。後數日,陵敗書聞[33],主上為之食不甘味,聽朝不怡[34],大臣憂懼,不知所出。僕竊不自料其卑賤,見主上慘愴怛悼[35],誠欲效其款款之愚[36],以為李陵素與士大夫絕甘分少[37],能得人死力,雖古之名將,不能過也。身雖陷敗,彼觀其意,且欲得其當而報於漢[38]。事已無可奈何,其所摧敗,功亦足以暴於天下矣[39]。僕懷欲陳之,而未有路,適會召問,即以此指[40]，推言陵之功[41]。欲以廣主上之意，塞睚眦之辭[42]。未能盡明，明主不曉，以爲僕沮貳師[43]，而爲李陵遊説，遂下於理[44]。拳拳之忠[45]，終不能自列[46]，因爲誣上，卒從吏議[47]。家貧，貨賂不足以自贖[48]；交遊莫救，左右親近不爲一言[49]。身非木石，獨與法吏爲伍，深幽囹圄之中[50]，誰可告愬者！此真少卿所親見，僕行事豈不然乎？李陵既生降，隤其家聲[51]，而僕又佴之蠶室[52]，重爲天下觀笑[53]。悲夫！悲夫！事未易一二爲俗人言也[54]。

〔1〕負，恃（依王先謙説）。不羈，指才質高遠不可羈繫。"才"，《文選》作"行"，今依《漢書》。

〔2〕鄉曲，鄉里。

〔3〕奏，貢獻。

〔4〕周，環繞（依朱駿聲説，見《説文通訓定聲》）；衛，宿衛。周衛，即宮禁之中。

〔5〕這是説戴着盆子與望天，二者不可得兼。比喻自己既一心營職，就無暇再管私事。

〔6〕知，了解。這句是説和朋友斷絶來往。

〔7〕大意是：以求得與主上親近、撫愛。媚，愛。

〔8〕李陵，漢景帝、武帝時名將李廣的孫子，善騎射。率兵入匈奴，被匈奴包圍，矢盡援絶，投降匈奴。事詳《史記·李將軍列傳》及《漢書·李廣蘇建傳》。李陵曾任侍中，司馬遷當時任太史令，都是能出入宮門的官，所以説"俱居門下"。（後代有門下省，侍中屬之，名稱即本此。）

〔9〕各人走或不走的道路彼此不同。這是比喻各人志向不同。趣，向前走。舍，止。

〔10〕銜杯酒,酒杯叼在嘴裏,指飲酒。慇懃,即殷勤,叠韵連緜字,深情委曲的樣子。杯酒、餘懽,都是形容其少。

〔11〕自守,指能守住自己的節操。"自守"修飾"奇士"。

〔12〕分別,指能分別尊卑長幼,即知禮。有讓,有謙讓之禮。

〔13〕恭,恭敬有禮。儉,收斂而不放肆。下人,下於人,是謙居於人下的意思。

〔14〕徇,以身從物,後來寫作"殉"。

〔15〕已,《文選》作"以",今從《漢書》。

〔16〕舉,等於説行。

〔17〕媒,酒麴。糵,通"蘖",也是酒麴。"媒糵"在這裏用如動詞,當釀講。媒糵其短,指把李陵的過失釀成大罪。

〔18〕王庭,指匈奴君王所居之地。

〔19〕橫挑,四處挑戰。

〔20〕仰,仰攻。漢軍北向,匈奴南向,北方地高,所以説"仰"。

〔21〕單(chán)于,古代匈奴對其君王的稱呼。

〔22〕這是説所殺之敵超過漢軍的數目。當(dāng),相當的,相等的,用如名詞。

〔23〕給,供給。不給,等於説顧不上。

〔24〕旃,通"氈"。旃裘,匈奴人穿的衣服,這裏指匈奴。

〔25〕左右賢王,左賢王、右賢王,都是匈奴王之號。單于之下設左右賢王。

〔26〕發動所有能拉弓射箭的人。舉,發動。民,《文選》作"人",今從《漢書》。

〔27〕沬(huì),洗臉。沬血,以血洗臉,等於説血流滿面。

〔28〕弮(quān),弩弓。

〔29〕死敵,死於敵,等於説跟敵人拚命。這裏的"者"字和上文"無不"相應。

〔30〕没,指軍隊覆没。

〔31〕《漢書·李廣蘇建傳》:陵出兵後,"舉圖所過山川地形,使麾下騎陳

步樂遷以聞,步樂召見,道陵將率(帥)得士死力,上甚説"。此處云"使有來報",當即此事。

〔32〕觴,盛了酒的爵。上壽,獻祝壽之辭。一般是指在宴會上向尊者進酒祝壽。這裏是指祝捷。

〔33〕聞,被動用法,特指讓皇帝聽説、知道。陵敗書聞,關於李陵戰敗的奏章皇上知道了。

〔34〕聽朝,上朝聽政。

〔35〕慘愴(chuàng)怛(dá)悼,都是悲傷的意思。

〔36〕款款,忠誠的樣子。

〔37〕絶甘分少,自己不吃甘美的東西,把不多的東西分給大家。

〔38〕當(dāng),有抵罪的意思,這裏用如名詞,指足以抵罪之功。

〔39〕暴(pù),暴露,顯示。

〔40〕指,旨,意思。

〔41〕推,推廣。推言,等於説闡述。

〔42〕睚眦(yá zì),怒目而視。睚眦之辭,指怨家之辭(依周壽昌説,見《漢書注校補》)。

〔43〕沮,毀壞。貳師,指貳師將軍李廣利,其妹爲武帝寵妃。貳師本是當時大宛國的地名。太初元年(公元前104年),武帝派李廣利至該地奪取良馬,因而以貳師爲廣利之號。天漢二年,武帝派李廣利征匈奴,令李陵爲助。李廣利出兵祁連山,李陵率五千步卒出居延北,以分散匈奴兵勢。李陵被圍,李廣利却按兵不動。此次李廣利功少,武帝就以爲司馬遷存心詆毀李廣利。

〔44〕理,指大理,亦即廷尉,九卿之一,掌訴訟刑獄之事。此官在秦時稱廷尉,景帝時改稱大理,武帝又改爲廷尉,這裏是用舊名。

〔45〕拳拳,忠誠恭謹的樣子。

〔46〕列,列舉,這裏指陳述。

〔47〕這兩句是説:獄吏因而定司馬遷爲誣上之罪,武帝最後同意了獄吏的判決,處以宮刑。

〔48〕貨賂,財貨。依漢律,可以用錢贖罪。

〔49〕左右親近，指在皇帝左右的近臣。

〔50〕幽，禁閉，關閉。囹圄(líng yǔ)，監獄。

〔51〕隤(tuí)，敗壞。

〔52〕佴(èr)，次，等於説編次、排列。這句是説我又被排列到應入蠶室之列，即使我受宮刑。蠶室，指像蠶室那樣的密封之室。受過宮刑的人怕風寒，所居之室必須嚴密而温暖，就像養蠶的屋子一樣，所以稱蠶室。

〔53〕重(chóng)，等於説深深地。

〔54〕事情不容易爲俗人言其一二。這是説，如果把我心裏的話全説出來，更不爲俗人所了解了。

僕之先非有剖符丹書之功〔1〕；文史星曆〔2〕，近乎卜祝之間〔3〕，固主上所戲弄，倡優畜之〔4〕，流俗之所輕也。假令僕伏法受誅，若九牛亡一毛，與螻蟻何以異？而世又不與能死節者比〔5〕，特以爲智窮罪極，不能自免，卒就死耳。何也？素所自樹立使然也〔6〕。人固有一死，或重於泰山，或輕於鴻毛，用之所趨異也〔7〕。太上不辱先，其次不辱身，其次不辱理色〔8〕，其次不辱辭令，其次詘體受辱〔9〕，其次易服受辱〔10〕，其次關木索、被箠楚受辱〔11〕，其次剔毛髮、嬰金鐵受辱〔12〕，其次毀肌膚、斷肢體受辱，最下腐刑極矣！傳曰：“刑不上大夫。”〔13〕此言士節不可不勉勵也。猛虎在深山，百獸震恐，及在檻穽之中〔14〕，搖尾而求食，積威約之漸也〔15〕。故士有畫地爲牢，勢不可入，削木爲吏，議不可對，定計於鮮也〔16〕。今交手足，受木索，暴肌膚，受榜箠，幽於圜牆之中〔17〕。當此之時，見獄吏則頭槍地〔18〕，視徒隸則心惕息〔19〕。何者？積威約之勢也。及以至是[20]，言不辱者，所謂强顏耳[21]，曷足貴乎？且西伯[22]，伯也[23]，拘於羑里；李斯[24]，相也，具于五刑[25]；淮陰，王也，受械於陳[26]；彭越、張敖，南面稱孤，繫獄抵罪[27]；絳侯誅諸吕[28]，權傾五伯[29]，囚於請室[30]；魏其，大將也，衣赭衣，關三木[31]；季布爲朱家鉗奴[32]；灌夫受辱於居室[33]。此人皆身至王侯將相，聲聞鄰國，及罪至罔加[34]，不能引決自裁[35]，在塵埃之中。古今一體[36]，安在其不辱也？由此言之，勇怯，勢也；强弱，形也[37]。審矣，何足怪乎？夫人不能早自裁繩墨之外[38]，以稍陵遲[39]，至於鞭箠之間，乃欲引節[40]，斯不亦遠乎！古人所以重施刑於大夫者[41]，殆爲此也。夫人情莫不貪生惡死，念父母，顧妻子。至激於義理者不然，乃有所不得已也。今僕不幸，早失父母，無兄弟之親，獨身孤立，少卿視僕於妻子何如哉？且勇者不必死節，怯夫慕義，何處不勉焉？僕雖怯懦，欲苟活，亦頗識去就之分矣[42]，何至自沈溺縲紲之辱哉[43]！且夫臧獲婢妾[44]，猶能引決[45]，況僕之不得已乎？所以隱忍苟活，幽於糞土之中而不辭者，恨私心有所不盡，鄙陋没世[46]，而文采不表於後也。

〔1〕剖符，分剖之符。古代符分作兩塊，君臣各執其一，以示信守。丹書，又稱丹書鐵券，是在鐵券上用硃砂寫上誓詞，作爲後世子孫免罪的憑信。剖符、丹書，都是頒發給功臣的。

〔2〕星，指天文。曆，曆算。"文史星曆"都是太史令掌管的事。

〔3〕卜，卜官。祝，祭祀時贊辭的人。

〔4〕像優伶一樣養育着他(實指我)。倡，樂人。優，戲人。在封建社會倡優被視爲所謂下等人。《文選》作"倡優所畜"，今依《漢書》。

〔5〕比，同等看待，相提並論。《文選》李善本作"而世又不與能死節者"，無"比"字。五臣本作"而世俗又不能與死節者次比"。今依《漢書》。

〔6〕所自樹立，自己用來立身於世的，也就是自己的職業和地位。

〔7〕大意是：應用死節的地方不同。趨，向。

〔8〕理，腠理。色，臉上的氣色。"理色"在這裏泛指臉面。

〔9〕詘，通"屈"。詘體，指被繫縛。

〔10〕易服，換上〔罪人的〕衣服(赭色)。

〔11〕關，貫，指戴上。木，指枷。索，繩。被，遭受。箠，杖。楚，荊條。"箠楚"都是當時用來打犯人的。

〔12〕剔，通"剃"。剔毛髮，剃去頭髮，即所謂髡(kūn)刑。嬰，繞。嬰金鐵，以鐵圈束頸，即所謂鉗(qián)刑。

〔13〕語見《禮記·曲禮上》。

〔14〕檻，養獸之圈(juàn)。穽，同"阱"，捕獸的陷阱。

〔15〕漸，浸漬，用如名詞，指浸漬的結果，亦即逐步發展的結果。

〔16〕大意是說，準備未遇刑就自殺以免受侮辱。鮮，不以壽終爲鮮(依沈欽韓說，見《漢書疏證》)。

〔17〕圜牆，牢獄。

〔18〕槍，通"搶"，著，觸。

〔19〕徒隸，服勞役的囚犯。惕，怕。息，喘息。心惕息，即膽戰心驚的意思。《文選》"心"作"正"，今從《漢書》。

〔20〕以，通"已"。

〔21〕强(qiǎng)，使動用法。强顏，等於說厚着臉皮。

〔22〕西伯，即周文王。參看第一冊123頁注〔11〕。據《史記》，文王之被囚，是由於崇侯虎譖文王於紂，說文王積善累德，將不利於紂。

〔23〕伯，方伯，周時一方諸侯之長。

〔24〕李斯，見本冊896頁注〔11〕。

〔25〕具,具備。五刑,據《漢書·刑法志》,漢初"尚有夷三族之令。令曰:'當三族者皆先黥劓,斬左右趾,笞殺之,梟其首,菹(即醢,剁成肉醬)其骨肉於市,其誹謗詈詛者又先斷舌。'故謂之具五刑"。漢初係承用秦制,秦時之五刑,也當如此。

〔26〕械,拘束手足的刑具如桎梏等,類似手銬脚鐐之類。

〔27〕彭越,昌邑(今山東金鄉縣西北)人,字仲,最初事項羽,不久降劉邦,多建奇功,封梁王。後來被人誣告謀反,夷三族。《史記》有《彭越列傳》。張敖,張耳之子(張耳事參看《淮陰侯列傳》),張耳死,張敖嗣立趙王,他曾因人誣告謀反而被囚。抵,抵當。

〔28〕絳侯,周勃。見本册 727 頁注〔3〕。諸呂,劉邦之妻呂后的親族呂產、呂祿等。惠帝、呂后死後,呂祿為上將軍,呂產任相國,將要顛覆漢朝。周勃與陳平等共誅諸呂,迎立劉邦次子代王恒,是為文帝。

〔29〕傾,超過。

〔30〕請室,官署名。皇帝出,請室令在前先驅。請室有特設的監獄。周勃後來也曾因人誣告謀反而被囚於請室。

〔31〕赭衣,罪人之服。三木,加在頸手足三處的刑具,即枷及桎梏。

〔32〕季布,楚人,好任俠,有名於楚。初事項羽,數窘劉邦。項羽滅,劉邦以重金購求季布。布藏於濮陽周氏,周氏與季布定計,使布髡鉗為奴,賣給魯之大俠朱家,朱家說汝陰侯夏侯嬰去勸劉邦赦免季布。季布遇赦,拜為郎中,後官至河東太守。《史記》有《季布列傳》。

〔33〕居室,見本册 746 頁注〔26〕。

〔34〕罔,通"網",羅網。這裏比喻"法"。

〔35〕引決,下決心。裁,制裁。自裁,等於說自殺。

〔36〕一體,等於說一樣。

〔37〕勇怯强弱都是形勢所决定的。語出《孫子兵法·勢》。

〔38〕繩墨,指法律。

〔39〕以,以此,因此。稍,漸。陵遲,衰頽,這裏指志氣衰微。

〔40〕引節,等於説死節。

〔41〕重,意動用法,等於説難。

〔42〕顧,稍。去就,指捨生就義。

〔43〕縲(léi),大繩子。絏(xiè),長繩子。縲絏,專指綁犯人的繩子。

〔44〕臧獲,古人罵奴婢的賤稱。《方言》卷三:"荆淮海岱雜齊之間,罵奴曰臧,罵婢曰獲。齊之北鄙,燕之北郊,凡民男而壻婢謂之臧,女而婦奴謂之獲,亡奴謂之臧,亡婢謂之獲。皆異方罵奴婢之醜稱也。"

〔45〕引決,承上文引決自裁,含有自裁意。後世因此以引決表示自裁。猶,《文選》作"由",今依《漢書》。

〔46〕没世,等於説終結一生,也就是死的意思。

古者富貴而名摩滅[1],不可勝記,唯倜儻非常之人稱焉[2]。蓋文王拘而演《周易》[3];仲尼厄而作《春秋》[4];屈原放逐,乃賦《離騷》;左丘失明,厥有《國語》[5];孫子臏脚,兵法脩列[6];不韋遷蜀,世傳《吕覽》[7];韓非囚秦,《説難》《孤憤》[8];《詩》三百篇,大底聖賢發憤之所爲作也[9]。此人皆意有所鬱結,不得通其道,故述往事,思來者[10]。乃如左丘無目[11],孫子斷足,終不可用,退而論書策,以舒其憤,思垂空文以自見[12]。僕竊不遜,近自託於無能之辭,網羅天下放失舊聞[13],略考其行事,綜其終始,稽其成敗興壞之紀[14],上計軒轅[15],下至於兹,爲十表,本紀十二,書八章,世家三十,列傳七十,凡百三十篇。亦欲以究天人之際[16],通古今之變,成一家之言。草創未就,會遭此禍。惜其不成,是以就極刑而無愠色[17]。僕誠以著此書,藏之名山,傳之其人,通邑大都[18],則僕償前辱之責,雖萬被戮,豈有悔哉！然此可爲智者道，難爲俗人言也！

〔1〕摩，通"磨"。

〔2〕倜儻(tì tǎng)，卓越，特出。稱，稱頌，指爲人所知。

〔3〕演，推演。相傳周文王被紂拘於羑里後，推演易之八卦爲六十四卦。

〔4〕厄，同"戹"，困。《史記·孔子世家》："子曰：……君子病没世而名不稱焉。吾道不行矣，吾何以自見於後世哉？乃因史記(指魯國史書)而作《春秋》。"

〔5〕左丘，即左丘明。失明，失掉視力。此事未詳。厥，句首語氣詞。據説《國語》爲左丘明所作。

〔6〕孫子，姓孫，其名不詳，戰國時的大軍事家，據説他著有兵法八十九篇，今不傳。孫子的同學龐涓涓事魏惠王，妒忌孫子之才，就把他騙到魏國處以臏刑。後來孫子事齊威王，大敗魏軍。因爲孫子受過臏刑，後世就稱之爲孫臏。《史記》有《孫子列傳》。

〔7〕不韋，即吕不韋，戰國末的大商人，秦莊襄王因其力而得立。莊襄王元年，爲丞相，秦始皇即位，尊不韋爲相國。始皇十年，以罪免職，後又奉命徙蜀，於是自殺。據《史記·吕不韋列傳》，《吕覽》成於不韋爲丞相時。

〔8〕據《史記·韓非列傳》，韓非屢次以書諫韓王，韓王不能用，韓非於是作《説難》《孤憤》等篇十餘萬言。書傳到秦國，秦始皇看了很喜愛，因而急攻韓，韓於是派韓非出使秦國。至秦，因受李斯等的讒毁而被害。

〔9〕大底，即大抵。

〔10〕思來者，意思是想讓將來的人知己之志。

〔11〕乃如，至於。

〔12〕垂，指流傳。空文，是與具體的功業相對而言。

〔13〕放，散。

〔14〕稽，考察。紀，綱紀，這裏指道理、規律。

〔15〕軒轅，即黄帝，傳説中的遠古君王，姓公孫，因居於軒轅丘，所以又

稱軒轅。

〔16〕天人，天意人事。天人之際，指從自然到人事。

〔17〕極刑，指腐刑。

〔18〕即傳之其人於通邑大都。其人，李善注：“謂與己同志者。”通邑，大邑。

　　且負下未易居〔1〕，下流多謗議〔2〕。僕以口語遇遭此禍，重爲鄉黨所笑，以污辱先人，亦何面目復上父母之丘墓乎？雖累百世，垢彌甚耳！是以腸一日而九迴，居則忽忽若有所亡〔3〕，出則不知其所往。每念斯恥，汗未嘗不發背沾衣也！身直爲閨閤之臣〔4〕，寧得自引深藏於巖穴邪〔5〕？故且從俗浮沈，與時俯仰，以通其狂惑〔6〕。今少卿乃教以推賢進士，無乃與僕私心剌謬乎〔7〕？今雖欲自雕琢，曼辭以自飾〔8〕，無益，於俗不信，適足取辱耳。要之〔9〕，死日然後是非乃定。書不能悉意，略陳固陋。謹再拜。

〔1〕負下，負罪之下，就是在背過負罪的情況下面。未易居，不容易處。

〔2〕下流，水的下游，這裏比喻卑賤的身份與受辱的處境。

〔3〕忽忽，等於說恍恍惚惚。

〔4〕直，僅，不過。閨閤，都是宮中的小門，二字連文，即指宮禁。閨閤之臣，即宦官。

〔5〕自引，指自己引身而退。深藏於巖穴，指過隱居生活。《文選》作“自引於深藏岩穴”，今依《漢書》。

〔6〕大意是：用以達到狂惑。這是憤慨之言。據李善引《鶡子》説，知善不行叫狂，知惡不改叫惑。

〔7〕私心，我的心思，謙詞。剌（là），乖戾。剌謬，違背。

〔8〕曼，美。

〔9〕要之，總之。

楊　惲

　　楊惲(yùn,？—公元前 54 年)，字子幼，華陰(今陝西華陰縣)人，司馬遷的外孫。素有才幹，好結交豪傑儒生，在朝廷中很有名望。宣帝任他爲郎。霍氏(霍光的子孫)謀反，楊惲先得到了消息，上報皇帝。霍氏被誅後，封爲平通侯，不久，遷升中郎將，後來官至諸吏光禄勳(即郎中令)。楊惲爲人比較坦率，但自大而又刻薄，好揭人陰私，得罪了很多人。後來與太僕戴長樂不和。有人上書告戴長樂，戴以爲是楊惲指使的，於是上書告他平時言語不敬，楊惲被免爲庶人。適逢日蝕，有人上書說是由於楊惲驕奢不悔過所致，宣帝便將他下獄治罪。後又搜得他寫給孫會宗的信，宣帝看了很不高興，便加上大逆無道的罪名，處以腰斬，妻子兒女被流放到酒泉郡。

報孫會宗書〔1〕

　　惲材朽行穢，文質無所底〔2〕，幸賴先人餘業，得備宿衛〔3〕。遭遇時變，以獲爵位〔4〕。終非其任，卒與禍會。足下哀其愚矇，賜書教督以所不及，慇懃甚厚。然竊恨足下不深惟其終始，而猥隨俗之毀譽也〔5〕。言鄙陋之愚心，則若逆指而文過〔6〕；默而息乎，恐違孔氏各言爾志之義〔7〕。故敢略陳其愚，惟君子察焉〔8〕。

　　〔1〕孫會宗，安定(今甘肅平涼一帶)太守，西河(漢郡名，今内蒙古伊

克昭盟東勝附近)人，楊惲的朋友。楊惲失掉官爵以後，就歸家閑居，治産業、造宅室。孫會宗寫信告誡他説，大臣廢退，應當閉門惶恐，表現出可憐的樣子，不該治産業，通賓客。楊惲便寫了這封回信給他。本篇文字根據《文選》，並參照《漢書》。

〔2〕底，至。無所底，就是没有成就。

〔3〕先人，指其父楊敞，楊敞官至丞相。備，充數。這是自謙的話，説自己並没有什麼才能，靠着父親的面子當個郎官。

〔4〕指告霍氏謀反而封侯的事。

〔5〕猥，副詞，隨隨便便地。

〔6〕逆指，違背孫會宗來信之意。文(wèn)過，掩飾自己的過錯。

〔7〕《論語·公冶長》：“盍各言爾志。”

〔8〕惟，句首語氣詞，表示希望。君子，指孫會宗。

惲家方隆盛時，乘朱輪者十人〔1〕，位在列卿，爵爲通侯〔2〕，總領從官〔3〕，與聞政事。曾不能以此時有所建明，以宣德化，又不能與羣僚同心并力，陪輔朝廷之遺忘，已負竊位素飧之責久矣〔4〕。懷禄貪勢，不能自退，遂遭變故，横被口語，身幽北闕〔5〕，妻子滿獄。當此之時，自以夷滅不足以塞責，豈意得全其首領，復奉先人之丘墓乎？伏惟聖主之恩不可勝量〔6〕。君子遊道，樂以忘憂；小人全軀，説以忘罪。竊自念過已大矣，行已虧矣，長爲農夫以没世矣。是故身率妻子，勠力耕桑，灌園治産，以給公上〔7〕，不意當復用此爲譏議也〔8〕。

〔1〕朱輪，顯貴者所乘之車。漢制，公卿列侯及二千石以上的官員，都能乘朱輪。

〔2〕通侯，即列侯。參看本册 732 頁注〔31〕。

〔3〕從官，指皇帝的侍從官。楊惲任光禄勳加諸吏，所有侍從官都歸

他管,並負責監察彈劾羣官,所以説總領從官。

〔4〕竊位,竊取官位而不盡職。飡,同"餐"。素飡,參看第二册 488 頁注〔10〕。這裏指無功受禄。

〔5〕北闕,古代宫殿北面的觀闕。漢制,上章奏事和被皇帝徵召都到北闕。

〔6〕伏惟,伏在地上想,敬詞。

〔7〕公上,公家、主上。給公上,等於説供給國家的税收。

〔8〕用,以。

　　夫人情所不能止者,聖人弗禁。故君父至尊親〔1〕,送其終也〔2〕,有時而既〔3〕。臣之得罪已三年矣〔4〕。田家作苦,歲時伏臘〔5〕,烹羊炰羔〔6〕,斗酒自勞。家本秦也〔7〕,能爲秦聲。婦趙女也,雅善鼓瑟〔8〕。奴婢歌者數人,酒後耳熱,仰天撫缶而呼嗚嗚〔9〕。其詩曰:"田彼南山,蕪穢不治。種一頃豆,落而爲萁〔10〕。人生行樂耳,須富貴何時〔11〕?"是日也,拂衣而喜,奮袖低昂,頓足起舞,誠淫荒無度,不知其不可也。惲幸有餘禄,方糴賤販貴,逐什一之利。此賈豎之事,汙辱之處,惲親行之。下流之人,衆毀所歸,不寒而慄。雖雅知惲者,猶隨風而靡,尚何稱譽之有?董生不云乎〔12〕:"明明求仁義,常恐不能化民者,卿大夫之意也。明明求財利,常恐困乏者,庶人之事也。"〔13〕故道不同不相爲謀〔14〕,今子尚安得以卿大夫之制而責僕哉?

〔1〕古人認爲君至尊,父至親。

〔2〕指爲君父服喪。

〔3〕既,盡。古制,臣子爲君父服三年喪,除喪後起居行動就不再受喪
　　服的限制。

〔4〕楊惲的意思是:就是君父死了,三年過後也不能限制我,何況"得
　　罪已三年",我之所作所爲,更不能算違背臣禮了。

〔5〕伏、臘,都是節日。參看本册 859—861 頁通論《古代文化常識》
　　(一)。

〔6〕炰(páo),裹起來烤。

〔7〕楊惲是華陰人,華陰原是秦地。

〔8〕雅,甚。下文"雖雅知惲者"的"雅"同。

〔9〕缶(fǒu),一種瓦器,秦人用來作爲樂器,唱歌時按節奏敲擊。嗚
　　嗚,唱歌的聲音。語出李斯《諫逐客書》。

〔10〕田,動詞,種植穀物。萁(jī),豆莖。這兩句大意是諷刺朝廷荒亂。

〔11〕須,待。治、萁、時,古音屬之部。

〔12〕董生,指董仲舒,漢景帝時的大儒。

〔13〕這兩句引自董仲舒的《對賢良策》三。原文作:"夫皇皇求財利,常恐
　　乏匱者,庶人之意也。皇皇求仁義,常恐不能化民者,大夫之意也。"
　　明明,應該當皇皇講。皇皇,急急忙忙的樣子,後來寫作遑遑。

〔14〕語出《論語·衛靈公》。

　　夫西河魏土〔1〕,文侯所興〔2〕,有段干木田子方之遺
風〔3〕,凜然皆有節槩〔4〕,知去就之分。頃者足下離舊
土〔5〕,臨安定〔6〕。安定山谷之間,昆夷舊壤〔7〕,子弟貪
鄙,豈習俗之移人哉〔8〕?於今乃睹子之志矣!方當盛漢
之隆,願勉旃〔9〕,無多談。

〔1〕西河魏土,按戰國時魏的西河,在今陝西郃陽一帶,與漢代的西河
　　郡不同。楊惲這樣説,是爲了諷刺孫會宗。

〔2〕文侯,即魏文侯。參看本册 898 頁注〔10〕。魏文侯在當時被認爲
　　是賢君。

〔3〕段干木,魏文侯時人,守道不仕,文侯請他作魏相,他不接受,於是
　　文侯以客禮相待,把他當成老師,極爲尊敬。田子方,也是魏文侯
　　的老師。

〔4〕凛然,不可犯的樣子。槩,同"概"。節槩,等於説節操。

〔5〕舊土,家鄉。

〔6〕安定,漢郡名,故治在今甘肅固原縣。當時孫會宗任安定郡守。

〔7〕昆夷,殷及西周時代西方的一個種族。

〔8〕移,變動。移人,指改變人的志向。

〔9〕旃(zhān),"之焉"的合音字。

李　密

　　李密(224—287),一名虔,字令伯,晉犍爲武陽縣(在今四川彭山縣東)人。年輕時曾隨當時名儒譙周學習,以文學見稱。曾仕蜀漢,屢次出使東吳,東吳人很稱讚他的才辯。蜀滅亡後,晉武帝徵他爲太子洗馬,逼迫甚緊。他以奉養祖母爲理由,辭不應徵,武帝也就不再勉強。李密祖母死後,喪服期滿,出任太子洗馬,後來官至漢中太守。不久,因懷怨免官,老死家中。《晉書》有傳。

陳　情　表〔1〕

　　臣密言:臣以險釁〔2〕,夙遭閔凶〔3〕。生孩六月〔4〕,慈父見背〔5〕;行年四歲,舅奪母志〔6〕。祖母劉,愍臣孤弱〔7〕,躬親撫養。臣少多疾病,九歲不行〔8〕;零丁孤苦,至於成立〔9〕。既無伯叔,終鮮兄弟〔10〕。門衰祚薄〔11〕,晚有兒息〔12〕。外無朞功强近之親〔13〕,内無應門五尺之

僮〔14〕。煢煢獨立〔15〕,形影相弔〔16〕。而劉夙嬰疾病〔17〕,常在牀蓐〔18〕。臣侍湯藥,未曾廢離〔19〕。

〔1〕表,古代的一種文體,屬於奏議一類,是臣民對君有所陳請的一種文書。本文就是李密不肯應徵,上給晉武帝的表。《文選》題作《陳情事表》。文中陳述他之所以不肯應徵,是由於祖母年邁多病,奉養無人,並不是自矜名節,另有所希望。

〔2〕險,坎坷。釁,罪過。險釁,指命運坎坷,罪孽深重。

〔3〕夙,早,這裏指幼年時。閔,憂傷,此義後作“憫”。凶,指不幸的事。

〔4〕大意是:生下來六個月剛懂得笑的時候。孩,小兒笑。

〔5〕背,違背,指拋棄人。見背,等於説相棄。這是委婉語,指死。注意:這種“見”字句雖由被動句發展而來,但這裏已經不再表示被動。類似的結構有“見訪”、“見愛”等。

〔6〕奪母志,指強行改變了母親守節之志,即強迫母親改嫁了。

〔7〕愍(mǐn),憐憫。

〔8〕不行,走不了路。

〔9〕成立,成人自立。這兩句是説,自小到成年,一直是孤苦零丁的。

〔10〕終,也是既的意思。《詩經·鄭風·揚之水》:“終鮮兄弟,維予與女。”鮮(xiǎn),少,這裏指沒有。

〔11〕門衰,家門衰微。祚(zuò),福。

〔12〕息,子。

〔13〕外,家外。朞(jī)、功,都是古代喪服名稱。朞,服喪一年。功,指大功小功。大功服喪九個月,小功服喪五個月。古代服喪的不同,是按親屬關係的遠近來規定的。強(qiǎng)近,勉強接近。

〔14〕應門,指管客來開門的事。僮,童子,此義後作“童”。上文説“晚有兒息”,所以這裏説“内無應門五尺之僮”。

〔15〕煢煢(qióng qióng),孤單的樣子。

〔16〕弔,慰問。

〔17〕嬰,纏繞,等於説纏上了。

〔18〕蓐(rù)，草墊子，也就是寢褥。

〔19〕廢，廢止，指不侍奉。離，離開。

逮奉聖朝〔1〕，沐浴清化〔2〕。前太守臣逵〔3〕，察臣孝廉〔4〕；後刺史臣榮〔5〕，舉臣秀才〔6〕。臣以供養無主〔7〕，辭不赴命。詔書特下，拜臣郎中；尋蒙國恩〔8〕，除臣洗馬〔9〕。猥以微賤〔10〕，當侍東宮〔11〕，非臣隕首所能上報〔12〕。臣具以表聞，辭不就職。詔書切峻〔13〕，責臣逋慢〔14〕；郡縣逼迫，催臣上道；州司臨門〔15〕，急於星火。臣欲奉詔奔馳，則劉病日篤〔16〕；欲苟順私情，則告訴不許〔17〕。臣之進退，實爲狼狽〔18〕。

〔1〕聖朝，指晉，敬詞。

〔2〕沐浴於清化之中，即浸潤在清化之中。清化，清明的教化。

〔3〕太守，指犍爲郡太守。逵，太守的名。

〔4〕察，考察和推舉。孝廉，指善事父母，品行方正的人。漢武帝開始令郡國每年推舉孝、廉各一人，晉時仍保留此制。

〔5〕刺史，指益州刺史。刺史在晉代是州的負責監察、軍事及行政的長官。榮，益州刺史的名。

〔6〕秀才，也是由地方推舉的人才，由州推舉。注意：晉時所謂秀才與後代所謂秀才的含義不同。

〔7〕主，主持，這裏指主持的人。

〔8〕尋，不久。

〔9〕洗(xiǎn)馬，即太子洗馬，太子的侍從官。掌圖籍，祭奠先聖先師，講經；太子出行則爲先驅。

〔10〕猥，鄙，謙詞。

〔11〕東宮，指太子，因太子居東宮。

〔12〕隕，墜。隕首即殺身的意思。

〔13〕切峻，急切嚴厲。

〔14〕逋(bū)，逃避。慢，輕慢。逋慢，等於説怠慢，指故意逃避，輕視命令。

〔15〕州司，等於説州官。

〔16〕病篤，病重。

〔17〕告訴，報告、訴説。

〔18〕狽，一種狼類動物。舊説：狽的前腿很短，走路時常把前腿架在狼身上，否則不能走路。這裏"狼狽"指進退兩難。

　伏惟聖朝以孝治天下〔1〕，凡在故老〔2〕，猶蒙矜育〔3〕，況臣孤苦，特爲尤甚。且臣少仕僞朝〔4〕，歷職郎署〔5〕，本圖宦達〔6〕，不矜名節〔7〕。今臣亡國賤俘，至微至陋，過蒙拔擢〔8〕，寵命優渥〔9〕，豈敢盤桓〔10〕，有所希冀。但以劉日薄西山，氣息奄奄〔11〕，人命危淺〔12〕，朝不慮夕。臣無祖母，無以至今日；祖母無臣，無以終餘年。母孫二人更相爲命〔13〕，是以區區不能廢遠〔14〕。臣密今年四十有四，祖母劉今年九十有六。是臣盡節於陛下之日長，報養劉之日短也。烏鳥私情〔15〕，願乞終養。臣之辛苦〔16〕，非獨蜀之人士及二州牧伯所見明知〔17〕，皇天后土，實所共鑒〔18〕。願陛下矜愍愚誠，聽臣微志。庶劉僥倖保卒餘年，臣生當隕首，死當結草〔19〕。臣不勝犬馬怖懼之情，謹拜表以聞。

〔1〕伏惟，見本册926頁注〔6〕。

〔2〕故老，指舊臣。

〔3〕矜，憐憫。育，養。

〔4〕僞朝，指蜀漢。對晉提起蜀，不得不這麼説。

〔5〕這是李密説自己曾經在蜀漢的郎署裏做過郎一類的官。署，官

署。

〔6〕宦,做官。達,顯達。

〔7〕矜,自誇。李密這樣說是怕晉武帝懷疑自己拒不出仕是以名節自誇。

〔8〕過,過分地。拔擢,提拔。

〔9〕寵,恩榮。寵命,指拜洗馬等事。優渥,優厚。

〔10〕盤桓,連緜字,徘徊不進。在這裏指故意不去做官。

〔11〕奄奄(yǎn yǎn),氣息短促將絕的樣子。

〔12〕淺,指不長。

〔13〕等於說輪流替換着維持彼此的生命,即相依爲命的意思。

〔14〕區區,等於說款款。這裏指區區之心,就是孝順祖母的私衷。廢遠,指廢掉奉養而遠離祖母。

〔15〕烏鳥,即烏鴉。據說烏鴉能反哺其親,所以常用以比喻人的孝道。

〔16〕辛苦,辛酸苦楚。與今天所謂辛苦不同。

〔17〕二州,指梁州、益州。漢魏時只有益州,晉武帝才把原來漢中一帶分出,立爲梁州。梁益二州大致相當於蜀漢所統治的範圍。牧伯,即刺史。上古一州之長稱爲牧,又稱方伯,所以後代以牧伯稱刺史。明,明白地。所見明知,所明明白白知道的。

〔18〕鑒,察。

〔19〕結草,春秋時晉卿魏犨有個寵妾,無子。魏犨病了,告訴他兒子魏顆,等他死後一定把寵妾嫁出去。等到病重,又要寵妾殉葬。魏犨死後,魏顆覺得父親病重神志不清時的話不足從,所以仍把寵妾嫁出去了。後來魏顆與秦人交戰,據說看見有一個老人結草把秦的力士杜回絆倒了,於是俘獲了杜回。夜裏夢見老人自稱是寵妾的父親,是來報答不殺其女之恩的。事見《左傳·宣公十五年》。後代就以"結草"表示死後報恩。

常 用 詞(九) 91字

詔諛諉辯愬　憐閔弔　除拜　嘗稔　積聚尋　迭代替　成遂

係累　羈繫率縣結絕　擅披拉

　　姦回　雅俗　公私　偏全　獨特　醜陋穢　玄素白　方鳳惟
霄漢　景曜　都邑鄙　邊塞　殷周　胡虜戎　倡優伎皁隸　臧獲　祿位　產業　貨賂資財賄　性情　聲響　拳腳　端緒　節度

546.【諂】

巴結,奉承。論語學而:"貧而無~。"又八佾:"事君盡禮,人以爲~也。"鄒陽獄中上梁王書:"今人主沈~諛之辭。"

547.【諛】

恭維,奉承。史記魏其武安侯列傳:"灌夫爲人剛直,使酒,不好面~。"鄒陽獄中上梁王書:"夫以孔墨之辯,不能自免於讒~。"

[辨] 諂,諛。諛是用言語奉承,諂則不限於言語。如"事君盡禮,人以爲諂也","諂"字就不能換成"諛"字。"諂諛"二字連用時,不再有這種細微的區別。

548.【誣】

言語不真實,欺騙。左傳僖公二十四年:"天實置之,而二三子以爲己力,不亦~乎!"莊子秋水:"然且語而不舍,非愚則~也。"司馬遷報任安書:"因爲~上,卒從吏議。"引申爲虛構罪惡以陷害別人。周易繫辭下:"吉人之辭寡,躁人之辭多,~善之人其辭游,失其守者其辭屈。"

549.【辯】

(一)辯論。孟子滕文公下:"予豈好~哉? 予不得已也。"

(二)形容詞。動聽。荀子非相:"言雖~,君子不聽。"韓非子五蠹:"子言非不~也。"引申爲口才好,有辯才。史記淮陰侯列傳:

"是齊之～士也。"鄒陽獄中上梁王書:"夫以孔墨之～,不能自免於
讒諛。"

(三)通"辨"。辨別。莊子逍遥遊:"此小大之～也。"又:"～乎
榮辱之境。"

[辨]辯,辨。辯是辯論,辨是辨別。但在上古時代,二字常常
混用。"辯"當辨別講已見上面所舉莊子逍遥遊的例子;"辨"當"辯
論"講則如戰國策趙策三:"鄂侯爭之急,辨之疾。"

550.【愬】(訴)

訴說〔痛苦,冤屈〕。孟子梁惠王上:"天下之欲疾其君者,皆欲
赴～於王。"司馬遷報任安書:"深幽囹圄之中,誰可告～者。"蕭統
文選序:"壹鬱之懷靡～。"李密陳情表:"欲苟順私情,則告訴不
許。"注意:古代所謂"告訴"(告愬),與現代所謂"告訴"稍有不同。
古代多指訴說痛苦或冤屈,現代只是告知。

551.【憐】

(一)憐憫。鄒陽獄中上梁王書:"願大王孰察,少加～焉。"杜
甫月夜詩:"遥～小兒女,未解憶長安。"

(二)愛。戰國策趙策四:"丈夫亦愛～其少子乎?"韓愈送李愿
歸盤谷序:"爭妍而取～。"李商隱晚晴詩:"天意～幽草。"

唐以來,"可憐"二字連用,有三種意義。(1)可憐,值得憐憫。
杜甫哀王孫詩:"可～王孫泣路隅。"(2)可愛。杜甫江畔獨步尋花
詩:"東望少城花滿煙,百花高樓更可～。"(3)可羨。杜甫題終明府
水樓詩:"可～賓客盡傾蓋。"白居易長恨歌:"姊妹弟兄皆列土,可
～光彩生門户。"

552.【閔】

(一)憂患,傷心的事。詩經邶風柏舟:"覯~既多,受侮不少。"李密陳情表:"臣以險釁,夙遭~凶。"

(二)憐憫。詩經豳風東山序:"序其情而~其勞。"這個意義後來寫作"憫"。

[辨]愍,閔。在憐憫的意義上,"愍"和"閔"是同義詞。至于憂患的意義,則用"閔"不用"愍"。

553.【弔】

(一)善。詩經小雅節南山:"昊天不~。"

(二)慰問,對傷心的事表同情。左傳莊公十一年:"宋大水,公使~焉。"淮南子人間:"馬無故亡入胡,人皆~之。"李密陳情表:"形影相~。"成語有"~民伐罪"。引申爲哀悼死者。賈誼弔屈原賦:"敬~先生。"李華弔古戰場文:"~祭不至。"又引申爲憑弔,指懷念古人。陸游謝池春詞:"傷懷~古。"注意:古代"弔"字沒有懸掛的意義。

554.【除】

(一)宮殿的臺階。漢書李廣蘇建傳:"從至雍棫陽宮,扶輦下~,觸柱折轅。"引申爲一般的臺階。杜甫南鄰詩:"得食階~鳥雀馴。"

(二)去。詩經唐風蟋蟀:"日月其~。"引申爲去掉。史記魏其武安侯列傳:"太后~竇嬰門籍。"[~夕][歲~]一年的最後一天。風土記:"至~夕達旦不眠,謂之守歲。"

(三)任命。史記魏其武安侯列傳:"君~吏已盡未?吾亦欲~吏。"李密陳情表:"尋蒙國恩,~臣洗馬。"

555.【拜】

（一）一種表示敬意的禮節。古人的拜是先跪下，頭低到手，與心平。左傳僖公三十二年："卜偃使大夫～。"杜甫新婚別詩："妾身未分明，何以～姑嫜？"引申爲謁見，拜見。論語陽貨："孔子時其亡也而往～之。"

（二）授予〔官職〕。史記淮陰侯列傳："至～大將，乃韓信也。"李密陳情表："詔書特下，～臣郎中。"韓愈柳子厚墓誌銘："乃復～侍御史。"

556.【營】

（一）量地。東西量地爲"經"，周圍量地爲"營"。詩經大雅靈臺："經始靈臺，經之～之。"引申爲規劃，料理。詩經小雅黍苗："肅肅謝功，召伯～之。"（肅肅：嚴正的樣子。謝：邑名。功：工役之事。）司馬遷報任安書："務一心～職，以求親媚於主上。"〔經～〕營謀，規劃，安排。史記項羽本紀："欲以力征經～天下。"杜甫丹青引："詔謂將軍拂絹素，意匠慘澹經～中。"

（二）軍營。史記絳侯周勃世家："於是天子乃按轡徐行至～。"

557.【務】

（一）動詞。致力於某事，從事於。論語學而："君子～本。"司馬遷報任安書："～一心營職。"漢書霍光傳："女曹不～奉大將軍餘業。"韓愈答李翊書："惟陳言之～去。"又柳子厚墓誌銘："益自刻苦，～記覽。"引申爲爭取做到。文心雕龍麗辭："是以言對爲美，貴在精巧；事對爲先，～在允當。"又爲追求。劉伶酒德頌："唯酒是～，焉知其餘？"柳宗元答韋中立論師道書："～采色，夸聲音。"韓愈進學解："貪多～得，細大不捐。"

（二）名詞。事務，事情。世說新語政事："望卿擺撥常～，應對玄言。"杜甫咏懷古跡詩:"志決身殲軍~勞。"

558.【積】

(一)積聚穀物。詩經周頌良耜:"~之栗栗。"(栗栗:衆多的樣子。)司馬遷報任安書:"士卒死傷如~。"引申爲一般的積聚。鄒陽獄中上梁王書:"~毁銷骨。"

(二)儲蓄。賈誼論積貯疏:"故其畜~足恃。"又:"公私之~,猶可哀痛。"

舊時於第一義讀入聲,第二義讀去聲。今無別。

559.【聚】

(一)使民衆聚居。左傳隱公元年:"大叔完~,繕甲兵,具卒乘。"孟子公孫丑上:"地不改辟矣,民不改~矣。"引申爲村落。枚乘上書諫吳王:"禹無十户之~,以王諸侯。"史記五帝本紀:"一年而所居成~。"

(二)聚集,集合。蕭統文選序:"各以彙~。"柳宗元答韋中立論師道書:"世果羣怪~罵。"[~斂]搜括人民的財物。論語先進:"而求也爲之~斂而附益之。"杜甫赴奉先縣詠懷詩:"~斂貢城闕。"

560.【尋】

(一)八尺。孟子滕文公下:"枉尺而直~。"[~常]兩尋爲常。"尋常"指不長,或不寬。韓非子五蠹:"布帛~常,庸人不釋。"賈誼弔屈原賦:"彼~常之汙瀆兮,豈能容吞舟之魚!"引申爲普通,一般(後起義)。杜甫曲江詩:"酒債~常行處有。"劉禹錫烏衣巷詩:"飛入~常百姓家。"周邦彥西河詞:"向~常巷陌人家,相對如說興亡,斜陽裏。"

（二）推求，搜索。史記管蔡世家：“太史公曰：余～曹共公之不用僖負羈，乃乘軒者三百人，知唯德之不建。”三國志蜀志張嶷傳：“因斬慕等五十餘級，渠帥悉殄。～其餘類，旬日清泰。”引申爲找，尋找。陶潛桃花源記：“太守即遣人隨其往，～向所誌。”韓愈進學解：“～墜緒之茫茫。”

（三）副詞。不久以後。李密陳情表：“詔書特下，拜臣郎中；～蒙國恩，除臣洗馬。”

[辨]求，尋，覓。在“找”的意義上，先秦時代多用“求”，用“尋”者少見。以後用“尋”、“覓”漸多。“尋”多用於物，“覓”多用於人，但區別並不嚴格。

561.【迭】

動詞。輪流。詩經邶風柏舟：“日居月諸，胡～而微。”（居、諸：語氣詞。微：指無光。）又副詞。輪流地，交替地。洛陽伽藍記開善寺：“～相謂曰。”沈約謝靈運傳論：“剛柔～用。”柳宗元永州韋使君新堂記：“奇勢～出。”注意：“迭”和“叠”古音不同，絕不通用。

562.【代】

（一）更換，代替。左傳莊公八年：“及瓜而～。”莊子秋水：“莊子來，欲～子相。”史記項羽本紀：“彼可取而～也。”

（二）輪流地，交替地。禮記中庸：“如日月之～明。”荀子天論：“日月遞炤，四時～御。”（“遞”、“代”同義互換。炤：同“照”。）楚辭離騷：“春與秋其～序。”成語有“新陳～謝”。

（三）朝代。禮記禮運：“大道之行也，與三～之英，丘未之逮也。”蕭統文選序：“時更七～。”

（四）父子相繼爲一代，世代（唐以後的意義）。王維李陵詠詩：

"漢家李將軍,三~將門子。"杜甫寄薛三郎中詩:"乃知蓋~手,才力老益神。""蓋代"就是"蓋世"。

563.【替】

(一)廢。詩經小雅楚茨:"子子孫孫,勿~引之。"楚辭離騷:"謇朝誶而夕~。"引申爲衰微。跟"隆"相對。晉書慕容暐載記:"風頽化~。"又王羲之傳:"足觀政之隆~。"潘岳西征賦:"隨政隆~。"[陵~]陵遲,陵夷,衰微。柳宗元封建論:"晉之承魏也,因循不革,而二姓陵~,不聞延祚。"

(二)代替(後起義)。木蘭詩:"願爲市鞍馬,從此~爺征。"蘇軾跋漁父詞:"以山光水色~其玉肌花貌。"

[辨](1)迭,代,替。在用作狀語的時候,"迭"和"代"是同義詞。所以"代序"也可說成"迭序"。但是在這一個用途上,一般用"迭"不用"代"。"替"在上古只有"廢"和"衰微"的意義,中古以後才漸用於"代替"的意義。因此,"替"和"代"在上古還不是同義詞。(2)世,代。唐以前,世指父子相繼(世系相傳)。這一意義只用"世",不用"代"。自唐人避太宗(李世民)諱,以"代"代"世",二者逐漸混同,但仍保有各自的習慣用法。參見第二冊438頁"世"字條。

564.【成】

(一)成爲事實,實現。論語子路:"見小利則大事不~。"引申爲成全。論語顏淵:"君子~人之美,不~人之惡。"又爲完成。論語先進:"春服既~。"司馬遷報任安書:"惜其不~。"又爲成功。跟"敗"相對。史記淮陰侯列傳:"~敗在於決斷。"又爲成爲。司馬遷報任安書:"亦欲以究天人之際,通古今之變,~一家之言。"

（二）平，特指和平。左傳成公十一年："秦晉爲～。"（爲成：講和。）"請～"、"求～"、"行～"都是求和的意思。左傳隱公六年："鄭伯請～於陳。"又桓公六年："使遠章求～焉。"又哀公元年："使大夫種因吳大宰嚭以行～。"

565.【遂】

（一）成，順利地做到。禮記月令："百事乃～。"司馬遷報任安書："四者無一～。"引申爲成長，順利地生長。國語齊語："犧牲不略則牛羊～。"（犧牲：祭祀用的牛羊猪。略：掠奪。）莊子馬蹄："禽獸成羣，草木～長。"韓愈答李翊書："根之茂者其實～。""遂過"二字連用，表示知過不改，索性錯到底。賈誼過秦論下："秦王足己不問，～過而不變。"柳宗元桐葉封弟辨："是周公教王～過也。"

（二）副詞。於是，就，從此就。左傳隱公元年："莊公寤生，驚姜氏，故名曰寤生，～惡之。"又僖公四年："蔡潰，～伐楚。"

566.【係】

（一）縛，捆綁，拴。孟子梁惠王下："～累其子弟。"（累：綁。）賈誼過秦論："百越之君俯首～頸。"又弔屈原賦："騏驥可得～而羈兮。"

（二）繫，連結。漢書李廣蘇建傳："天子射上林中得雁，足有～帛書。"枚乘上書諫吳王："夫以一縷之任，～千鈞之重。"又名詞，指用來連結之物。枚乘上書諫吳王："～方絶，又重鎮之。"用於抽象意義，表示拘束。也寫作"繫"。鄒陽獄中上梁王書："此二國豈拘於俗，牽於世，繫奇偏之辭哉？"又爲維繫。文天祥正氣歌："三綱實～命。"又爲關係。黃宗羲原臣："苟無～於社稷之存亡。"

（三）是（晚起義）。

567.【累】

(一)讀 léi,陽平聲。大繩子,特指用來綁人的。字又寫作
"纍"。漢書李廣蘇建傳:"以劍斫絶～。"史記仲尼弟子列傳:"公冶
長雖在～絏之中,非其罪也。"累紲,又寫作縲紲。司馬遷報任安
書:"何至自沈溺縲紲之辱哉?"引申爲捆綁。左傳成公三年:"兩釋
纍囚以成其好。"史記項羽本紀:"係～其老弱婦女。"

(二)讀 lěi,上聲。堆疊。枚乘上書諫吳王:"危於～卵。"柳宗
元愚溪詩序:"遂負土～石,塞其隘,爲愚池。"引申爲積累。鄒陽諫
吳王書:"臣聞鷙鳥～百,不如一鶚。"司馬遷報任安書:"雖～百世,
垢彌甚耳。"杜甫贈衛八處士詩:"一舉～十觴。""累"又用於抽象的
意義。枚乘上書諫吳王:"積德～行。"司馬遷報任安書:"下之不能
積日～勞。""累日"表示多日,"累夜"表示多夜,"累月"表示多月,
"累年"表示多年。柳宗元答韋中立論師道書:"數州之犬皆蒼黄吠
噬,狂走者～日。"杜甫奉贈盧十丈詩:"説詩能～夜,醉酒或連朝。"
又送人從軍詩:"今君渡沙磧,～月斷人煙。"後漢書陳蕃傳:"輔弼
先帝,出内～年。"(出内:同"出納"。指出納天子的命令。)這個意
義又寫作"絫"。

(三)讀 lèi,去聲。帶累,因牽連而受到損害。僞古文尚書旅
獒:"不矜細行,終～大德。"歐陽修瀧岡阡表:"毋以是爲我～。"

568.【羈】(羈)

(一)馬籠頭。莊子馬蹄:"連之以～馽。"(馽 zhí:通"縶"。絆
馬脚的繩子。)曹植游俠篇:"白馬飾金～。"引申爲用籠頭套在馬頭
上。賈誼弔屈原賦:"驥驤可得係～兮。"再引申爲拘束。"不羈"指
不受拘束,不凡。鄒陽獄中上梁王書:"使不～之士與牛驥同皁。"

司馬遷報任安書:"僕少負不～之才。"

(二)寄居。周禮地官遺人:"以待～旅。"杜甫白絲行:"恐懼棄捐忍～旅。"又第五弟豐獨在江左詩:"亂後嗟吾在,～栖見汝難。"

569.【繫】

(一)掛。論語陽貨:"吾豈匏瓜也哉? 焉能～而不食?"荀子勸學:"以羽爲巢,而編之以髮,～之葦苕。"枚乘上書諫吳王:"夫以一縷之任,～千鈞之重。"

(二)拴。莊子天道:"似～馬而止也。"又列禦寇:"汎若不～之舟。"又爲縛,捆綁。漢書霍光傳:"我故羣臣從官安得罪,而大將軍盡～之乎?"司馬遷報任安書:"～獄抵罪。"引申爲發生關係。莊子知北遊:"夫體道者,天下之君子所～焉。"

[辨]系,係,繫。三字是同義詞。名詞多用"係",動詞則"係"、"繫"都用。"系"見於樂府陌上桑:"青絲爲籠系,桂枝爲籠鉤。""系"就是"係"。但是後來"系"只用於"世系"、"譜系"、"系統",就跟"係"、"繫"都不相通了。

570.【牽】

牽。孟子梁惠王上:"有～牛而過堂下者。"引申爲拘束,牽制。鄒陽獄中上梁王書:"此二國豈拘於俗,～於世,繫奇偏之辭哉?"又:"而不～乎卑辭之語。"又:"～帷牆之制。"

571.【縣】

(一)讀 xuán,陽平聲。懸掛。詩經魏風伐檀:"胡瞻爾庭有～貆兮!"枚乘上書諫吳王:"上～無極之高,下垂不測之淵。"這個意義又寫作"懸"。孟子公孫丑上:"民之悅之,猶解倒懸也。"注意:在上古時代,除孟子外,這個意義都寫作"縣",不寫作"懸"。

(二)縣,政治區域之一種。揚雄解嘲:"當今~令不請士。"

572.【結】

(一)打結。老子二十七章:"善閉無關楗而不可開,善~無繩約而不可解。"(約:也是繩。)枚乘上書諫吳王:"係絕於天,不可復~。"又名詞。結。揚雄解嘲:"往昔周罔解~。"(罔:網。)引申爲心裏煩悶。司馬遷報任安書:"意有所鬱~。"

(二)結合,結交,交往。司馬遷報任安書:"自~明主。"現代漢語有"~拜","~伴","~親","~識"等。

573.【絶】

(一)〔繩索〕斷。枚乘上書諫吳王:"係方~,又重鎮之。"引申爲一般的斷。枚乘上書諫吳王:"夫十圍之木,始生如蘗,足可搔而~。"又爲停止,隔絶。枚乘上書諫吳王:"不如~薪止火而已。"又:"納其基,~其胎,禍何自來?"司馬遷報任安書:"~賓客之知。"

(二)形容詞。到了極點的。用來表示極遠、極高、極好等。"絶域"表示極遠的地方。後漢書班超傳:"效命~域。""絶國"表示極遠的國家。江淹別賦:"至如一赴~國,詎相見期?""絶壁"表示極高的石壁。李白蜀道難詩:"枯松倒挂倚~壁。""絶唱"表示極好的詩文。沈約謝靈運傳論:"~唱高蹤,久無嗣響。"

(三)橫渡。荀子勸學:"假舟檝者,非能水也,而~江河。"史記李將軍列傳:"南~幕。"(幕:通"漠"。指沙漠。)陸游夜泊水村詩:"老子猶堪~大漠。"

574.【擅】

(一)專有,持有,領有,佔有。鼂錯論貴粟疏:"爵者上之所~。"洛陽伽藍記開善寺:"~山海之富,居川林之饒。"沈約謝靈運傳論:"並摽能~美,獨映當時。"現代有雙音詞"~長"。

(二)副詞。擅自。左傳成公十三年:"~及鄭盟。"漢書霍光傳:"又~調益莫府校尉。"

575.【披】

(一)剖開。鄒陽獄中上梁王書:"~心腹,見情素。"枚乘上書諫吳王:"臣乘願~腹心而效愚忠。"引申爲展開,打開。王勃滕王閣序:"~繡闥,俯雕甍。"韓愈進學解:"手不停~於百家之編。"

(二)穿着,披上。曹植洛神賦:"~羅衣之璀粲兮。"這個意義本寫作"被"。楚辭九歌國殤:"操吳戈兮被犀甲。"

576.【拉】

讀 là,去聲。摧折,扳斷。鄒陽獄中上梁王書:"范雎~脅折齒於魏。"史記齊世家:"使力士彭生抱上魯君車,因~殺魯桓公。"注意:"拉"字舊讀入聲,音如"臘"。它跟現代漢語的"拉"沒有關係。

577.【姦】

(一)邪惡。左傳僖公二十四年:"棄德崇~。"賈誼過秦論中"然後~僞並起。"姦淫的意義由此發展而來,但古代罕見。

(二)惡人,作亂的人。尚書舜典:"寇賊~宄。"(内部的爲姦,外部的爲宄guǐ。)

[辨]姦,奸。古代二字不同音:姦,古顏切,今當讀 jiān;奸,古寒切,今當讀 gān。意義也不一樣:姦是"邪惡"的意思;奸是"干犯"的意思。左傳襄公十四年:"君制其國,臣敢奸之。"史記龜策列傳:"寒氣不和,賊氣相奸。"漢書溝洫志:"使神人各得其所,而不相奸。"這些"奸"字都不能換成"姦"。到了後代,"姦邪"的"姦"也可以寫成"奸"(在這種情況下讀與"姦"同)。

578.【回】

(一)轉,掉轉。楚辭離騷:"～朕車以復路兮。"鄒陽獄中上梁王書:"邑號朝歌,墨子～車。"陶潛飲酒詩:"吾駕不可～。"盧照鄰長安古意詩:"轉日～天不相讓。"歐陽修醉翁亭記:"峰～路轉。""回首"也是掉轉頭來的意思。高適燕歌行:"征人薊北空～首。"王維觀獵詩:"～看射雕處,千里暮雲平。"按:這個意義也可以寫作"迴"。參看第十三單元"迴"字條。

(二)回來,回去(後起義)。王翰涼州詞:"醉臥沙場君莫笑,古來征戰幾人～!"

(三)量詞。表示行爲的次數(後起義)。樂府詩西曲歌江陵樂:"試作兩三～,踢場方就好。"杜甫絕句漫興詩:"漸老逢春能幾～?"

(四)姦邪。詩經小雅小旻:"謀猶～遹。"(猶:通"猷"。遹 yù:僻。)僞古文尚書泰誓:"崇信姦～。"

579.【雅】

(一)鳥名。鳥類的一屬。這個意義一般寫作"鴉",又寫作"鵶"。

(二)正。論語述而:"子所～言,詩書執禮,皆～言也。"又陽貨:"惡鄭聲之亂～樂也。"荀子王制:"使夷俗邪音不敢亂～。"引申爲不庸俗。跟"俗"相對。論衡自紀:"鴻重優～。"曹丕典論論文:"蓋奏議宜～,書論宜理。"又爲尊稱他人之詞。王勃滕王閣序:"都督閻公之～望,棨戟遙臨。"又如說"～教","～誨","～正"等。

(三)詩經中的一種體裁。詩經分爲風、雅、頌三種。這大約是音樂上的分類。風大多是各諸侯國的民歌;雅本是樂曲名,大多是

周王朝王畿士大夫所作的樂歌;頌是廟堂祭祀的舞曲。論語子罕:
"～頌各得其所。"蕭統文選序:"故風～之道,粲然可觀。"文心雕龍
情采:"蓋風～之興,志思蓄積。"

(四)[～素]舊交情。漢書張禹傳:"忽忘～素。"又省稱"雅"。
蘇軾答謝民師書:"況與左右無一日之～。"

(五)副詞。很,十分,實在。楊惲報孫會宗書:"婦趙女也,～
善鼓瑟。"又:"雖～知惲者,猶隨風而靡。"文心雕龍鎔裁:"士龍思
劣,而～好清省。"

580.【俗】

(一)社會習慣,社會風氣。孟子公孫丑上:"其故家遺～,流風
善政,猶有存者。"楊惲報孫會宗書:"豈習～之移人哉?"

(二)庸俗。跟"雅"相對。孔稚珪北山移文:"請迴～士駕,爲
君謝逋客。"

581.【公】

(一)公家的(統治者的)。跟"私"相對。詩經豳風七月:"躋彼
～堂。"論語雍也:"非～事未嘗至於偃之室也。"又名詞。公家。詩
經豳風七月:"獻豜於～。"楊惲報孫會宗書:"灌園治產,以給～
上。"庾信哀江南賦序:"～私塗炭。"引申爲公正,無私。韓愈進學
解:"無患有司之不～。"

(二)副詞。公開地。賈誼論積貯疏:"殘賊～行。"[～然]無所
顧忌地。杜甫茅屋爲秋風所破歌:"～然抱茅入竹去。"

(三)五等爵的第一等,在侯之上。尚書金縢:"～將不利於孺
子。"侯爵、伯爵等在一般叙述中也可以稱"公"。左傳莊公十年:
"～將戰。"又隱公元年:"～聞其期。"

(四)官職的最高級,在卿之上。漢書霍光傳:"率三~九卿大夫定萬世册,以安社稷。"引申爲對人的敬稱。史記淮陰侯列傳:"吾今日死,~亦隨手亡矣。"王勃滕王閣序:"登高作賦,是所望於羣~。"

582.【私】

(一)私人的。賈誼論積貯疏:"公~之積,猶可哀痛。"李密陳情表:"欲苟順~情,則告訴不許。"又名詞。私事,私情。史記項羽本紀:"今不恤士卒而徇其~。"鄒陽獄中上梁王書:"捐朋黨之~。"曹植白馬篇:"不得中顧~。"

(二)副詞。偷偷地。漢書霍光傳:"~使乳醫淳于衍行毒,藥殺許后。"

583.【偏】

(一)不正。尚書洪範:"無~無頗。"引申爲偏於一方。荀子不苟:"公生明,~生闇。"

(二)不全。鄒陽獄中上梁王書:"故~聽生姦,獨任成亂。"

584.【全】

(一)完備,完全,齊備。枚乘上書諫吳王:"臣聞得~者昌,失~者亡。"又副詞。杜甫南鄰詩:"園收芋栗未~貧。"

(二)保全。司馬遷報任安書:"而~軀保妻子之臣隨而媒蘖其短。"楊惲報孫會宗書:"小人~軀,說以忘罪。"揚雄解嘲:"位極者宗危,自守者身~。"歐陽修瀧岡阡表:"而幸~大節。"

[辨]完,全。二字是同義詞,"完人"也就是"全人"。但是,它們之間還有細微的分別:"完"作"完整"講時,不能說成"全",如杜甫石壕吏詩"出入無完裙"不能說成"出入無全裙";"全"作"齊備"、

“完全”講時,不能説成“完”,杜甫寄題江外草堂詩“幽貞愧雙全”不能説成“幽貞愧雙完”,南鄰詩“園收芋栗未全貧”,也不能説成“園收芋栗未完貧”。特別是在用作動詞時,“完”和“全”的意義完全不同:“完”有“修葺”的意義,左傳隱公元年“大叔完聚”,孟子萬章上“父母使舜完廩”,這些地方都不能用“全”;“全”有“保全”的意義,揚雄解嘲“自守者身全”,杜甫述懷詩“幾人全性命”,這些地方都不能用“完”。

585.【獨】

(一)單獨,孤獨。禮記大學:“故君子必慎其～也。”鄒陽獄中上梁王書:“挾孤～之交。”又特指無依無靠。尚書洪範:“無虐煢～而畏高明。”又特指老而無子的人。禮記禮運:“矜寡孤～廢疾者皆有所養。”“獨”字用作狀語時,表示獨自。孟子梁惠王上:“雖有臺池鳥獸,豈能～樂哉?”鄒陽獄中上梁王書:“以其能越攣拘之語,馳域外之議,～觀於昭曠之道也。”柳宗元愚溪詩序:“今是溪～見辱於愚。”“不獨”或“非獨”二字連用,表示不但、不僅。禮記禮運:“故人不～親其親,不～子其子。”李密陳情表:“臣之辛苦,非～蜀之人士及二州牧伯所見明知,皇天后土,實所共鑒。”

(二)語氣副詞,表示反問。戰國策楚策四:“王～不見夫蜻蛉乎?”又表示“偏偏”的意思。司馬遷報任安書:“身非木石,～與法吏爲伍。”

586.【特】

(一)公牛。三國志魏志明帝紀:“遣使者以～牛祠中嶽。”

(二)三歲的獸。詩經魏風伐檀:“胡瞻爾庭有縣～兮?”

(三)特別。李密陳情表:“詔書～下,拜臣郎中。”又:“況臣孤苦,~爲尤甚。"

(四)副詞。只,僅,不過。司馬遷報任安書:"而世俗又不能與死節者次比,~以爲智窮罪極,不能自免,卒就死耳。""非特"二字連用,表示不但,不僅。荀子非相:"然則人之所以爲人者,非~以二足而無毛也,以其有辨也。""豈特"二字連用,表示豈但,豈只。蘇軾賈誼論:"此其君臣相得,豈~父子骨肉手足哉!"

587.【醜】

(一)難看。後漢書梁鴻傳:"同縣孟氏有女,狀肥~而黑。"引申爲可恥,可羞。詩經小雅十月之交:"日有食之,亦孔之~。"(孔:很。之:語氣詞。)司馬遷報任安書:"行莫~於辱先。"又動詞。以爲可惡。左傳昭公二十八年:"惡直~正,實繁有徒。"韓愈送孟東野序:"將天~其德莫之顧邪?"

(二)衆,特指戰爭的衆士卒。詩經小雅出車:"執訊獲~。"(訊:指其魁首當受訊問者。)又大雅常武:"仍執~虜。"

(三)類,種類。爾雅釋鳥:"梟,鴟~。"引申爲比。禮記學記:"比物~類。"又爲類似。孟子公孫丑下:"今天下地~德齊,莫能相尚。"

588.【陋】

狹隘,特指里巷或房屋的狹隘。論語雍也:"在~巷,人不堪其憂,回也不改其樂。"引申爲僻陋,不知禮儀、不成事業或知識淺薄。論語子罕:"君子居之,何~之有?"司馬遷報任安書:"恨私心有所不盡,鄙~没世,而文采不表於後世也。"又:"書不能悉意,略陳固~。"

589.【穢】

（一）荒蕪。楚辭離騷：“哀衆芳之蕪～。”楊惲報孫會宗書：“田彼南山，蕪～不治。”柳宗元永州韋使君新堂記：“號爲～墟。”

（二）汙穢。漢書李尋傳：“盪滌濁～。”“穢”又用於抽象的意義，表示醜惡。楚辭離騷：“不撫壯而棄～兮，何不改乎此度？”司馬遷報任安書：“顧自以爲身殘處～，動而見尤。”楊惲報孫會宗書：“惲材朽行～。”

590.【玄】

（一）黑中帶赤。詩經豳風七月：“八月載績，載～載黃。”揚雄解嘲：“意者～得無尚白乎？”沈約謝靈運傳論：“夫五色相宣，八音協暢，由乎～黃律呂，各通物宜。”

（二）不顯露的。尚書舜典：“～德升聞。”引申爲幽遠，深奧。老子一章：“～之又～，衆妙之門。”蕭統文選序：“式觀元始，眇覿～風。”韓愈進學解：“提要者必鉤其～。”又引申爲玄妙。特指道家的道理或清談。孔稚珪北山移文：“既文既博，亦～亦史。”沈約謝靈運傳論：“在晉中興，～風獨扇。”

591.【素】

（一）沒有染色的。詩經召南羔羊：“～絲五紽。”又指沒染色的生絹帛。孟子滕文公上：“曰：‘冠～。’”古詩上山采蘼蕪：“新人工織縑，故人工織～。”水經注廬江水：“飛湍林表，望若縣～。”引申爲白的。古詩十九首：“纖纖擢～手。”又爲樸素。賈誼治安策：“百姓樸～。”范縝神滅論：“君子保其恬～。”[～餐]無功受祿，白吃飯。詩經魏風伐檀：“不～餐兮。”楊惲報孫會宗書：“已負竊位～飡之責久矣。”

（二）副詞。素來，一向。鄒陽獄中上梁王書：“雖蒙堯舜之術，挾伊吕之辯,懷龍逢比干之意,而～無根柢之容。"司馬遷報任安書:"夫僕與李陵俱居門下,～非能相善也。"又:"以爲李陵～與士大夫絕甘分少。"又名詞。[有～]有很長的日子。歐陽修瀧岡阡表:"汝家故貧賤也,吾處之有～矣。"

(三)真情。鄒陽獄中上梁王書:"披心腹,見情～。"這個意義又寫作"愫"。

592.【白】

(一)白色的。詩經秦風蒹葭:"～露爲霜。"比喻純潔。楚辭離騷:"伏清～以死直兮。"

(二)上奏,稟告。漢書霍光傳:"光即與羣臣俱見～太后。"韓愈柳子厚墓誌銘:"無辭以～其大人。"柳宗元段太尉逸事狀:"爲～尚書,出聽我言。"在書信中,對平輩或卑輩,自謙也說"白"。韓愈答李翊書:"六月二十六日,愈～。"[建～]建議。漢書霍光傳:"何不建～太后,更選賢而立之?"胡銓上高宗封事:"而乃建～。"

593.【方】

(一)兩船平行。詩經周南漢廣:"江之永矣,不可～思。"又邶風谷風:"就其深矣,～之舟之。"引申爲兩車平行。"方軌"二字連用,等於說"雙軌"。史記淮陰侯列傳:"今井陘之道,車不得～軌,騎不得成列。"

(二)方。跟"圓"相對。孟子離婁上:"不以規矩,不能成～員。"(員,通"圓"。)引申爲正直。賈誼弔屈原賦:"賢聖逆曳兮,～正倒植。"[～……里]古代計算面積的術語。"方"等於說"見方"。孟子梁惠王上:"地～百里而可以王。"這是說擁有東西南北百里見方的土地,就可以王天下。戰國策楚策一:"今王之地～五千里。"

這是說楚國的版圖東西五千里,南北五千里。不是指五千平方里。如果地形不規則,就截長補短來計算。孟子滕文公上有"今滕絕長補短,將五十里也"的說法。這是說絕長補短計算之後,滕有東西五十里,南北五十里的疆域。注意:上古"地方"連用,不可解作今日所謂"地方"。

(三)一邊或一面。論語子路:"使於四～,不辱君命。"又學而:"有朋自遠～來。"詩經秦風蒹葭:"在水一～。"用於抽象意義時,表示道理或前進的方向。論語先進:"且知～也。"

(四)方法,方式。論語雍也:"可謂仁之～也已。"文心雕龍鎔裁:"趨時無～。"韓愈柳子厚墓誌銘:"子厚與設～計。"引申爲藥方。莊子逍遙遊:"請買其～百金。"[～士]據說有法術的人。白居易長恨歌:"遂教～士殷勤覓。"

(五)動詞。當在〔……時候〕。莊子養生主:"～此之時,臣以神遇而不以目視。"韓非子難一:"～此時也,堯安在?"又副詞。表示事情正在進行。戰國策燕策二:"蚌～出曝。"楊惲報孫會宗書:"～糴賤販貴。"又表示快要成爲事實。枚乘上書諫吳王:"係～絕,又重鎮之。"

594.【夙】

(一)早晨,清晨。常以"夙夜"連用。詩經召南小星:"～夜在公。"又衛風氓:"～興夜寐。"引申爲早年。李密陳情表:"臣以險釁,～遭閔凶。"謝靈運山居賦:"愧班生之～悟。"(夙悟:少年聰明。)

(二)舊時,一向。杜甫驄馬行:"～昔傳聞思一見。"又贈秘書監江夏李公邕詩:"～擁文侯簪。"又昔游詩:"良覿違～願。"注意:

"夙昔""夙願"等又寫作"宿"。

595.【惟】

(一)思想。詩經大雅生民:"載謀載~。"司馬遷報任安書:"所以自~。"楊惲報孫會宗書:"伏~聖主之恩不可勝量。"

(二)只有,只。論語述而:"~我與爾有是夫!"孟子梁惠王上:"無恒産而有恒心者,~士爲能。"白居易長恨歌:"~將舊物表深情。"

(三)句首、句中語氣詞。表示聯繫主謂語。尚書禹貢:"厥土~塗泥。"孟子滕文公上:"周雖舊邦,其命~新。"又表示祈求。楊惲報孫會宗書:"故敢略陳其愚,~君子察焉。"

[辨]惟,唯,維。"惟"的本義是"思","唯"的本義是"答應"(讀wěi),"維"的本義是"維繫"。在本義上,三字不相通。但是在"只"的意義上,"唯"、"惟"通用;在語氣詞的意義上,三者通用。

596.【霄】

日旁氣,雲氣。張衡思玄賦:"涉清~而升遐兮。"[~漢]雲和銀河。水經注廬江水:"高壁緬然,與~漢相接。"引申爲天空,高空。謝靈運登池上樓詩:"薄~愧浮雲。"王勃滕王閣序:"層巒聳翠,上出重~。"

597.【漢】

(一)水名。孟子滕文公上:"決汝~,排淮泗,而注之江。"

(二)銀河。曹丕燕歌行:"星~西流夜未央。"水經注廬江水:"與霄~相接。"江淹別賦:"駕鶴上~,驂鸞騰天。"

598.【景】

(一)日光。左思詠史詩:"皓天舒白日,靈~耀神州。"張載七

哀詩:"朱光馳北陸,浮~忽西沉。"江淹別賦:"日出天而耀~。"[風
~]原意是風和日麗的好天氣,後來發展爲雙音詞,指景物。王勃
滕王閣序:"訪風~於崇阿。"後來單說"景"也代表"風景"。柳永雨
霖鈴詞:"應是良辰好~虛設。"

（二）日影,影子。詩經邶風二子乘舟:"二子乘舟,汎汎其~。"
周禮地官大司徒:"正日~以求地中。"枚乘上書諫吳王:"人性有畏
其~而惡其迹者。"按:舊時這個意義仍讀 jǐng,今讀 yǐng。這個意
義後來寫作"影"。

599.【曜】

（一）日光。水經注廬江水:"晨光初散,則延~入石。"引申爲
光芒。范仲淹岳陽樓記:"日星隱~。""七曜"指日月五星。穀梁傳
序:"七~爲之盈縮。"

（二）照。左思詠史詩:"連璽~前庭。"這個意義又寫作"耀",
"燿"。

[辨]曜,耀,燿。三字同音同義。但在習慣上,在用於"日光"
的意義時,只用"曜"字。

600.【都】

（一）大邑。左傳隱公元年:"~城過百雉,國之害也。"引申爲
國都,都城。賈誼弔屈原賦:"何必懷此~也?"杜甫北征詩:"~人
望翠華。"用作動詞,表示建都。揚雄解嘲:"天下已定,金革已平,
~於洛陽。"(金:指武器。革:指甲。連用指戰爭,戰事。)

（二）雅,大方。詩經鄭風有女同車:"彼美孟姜,洵美且~。"
(洵 xún:誠然。)

（三）總。曹丕與吳質書:"頃撰其遺文,~爲一集。"蕭統文選

序:"遠自周室,迄于聖代,~爲三十卷。"

(四)副詞。放在否定詞之前,加強否定語氣。"~無"略等於現代的"並無","~不"略等於現代的"並不"。世說新語政事:"於是用木屑覆之,~無所妨。"又雅量:"〔王〕夷甫~無言。"又賞譽:"此子神情~不關山水而能作文。"注意:這種用法是中古的口語,不可解作現代的意義。又表示"全都"。范縝神滅論:"生形之謝,便應豁然~盡。"杜甫喜雨詩:"農事~已休。"

601.【邑】

(一)國。在左傳裏,稱別人的國爲"大國",自稱爲"敝~"。左傳隱公四年:"君惠徼福於敝~之社稷。"

(二)國都。詩經商頌殷武:"商~翼翼,四方之極。"左傳隱公十一年:"吾先君新~於此。"(新邑的邑,用如動詞。)

(三)政治區域之一種。古代以有宗廟者爲都,無宗廟者爲邑。左傳隱公元年:"大叔又收貳以爲己~。"蘇洵六國論:"小則獲~,大則得城。"

602.【鄙】

(一)邊邑。左傳隱公元年:"既而大叔命西~北~貳於己。"用如動詞,當作邊邑。左傳僖公三十年:"越國以~遠,君知其難也。"

(二)鄙陋。左傳莊公十年:"肉食者~。"引申爲自謙之詞。王勃滕王閣序:"敢竭~誠。"[~夫][~人](1)郊野之人。論語子罕:"有~夫問於我。"荀子非相:"楚之孫叔敖,期思之~人也。"(期思:楚邑。)(2)鄙陋的人,胸襟狹隘的人。孟子萬章下:"~夫寬。"王褒四子講德論:"~人黮淺,不能究識。"(黮 yǎn:不明。)後代以"~人"爲對自己的謙稱。

603.【邊】

(一)邊疆。賈誼論積貯疏:"卒然～境有急。"曹植白馬篇詩:"～城多警急。"

(二)旁邊,邊緣。杜甫登高詩:"無～落木蕭蕭下,不盡長江滾滾來。"

604.【塞】

(一)讀 sài。邊界上的險要地方。李陵答蘇武書:"涼秋九月,～外草衰。"漢書李廣蘇建傳:"使陵將五校兵隨後行至～。"高適燕歌行:"大漠窮秋～草衰。"

(二)讀 sè。舊讀入聲。堵塞,塞住。韓愈送李愿歸盤谷序:"從者～途。"柳宗元段太尉逸事狀:"副元帥勳～天地。"曾鞏戰國策目録序:"仁義之路～。"[～責](1)脱卸自己的責任。史記項羽本紀:"〔趙高〕欲以法誅將軍以～責。"(將軍:指章邯。)又爲抵償過失。楊惲報孫會宗書:"自以夷滅不足以～責。"(2)盡自己的責任。韓詩外傳卷十:"今母没矣,請～責。"注意:古代的"塞責"和現代所謂"塞責"不同。現代所謂"塞責"是敷衍了事的意思。

605.【殷】

(一)衆,盛。詩經鄭風溱洧:"士與女,～其盈矣。"引申爲富。史記文帝本紀:"是以海内～富,興於禮義。"洛陽伽藍記開善寺:"百姓～阜,年登俗樂。"

(二)[～～]憂愁的樣子。詩經邶風北門:"出自北門,憂心～～。""殷憂"二字連用,表示嚴重的憂患。劉琨勸進表:"或多難以固邦國,或～憂以啟聖明。"

(三)[～勤]情意很重的樣子。鄒陽獄中上梁王書:"仁慈之～

勤,誠加於心。"司馬遷報任安書:"未嘗銜杯酒,接~勤之餘歡。"楊惲報孫會宗書:"蒙賜書教督以所不及,~勤甚厚。"白居易長恨歌:"遂教方士~勤覓。"這個意義有時候又寫作"慇懃"。有時候,單用一個"殷"字,也表示情意重。舊唐書樂志:"慕深視篋,情~撫鏡。"

(四)讀 yān。紅中帶黑。左傳成公二年:"左輪朱~。"李華弔古戰場文:"荼毒生靈,萬里朱~。"杜甫觀曹將軍霸畫馬圖詩:"內府~紅馬腦盤。"

606.【周】

(一)環繞。左傳成公二年:"逐之,三~華不注。"杜牧阿房宮賦:"瓦縫參差,多於~身之帛縷。"引申爲循環,回到原來的地方。漢書禮樂志:"~而復始。"又爲遍及,周徧。周易繫辭下:"知~乎萬物。"(知 zhì:智,知識。)顧祖禹讀史方輿紀要序:"遠而~知天下之故。"今有雙音詞"~到"。

(二)嚴密,嚴實。左傳昭公四年:"夫冰……其藏之也~。"引申爲周密。文心雕龍鎔裁:"若情~而不繁,辭運而不濫。"

(三)結合,親密。論語爲政:"君子~而不比,小人比而不~。"(周:指以"義"結合。比:指以"利"結合。)"比~"連用,指結黨營私。鄒陽獄中上梁王書:"義不苟取比~於朝。"

(四)救濟,周濟。論語雍也:"君子~急不繼富。"這個意義後來寫作"賙"。

607.【胡】

(一)獸頸下垂的肉。詩經豳風狼跋:"狼跋其~。"(跋:踩。舊說老狼有胡。)

(二)壽。只用於"~考"、"~耇"。[~考]長壽。詩經周頌絲衣："～考之休。"(休：福。)[～耇]老壽的人。左傳僖公二十二年："雖及～耇，獲則取之。"

(三)匈奴。賈誼過秦論上："～人不敢南下而牧馬。"高適燕歌行："～騎憑陵雜風雨。"引申爲匈奴人。司馬遷報任安書："橫挑强～。"後漢書班超傳："侍～惶恐。"再引申爲泛指外族。洛陽伽藍記白馬寺："～人號曰佛。"

(四)疑問代詞。詩經鄭風風雨："云～不喜?"又魏風伐檀："～取禾三百廛兮?"

608.【虜】

(一)俘獲。史記淮陰侯列傳："於是漢兵夾擊，大破～趙軍。"引申爲被俘獲的人，奴隸。古代俘虜常被用爲奴隸，所以"奴"與"虜"是同義詞。史記項羽本紀："多奴～使之。"

(二)對敵人的賤稱。司馬遷報任安書："～救死扶傷不給。"漢書李廣蘇建傳："陵居谷中，～在山上。"後漢書班超傳："此必有北～使來。"李白子夜吳歌："何日平胡～，良人罷遠征?"

609.【戎】

(一)兵器。禮記月令："乃教於田獵，以習五～。"(五戎：指弓、殳、矛、戈、戟。)引申爲執兵器的人，士兵。周易同人卦："伏～於莽。"(莽：草木叢雜之地。)又爲軍事。論語子路："善人教民七年，亦可以即～矣。"杜甫遣憤詩："自從收帝里，誰復總～機?"[～行]軍隊。左傳成公二年："下臣不幸，屬當～行。"杜甫新婚別詩："努力事～行。"引申爲戰爭。僞古文尚書説命中："惟甲胄起～。"[～馬]兵馬。司馬遷報任安書："深踐～馬之地。"又指戰争，戰亂。杜甫登岳陽樓詩："～馬關山北，憑軒涕泗流。"

(二)西方種族名。鄒陽獄中上梁王書:"是以秦用～人由余而霸中國。"

610.【倡】

(一)讀 chāng,陰平聲。以歌舞演戲爲業的人。司馬遷報任安書:"～優畜之。"又霍光傳:"擊鼓歌吹作俳～。"注意:在上古時代,"倡"並不是娼妓,也不限於女人。後世變爲娼妓的意義,並且改寫爲"娼"。

(二)讀 chàng,去聲。領唱。詩經鄭風蘀兮:"～予和女。"禮記樂記:"一～而三歎。"現代有雙音詞"提倡"。按:領唱的倡又寫作"唱"。後來"唱"字由領唱的意義發展爲一般的唱。

611.【優】

(一)扮演雜戲的人。左傳襄公二十八年:"士皆釋甲束馬而飲酒,且觀～。"司馬遷報任安書:"倡～畜之。"陸游黃州詩:"遷流還歎學齊～。"

(二)優渥,雨水充沛。詩經小雅信南山:"既～既渥。"引申爲充足。國語周語上:"布施～裕。"又爲深厚(指君恩,友誼)。李密陳情表:"寵命～渥。"

(三)[～游]連緜字。閒暇自得的樣子。詩經大雅卷阿:"～游爾休矣。"蘇軾賈誼論:"～游浸漬而深交之。"又喜雨亭記:"雖欲～游以樂於此亭,其可得耶?"

(四)優勝,優良。跟"劣"相對。文心雕龍麗辭:"反對爲～,正對爲劣。"韓愈進學解:"絶類離倫,～入聖域。"

612.【伎】

(一)技藝,才能。尚書泰誓:"無他～。"司馬遷報任安書:"使得奏薄～。"這個意義又寫作"技"。

(二)女樂,歌女。唐書元載傳:"歌者名姝異～。"洛陽伽藍記開善寺:"～女樓上坐而摘食。"這個意義又寫作"妓"。洛陽伽藍記開善寺:"～女三百人,盡皆國色。"

613.【皁】(皂)

(一)古代一種賤役。左傳昭公七年:"士臣～,～臣輿,輿臣隸。"後代有雙音詞"皁隸"。

(二)馬槽,槽。鄒陽獄中上梁王書:"使不羈之士與牛驥同～。"

(三)黑色。晉書天文志:"此復是天公憒憒,無～白之徵也。"

614.【宦】

(一)當貴族的僕隸。左傳宣公二年:"～三年矣。"引申爲做官,官。李密陳情表:"本圖～達,不矜名節。"杜審言和晉陵陸丞早春遊望詩:"獨有～遊人,偏驚物候新。"李商隱蟬詩:"薄～梗猶汎。"

(二)宦官,太監。司馬遷報任安書:"夫中材之人,事有關於～豎,莫不傷氣。"

615.【豎】

(一)豎立。後漢書靈帝紀:"槐樹自拔倒～。"

(二)童役,家僮。莊子山木:"命～子殺鴈而烹之。"史記魏其武安侯列傳:"譬如賈～女子爭言,何其無大體也!"引申爲內豎,宮中小臣。司馬遷報任安書:"事有關於宦～。"後來"內豎"即指宦官。

616.【減】

(一)好,良好。詩經鄘風定之方中:"卜云其吉,終焉允～。"(允:實在。)又鄭風野有蔓草:"邂逅相遇,與子偕～。"又小雅頍弁:"既見君子,庶幾有～。"[～否(pǐ)]指善惡得失。詩經大雅抑:"未知～否。"後來用爲動詞,指褒貶。晉書阮籍傳:"口不～否人物。"

(二)婢之夫。莊子駢拇:"～與穀二人相與牧羊。"(穀:孩子。)[～獲]舊説,婢之夫爲臧,奴之妻爲獲。"臧獲"二字連用是罵奴婢的賤稱。司馬遷報任安書:"且夫～獲婢妾,猶能引決。"

617.【獲】

(一)獵得〔禽獸〕。孟子滕文公下:"終日而不～一禽。"司馬相如子虛賦:"烏有先生問曰:'今日畋,樂乎?'子虛曰:'樂。''～多乎?'曰:'少。'"引申爲戰爭中虜獲敵人。左傳文公九年:"陳人敗之,～公子筏。"又僖公三十三年:"～百里孟明視、西乞術、白乙丙以歸。"又引申爲得。墨子天志下:"不與其勞,～其實。"楊惲報孫會宗書:"遭遇時變,以～爵位。"

(二)奴之妻。墨子大取:"慮臧之利,非慮～之利也。"[～獲]例見"臧"字條。

618.【禄】

(一)天的賞賜,食福。詩經大雅既醉:"天被爾～。"左傳莊公四年:"王～盡矣。"(禄盡:指將死。)

(二)俸禄。指官吏所受的粟。論語爲政:"子張學干～。"司馬遷報任安書:"取尊官厚～。"楊惲報孫會宗書:"惲幸有餘～。"揚雄解嘲:"分人之～。""不禄"連用,指士人的死。禮記曲禮下:"士曰不～。"

[辨]福,禄。福是一般的福,禄是食福。依上古的説法,二者

都是天所賜的,但是稍有不同。"福禄"二字連用時,並不意味着它們完全同義,而是表示既有福,又有禄。到了後代,福往往指富,禄往往指貴,所謂"福禄壽",就是"富貴壽考"。

619.【位】

官吏在朝廷上所站的位置。禮記坊記:"朝廷有～。"引申爲泛指坐位或站位。論語憲問:"吾見其居於～也。"又爲官職。論語泰伯:"不在其～,不謀其政。"鄒陽獄中上梁王書:"脅於～勢之貴。"楊惲報孫會宗書:"遭遇時變,以獲爵～。"又:"～在列卿,爵爲通侯。"左思詠史詩:"世胄躡高～,英俊沈下僚。"

620.【産】

(一)生,出生。孟子滕文公上:"陳良,楚～也。"周禮大宗伯:"以禮樂合天地之化,百物之～。"現代有雙音詞"生～"。

(二)財産,産業。孟子梁惠王上:"無恒～而有恒心者,惟士爲能。"賈誼論積貯疏:"天下財～,何得不蹙?"楊惲報孫會宗書:"灌園治～,以給公上。"

621.【業】

事。司馬遷報任安書:"故絶賓客之知,忘室家之～。"引申爲事業,功業。周易乾卦文言:"君子進德修～。"司馬遷報任安書:"僕賴先人緒～。"左思詠史詩:"金張藉舊～。"又爲職業。杜甫赴奉先縣詠懷詩:"默思失～徒,因念遠戌卒。"又爲學業。韓愈進學解:"先生之～可謂勤矣。"柳宗元答韋中立論師道書:"僕道不篤,～甚淺近。"

622.【貨】

(一)財物,物資。孟子梁惠王下:"寡人好～。"禮記禮運:"～

惡其棄於地也,不必藏於己。"司馬遷報任安書:"家貧,～賂不足以
自贖。"洛陽伽藍記開善寺:"常謂高陽一人寶～多於融。"引申爲貨
物。周易繫辭下:"聚天下之～,交易而退。"史記平準書:"商賈以
幣之變,多積～逐利。"

(二)貨幣,錢。漢書食貨志:"故～寶於金,利於刀,流於泉。"

(三)賄賂,用財物買通別人。孟子公孫丑下:"無處而餽之,是
～之也。"柳宗元段太尉逸事狀:"以～竄名軍伍中。"

623.【賂】

(一)財物。常以"貨賂"二字連用。荀子富國:"貨～將甚厚。"
司馬遷報任安書:"家貧,貨～不足以自贖。"

(二)贈送〔禮物〕。左傳桓公二年:"以郜大鼎～公。"引申爲奉
送。荀子富國:"割國之錙銖而～之,則割定而欲無猒。"(錙銖:比
喻少量的土地。猒:厭,滿足。)蘇洵六國論:"弊在～秦。"按:上古
的"賂"還不就是今天所謂"賄賂"。"賂"在上古既指正當地贈送,
也指非正當地贈送。今天所謂"賄賂",在上古叫"賕"。漢書刑法
志:"吏坐受～枉法。""賂"由贈送的意義引申爲賄賂(後起義)。後
漢書馮緄傳:"緄性烈直,不行賄～。"

624.【資】

(一)錢財。周易旅卦:"懷其～。"現代有雙音詞"～本"、"～
產"、"～財"、"～金"等。引申爲動詞。以錢財供應人。戰國策秦
策四:"王～臣萬金。"又爲供給。李斯諫逐客書:"今逐客以～敵
國,損民以益讎。"

(二)憑藉。老子二十七章:"善人者不善人之師,不善人者善
人之～。"孝經士章:"～于事父以事君。"文心雕龍情采:"犀兕有

皮,而色~丹漆。”

(三)天性,資質。作用。史記商君列傳:“商君其天~刻薄人也。”漢書霍光傳:“其~性端正如此。”鄒陽獄中上梁王書:“何況因萬乘之權,假聖王之~乎?”又:“是使布衣之士不得爲枯木朽株之~也。”後代有成語“天~”,“~質”等。

(四)資格(後起義)。晉書郗愔傳:“愔自以~望少。”(望:名望。)

625.【財】

(一)財物,錢財。韓非子說難:“暮而果大亡其~。”孟子梁惠王上:“我非愛其~而易之以羊也。”司馬遷報任安書:“臨~廉。”

(二)副詞。僅僅。漢書霍光傳:“長~七尺三寸。”這個意義又寫作“才”,“材”,“纔”。

626.【賄】

(一)財物。詩經衞風氓:“以爾車來,以我~遷。”左傳隱公十一年:“凡而器用財~無寘於許。”

(二)贈送〔禮物〕。左傳昭公五年:“出有贈~。”儀禮聘禮:“~用束紡。”引申爲賄賂(後起義)。韓愈永貞行:“公然白日受~賂。”

〔辨〕貨,賂,資,財,賄。這五個字是同義詞。如果仔細加以區別,則金玉爲“貨”,布帛爲“賄”;“資”字多指錢財,“財”則多指日常生活必需品,包括米粟在內。“賂”和“賄”之間差別更微,只是“賂”字較多用作動詞,“賄”字較多用作名詞罷了。

627.【性】

人一生下來就具有的本質,本能。論語陽貨:“~相近也,習相遠也。”莊子馬蹄:“素樸而民~得矣。”枚乘上書諫吳王:“父子之道,天~也。"引申爲事物的本性,特點。莊子馬蹄:"此馬之真~也。"又:"夫埴木之~豈欲中規矩鉤繩哉?"杜甫赴奉先縣詠懷詩:"葵藿傾太陽,物~固莫奪。"

628.【情】

感情,情感,情緒。禮記禮運:"何謂人~?喜怒哀樂愛惡欲七者,不學而能。"楊惲報孫會宗書:"夫人~所不能止者,聖人弗禁。"李密陳情表:"臣不勝犬馬怖懼之~。"引申爲事物的本性。孟子滕文公上:"夫物之不齊,物之~也。"又爲情態,姿態。盧照鄰長安古意詩:"含嬌含態~非一。"又爲愛情。白居易長恨歌:"惟將舊物表深~。"

[辨]性,情。性是自然的精神狀態,情是衝動,所以它們不是同義詞。但當它們引申爲事物本性的意義時,却又變爲同義詞;所以"物之情"等於説"物之性"。

629.【聲】

(一)聲音。孟子梁惠王上:"聞其~不忍食其肉。"荀子勸學:"干越夷貉之子,生而同~,長而異俗。"引申爲樂歌,歌曲。論語陽貨:"子之武城,聞弦歌之~。"又:"惡鄭~之亂雅樂也。"楊惲報孫會宗書:"家本秦也,能爲秦~。"

(二)名譽。詩經大雅文王有聲:"文王有~。"司馬遷報任安書:"此人皆身至王侯將相,~聞鄰國。"文心雕龍情采:"鬻~釣世。"沈約謝靈運傳論:"顏謝騰~。"韓愈柳子厚墓誌銘:"名~大振。"

[辨]聲,音。二者是同義詞。禮記樂記説:"聲成文,謂之音。"這是就音樂而言。其實在音樂上"聲"和"音"常常相通。如左傳有

"五聲",孟子則稱"五音"。又孟子梁惠王下"鐘鼓之聲"和"管籥之音"對舉。可見二者區別不太嚴格。在其他引申義上,"聲"和"音"區別較顯著。"聲"指名譽,如"聲譽","聲威";"音"指語言,如"德音","徽音"(徽:美)。這是不能互換的。另外,在樂歌這種意義上,一般只用"聲",不用"音"。

630.【響】

(一)回聲。賈誼過秦論上:"天下雲集～應。"史記淮陰侯列傳:"西鄉為百姓請命,則天下風起～應矣。"引申為和聲,比喻文學上或道德上的繼承。沈約謝靈運傳論:"絕唱高蹤,久無嗣～。"又:"綴平臺之逸～。"[影～]原義是影子和回聲。偽古文尚書大禹謨:"惠迪吉,從逆凶,惟影～。"(順道就吉,從逆就凶,好像是影之隨形,響之應聲。惠:順。迪:道。)引申為現代的"影響"。

(二)聲音。沈約謝靈運傳論:"若前有浮聲,則後須切～。"駱賓王獄中詠蟬詩:"風多～易沈。"又動詞。發出聲音。吳均與顧章書:"蟬吟鶴唳,水～猿嘯。"

631.【拳】

(一)動詞。握拳。漢書鉤弋倢伃傳:"女兩手皆～。"引申為曲。莊子人間世:"夫仰而視其細枝,則～曲不可以為棟梁。"又為拳。晉書劉伶傳:"雞肋不足以安尊～。"

(二)[～～]忠誠的樣子。司馬遷報任安書:"～～之忠,終不能自列。"

632.【脚】

小腿。莊子徐无鬼:"乳閒股～。"鄒陽獄中上梁王書:"昔司馬喜臏～於宋,卒相中山。"司馬遷報任安書:"孫子臏～,兵法修列。"

引申爲脚(後起義)。杜甫乾元中寓居同谷縣作詩:"手～凍皴皮肉死。"(皴 jūn:皮凍裂。)

633.【端】

(一)端正,正直。孟子離婁下:"夫尹公之他,～人也。"漢書霍光傳:"其資性～正如此。"

(二)事物的兩頭都叫端。論語子罕:"我叩其兩～而竭焉。"(叩:問。竭:指竭盡所知而回答來問的人。)史記魏其武安侯列傳:"何爲首鼠兩～?"引申爲盡頭。莊子秋水:"不見水～。"水經注廬江水:"水出嶺～。"曹植白馬篇:"棄身鋒刃～。"又爲開頭,開始。孟子公孫丑上:"惻隱之心,仁之～也。"司馬遷報任安書:"愛施者,仁之～也。"又爲頭緒,方面。淮南子精神:"反覆終始,不知其～緒。"漢書東方朔傳:"朔恢達多～,不名一行。"

(三)量詞。布帛單位,各說不同。或云兩丈,或云一丈六尺,或云六丈。"一端"大致等於說"一匹"。晉書王導傳:"庫中惟有練數千～。"(練 shū:麻布之一種。)

634.【緒】

(一)絲的頭緒。易林兌之坎:"絲多～亂,端不可得。"引申爲頭緒。文心雕龍鎔裁:"凡思～初發,辭采苦雜。"

(二)事業。詩經魯頌閟宮:"纘禹之～。"(纘:繼承。)司馬遷報任安書:"僕賴先人～業。"韓愈進學解:"尋墜～之茫茫。"

(三)餘,殘餘。楚辭九章涉江:"欸秋冬之～風。"(欸 ǎi:嘆。)[～論]發而未盡的言論。顧祖禹讀史方輿紀要總叙:"集百代之成言,考諸家之～論。"後代把概括說明全書大意,說明寫作目的的文字叫"緒論"或"緒言"。

635.【節】

(一)竹節,木節。左思吳都賦:"竹則苞筍抽～。"(苞筍:冬筍。)後漢書虞詡傳:"不遇槃根錯～,何以別利器乎?"(槃:同"盤"。)

(二)節制。論語學而:"不以禮～之,亦不可行也。"引申爲節省。左傳成公十八年:"～器用。"論語學而;"～用而愛人。"又爲制約。沈約謝靈運傳論:"欲使宮羽相變,低昂互～。"

(三)在倫理上或道義上應守的原則。論語微子:"長幼之～不可廢也。"賈誼論積貯疏:"倉廩實而知禮～。"司馬遷報任安書:"而世俗又不能與死～者比。"李密陳情表:"不矜名～。"

(四)古代用來作憑證的東西。一般用竹、木、玉、銅、角等,刻上文字,分成兩半,雙方各執一半。歷代形制不一。孟子離婁下:"若合符～。"又特指使節,即出使外國所持的憑證。漢書張騫傳:"騫持漢～不失。"又蘇武傳:"杖漢～牧羊。"現代雙音詞"使～"(派到外國的使者),由此發展而來。

(五)太陽初達某一個星次的時間。漢書天文志:"凡十二次,日至其初爲～。"引申爲時節,節日。謝靈運登池上樓詩:"衾枕昧～候。"盧照鄰長安古意詩:"～物風光不相待。"

(六)樂器之一種,起表示拍子的作用。左思蜀都賦:"巴姬彈弦,漢女擊～。"引申爲節拍,節奏。韓愈送孟東野序:"其～數以急。"

636.【度】

(一)讀 duò,去聲。量長短。孟子梁惠王上:"～,然後知長短。"枚乘上書諫吳王:"寸寸而～之,至丈必過。"

(二)讀 duó。揣度,計算,推測。左傳隱公十一年:"山有木,工則~之。"史記項羽本紀:"~我至軍中,公乃入。"又陳涉世家:"~已失期。"柳宗元答韋中立論師道書:"~今天下不吠者幾人。"

(三)讀 dù。量長短的標準。論語堯曰:"謹權量,審法~。"禮記月令:"同~量,鈞衡石。"引申爲限度,尺度。賈誼論積貯疏:"生之有時,而用之亡~。"楊惲報孫會宗書:"誠荒淫無~,不知其不可也。"文心雕龍鎔裁:"脩短有~。"又爲法制,法度。左傳隱公元年:"今京不~,非制也。"韓愈柳子厚墓誌銘:"爲文詞者悉有法~可觀。"

(四)讀 dù。風度,度量。漢書高帝紀:"常有大~。"

(五)讀 dù。過,渡過。漢書賈誼傳:"是猶~江河亡維楫。"後漢書光武紀:"~水逃去。"木蘭辭:"關山~若飛。"李白蜀道難詩:"猿猱欲~愁攀援。"後代於渡水這個意義寫作"渡"。

古漢語通論(二十一)

古代文化常識(三)

姓名,禮俗,宗法

(一)姓　名

上古有姓有氏。姓是一種族號,氏是姓的分支。不少古姓如姜姬姚嬴妘等都加女旁,這暗示先民曾經經歷過母權社會。後來由於子孫繁衍,一族分爲若干分支散居各地,每支有一個特殊的稱號作爲標誌,這就是氏。例如舊說商人的祖先是子姓,後來分爲殷、時、來、宋、空同等氏。這樣,姓就成了舊有的族號,氏就成了後起的族號了。《通鑑外紀》說:"姓者統其祖考之所自出,氏者別其子孫之所自分。"可見姓和氏是既有區別又有聯繫的。

　　周代的姓氏制度和封建制度、宗法制度有密切聯繫。貴族有姓氏,一般平民沒有姓氏。貴族中女子稱姓,男子稱氏,這是因爲氏是用來"明貴賤"的,姓是用來"別婚姻"的,二者的作用不同。

　　周王室及其同姓封國如魯晉鄭衛虞虢吳燕等國都是姬姓;異姓封國如齊是姜姓,秦是嬴姓,楚是羋(mǐ)姓,宋是子姓,越是姒姓,等等。上古同姓不婚,貴族婦女的姓比名更爲重要,待嫁的女子如果要加以區別,則在姓上冠以孟(伯)仲叔季,表示排行。例如:

　　　　孟姜　　伯姬　　仲子　　叔姬　　季羋

出嫁以後如果要加以區別,就採用下列幾種方法:

　1.在姓上冠以所自出的國名或氏。例如:

　　　　齊姜　　晉姬　　秦嬴　　陳媯　　國姜(國,氏。)

　2.嫁給別國的國君,在姓上冠以配偶受封的國名。例如:

　　　　秦姬　　芮姜　　息媯　　江羋

　3.嫁給別國的卿大夫,在姓上冠以配偶的氏或邑名。例如:

　　　　趙姬(趙衰妻)　　　　孔姬(孔圉妻)

　　　　秦姬(秦遄妻)　　　　棠姜(棠公妻;棠,邑名。)

　4.死後在姓上冠以配偶或本人的諡號[1]。例如:

　　　　武姜(鄭武公妻)　　　昭姬(齊昭公妻)

　　　　共姬(宋共公妻)　　　敬嬴(魯文公妃)

　　　　文姜(魯桓公妻)　　　齊歸(魯昭公母)

―――――――――――――――

　[1]　諡號,下文就要講到。

氏的情況比較複雜。諸侯以受封的國名爲氏①。例如：

鄭捷(鄭文公)　　蔡甲午(蔡莊公)

齊環(齊靈公)　　宋王臣(宋成公)

卿大夫及其後裔則以受封的邑名爲氏。例如：

屈完　　知罃　　羊舌赤　　解狐

或以所居的地名爲氏。例如：

東門襄仲　　北郭佐　　南宮敬叔　　百里孟明視

或以官名爲氏。例如：

卜偃　　祝鮀　　司馬牛　　樂正克

古人還有以祖先的字或謚號爲氏的。例如：

孔丘(宋公孫嘉之後，嘉字孔父)

仲孫閱(魯公子慶父之後，慶父字仲)

叔孫得臣(魯公子牙之後，牙字叔)

季孫肥(魯公子友之後，友字季)

莊辛(楚莊王之後)

此外還有以技爲氏的，如巫陶甄等。

關於姓氏，有幾點需要提出來說一說。

第一，上古稱呼婦女可以在姓下加“氏”字。例如武姜被稱爲姜氏，敬嬴被稱爲嬴氏，驪姬被稱爲姬氏，等等。

第二，在某些情況下，族和氏是同義詞。《春秋成公十四年》：“叔孫僑如如齊逆女。”《左傳》說：“稱族，尊君命也。”《春秋》在下文說：“僑如以夫人婦姜氏至自齊。”《左傳》說：“舍族，尊夫人也。”這裏所謂稱族，舍族，指的是稱叔孫，不稱叔孫，可見族就是氏。《戰

---

① 此從舊說。顧炎武《亭林文集》卷一《原姓》篇認爲國君無氏，不稱氏，稱國。

國策·秦策》:"昔者曾子處費,費人有與曾子同名族者而殺人",這裏的族也就是氏的意思。

第三,戰國以後,人們以氏爲姓,姓氏逐漸合而爲一,漢代則通謂之姓①,並且自天子以至於庶人就都能有姓了。

第四,後世有非漢族的複姓。例如長孫、万俟、宇文、慕容、賀蘭、獨孤、拓跋、尉遲、呼延、秃髮、乞伏、僕固、歌舒,等等。

古人有名有字。舊說上古嬰兒出生三月後由父親命名。男子二十歲成人舉行冠禮(結髮加冠)時取字,女子十五歲許嫁舉行笄禮(結髮加笄)時取字。名和字有意義上的聯繫。例如屈原,名平,字原。(爾雅·釋地:"廣平曰原。")又如顏回,字子淵。(說文:"淵,回水也。"回是旋轉的意思。)有的名和字是同義詞,例如宰予,字子我;樊須,字子遲。(須和遲都有待的意思。)有的名和字是反義詞,例如曾點,字晳。(說文:"點,小黑也。"引申爲汙的意思。又:"晳,人色白也。")有時候我們看不出名和字的聯繫,這主要是因爲語義變遷的緣故。

周代貴族男子字的前面加伯仲叔季表示排行,字的後面加"父"或"甫"字表示性別,這樣構成男子字的全稱。例如:

　　　　伯禽父　　仲山甫　　仲尼父　　叔興父

有時候省去"父"(甫)字,例如:

　　　　伯禽　　仲尼　　叔向　　季路

有時候省去排行,例如:

　　　　禽父　　尼父　　羽父

----

① 參看顧炎武《日知錄》卷二十三。錢大昕《十駕齋養新錄》卷十二"姓氏"條則認爲"蓋三代以前,姓與氏分;漢魏以後,姓與氏合"。

有時候以排行爲字，例如管夷吾字仲，范雎字叔，魯公子友字季，不過這種情況比較少見。

周代貴族女子字的前面加姓，姓的前面加孟（伯）仲叔季表示排行，字的後面加"母"或"女"字表示性別，這樣構成女子字的全稱。例如孟妊車母①，中姞義母②，等等。有時候省去"母"字，例如季姬牙③；有時候省去排行，例如姬原母④；有時候單稱"某母"或"某女"，例如壽母⑤，帛女⑥。但是最常見的是在姓上冠以排行，例如孟姜、叔姬、季羋，等等（見前）。

春秋時男子取字最普通的方式是在字的前面加上"子"字，這是因爲"子"是男子的尊稱。例如：

子產（公孫僑）　　子犯（狐偃）　　子胥（伍員）

子淵（顏回）　　子有（冉求）　　子夏（卜商）

子我（宰予）　　子貢（端木賜）

這個"子"字常常省去，直接稱顏淵、冉有、宰我，等等。

附帶說一說，古人名字連着說的時候，通常是先稱字，後稱名⑦。例如孟明（字）視（名）、孔父（字）嘉（名）、叔梁（字）紇（名），等等。

---

① 見《鑄公簠》。

② 見《仲姞匜》，中即仲字。

③ 見《魯大宰原父盤》。

④ 見《應侯簋》。

⑤ 見《魯生鼎》。

⑥ 見《帛女鬲》。

⑦ 漢代以後，也可以名在前，字在後。例如《漢書》卷七十二有唐林（名）子高（字）、唐尊（名）伯高（字）；又王安石《遊褒禪山記》有蕭君圭（名）君玉（字）等，參看本冊1058頁。

古人尊對卑稱名,卑自稱也稱名;對平輩或尊輩則稱字①。試以《論語》爲例。孔子自稱爲丘,這是謙稱。孔子對弟子稱名,例如:

> 求,爾何如?（論語·先進）
>
> 赤,爾何如?（同上）

弟子自稱也稱名,例如:

> 由也爲之,比及三年,……（論語·先進）
>
> 求也爲之,比及三年,……（同上）

弟子當着老師稱呼其他弟子也稱名,例如:

> 夫子何哂由也?（論語·先進）

記録《論語》的人對孔門弟子一般都稱字,例如:

> 顏淵、季路侍。（論語·公冶長）
>
> 子路、曾皙、冉有、公西華侍坐。（論語·先進）

只有對曾子稱子不稱字,對有若也有一次稱子不稱字,所以有人推想《論語》是曾子和有若的門人所記的。直到後代稱名、稱字基本上還是依照這個標準。

後人通常用兩個字爲字,例如諸葛亮字孔明,陸機字士衡,鮑照字明遠,等等。除名和字外,還有別號(別字)。別號和名不一定有意義上的聯繫。這大致可以分爲兩類:第一類是三個字以上的別號,例如葛洪自號抱朴子,陶潛自號五柳先生,蘇軾自號東坡居士;第二類是兩個字的別號,例如王安石字介甫,別號半山,陸游字務觀,別號放翁。兩個字的別號和字在應用上沒有什麼顯著的區

---

① 稱字不是最尊敬的方式,最尊敬的方式是不稱名也不稱字。例如孔子,在《論語》二十篇中只有《子張》篇稱孔子爲仲尼。

別,甚至不大稱字,反而以稱號爲常(如陸放翁)。三個字以上的別號有時候也可以壓縮爲兩個字,例如蘇東坡。

後來有人以爲稱字稱號還不够尊敬,於是稱官爵,稱地望(出生地或住地),例如杜甫被稱爲杜工部,王安石被稱爲王臨川。

此外,唐代詩文還常常見到以排行相稱,或以排行和官職連稱,例如白居易被稱爲白二十二,李紳被稱爲李二十侍郎。唐代女子也有被稱爲廿幾娘的。這種排行是按照同曾祖兄弟的長幼次序來排算的,並不是同父所生的兄弟排行,這是值得注意的。

古代帝王、諸侯、卿大夫、高官大臣等死後,朝廷根據他們的生平行爲給予一種稱號以褒貶善惡,稱爲謚或謚號。據說謚號是死者生前事迹和品德的概括,其實,這往往是虛僞的,不符合事實的。但是一個人有了謚,就等於在名字之外又多了一個別名了。

謚法是給予謚號的標準。謚號是固定的一些字,這些字被賦予特定的函義,用來指稱死者的美德、惡德等。謚號大致可以分爲三類:

1.表揚的,例如:

經緯天地曰文　　布義行剛曰景

威强叡德曰武　　柔質慈民曰惠

聖聞周達曰昭　　聖善聞周曰宣

行義悅民曰元　　安民立政曰成

布綱治紀曰平　　照臨四方曰明

辟土服遠曰桓　　聰明睿知曰獻

温柔好樂曰康　　布德執義曰穆

2.批評的,例如:

亂而不損曰靈①　　好内遠禮曰煬

殺戮無辜曰厲

3.同情的,例如:

恭仁短折曰哀　　在國遭憂日愍

慈仁短折曰懷

上古謚號多用一個字,也有用兩三個字的,例如:

周平王　　　鄭武公　　　齊桓公

秦穆公　　　魏安釐王　　趙孝成王

貞惠文子

後世謚號除皇帝外,大多用兩個字,例如:

宣成侯(霍光)　　　忠武侯(諸葛亮)　　　文忠公(歐陽修)

武穆王(岳飛)

此外還有私謚,這是有名望的學者死後其親友門人所加的謚號。例如東漢時陳寔死後,海内赴弔者三萬餘人,謚爲文範先生;晉代陶淵明死後,顏延年爲他作誄,謚爲靖節徵士;宋代張載死後,門人謚爲明誠夫子。

　　封建皇帝在謚號前面還有廟號。從漢代起,每個朝代的第一個皇帝一般稱爲太祖、高祖或世祖,以後的嗣君則稱爲太宗、世宗等等②。舉例來說,漢高祖的全號是太祖高皇帝,漢文帝的全號是太宗孝文皇帝③,漢武帝的全號是世宗孝武皇帝,魏文帝的全號是

---

① "靈"是無道昏君的謚號,所謂"亂而不損",只是帶着隱諱的説法。晉靈公不君,所以謚爲靈公。

② 嗣君也有稱世祖、太祖的,這有别的原因,這裏没有必要叙述。又,漢代不是每個皇帝都有廟號的,要"有功""有德"的才被稱爲"祖""宗"。南北朝時稱"宗"已濫,到唐代就無帝不"宗"了。

③ 漢惠帝以後一律加一個"孝"字,算是謚號的一部分。

世祖文皇帝,隋文帝的全號是高祖文皇帝,等等。

從唐代起,皇帝還有尊號,這是生前奉上的[1]。例如唐玄宗開元二十七年(公元739年)受尊號爲開元聖文神武皇帝,宋太祖乾德元年(公元963年)受尊號爲應天廣運仁聖文武至德皇帝。尊號可以上好幾次,都是尊崇褒美之詞,實際上是阿諛奉承[2]。也有死後上尊號的,例如唐高宗死後,到天寶十三載(公元754年)上尊號爲神堯大聖大光孝皇帝。這種死後所加的尊號也可以說是諡號,這樣,諡號的字數就加多了。唐以前對歿世的皇帝簡稱諡號(如漢武帝、隋煬帝),不稱廟號;唐以後由於諡號加長,不便稱呼,所以改稱廟號(如唐玄宗、宋太祖)。

年號,是封建皇帝紀年的名號。年號是從漢武帝開始有的,漢武帝即位的一年(公元前140年)稱爲建元元年,第二年稱爲建元二年,等等。新君即位必須改變年號,稱爲"改元"。同一皇帝在位時也可以改元,例如漢武帝曾經改元爲元光、元朔、元狩、元鼎、元封、太初、天漢、太始、征和[3] 等。明清兩代的皇帝基本上不改元,因此有可能用年號來稱謂皇帝,例如明世宗被稱爲嘉靖皇帝,清高宗被稱爲乾隆皇帝,等等。

最後簡單地談談避諱的問題。

所謂避諱就是不直稱君主或尊長的名字,凡遇到和君主尊長的名字相同的字面,則用改字、缺筆等辦法來迴避,其結果往往造

---

① 尊號起於唐武后中宗之世。見司馬光《司馬文正集》二十六,《請不受尊號劄子》。

② 帝后也有尊號,後來稱爲徽號。例如清代同治尊自己的生母那拉氏爲聖母皇太后,上徽號曰慈禧。徽號可以每逢慶典累加,所以那拉氏的徽號積累有慈禧等十六個字。

③ 有人說征和當作延和,形近而誤。

成語文上的若干混亂。試舉一些例子：

漢高祖名邦，“邦”改爲“國”。《論語·微子》“何必去父母之邦”，漢石經殘碑作“何必去父母之國”。

漢文帝名恒，“恒”改爲“常”。恒山被改爲常山。

唐太宗名世民，“世”改爲“代”或改爲“系”，“民”改爲“人”。“三世”稱爲“三代”，《世本》改稱《系本》，柳宗元《捕蛇者説》把“民風”寫成“人風”。

唐高宗名治，“治”改爲“理”，或改爲“持”或“化”。韓愈《送李願歸盤谷序》把“治亂不知”寫成“理亂不知”，李賢把《後漢書·曹褒傳》“治慶氏禮”改成“持慶氏禮”，把《後漢書·王符傳》“治國之日舒以長”改成“化國之日舒以長”。

清聖祖（康熙）名玄燁，“玄”改爲“元”，“燁”改爲“煜”。我們讀清人著作或清刻的古書時應該注意，許多地方本來應該是玄字的，如玄鳥、玄武、玄黃等，都寫成了元。

以上是避君諱的例子。此外，文人還避家諱。例如：

淮南王安的父親名長，“長”改爲“脩”。《老子》“長短相形”，《淮南子·齊俗訓》引改爲“短脩相形”。

蘇軾的祖父名序，蘇洵文章改“序”作“引”，蘇軾爲人作序又改用“叙”字。

上古不諱嫌名。所謂嫌名是指和君主或尊長的名字音同或音近似的字。例如漢和帝名肇，“肇”“兆”同音，由於不諱嫌名，所以不改變“京兆”字。三國以後漸漸避嫌名了，隋文帝的父親名忠，因爲“忠”“中”同音，所以連帶避“中”字，“中”改爲“内”，官名“中書”改爲“内史”，就是諱嫌名的例子。

由於避諱，甚至改變別人的名或姓。漢文帝名恒，春秋時的田恒被改稱田常;漢景帝名啓,微子啓被改稱微子開;漢武帝名徹,蒯徹被改稱蒯通;漢明帝名莊,莊助被改稱嚴助。劉知幾著《史通》,後人因避唐玄宗李隆基諱(基幾同音),改爲劉子玄所著(子玄是劉知幾的字)。到了清代,爲了避清聖祖諱,又恢復劉知幾著,但是當提到劉子玄的時候,則改稱劉子元。地名官名等也有不少由於避諱而改變的,這裏不一一舉例了。

以上說的是避諱改字。至於避諱缺筆,則是到唐代才有的。例如避唐太宗李世民諱,"世"字作"卅";避宋真宗趙恒諱,"恒"字作"恒";避清世宗諱,"胤"字作"胤";避清宣宗諱,"寧"字作"寕";避孔子諱,"丘"字作"丘",等等。

(二)禮　俗

禮俗是社會的上層建築,它是和社會的經濟基礎相適應的。奴隸社會有奴隸社會的禮俗,封建社會有封建社會的禮俗。在古代社會中,統治階級所提倡的禮俗是維護統治階級利益的,在今天看來,許多不合理的繁瑣的禮俗和吃人的禮教,在當時都是爲了鞏固統治階級的統治的。在這個題目下,我們不能全面叙述上古的禮俗,只能談談幾個重要的方面。

(1)階級、階層

堯舜禪讓的傳說與原始公社制的階段相符合;夏禹不傳賢而傳子,可以認爲原始公社制的瓦解。夏代是否已經達到奴隸制,還不得而知。至於殷代,可以確實斷定是奴隸社會了。

依照古代史的研究者的一般結論,最初所謂"衆""奚""僕""臣""妾"都是奴隸。臣是男奴隸,妾是女奴隸。周初的社會還存在着大量的奴隸,周天子常常拿奴隸賞賜給他的大臣。奴隸有在室內勞動的,但是他們的主要勞動還是農業生產。有人說《詩經·周頌·噫嘻》說的“亦服爾耕,十千維耦”指的就是兩萬奴隸在那裏耕田。《尚書·牧誓》說到“臣妾逋逃”是指的奴隸逃亡。

周代的奴隸還可以像牛馬一樣在市場上販賣。《周禮·地官·質人》:“質人掌成市之貨賄人民牛馬兵器珍異。”鄭玄注:“人民,奴婢也。”販賣成交後,要訂立合同。這種合同叫做“質劑”。依鄭玄說:人民牛馬的合同叫“質”,兵器珍異的合同叫“劑”。

奴隸還可以被當做牲畜來屠殺,這表現在上古的殉葬制度上。《墨子·節葬下》:“天子殺殉,衆者數百,寡者數十;將軍大夫殺殉,衆者數十,寡者數人。”在殷代,這話完全合乎事實。到了周代,雖然此風稍衰(這不是由於仁慈,而是由於人力可貴),但是在某些國度仍然是盛行的。例如秦國,據《史記·秦本紀》所載,秦武公葬時,從死者六十六人,秦穆公葬時,從死者一百七十七人(包括《詩經·秦風·黃鳥》所悼念的三良在內)。又據《史記·秦始皇本紀》所載,秦始皇葬時,秦二世令後宮(妃嬪等)無子者一律“從死”,“死者甚衆”。而且把工匠都關閉在陵墓裏。古代統治階級的這種淫威,至今還令人髮指。

奴隸和奴隸主是兩個相對抗的階級。商代的奴隸主是貴族,總稱爲“百姓”[1],商王是貴族最高的代表,自稱爲“余一人”[2]。《論語·堯曰》引《尚書·泰誓》的話說:“百姓有過,在予一人。”可見周初還這樣稱呼。後來百姓成爲民的同義詞。民在古代又稱爲黎民,

---

[1] “百姓”,金文寫作“百生”。後來周人稱商的貴族爲“殷多士”。

[2] “余一人”見於甲骨文,古書上寫作“予一人”。

秦國則稱爲黔首。

商代王位的繼承是兄終弟及,無弟然後傳子。周代王位由嫡長子世襲,餘子分封爲諸侯(也有異姓功臣封爲諸侯的)。諸侯的君位也由嫡長子繼承,餘子分封爲卿大夫。諸侯受封國於天子,卿大夫受采邑於諸侯。卿大夫下面是士(大體是大夫的宗族),士受祿田於卿大夫。周天子有天下,諸侯有國,卿大夫有家。家是卿大夫統治的區域,擔任家的官職的通常是士,稱爲家臣。孔子的學生冉有季路就擔任過季康子的家臣。

《左傳昭公七年》説:"王臣公,公臣大夫,大夫臣士。"這樣,形成統治階級内部的各級階層。春秋以前士是武士,有義務"執干戈以衞社稷";春秋以後士是文士,士逐漸成了統治階級知識分子的通稱。

士的下面是庶人,又稱庶民。西周時庶人雖然還是用來封賜的對象,但是庶人的身份比奴隸爲高,以後庶人就逐漸成爲個體農民了。《荀子·王制》説:"君者,舟也;庶人者,水也。水則載舟,水則覆舟。"可見庶人的向背直接關係到上層統治階級的安危。

君子小人也是兩個相對立的概念。最初君子是貴族統治階級的通稱,小人是被統治階級的通稱,後來以所謂有德無德來區別君子和小人。統治階級的階級偏見影響到詞義的發展。

(2)冠　禮

據近人研究,氏族社會的男女青年到達成熟期後必須参加"成丁禮"才能成爲氏族公社的正式成員,才能享受應有的權利和履行應盡的義務。周代的冠禮(加冠儀式)就是由這種"成丁禮"變化來的。

　　周代貴族男子二十歲時由父親在宗廟裏主持冠禮。行禮前先筮日（選定加冠的日期）、筮賓（選定加冠的來賓）。行禮時由來賓加冠三次：先加緇布冠，表示從此有治人的特權；次加皮弁，表示從此要服兵役；最後加爵弁，表示從此有權參加祭祀[①]。來賓敬酒後，去見母親，又由來賓取"字"，然後去見兄弟姑姊，最後戴禮帽穿禮服帶禮品去見國君卿大夫和鄉先生。主人向來賓敬酒贈禮品後，禮成。

　　貴族男子二十歲結髮加冠後可以娶妻，貴族女子十五歲許嫁時舉行笄禮後結髮加笄。所謂結髮，就是在頭頂上盤成髮髻（區別於童年的髮式），表示年屆"成人"，可以結婚了。《文選》卷二十九蘇武詩說"結髮爲夫妻，恩愛兩不疑"，可見這種風俗流傳很久。

(3)婚　姻

　　春秋時代，諸侯娶一國之女爲妻（嫡夫人），女方以姪（兄弟之女）娣（妹妹）隨嫁，此外還有兩個和女方同姓的國家送女兒陪嫁，亦各以姪娣相從，這統稱爲"媵"。嫡夫人是正妻，媵是非正妻。媵的地位和妾不同。妾被認爲是賤妾，是嬖人，而媵的身份還是比較尊貴的。戰國時代就沒有媵的制度了。

　　古代女子出嫁曰"歸"。《說文》說："歸，女嫁也。"《詩經·周南·桃夭》："之子于歸，宜其室家。"可見出嫁的女子以男家爲家。《白虎通·嫁娶》說："嫁者，家也。"可見"嫁"字本身就意味着"有家"。《白虎通·嫁娶》又說："娶者，取也。"《說文》也說："娶，取婦也。"《周

[①]　緇布冠是用黑麻布做的冠，皮弁是用白鹿皮做的，爵弁是赤黑色的平頂帽子，是祭祀時戴的。

易》和《詩經》就寫成“取”，這表示男子把別家的女兒取到自己家裏來。男尊女卑的風俗，由嫁娶兩字就可以證明。嫁對於女子來説是被動的，古代只説“嫁女”或“嫁妹”，不説“嫁夫”，可見嫁的權操在父兄之手。娶，對於男子來説是主動的，所以古代常説“娶妻”“娶婦”(婦就是妻)。

《詩經》兩次歌詠“娶妻如之何，匪媒不得”①。媒在古代婚姻中的作用非常大，多少青年男女的命運掌握在媒人的手裏。

古代的婚姻，據説要經過六道手續，叫做六禮。第一是納采，男家向女家送一點小禮物(一隻雁)，表示求親的意思；第二是問名，男家問清楚女子的姓氏，以便回家占卜吉凶；第三是納吉，在祖廟卜得吉兆以後，到女家報喜，在問名納吉時當然也要送禮；第四是納徵，這等於宣告訂婚，所以要送比較重的聘禮，即致送幣帛；第五是請期，這是擇定完婚吉日，向女家徵求同意；第六是親迎，也就是迎親。

六禮之中，納徵和親迎最爲重要。《詩經·大雅·大明》“文定厥祥，親迎於渭”，舊説是周文王卜得吉兆納徵訂婚後，親迎太姒於渭濱。後世以“文定”作爲訂婚的代稱。《禮記·昏義》談到親迎後新郎新娘“共牢而食，合卺而酳”②，後世夫婦成婚稱爲“合卺”就是從這裏來的。

以上所説的六禮當然只是爲貴族士大夫規定的，一般庶民對這六禮往往精簡合併。

---

① 見《齊風·南山》，《豳風·伐柯》。後者少一個“之”字。
② 以一瓠分爲兩瓢謂之卺(jǐn)，新郎新娘各執一瓢而酳(yìn，用酒漱口)，稱爲合卺。後代合卺變爲交杯，新郎新娘換杯對飲(只做個樣子)。

(4)喪　葬

人將死時叫做"屬纊"(禮記·喪大記)。屬是放置的意思,纊是新絮。新絮很輕。據說古人把新絮放在臨終的人的口鼻上,試看是否斷氣。這不一定成爲風俗,至多也只是個別地方的風俗罷了,但是"屬纊"却成爲臨終的代稱。

古人初死,生人要上屋面向北方爲死者招魂,這叫做"復",意思是招喚死者的靈魂回復到身體。復而不醒,然後辦理喪事。

古人死後,要給他沐浴。這在《禮記·喪大記》裏有記載。這個風俗持續到後世。《晉書·王祥傳》記載王祥將死戒其子曰:"氣絕但洗手足,不須沐浴。"可見一般人死後是要沐浴的。

死後有"斂"(殮)的儀式。有小斂,有大斂。小斂是給屍體裹上衣衾,越是貴族,衣衾越多。大斂則是把屍體裝進棺材。斂時死人口裏須飯含,所以《戰國策·趙策》講到"鄒魯之臣,生則不得事養,死則不得飯含"①。

入殮後,停喪待葬叫做"殯"。《論語·鄉黨》:"朋友死,無所歸,曰:於我殯。"孔子的意思是說:"就在我家裏停柩吧!"《左傳僖公三十二年》:"冬,晉文公卒。庚辰,將殯於曲沃。"這是說把晉文公的靈柩送到曲沃停喪,還不是葬。據《春秋》《左傳》,次年四月才葬晉文公的。後世所謂出殯是把靈柩送到埋葬的地方去。

貴族出葬時還有許多排場,這裏沒有必要敘述。

送葬的規矩是白衣執紼。紼是拉柩車的繩子。執紼的原意是

---

① 見本書第一册 124 頁。飯是把米放在死者口裏。含又寫作琀,是把玉放在死者口裏。

親友們幫助拉車,實際上只有形式。後來出殯,在送殯人的行列的兩旁拉兩根帶子,那就是執紼的遺制。

挽歌據説最初是挽柩的人唱的。古樂府相和曲中的《薤露》《蒿里》都是挽歌,陶淵明有《挽歌詩》三首,後世的挽聯(輓聯)就是從挽歌演變來的。

下面説到葬。

上文説過,殷代奴隸主有人殉的制度。後世知道人力可貴,改以"俑"來代替。俑是人偶,有木俑、土俑。後來孔子還反對用俑,孟子説:"仲尼曰:'始作俑者,其無後乎!'爲其象人而用之也。"(孟子·梁惠王上)

從殷代到戰國,統治階級還把生前使用的車馬帶到墓裏去。其他隨葬的物品是多方面的,包括青銅製的飲食器兵器樂器等,玉製骨製的裝飾品以及其他什物。越是貴族,隨葬品就越多越精美。也有一些專爲隨葬而作的"明器"(伴葬的器物)。漢代日常生活中的東西被仿製成陶土模型隨葬,明器的象徵性就更加明顯了。

上古貴族統治階級的墓裏大多有槨(椁),槨是外棺,主要是用來保護棺材的,有的竟有三四重之多。《論語·先進》説,孔子的兒子孔鯉死後,"有棺而無槨",可見槨不是一般人所能具備的。

以上所説的只是貴族士大夫的喪葬,至於庶人的喪葬,那完全是另一回事。即使是最節儉的喪葬,對於"匹夫賤人"來説,已經是"殆竭家室"。庶人死了至多只能"槀葬"(草草安葬)如果遇着饑荒的年頭,就只好餓死以填溝壑了。

《禮記·檀弓上》説:"古也墓而不墳。"根據現代田野考古工作報告,我們知道殷代和西周的墓都還沒有墳堆,後來在墓上築起墳堆,主要是作爲墓的標誌,其次是爲了增加盜墓的困難。

先秦文獻有合葬的記載。例如《詩經·王風·大車》説："死則同穴。"《禮記·檀弓上》記載孔子將其父母合葬於防。現代田野考古發現一座戰國墓中有一椁兩棺的結構,考古工作者認爲,夫婦合葬的普遍流行是西漢中葉以後的事。《孔雀東南飛》説："兩家求合葬,合葬華山傍,東西植松柏,左右植梧桐。"仲長統《昌言》説："古之葬者,松柏梧桐以識墳也。"這風俗也流傳很久。

關於喪服,留到下文"宗法"裏討論。

(三)宗　法

宗法是以家族爲中心、根據血統遠近區分嫡庶親疏的一種等級制度。這種制度鞏固了統治階級的世襲統治,在封建社會中長期被保存下來,爲封建制度服務。下面把有關中國古代宗法制度的一些主要的知識分四方面加以叙述。

(1)族、昭、穆

族,表示親屬關係。《尚書·堯典》:"克明俊德,以親九族。"依舊説,九族指的是高祖、曾祖、祖、父、自己、子、孫、曾孫、玄孫①,這是同姓的族。九族之外,有所謂三族。三族有三説:(甲)父子孫爲三族;(乙)父母、兄弟、妻子爲三族;(丙)父族、母族、妻族爲三族。

古代一人"犯罪",常常牽連到親屬也被殺戮。《史記·秦本紀》載,秦文公二十年(公元前746年)"法初有三族之罪",依張晏説,這裏的三族指父母、兄弟、妻子②。《史記·魏其武安侯列傳》:"使

---

① 九族還有別的説法,這裏不討論。
② 如淳認爲指父族、母族、妻族。

武安侯在者,族矣!"①族是族誅的意思。後世所謂誅九族,包括從高祖到玄孫的直系親屬,以及旁系親屬中的兄弟、堂兄弟等,這是專制時代最慘無人道的刑法。

　　周代貴族把始祖以下的同族男子逐代先後相承地分爲"昭""穆"兩輩,這是周代宗法和後世不同的一點。試從大王(古公亶父)算起,大王的下一代是大伯、虞仲和王季,這是昭輩;王季既屬昭輩,則王季的下一代文王、虢仲和虢叔就是穆輩。以後各代依此類推,文王的下一代是武王,又是昭輩;武王的下一代是成王,又是穆輩。由此可見周代貴族用昭穆字樣來區別父子兩代,隔代的字輩相同。這種昭穆的分別,也體現在宗廟、墓冢和祭祀上,始祖居中,昭的位次在左,穆的位次在右。瞭解到這一點,就會知道《左傳僖公五年》所說的"大伯虞仲,大王之昭也","虢仲虢叔,王季之穆也"②,不過是說大伯虞仲是大王的下一代,虢仲虢叔是王季的下一代。《左傳定公四年》說:"曹,文之昭也;晉,武之穆也。"曹晉都是姬姓封國,這是說曹國的祖先是文王的兒子,晉國的祖先是武王的兒子。

(2)大宗、小宗

　　古代宗法上有大宗、小宗的分別。嫡長子孫這一系是大宗,其餘的子孫是小宗。周天子自稱是上帝的長子,其王位由嫡長子世襲,這是天下的大宗;餘子分封爲諸侯,對天子來說是小宗。諸侯的君位也由嫡長子世襲,在本國是大宗;餘子分封爲卿大夫,對諸

①　見本冊751頁。
②　見第一冊17頁。

侯來説是小宗。卿大夫在本族是大宗;餘子爲士,對卿大夫來説是
小宗。士和庶人的關係也是這樣。

　　在宗法上,大宗比小宗爲尊,嫡長子比其餘諸子爲尊。嫡長子
被認爲是繼承始祖的,稱爲宗子。只有宗子才有主祭始祖的特權,
才能繼承特別多的財産,應該受到小宗的尊敬。《禮記·大傳》説:
"尊祖故敬宗;敬宗,尊祖之義也。"這樣,嫡長子的地位就顯得特別
高貴,對其餘諸子來説,在家族上是以兄統弟,在政治上是以君統
臣,這就抑止了統治階層的内訌,鞏固了貴族的世襲統治,所以歷
代的封建統治階級都努力保存宗法制度。

(3)親　屬

　　中國宗法的特點是:(甲)親屬關係拉得遠;(乙)親屬名稱分得
細,特別是先生後生要有不同的名稱,如兄弟姊妹等。

　　父之父爲祖,古稱王父;父之母爲祖母,古稱王母。祖之父母
爲曾祖父、曾祖母;曾祖之父母爲高祖父、高祖母。

　　子之子爲孫,孫之子爲曾孫,曾孫之子爲玄孫,玄孫之子爲來
孫,來孫之子爲晜(昆)孫,晜孫之子爲仍孫,仍孫之子爲雲孫。

　　父之兄爲世父(伯父),父之弟爲叔父,簡稱爲伯叔。世父叔父
之妻稱爲世母(伯母)叔母(後來稱爲嬸)。伯叔之子(堂兄弟)稱爲
從父晜弟,又稱爲從兄弟,這是同祖父的兄弟。父之姊妹爲姑。

　　父之伯叔稱爲從祖祖父(伯祖父、叔祖父),其妻稱爲從祖祖母
(伯祖母、叔祖母),其子稱爲從祖父,俗稱堂伯、堂叔,這是同曾祖
的伯叔,其妻稱爲從祖母(堂伯母、堂叔母),堂伯叔之子稱爲從祖
晜弟,又稱爲再從兄弟(從堂兄弟),這是同曾祖的兄弟。

　　祖父的伯叔是族曾祖父,稱爲族曾王父;其妻是族曾祖母,稱

爲族曾王母。族曾祖父之子是族祖父,稱爲族祖王父。族祖父之子爲族父。族父之子爲族兄弟,這是同高祖的兄弟。

兄之妻爲嫂,弟之妻爲弟婦。兄弟之子爲從子,又稱爲姪;兄弟之女爲從女,後來又稱姪女。《爾雅·釋親》:"女子謂晜弟之子爲姪。"《儀禮·喪服傳》:"謂吾姑者,吾謂之姪。"可見上古姑姪對稱。兄弟之孫爲從孫。

姊妹之子爲甥,後來又稱外甥。女之夫爲女婿或子婿①,後來省稱爲婿。

父之姊妹之子女稱爲中表(表兄、表弟、表姊、表妹),中表是晉代以後才有的稱呼。

母之父爲外祖父,古稱外王父,母之母爲外祖母,古稱外王母,外祖父之父母爲外曾王父與外曾王母。母之兄弟爲舅,母之姊妹爲從母,母之從兄弟爲從舅。母之兄弟姊妹之子女爲從母兄弟與從母姊妹,後來也稱爲中表。

妻又稱爲婦。妻之父爲外舅(岳父),妻之母爲外姑(岳母)。妻之姊妹爲姨。

夫又稱爲婿。夫之父爲舅,又稱爲嫜。夫之母爲姑。連稱爲舅姑或姑嫜。夫之妹爲小姑(中古以後的稱呼)。夫之弟婦爲娣婦,夫之嫂爲姒婦,簡稱爲娣姒,又叫妯娌。

婦之父母與婿之父母相謂爲婚姻,分開來説,則婦之父爲婚,婿之父爲姻。兩婿相謂爲婭,後代俗稱爲連襟(襟兄、襟弟)。

在重視宗法的封建社會裏,講究父慈,子孝,兄友,弟恭,要求

---

① 婿的本義是夫,女婿是女之夫。子在上古兼指兒子和女兒,子婿也是指女之夫。

婦女講究婦道。實際上,統治階級自己並不遵守這些道德。弑父、殺兄等事,史不絕書。

嫡庶之分,在中國宗法社會裏也是非常嚴格的。正妻稱爲嫡妻,嫡妻之子爲嫡子。妾之子稱爲庶子。這是一種區別。長子爲嫡子,非長子爲衆子,這又是一種區別。當然,所謂長子爲嫡子,也必須是正妻之子。嫡庶之分,關係到承襲制度。《公羊傳隱公元年》:"立嫡以長不以賢,立子以貴不以長。"根據這個原則,正妻所生的長子才合乎承襲的資格,妾媵所生的子即使年長,如果正妻有子,仍應由正妻的子承襲。這樣做法,據説可以不引起爭端。但是由於爭奪利益,統治階級殺嫡立庶的事情也是史不絕書的。

(4)喪 服

喪服是居喪的衣服制度。由於生者和死者親屬關係有親疏遠近的不同,喪服和居喪的期限也各有不同。喪服分爲五個等級,叫做五服。五服的名稱是斬衰、齊衰、大功、小功、緦麻。下面根據《儀禮·喪服》所記,分別加以叙述。

斬衰(縗)是五服中最重的一種。凡喪服上衣叫衰(披在胸前),下衣叫裳。衰是用最粗的生麻布做的,衣旁和下邊不縫邊,所以叫做斬衰,斬就是不縫緝的意思。子爲父、父爲長子都是斬衰[1],妻妾爲夫、未嫁的女子爲父,除服斬衰外還有喪髻,這叫"髽(zhuā)衰"。斬衰都是三年喪(實際上是兩周年)。

齊衰次於斬衰,這是用熟麻布做的。因爲縫邊整齊,所以叫做齊衰。《儀禮·喪服》載齊衰分爲四等:(甲)齊衰三年,這是父卒爲

---

[1] 諸侯爲天子、臣爲君也是斬衰。

母、母爲長子的喪服;(乙)齊衰一年,用杖(喪禮中所執的),這叫"杖期(jī)",這是父在爲母、夫爲妻的喪服;(丙)齊衰一年,不用杖,這叫"不杖期",這是男子爲伯叔父母、爲兄弟的喪服,已嫁的女子爲父母,媳婦爲舅姑(公婆),孫和孫女爲祖父母也是不杖期;(丁)齊衰三月,這是爲曾祖父母的喪服。

大功次於齊衰,這是用熟麻布做的,比齊衰精細些。功,指織布的工作。大功是九個月的喪服,男子爲出嫁的姊妹和姑母、爲堂兄弟和未嫁的堂姊妹都是大功,女子爲丈夫的祖父母伯叔父母、爲自己的兄弟也是大功。

小功又次於大功,小功服比大功服更精細,是五個月的喪服。男子爲從祖祖父(伯祖父、叔祖父)、從祖祖母(伯祖母、叔祖母)、從祖父(堂伯、堂叔)、從祖母(堂伯母、堂叔母)、從祖昆弟(再從兄弟)、從父姊妹(堂姊妹)、外祖父母都是小功,女子爲丈夫的姑母姊妹,爲娣婦姒婦也是小功。

緦麻是五服中最輕的一種,比小功服更精細,喪期是三個月。男子爲族曾祖父、族曾祖母、族祖父、族祖母、族父、族母、族兄弟,爲外孫(女之子)、外甥、婿、妻之父母、舅父等都是緦麻。

以上是禮經上所記的一套喪服制度。這套制度在當時雖然不見得全部實行,後世的喪服喪期雖然也有所改變,但是從中我們可以看到以下三點:

第一,在喪期中可以看出重男輕女的情況。妻爲夫居喪三年,夫爲妻服喪只有期年。明代以前,如果父親還在,兒子爲母親居喪也只是齊衰而不是斬衰。

第二,在喪服中又可以看出嫡庶的分別甚嚴。庶子爲嫡母服喪三年(明代以後,庶子爲自己的母親也服喪三年),但是嫡子不爲庶母服喪,後來改爲期年喪。長子長孫在服喪中很重要。在喪制中有所謂"承重孫",就是由於嫡長子已死,應由嫡長子的兒子承擔喪祭(和宗廟)的重任。又有所謂"承重曾孫",承重孫或承重曾孫在訃聞(訃告)中名字是列第一位的。

第三,在喪服中明顯地表現了血統親疏的等級。因此,習慣上以五服以內爲親,五服以外爲疏。《爾雅·釋親》:"族父之子相謂爲族晜弟,族晜弟之子相謂爲親同姓。"注:"同姓之親無服屬。"這就是説,族兄或族弟的兒子相互間已經没有喪服的關係,只有同姓的關係了。

古人講到親戚關係時,常常用喪服來表示親疏遠近。例如李密《陳情表》:"外無朞功强近之親,内無應門五尺之僮。"[1] 又如杜甫《遣興》:"共指親戚大,緦麻百夫行。"在這種情況下,期功緦麻並不指的是喪服,而指的是親戚了。

古漢語通論(二十二)

古代文化常識(四)

宮室,車馬,飲食,衣飾,什物

(一)宮 室

《爾雅·釋宮》:"宮謂之室,室謂之宮。"宮和室是同義詞。區别開來説,宮是總名,指整所房子,外面有圍牆包着,室只是其中的一

_____

[1] 見本册 928 頁。

個居住單位①。

上古時代，宮指一般的房屋住宅，無貴賤之分。所以《孟子·滕文公上》說："且許子何不爲陶冶，舍皆取諸其宮中而用之？"② 秦漢以後，只有王者所居才稱爲宮。

古代宮室一般向南。主要建築物的内部空間分爲堂、室、房。前部分是堂，通常是行吉凶大禮的地方，不住人。堂的後面是室，住人。室的東西兩側是東房和西房。整幢房子是建築在一個高出地面的臺基上的，所以堂前有階。要進入堂屋必須升階，所以古人常說"升堂"。《論語·先進》："由也升堂矣，未入於室也。"

上古堂前沒有門，堂上東西有兩根楹柱。堂東西兩壁的牆叫序，堂内靠近序的地方也就稱爲東序、西序。堂後有牆和室房隔開，室和房各有户和堂相通。古書上所說的户通常指室的户。東房後部有階通往後庭。

室户偏東。户西相應的位置有一個窗口叫牖。《論語·雍也》說："伯牛有疾，子問之，自牖執其手。"室還有一個朝北的窗口叫向。《説文》說："向，北出牖也。"《詩經·豳風·七月》說："塞向墐户。"③

古人席地而坐。堂上的坐位以室的户牖之間朝南的方向爲尊，所以古書上常說"南面"。室内的坐位則以朝東的方向爲尊。《史記·項羽本記》說："項王、項伯東嚮坐。"又《魏其武安侯列傳》說，田蚡"嘗召客飲，坐其兄蓋侯南鄉，自坐東鄉，以爲漢相尊，不可

---

①　上古宗廟也稱宮室，這裏不討論。
②　見本書第一册 305 頁。
③　見本書第二册 498 頁。

以兄故私橈"①,可見漢代還是這種習俗。

　　漢代文獻上常常提到閣和厢,這是堂的東西兩側和堂毗連平行的房子,和後世閣厢的概念不盡相同。上文説,堂東西有牆叫序。序外東西各有一個小夾室,叫東夾、西夾,這就是閣②。東夾、西夾前面的空間叫東堂、西堂,這就是厢。閣和厢有户相通,厢前也有階。樂府詩《雞鳴》:"鳴聲何啾啾,聞我殿東厢。"東厢就是東堂,殿就是前面所説的堂屋。《説文》説:"堂,殿也。"秦漢以前叫堂不叫殿,漢代雖叫殿,但不限於帝王受朝理事的處所,後來殿才專用於宮廷和廟宇裏的主要建築。

　　以上所説的大致可以代表上古宮室主體建築的基本法式。當然,從帝王宮殿到小康之家,宮室的豐儉崇卑是各不相同的,歷代宮室制度也有變化發展,這裏不能一一叙述。

　　漢代帝王宮殿和將相之家還有廊廡。《史記·魏其武安侯列傳》説,孝景帝拜竇嬰爲大將軍,賜金千斤,竇嬰把所賜金"陳之廊廡下。"顔師古説:"廊,堂下周屋也。"《説文》説:"廡,堂下周屋。"廊廡似乎没有多少分別③。一般人家大約是没有廊廡的。

　　臺榭觀闕都是統治者的建築。臺高而平,便於瞭望。榭是臺上的木構建築,特點是只有楹柱没有牆壁。觀是宗廟或宮廷大門外兩旁的高建築物,兩觀之間有一個豁口,所以叫做闕。漢宮中有白虎觀,這種觀却是獨立的建築物,至於道教的廟宇叫觀,更是後起的意義了。

---

①　見本册 738 頁。
②　漢代閣又指小門。
③　顔師古説:"廡,門屋也。"王先謙認爲"廡是廊下之屋,而廊但是東西厢之上有周檐、下無墙壁者,蓋今所謂遊廊,《説文》新附以爲東西序,是也"。此説不同。

　　附帶説一説,先秦文獻很少看見樓字。《孟子·告子下》:"方寸之木,可使高於岑樓",趙岐注:"岑樓,山之鋭嶺者。"據此則不是樓房的樓。《説文》:"樓,重屋也。"又:"層,重屋也。"《考工記》上也講到"殷人重屋",重屋指的是複屋(棟上加棟),而複屋是不可以住人的(段玉裁説)。《荀子·賦》:"志愛公利,重樓疏堂。"可見戰國晚期已經出現了樓房。但是窮人的房子形成鮮明的對比。他們的住房是篳門圭竇,甕牖繩樞。

　　我國建築有悠久的歷史。古代勞動人民和匠師們在不斷地改進建築材料和建築技術。根據田野考古報告,我們知道殷代一般住房是在地面上挖一個地穴,穴周加培低牆,然後立柱蓋頂,出入口有斜坡或土階。這種形式的住房,考古工作者認爲就是覆。《詩經·大雅·緜》説:"古公亶父,陶復陶穴,未有家室。"復就是覆字的假借。帝王的宮室是建築在地面上的,現在還看到當時的基礎。基是夯土而成的臺基或地基,礎是柱子底部的墊石。後世建築一直很講究基礎。

　　殷代遺址至今還没有發現瓦,屋頂大概是茅草蓋的。據推測至遲周初已發明瓦,但是大多數的房子仍然是茅草屋,所以古人説"茅茨土階"、"茅茨不翦"。《詩經·豳風·七月》説:"晝爾于茅,宵爾索綯。亟其乘屋,其始播百穀。"① 可見瓦屋是挨不着農民住的。

　　磚的發明比瓦要晚些。戰國遺址發現過空心磚,那是用於墓中的。但是《詩經·陳風·防有鵲巢》已經説"中唐有甓",唐指堂塗,是堂下通過中庭通往前門去的一條路,甓,舊説是瓴甋(一作令

---

① 見本書第二册499頁。

適),也就是磚①。但是用磚砌牆是比較後起的事。

　　古人築牆很早就運用版築技術。《孟子·告子下》:"傅説舉於版築之間。"所謂版築是説築土牆用兩塊木板相夾,兩版中間的寬度等於牆的厚度,板外用木柱襯住,裝滿泥土,用杵搗緊,築畢拆除木柱木板,就成了一座牆了。版築技術在古代建築中佔有很重要的地位,直到現在有的地方還用這種築牆技術。後來又用土坯砌牆,土坯叫做墼(jī)②。

　　斗拱是我國古代高級木結構建築裏的重要構件,同時有裝飾的作用。《論語·公冶長》説臧文仲"山節藻梲(zhuó)",舊説梲是梁上短柱,節就是斗拱。我們從戰國銅器圖案上可以見到類似斗拱的結構構件。

　　關於古代宮室,我們就説到這裏。

(二)車　馬

　　古書上常見車馬並舉。例如《詩經·唐風·山有樞》説:"子有車馬,弗馳弗驅",《論語·公冶長》説:"願車馬衣輕裘,與朋友共,敝之而無憾。"③ 戰國以前,車馬是相連的,一般地説,沒有無馬的車④,也沒有無車的馬。因此,古人所謂御車也就是御馬,所謂乘馬也就是乘車。《論語·雍也》:"赤之適齊也,乘肥馬,衣輕裘。"這是説乘肥馬駕的車。古代駕二馬爲駢,駕三馬爲驂,駕四馬爲駟。《論語·季氏》:"齊景公有馬千駟。"這不在於説他有四千匹馬,而在於説他

---

① 晉代陶侃有運甓的故事,也是指運磚。
② 墼和磚在很多方面相近,所以東漢時也有稱磚爲墼的,不少漢磚上面有墼字。
③ 見本書第一册183頁。
④ 當然,馬車之外還有牛車等。

有一千乘車。

古人説"服牛乘馬",可見馬車之外還有牛車。馬車古名小車,是供貴族出行和作戰用的;牛車古名大車,一般只用來載運貨物。

古代馬車的車厢叫輿,這是乘人的部分①。輿的前面和兩旁以木板爲屏蔽,乘車的人從輿的後面上車②。《論語·鄉黨》説:孔子"升車必正立執綏",綏是車上的繩子,供人上車時拉手用的。

古人乘車是站在車輿裹的,叫做"立乘"③。輿兩旁的木板可以倚靠身體,叫做輢。輿前部的橫木可以憑倚扶手,叫做式(軾)。古人在行車途中用扶式俯首的姿勢表示敬禮,這種致敬的動作也叫做式④。所以《檀弓》説:"夫子式而聽之。"⑤ 一般車輿上有活動裝置的車蓋,主要是用來遮雨的,像一把大傘。

車輪的邊框叫輞(wǎng),車輪中心有孔的圓木叫轂(孔是穿軸的),輞和轂成爲兩個同心圓。《老子》説:"三十輻共一轂。"⑥ 輻是一根一根的木條,一端接輞,一端接轂。四周的輻條都向車轂集中,叫做"輻輳",後來輻輳引申爲從各方聚集的意思。《漢書·叔孫通傳》説:"四方輻輳。"

車軸是一根橫梁,上面駕着車輿,兩端套上車輪。軸的兩端露在轂外,上面插着一個三四寸長的銷子,叫做轄(又寫作舝、鎋),不讓車輪外脱。轄是個很重要的零件,所以《淮南子·人間》上提到

---

① 所以後世轎子也叫肩輿。
② 此據古書所記。近來考古發掘,知道上古車輿有的是方形,有的是長方形,有的是六角形,有的周圍是高起的欄干,後面留有缺口,以便乘者升降。
③ 但是"婦人不立乘",見《禮記·曲禮上》。
④ 但是"兵車不式",見《禮記·曲禮上》。
⑤ 見本書第一册209頁。
⑥ 見本書第二册375頁。

"夫車之所以能轉千里者,以其要在三寸之轄"。後來引申爲管轄的意思。露在轂外的車軸末端,古代有特定的名稱叫軎(wèi,又寫作轊),又叫軌。《詩經·邶風·匏有苦葉》説:"濟盈不濡軌。"古人常乘車渡水,這是説濟水雖滿並没有濕到車軸頭,意思是水位不到半輪高。軌的另一個意義是指一車兩輪之間的距離,引申爲兩輪在泥道上碾出來的痕跡,又叫做轍。《禮記·中庸》所謂"今天下車同軌",並不是有人把天下的車轍大小都規定下來,而是規定了車子的統一尺寸,車輪的軌轍就自然一致了。

附帶説一説軔(rèn)。軔不是車子的組成部分,而是阻止車輪轉動的一塊木頭。行車時先要把軔移開,所以啟程稱爲"發軔"。引申開來,事情的開端也叫"發軔"。

轅是駕車用的車槓,後端和車軸相連。轅和輈是同義詞。區別開來説,夾在牲畜兩旁的兩根直木叫轅,適用於大車;駕在當中的單根曲木叫輈,適用於小車①。所以《左傳隱公十一年》説:"公孫閼與潁考叔争車,潁考叔挾輈以走。"

車轅前端駕在牲口脖子上的横木叫做軛。軛和衡是同義詞。區別開來説,軛用於大車,衡用於小車。所以《論語·衛靈公》説:"在輿則見其倚於衡也。"

車轅前端插上銷子和軛相連,叫做輗。輗和軏是同義詞。區別開來説,輗用於大車,軏用於小車。所以《論語·爲政》説:"大車無輗,小車無軏,其何以行之哉?"②

古人乘車尚左(以左方爲尊),尊者在左,御者在中,另有一人

---

① 此據古書所記。近來考古發掘,知道上古乘人的馬車多爲獨轅直木。又,漢代乘人的車,種類複雜化,車轅成雙,駕車的馬以一匹爲常,這裏不細説。

② 見本書第一册181頁。

在右陪乘。陪乘叫做驂乘，又叫車右。所以《左傳宣公二年》説：
"其右提彌明知之。"[1] 兵車情況不同。主帥居中自掌旗鼓，御者
在左，另有一人在右保護主帥，叫做車右。一般兵車則是御者居
中，左邊甲士一人持弓，右邊甲士一人持矛。

　　駕車的馬如果是三匹或四匹，則有驂服之分。兩旁的馬叫驂，
中間的馬叫服。一説服之左曰驂，右曰騑。籠統地説，則驂和騑是
同義詞。所以《楚辭·九章·國殤》説："左驂殪兮右刃傷。"[2] 王勃
《滕王閣序》説："儼驂騑於上路。"[3]

　　古代貴族的車馬還有若干裝飾附件，不一一叙述。

　　上文説過，戰國以前馬是專爲拉車用的。《左傳昭公二十五
年》："左師展將以公乘馬而歸。"孔疏："古者服牛乘馬，馬以駕車，
不單騎也。至六國之時始有單騎，蘇秦所云'車千乘，騎萬匹'是
也。"但是孔疏又引劉炫的話，以爲左師展"欲共公單騎而歸"，這是
"騎馬之漸"(開端)。我們認爲春秋時代可能有騎馬的事，但那只
是極個別的情況。到了戰國時代，趙武靈王胡服騎射，才從匈奴學
來了騎馬。後來騎馬之風才漸漸盛行起來的。

(三)飲　食

　　上古的糧食作物有所謂五穀、六穀和百穀。按照一般的説法，
五穀是稷、黍、麥、菽、麻；六穀是稻、稷、黍、麥、菽、麻。六穀比起五
穀來只多了一種稻，這顯然是因爲水稻本是南方作物，後來才傳到

---

① 見本書第一册 27 頁。

② 見本書第二册 566 頁。

③ 見本書本册 1179 頁。

北方來的①。至於百穀，不是説上古真有那麼多的糧食品種，而是多種穀物的意思。

稷是小米，又叫穀子②。稷在古代很長一段時期内是最重要的糧食。古人以稷代表穀神，和社神（土神）合稱爲社稷，並以社稷作爲國家的代稱。由此可見稷在上古的重要性。

黍是現代北方所説的黍子，又叫黃米。《詩經》裏常見黍稷連稱，可見黍在上古也很重要。上古時代，黍被認爲比較好吃的糧食，所以《論語·微子》説：“殺雞爲黍而食之。”③

麥有大麥小麥之分。古代大麥叫麰，又名來牟。

菽就是豆。上古只稱菽，漢以後叫豆。

麻指大麻子，古代也供食用，後世還有吃麻粥的。《詩經·豳風·七月》：“九月叔苴。”苴就是麻子。麻不是主要的糧食作物，古代以絲麻或桑麻並稱，那是指大麻的纖維。

現在説一説穀禾粟粱。

穀是百穀的總稱。禾本來專指稷，後來逐漸變爲一般糧食作物的通稱。粟本來是禾黍的籽粒，後來也用作糧食的通稱。粱是稷的良種。古人常以稻粱並稱，認爲這兩種穀物好吃；又以膏粱或粱肉並稱，認爲是精美的膳食。

糧食炒成乾糧叫糗，也叫餱糧。《詩經·大雅·公劉》：“迺裏餱糧。”④ 糧字本身也指的是乾糧，行軍或旅行時才吃糧。所以《莊

---

① 五穀還有别的説法，例如《孟子·滕文公上》：“樹藝五穀。”趙岐注：“五穀爲稻黍稷麥菽。”本書第一册 202 頁即依此注。六穀也有别的説法，這裏不列舉。
② 有人説稷和黍是一類，黍的籽粒黃色，有黏性；稷的籽粒白色，没有黏性。
③ 見本書第一册 204 頁。
④ 見本書第二册 505 頁。

子·逍遙遊》説:"適千里者,三月聚糧。"①

　　古人以牛羊豕爲三牲。祭祀時三牲齊全叫太牢;只用羊豕不用牛叫少牢。牛最珍貴,只有統治階級吃得起,比較普遍的肉食是羊肉,所以美(美味)羞(饈)等字從羊,羹字從羔從美。古人也吃狗肉,並有以屠狗爲職業的,漢代樊噲還"以屠狗爲事"。《漢書·樊噲傳》顔師古注:"時人食狗,亦與羊豕同,故噲專屠以賣。"可見唐人已經不吃狗了。

　　上古乾肉叫脯(fǔ),叫脩,肉醬叫醢(hǎi)。本來醢有多種:醓(tǎn)醢(肉醬)外,還有魚醢、蜃醢(蛤蜊醬)等。但一般所謂醢則指肉醬而言。上古已有醋,叫做醯(xī)。有了醯,就可製成酸菜、泡菜,叫做菹(zū)。細切的瓜菜做成的叫齏(jī)。醃肉醃魚也叫菹,所以有鹿菹、魚菹等。在這個意義上,菹與醢相近。

　　除了乾肉(脯)和肉醬(醢)以外,上古還吃羹。據説有兩種羹,一種是不調五味不和菜蔬的純肉汁,這是飲的。《左傳桓公二年》:"大羹不致,粢食不鑿,昭其儉也。"所謂"大(太)羹",就是這種羹。另一種是肉羹,把肉放進烹飪器裏,加上五味煮爛。所謂五味,據説是醯、醢、鹽、梅和一種菜。這菜可以是葵,可以是葱,可以是韭。另一説牛羹用藿,羊羹用苦(苦菜),豕羹用薇。《尚書·説命》:"若作和羹,爾惟鹽梅。"可見鹹與酸是羹的主要的味道。《孟子》所謂"一簞食,一豆羹",大概就是這種羹。《左傳隱公元年》載鄭莊公賜穎考叔食,穎考叔"食舍肉。公問之。對曰:'小人有母,皆嘗小人之食矣,未嘗君之羹。請以遺之。'"② 大概也是這一類的肉羹。

---

①　見本書第二册 379 頁。
②　見本書第一册 11 頁。

上古家禽有雞、鵝、鴨。鵝又叫做鴈(有野鴈,有舒鴈,舒鴈就是鵝)。鴨字是後起的字,戰國時代叫做鶩,所以《楚辭·卜居》説:"將與雞鶩争食乎?"① 鴨又叫做舒鳧,和野鳧(野鴨)區别開來。

上古人們所吃的糖只是麥芽糖之類,叫做飴。飴加上糯米粉(糵),可以熬成餳(xíng)。飴是軟的,餳是硬的。餳是古代的糖。但當時的糖並不是後代的沙糖。沙糖(甘蔗糖)不是中原所舊有。白沙糖叫做石蜜,也是外國進貢的東西。一般人所吃的飴或餳是麥芽糖。宋初宋祁《寒食》詩"簫聲吹暖賣餳天",賣的就是麥芽糖。

古人很早就知道釀酒。殷人好酒是有名的,出土的觚爵等酒器之多,可以説明當時飲酒之盛。不過古代一般所謂酒都是以黍爲糜(煮爛的黍),加上麴糵(酒母)釀成的,不是燒酒。燒酒是後起的。

茶是我國主要的特産之一。《爾雅·釋木》:"檟,苦茶。"茶茶本是同一個字。但是上古没有關於飲茶的記載。王褒《僮約》裏説到"烹茶"、"買茶",可見茶在漢代某些地區不但是一種飲料,而且是一種商品。《三國志·吴志·韋曜傳》載,孫皓密賜韋曜茶荈以當酒②,《續博物志》説南人好飲茶,大概飲茶的風氣是從江南傳開的。南北朝時飲茶風氣漸盛。唐宋以後,茶更成爲一般文人的飲料了。

古代漢族不吃乳類的飲料和食品。《史記·匈奴列傳》:"得漢食物皆去之,以示不如湩(dòng)酪之便美也。"湩是牛馬乳。酪有乾濕兩種。依《史記》看來,飲食乳酪都不是漢族的習慣。酥油古

稱爲酥。本來也是胡人的食品,所以唐玄宗嘲安禄山説:"堪笑胡兒但識酥。"醍醐是上等的乳酪,依《涅槃經》説,牛乳成酪,酪成生酥,生酥成熟酥,熟酥成醍醐,醍醐是最上品。凡此都可證明,飲食乳類的習慣是從少數民族傳來的。韓愈《初春小雨》詩:"天街小雨潤如酥。"可見唐時漢人已逐漸習慣於酥酪了。

(四)衣　飾

衣有廣狹二義。廣義的衣指一切蔽體的織品,包括頭衣、脛衣、足衣等。狹義的衣指身上所穿的;當衣和裳並舉的時候,就只指上衣而言。下面分別叙述。

上古的頭衣主要有冠冕弁三種。

冠是貴族男子所戴的"帽子",但是它的樣式和用途與後世所謂的帽子不同。《説文》説:"冠,絭也,所以絭髮。"(絭 juàn,束縛。)古人蓄長髮①,用髮笄綰住髮髻後再用冠束住。據説早先的冠只有冠梁,冠梁不很寬,有褶子,兩端連在冠圈上,戴起來冠梁像一根弧形的帶子,從前到後覆在頭髮上。由此可以想見,上古的冠並不像後世的帽子那樣把頭頂全部蓋住。冠圈兩旁有纓,這是兩根小絲帶,可以在領下打結。《史記·滑稽列傳》記載:"淳于髡仰天大笑,冠纓索絶。"纓和緌(ruí)是同義詞。區別開來説,緌是結餘下垂的部分,有裝飾的作用。

古代冠不止一種,質料和顏色也不盡相同。秦漢以後,冠梁逐漸加寬,和冠圈連成覆杯的樣子。冠的名目和形制也愈益複雜化

---

① 《左傳哀公七年》説吳人"斷髮文身",《左傳哀公十一年》説"吳髮短",《史記·越世家》也説越人"文身斷髮",可見剪短頭髮在上古被認爲是所謂"蠻夷"的風俗。至於剃光頭,那是一種相當重的刑罰,叫做髡。

了。

　　冠又是冕和弁的總名。冕,黑色,是一種最尊貴的禮冠。最初天子諸侯大夫在祭祀時都戴冕,所以後來有"冠冕堂皇"這個成語。"冠冕"又可以用作仕宦的代稱,它又被用來比喻"居於首位"。冕的形制和一般的冠不同。冕上面是一幅長方形的版,叫延(綖),下面戴在頭上。延的前沿掛着一串串的小圓玉,叫做旒。據說天子十二旒①,諸侯以下旒數各有等差。後來只有帝王可以戴冕,所以"冕旒"可以用作帝王的代稱。王維《和賈至舍人早朝大明宮之作》:"萬國衣冠拜冕旒。"

　　弁也是一種比較尊貴的冠,有爵弁,有皮弁。爵弁據說就是沒有旒的冕。皮弁是用白鹿皮做的,尖頂,類似後世的瓜皮帽。鹿皮各個縫合的地方,綴有一行行閃閃發光的小玉石,看上去像星星一樣,所以《詩經·衞風·淇奧》說:"會弁如星。"

　　冕弁加在髮髻上時都要橫插一根較長的笄(不同於髮笄),笄穿過髮髻,把冕弁別在髻上。然後在笄的一端繫上一根小絲帶,從領下繞過,再繫到笄的另一端。這根帶子不叫纓而叫紘(hóng),此外,笄的兩端各用一條名叫紞(dǎn)的絲繩垂下一顆玉來,名叫瑱(zhèn)。因爲兩瑱正當左右兩耳,所以一名充耳,又叫塞耳。《詩經·衞風·淇奧》說"充耳琇瑩",就是指瑱說的。

　　附帶說一說,古時貴族才能戴冠乘車,車有車蓋,所以古人以"冠蓋"爲貴人的代稱。"冠蓋"又指仕宦的冠服和車蓋,所以也用作仕宦的代稱。

　　庶人的頭衣和統治階級不同。他們不但沒有財力製置冠弁,

---

　　① 一說皇帝的冕前後各有十二旒。

而且統治階級還不讓他們有戴冠弁的權利。《釋名·釋首飾》："士冠，庶人巾。"可見庶人只能戴巾。《玉篇》："巾，佩巾也，本以拭物，後人著之于頭。"可見庶人的巾大約就是勞動時擦汗的布，一物兩用，也可以當作帽子裹在頭上。直到漢代，頭巾仍用于庶人和隱士。

幘（zé），就是包髮的巾。蔡邕《獨斷》："幘者，古之卑賤執事不冠者之所服也。"庶人的幘是黑色或青色的，庶人既不許戴冠，只許戴巾幘，在頭衣的制度上就有深刻的階級內容。所以秦稱人民爲黔首（黔，黑色），漢稱僕隸爲蒼頭（蒼，青色），都是從頭衣上區別的（依陶宗儀《輟耕錄》説）。

幘有壓髮定冠的作用，所以後來貴族也戴幘，那是幘上再加冠。這種幘，前面高些，後面低些，中間露出頭髮。現在戲臺上王侯將相冠下也都有幘，免冠後就露出幘來了。此外還有一種比較正式的幘，即幘之有屋（帽頂）者。戴這種幘可以不再戴冠。幘本覆額，戴幘而露出前額，古人叫做岸幘（岸是顯露的意思），這表示灑脱不拘禮節。《晉書·謝奕傳》："岸幘笑詠，無異常日。"

帽，據説是沒有冠冕以前的頭衣，《荀子·哀公》："哀公問舜冠於孔子"，"孔子對曰：古之王者有務而拘領者矣"，楊倞注"務讀爲冒"，意思是説務就是帽。《説文》説，冃是小兒及蠻夷的頭衣，冃是古帽字。但是上古文獻中很少談及帽。魏晉以前漢人所戴的帽只是一種便帽，《世説新語·任誕》説，謝尚"脱幘著帽"，"酣飲於桓子野家"，可見當時的帽還是一種便帽。後來帽成爲正式的頭衣，杜甫《飲中八仙歌》説，張旭"脱帽露頂王公前"，脱帽沒有禮貌，可見戴帽就有禮貌了。

上文説過，古代衣裳並舉時，衣只指上衣。下衣叫做裳。《詩經·邶風·綠衣》説："綠衣黄裳。"《詩經·齊風·東方未明》説："顛倒衣裳。"但是裳並不是褲而是裙①。《説文》説："常(裳)，下帬(裙)也。"衣裳連在一起的叫做深衣。

　　古人衣襟向右掩(右衽)用縧繫結，然後在腰間束帶。《論語·憲問》："微管仲，吾其被髮左衽矣。"② 可見左衽不是中原的習俗③。帶有兩種：一種是絲織的大帶，一種是皮做的革帶。大帶是用來束衣的，叫做紳，紳又特指束餘下垂的部分。古人常説"搢紳"，意思是把上朝時所執的手版(笏)插在帶間④。這樣，"搢紳"就成了仕宦的代稱，而"紳士"的意義也由此發展而來。革帶叫做鞶(pán)，這是用來懸佩玉飾等物的。

　　古人非常珍視玉。玉器不但用於祭祀、外交和社交等方面，而且用於服飾。《禮記·玉藻》説："古之君子必佩玉。"又説："君子無故，玉不去身。"可見佩玉是貴族很看重的衣飾。據説禮服有兩套相同的佩玉，腰的左右各佩一套。每套佩玉都用絲繩繫聯着。上端是一枚弧形的玉叫珩(衡)，珩的兩端各懸着一枚半圓形的玉叫璜，中間綴有兩片玉，叫做琚和瑀(yǔ)，兩璜之間懸着一枚玉叫做衝牙。走起路來衝牙和兩璜相觸，發出鏗鏘悦耳的聲音。《詩經·鄭風·女曰鷄鳴》説："雜佩以贈之。"據舊注，"雜佩"就是這套佩玉。此外，古書上還常常談到佩環、佩玦(玦 jué 是有缺口的佩環)。婦女也有環佩。

---

①　古代男女都著裙，見下文。
②　見本書第一册 196 頁。
③　上古斂死者才左衽。
④　笏是古代君臣朝見時所執的狹長的板子，用玉、象牙或竹子製的，用來指畫或在上面記事。搢紳又作縉紳，薦紳。《史記·五帝本紀》："薦紳先生難言之。"

裘和袍是禦寒的衣服。《詩經·檜風·羔裘》說:"羔裘如膏,日出有曜。"《詩經·小雅·都人士》說:"彼都人士,狐裘黃黃。"可見古人穿裘,毛是向外的,否則不容易看見裘毛的色澤。在行禮或接見賓客時,裘上加一件罩衣,叫做裼(xī)衣,否則被認爲不敬。裼衣和裘,顏色要相配,所以《論語·鄉黨》說:"緇衣,羔裘;素衣,麑裘;黃衣,狐裘。"平常家居,裘上不加裼衣。庶人穿犬羊之裘,也不加裼衣。

袍是長襖,據說裏面鋪的是亂麻(縕)①。一般說來,窮到穿不起裘的人才穿袍。《論語·子罕》:"衣敝縕袍,與衣狐貉者立,而不恥者,其由也與?"可見穿袍穿裘有貧富的差別。漢以後有絳紗袍、皂紗袍,袍成了朝服了。

袞,這是天子和最高級的官吏的禮服。據說袞上繡有蜷曲形的龍。後代所謂"龍袍"就是袞的遺制。

上古時代還不懂得種棉花。所謂"絮",所謂"纊",都只是絲棉②。因此,上古所謂布並不是棉織品,而是麻織品或葛織品。帛則是絲織品的總稱。布與帛也形成了低級衣服與高級衣服的對比,貧賤的人穿不起絲織品,只能穿麻織品,所以"布衣"成了庶人的代稱。最粗劣的一種衣服稱爲"褐",這是用粗毛編織的,所以貧苦的人被稱爲"褐夫"。《孟子·滕文公上》說,許行之徒"皆衣褐,捆屨織席以爲食"③,這是說過着勞動人民的生活。揚雄《解嘲》說"或釋褐而傅"④,這是說脫掉粗劣的衣服做大官去了。後世科舉

---

① 現在單袍也叫袍,上古沒有這種說法。一說袍裏面鋪的新縷和舊絮。
② 依《廣韻》,精的叫縤,粗的叫絮。其實上古一般都叫絮。
③ 見本書第一冊303頁。
④ 見本書第四冊1259頁。

新進士及第授官,也沿稱"釋褐"。

　　上古時代,男女服裝的差別似乎不很大。直到中古,男女服裝也還不是嚴格分開的。試舉"襦""裙"爲例[1]。樂府詩《陌上桑》:"緗綺爲下帬(裙),紫綺爲上襦。"這裏"襦"和"裙"是婦女的服裝。但是《莊子·外物》"未解裙襦",並非專指婦女。《南史·張譏傳》載梁武帝以裙襦賜給張譏,可見男人也是穿着裙襦的。只有袿(guī)被解釋爲婦女的上衣[2]。這大概是可信的。宋玉《神女賦》"被袿裳",曹植《洛神賦》"揚輕袿之綺靡",可以爲證。唐宋以後,婦女着裙之風大盛,男以袍爲常服,女以裙爲常服。

　　上古有裳無褲。上古文獻中有個絝字,又寫作袴,按字音説,也就是後代的褲字。但是上古所説的褲(絝),並不等于今天所謂褲。《説文》:"絝,脛衣也。"可見當時所説的袴,很像今天的套褲[3],所不同者,它不是套在褲子外面的。袴的作用是禦寒。《太平御覽》引《列士傳》"馮援(馮諼)經冬無袴,面有飢色",又引《高士傳》"孫略冬日見貧士,脱袴遺之",都可爲證。

　　有襠的褲子叫褌(kūn),又寫作幝。《釋名·釋衣服》説:"褌,貫也,貫兩脚,上繫腰中也。"此外有一種褌,類似後世的短褲叉,形似犢鼻,叫犢鼻褌[4],穿起來便於勞動操作。《史記·司馬相如列傳》説,司馬相如在臨邛"身自著犢鼻褌",和奴婢們一起洗滌食具。

　　古人用一塊布斜裹在小腿上,叫邪幅或幅(偪)。《左傳桓公二

---

① 襦,短襖(依段玉裁説)。
② 見《釋名·釋衣服》。今天的褂字大約是袿字的音變。
③ 依段玉裁説。王國維《觀堂集林》卷二十二《胡服考》認爲"袴與今時褲制無異"。
④ 錢大昕《十駕齋養新錄》卷四"犢鼻褌"條説,幝無襠者謂之褈,褈犢聲相近,重言爲犢鼻,單言爲褈,後人加衣旁作褈。這是另一種解釋。

年》:"帶裳幅舄。"《詩經·小雅·采菽》:"邪幅在下。"鄭玄注:"邪幅,如今行縢也;偪束其脛,自足至膝,故曰'在下'。"上古的邪幅如同漢代的行縢,相當於後世的裹腿。

上古的鞋叫屨,有麻屨、葛屨等。據説葛屨是夏天穿的,冬天穿皮屨。一般的屨是用麻繩編成的。編時要邊編邊砸,使之結實,所以《孟子·滕文公上》説"捆屨織席"①。

舄(xì)是屨的別名。區別開來説,單底叫屨,複底叫舄。《方言》説,屨中有木者叫複舄,可以走到泥地裏去,不怕泥濕。

屨字本是動詞,是踐的意思。《詩經·魏風·葛屨》説:"糾糾葛屨,可以履霜。"戰國以後履字漸漸用爲名詞。《荀子·正名》:"麤(粗)布之衣,麤紃(xún,鞋帶)之履,而可以養體。"《史記·留侯世家》:"孺子,下取履。"

古人的草鞋叫蹝(躧、屣 xǐ)②,又叫屩(蹻 jué)。《孟子·盡心上》:"舜視棄天下猶棄敝蹝也。"敝蹝就是破草鞋。《史記·虞卿列傳》説虞卿"躡蹻檐簦説趙孝成王"③,就是穿着草鞋,掮着長柄笠(相當於後世的雨傘)去游説趙孝成王。

屐是木頭鞋。屐和舄不同。舄的底下只襯一塊薄板,甚至只是複底,而屐底下是厚板,而且前後有齒。《宋書·謝靈運傳》記載,謝靈運常著木屐,上山則去前齒,下山則去後齒。可見屐是有齒的。戰國時代就開始有屐。《莊子·天下》提到墨子之徒"以跂蹻爲服",跂就是屐字。但不知當時的屐有没有齒。

古書上用皮屨、革舄、革履、韋屨等詞來指用皮做的鞋子。皮

---

① 見本書第一册 303 頁。

② 《説文》説,躧是舞履,字亦作蹝、屣。

③ 檐,當作擔。

鞋比較貴重，一般人穿不起。《説文》：“鞮，革履也，胡人履連脛謂之絡鞮（dī）。”絡鞮就是後代所謂靴，可見靴是由少數民族傳入的。

鞋字古作鞵。《説文》：“鞵，生革鞮也。”可見鞋是鞮的一種。後來鞋字變成了鞋類的總稱，所以有麻鞋、草鞋、芒鞋、絲鞋等。

最後説一説韈（襪）。《説文》説韈是足衣。大約是用皮做的，所以寫作韈。古人以跣足爲至敬，登席必須脱韈。《左傳哀公二十五年》：“褚師聲子韈而登席”，這是對人君無禮。韈字後來又寫作袜，這暗示韈的質料改變了。

（五）什　物

什物很多，不可能一一加以叙述。現在只選主要的而且古今差別較大的談一談。

古人席地而坐，所以登堂必先脱履。席長短不一，長的可坐數人，短的僅坐一人。席和筵是同義詞。區別開來説，筵比席長些，是鋪在地上墊席的；席是加在筵上供人坐用的。後來筵字用來表示宴飲的陳設。陳子昂《春夜別友人》：“金樽對綺筵。”近代“筵席”成爲一個詞，用作酒饌的代稱。

古代牀有兩用，既可以用作臥具，又可以用作坐具。《詩經·小雅·斯干》“載寢之牀”，那是用作臥具；《孟子·萬章上》“舜在牀琴”[1]，那是用作坐具。

---

[1] 琴，用如動詞，彈琴。

古人坐時兩膝跪在席或牀上,臀部坐在脚後跟上①,坐時可以憑几。几是長方形的,不高,類似今天北方的炕几。《孟子·公孫丑上》說孟子"隱几而卧"。《莊子·齊物論》說"南郭子綦隱机而坐",机就是几。几通常是老年人憑倚的,所以古代常以几杖並舉,作爲養尊敬老的用具。

古代進送食物用的托盤叫做案,有長方形的,也有圓形的,前者四足,後者三足,可以放在地上,這是食案。食案形體不大,足很矮,所以《後漢書·梁鴻傳》說梁鴻妻"舉案齊眉"。此外還有書案,長方形,兩端有寬足向内曲成弧形,不很高。後世因爲坐的方式改成今天的樣子,所以才有較高的案几和桌椅。

先秦已有燭字,但是上古的燭並不是後世所指的蠟燭。《説文》說:"燭,庭燎大燭也。"燭和庭燎是一樣的東西,都是火炬。細分起來,拿在手上叫燭,大燭立在地上叫庭燎。據說大燭是用葦薪做的,小燭是用麻蒸做的②。

戰國時代就有照明用的鐙(燈)了,當時的鐙和後世的燈不同。因爲形狀類似盛食物的登(瓦豆),所以就叫做鐙③。古代點鐙用膏,膏是獸類的脂肪,《楚辭·招魂》說:"蘭膏明燭,華鐙錯些。"④點燈用植物油,是後起的事。

---

① 古人坐着要起身時,先把腰挺直,這叫長跪。長跪可以表示敬意,《戰國策·魏策》說秦王"長跪而謝"。又,箕踞在古代被認爲是一種不恭敬的坐式,所謂箕踞,是説坐時臀部着地,兩足向前伸展,膝微曲,其狀如箕。《戰國策·燕策》說荆軻刺秦王不中,"自知事不就,倚柱而笑,箕踞以罵",正表現了蔑視敵人的氣概。

② 依朱駿聲説。麻蒸是去掉皮的麻稭。

③ 後來鐙的形制多樣化了。

④ 蘭膏,加蘭香煉的膏,燃起來有香味。燭,動詞,照耀。錯,錯鏤。些,語氣詞。

未耜是上古耕田的工具。《説文》説："耒，手耕曲木也。"起初是用自然的曲木，後來知道"揉木爲耒"。耒和耜本來是兩種農具。耒上端勾曲，下端分叉；耜的下端則是一塊圓頭的平板，後來嵌入青銅或鐵片，就成了犁的前身。古人常以耒耜並舉，例如《孟子·滕文公上》説："陳良之徒陳相，與其弟辛，負耒耜而自宋之滕。"[1] 古代注家往往認爲耒耜是一種農具的兩個不同部位的名稱，認爲耒是耜上端的曲木，耜是耒下端的圓木或金屬刃片，可見耒耜混淆由來已久了。後來耒耜用作一般農具的代稱。

銍(zhì)是一種短小的鐮刀，錢和鎛(bó)是耘草挖土的鏟形農具。在上古時代，錢鎛大約曾經是交易的媒介，所以春秋晚期和戰國的貨幣模仿錢鎛的形狀，稱爲錢或布(布和鎛古音相同)。

上古的烹飪器有鼎、鬲(lì)、甗(yǎn)等。有陶製的，也有青銅製的。

鼎是用來煮肉盛肉的，一般是圓腹三足[2]，也有長方形四足的，那是方鼎。鼎口左右有耳，可以穿鉉，鉉是抬鼎用的槓子[3]。鼎足的下面可以燒火，有幾種肉食就分幾個鼎來煮，煮熟後就在鼎內取食，所以説"列鼎而食"。鐘鳴鼎食是貴族奢侈生活的一個方面。王勃《滕王閣序》説："閭閻撲地，鐘鳴鼎食之家。"[4]

古人用匕從鼎內把肉取出來後，放在俎上用刀割着吃。所以古書上常以刀匕並舉，刀俎並舉。匕是長柄湯匙。俎是一塊長方

---

[1] 見本書第一册 303 頁。
[2] 所以古人用"鼎足""鼎立"等詞語來譬喻三方並峙的情況。《史記·淮陰侯列傳》："三分天下，鼎足而居。"
[3] 鉉是木製的槓子，以金爲飾(參看《説文》鍵字段玉裁注)。
[4] 見本書本册 1180 頁。

形的小板,兩端有足支撐着,一般是木製的,銅俎很少。

上古煮飯用鬲,蒸飯用甗。鬲似鼎,有三隻空心的短足,下面舉火炊煮。甗分爲上下兩層。下層似鬲,裏面盛水,燒火煮水使蒸氣上升到上層。上層似甑(底部有孔的蒸器),裏面放米穀之類。上下兩層之間有個帶着許多孔的橫隔(箅 bì 子),既便於透過蒸氣,又免得米穀漏到下層。

古書上常見釜甑並舉。《孟子·滕文公上》:"許子以釜甑爨,以鐵耕乎?"①《史記·項羽本紀》:"項羽乃悉引兵渡河,皆沈船,破釜甑。"釜甑是配合起來用的。釜似鍋,它的用途相當於甗的下層;甑似盆,底部有細孔,放在釜上,相當於甗的上層。釜甑之間也有箅子。

古人盛飯盛菜不用盌。《説文》雖有盌字,那是"小盂"(水器)。傳世古器自銘爲盌的,實際上是一個小盂旁邊加上一個柄,那是用來舀水的②。上古盛飯用簋(guǐ),一般圓腹圈足(足在腹底,成圈狀),兩旁有耳,是青銅或陶製的,也有木製或竹製的。又有一種簠(fǔ),長方形,用途和簋相同。古書上常以簠簋並舉。上古的盛食器還有豆,像今天的高腳盤,有的有蓋。豆本來是盛黍稷的,後來逐漸變爲盛肉醬、盛肉羹了。古代木豆叫做豆,竹豆叫做籩,瓦豆叫做登(鐙)。《詩經·大雅·生民》:"于豆于登。"銅豆還有別的名稱,這裏沒有必要細説。

筷子古代叫箸,但是先秦時代,吃飯一般不用筷子。《禮記·曲禮上》:"毋摶飯。"意思是不要用手把飯弄成一團來吃,可見當時是

①　見本書第一册 305 頁。
②　但是這並不等於説上古沒有和現代盌形大致類似的器物,不過它們的名稱用途和現代所謂的盌不同。

用手送飯入口的。但是在一定情況下則用筷子。《禮記·曲禮上》：
"羹之有菜者用梜。"孔疏："以其菜交横，非梜不可。"梜就是一種筷
子。大約到了漢代才普遍用筷子。《漢書·張良傳》說："請借前箸
以籌之。"

　　上古的盛酒器有尊、觥、罍、壺等。《詩經·周南·卷耳》"我姑酌
彼金罍"，"我姑酌彼兕觥"①，那是盛酒器。觥，同時又是飲酒器，
所以《詩經·豳風·七月》說："稱彼兕觥，萬壽無疆。"② 罍壺除了盛
酒外，還用來盛水。古人用斗勺來舀酒、舀水。舀叫做挹，舀後倒
到飲器中叫做注。所以《詩經·小雅·大東》說："不可以挹酒漿。"
《詩經·大雅·泂酌》說："挹彼注兹。"

　　爵是古代飲酒器的通稱。但是作爲專名，爵是用來温酒的，它
有三只脚，下面可以舉火。上古常用的飲酒器是觚（gū）和觶
（zhì），觶比較輕小，所以古人說"揚觶"。戰國以後出現了一種橢
圓形的杯（桮），兩側有弧形的耳，後人稱爲耳杯，又叫羽觴③。杯
可以用來飲酒，也可以盛羹。《史記·項羽本紀》說："必欲烹而翁，
幸分我一桮羹。"杯的質料有玉、銀、銅、漆等，漢代很流行。

　　古書上常見槃（盤）匜（yí）並舉，二者是配合起來用的盥洗器。
匜像一隻瓢，有把，有足，有蓋。《左傳僖公二十三年》記載懷嬴爲
晉公子重耳"奉匜沃盥"，可見匜是用來澆水洗手的。古代祭祀燕
饗有沃盥的禮節，用匜澆水洗手時，下面用槃接住水，所以《説文》
說槃是"承槃"。上古槃又用於飲食，《左傳僖公二十三年》提到"乃

----

① 見本書第二冊 474 頁。
② 見本書第二冊 500 頁。
③ 《漢書·外戚傳》顏師古注引孟康曰："羽觴，爵也，作生爵形，有頭尾羽翼。"此外
　　還有別的説法，這裏不列舉。

饋盤殽",《史記·滑稽列傳》提到"杯盤狼藉"①,但還不是現代所謂的盤子。現代的盤子是瓷器發達以後才出現的。

以上所説的飲食用具,大多數是貴族所享用的,平民則用陶製的鬲盆盂罐等器而已。

---

① 依桂馥説。

第 十 單 元

文 選

韓 愈

　　韓愈(768—824)，字退之，鄧州南陽人。(據朱熹考證，這個南陽即今河南脩武縣。)因爲昌黎(在今河北昌黎縣)韓氏是望族，所以後人又稱他爲韓昌黎。韓愈早年不得志，二十五歲中進士，二十九歲才被宣武節度使董晉徵爲屬官，後來累官至吏部侍郎。中間曾幾度被貶。唐德宗貞元十九年(公元 803 年)在監察御史任時，因天旱人饑，上書請求緩徵徭役租稅，得罪了京兆尹李實，被貶爲陽山(今廣東省陽山縣)令。憲宗元和十四年(公元 819 年)在刑部侍郎任時，又因諫迎佛骨，觸怒了皇帝，被貶爲潮州(今廣東省豐順、揭陽、潮陽一帶)刺史。

　　韓愈是唐代古文運動的倡導者。他主張文章要闡明孔孟之道，以此來反對當時單純追求形式的駢文。這些，對當時的文壇以及後世散文的發展都有巨大的影響。

　　韓愈的作品現存有《韓昌黎文集》，由宋廖瑩中輯注，明徐世泰整理。

答李翊書〔1〕

六月二十六日,愈白。李生足下:生之書辭甚高,而其問何下而恭也。能如是,誰不欲告生以其道〔2〕?道德之歸也有日矣,況其外之文乎〔3〕?抑愈所謂望孔子之門牆而不入於其宮者〔4〕,焉足以知是且非邪〔5〕?雖然,不可不爲生言之。

〔1〕李翊(yì),唐德宗時人。貞元十八年(公元802年)中進士。韓愈在這封信裏,强調學習古文必須從道德修養入手。他介紹了自己學習古文的經驗,提出了氣盛言宜的主張。

〔2〕道,指仁義之道。

〔3〕文,文章。

〔4〕抑,轉折連詞,相當於現代漢語的"不過""可是"。《論語·子張》:"夫子之牆數仞,不得其門而入,不見宗廟之美,百官之富。"這裏用此典,是自謙之辭,説自己没有學問。

〔5〕且,還是,或。

生所謂"立言"者,是也〔1〕;生之所爲者與所期者〔2〕,甚似而幾矣〔3〕。抑不知生之志,蘄勝於人而取於人邪〔4〕?將蘄至於古之立言者邪?蘄勝於人而取於人,則固勝於人而可取於人矣;將蘄至於古之立言者,則無望其速成,無誘於勢利,養其根而俟其實,加其膏而希其光〔5〕。根之茂者其實遂〔6〕,膏之沃者其光曄〔7〕。仁義之人,其言藹如也〔8〕。

〔1〕你所謂"立言"這句話,是對的。

〔2〕期,期望。

〔3〕幾,近,接近。

〔4〕蘄(qí),通"祈",求。勝於人,勝過人。取於人,指被人取而用之,即被人學習。

〔5〕竢,古"俟"字,等待。根、膏,都指"道"。實、光,都指"文"。

〔6〕遂,成,這裏指順利地成熟。

〔7〕沃,肥美,這裏指油脂多而好。曄(yè),明亮。

〔8〕蔚如,茂盛的樣子。這句意思是説,仁義之人有了仁義作根,説出話來必然氣勢充沛。

抑又有難者。愈之所爲,不自知其至猶未也。雖然,學之二十餘年矣。始者,非三代兩漢之書不敢觀,非聖人之志不敢存。處若忘〔1〕,行若遺〔2〕,儼乎其若思〔3〕,茫乎其若迷〔4〕,當其取於心而注於手也〔5〕,惟陳言之務去〔6〕,戛戛乎其難哉〔7〕!其觀於人,不知其非笑之爲非笑也〔8〕。如是者亦有年,猶不改〔9〕。然後識古書之正偽,與雖正而不至焉者〔10〕,昭昭然白黑分矣〔11〕,而務去之〔12〕,乃徐有得也。當其取於心而注於手也,汩汩然來矣〔13〕。其觀於人也,笑之則以爲喜,譽之則以爲憂,以其猶有人之説者存也〔14〕。如是者亦有年,然後浩乎其沛然矣〔15〕。吾又懼其雜也,迎而距之,平心而察之〔16〕,其皆醇也,然後肆焉〔17〕。雖然,不可以不養也,行之乎仁義之途,游之乎《詩》《書》之源〔18〕。無迷其途,無絶其源,終吾身而已矣。

〔1〕呆着的時候好像忘掉了什麽。

〔2〕走着的時候好像丢掉了什麽。

〔3〕儼乎,莊重的樣子。

〔4〕茫乎,等於説"茫茫然"。迷,迷惑,昏迷。從"處若忘"到"茫乎其若迷",都是形容學習時苦思苦想,用心專一的樣子。

〔5〕當自己把心裏想的寫出來的時候。

〔6〕陳言,陳腐的言論。

〔7〕戞戞(jiá jiá),很吃力的樣子。

〔8〕非,非難。笑,譏笑。這話是説,不怕別人譏笑自己的文章不合時俗。

〔9〕不改,指不改上述學習的路子和對非笑所抱的態度。

〔10〕正僞,指古書中所載之道的是非真假。正僞的標準即上文所説的"聖人之志",也就是儒家的思想。不至,指没有達到頂點。

〔11〕昭昭然,清楚明白的樣子。

〔12〕去之,指去掉"古書之僞,與雖正而不至焉者"。

〔13〕汩汩(gǔ gǔ)然,水流急速的樣子,這裏形容文思敏捷。

〔14〕大意是,因爲其中還存有時人之説。説者,指見解。

〔15〕浩乎、沛然,都是水勢汹湧的樣子,這裏指文筆奔放。

〔16〕這是説在寫之前,先把意思從正反面來研究,並且平心静氣地加以考慮。距,通"拒"。

〔17〕肆,指放手去寫。

〔18〕詩,《詩經》。書,《尚書》。詩書,這裏泛指古代經典著作。

氣〔1〕,水也;言,浮物也。水大而物之浮者大小畢浮〔2〕。氣之與言猶是也,氣盛則言之短長與聲之高下者皆宜〔3〕。雖如是,其敢自謂幾於成乎? 雖幾於成,其用於人也,奚取焉〔4〕? 雖然,待用於人者,其肖於器邪? 用與舍屬諸人〔5〕。君子則不然。處心有道〔6〕,行己有方,用則施諸人,舍則傳諸其徒,垂諸文而爲後世法。如是者,其亦足樂乎? 其無足樂也?

〔1〕氣,指思想修養。

〔2〕畢,盡。

〔3〕這是説氣盛了就能駕馭語言,運用自如。言之短長,語句的長短。聲之高下,聲調的抑揚。

〔4〕被人用時,人家取什麽呢? 也就是不見得可以被人取用。

〔5〕等待別人用的人,就像器物一樣,用和不用,都由別人擺佈。

〔6〕處,處理,安排。心,指思想。道,方法。

有志乎古者希矣,志乎古必遺乎今〔1〕,吾誠樂而悲之。亟稱其人〔2〕,所以勸之,非敢褒其可褒而貶其可貶也。問於愈者多矣,念生之言不志乎利,聊相爲言之。愈白。

〔1〕遺,棄。指被今人所棄。

〔2〕亟(qì),屢次。其人,指志乎古的人。

送孟東野序〔1〕

大凡物不得其平則鳴。草木之無聲,風撓之鳴〔2〕。水之無聲,風蕩之鳴。其躍也,或激之〔3〕;其趨也〔4〕,或梗之〔5〕;其沸也,或炙之〔6〕。金石之無聲,或擊之鳴。人之於言也亦然,有不得已者而後言,其歌也有思,其哭也有懷。凡出乎口而爲聲者,其皆有弗平者乎!

〔1〕孟東野,名郊,唐代著名詩人。他一生窮愁潦倒,四十六歲才考中進士,五十歲才任溧陽(今江蘇溧陽縣西北)尉。韓愈很同情他,於是贈此序來勉勵他。序,唐初形成的一種文體,即贈言。本文主要説明兩點:(一)文學和時代是密切聯繫着的,不同的時代產生不同的文學;(二)作家必須有真情實感,才能寫出好作品來。

〔2〕撓(náo),攪動。

〔3〕激,阻礙水勢,使其激揚。

〔4〕趨,這裏指水流得很快。

〔5〕梗,塞。這裏指阻塞水流,以强其勢。

〔6〕炙,燒。

　　樂也者〔1〕,鬱於中而泄於外者也,擇其善鳴者而假之鳴。金石絲竹匏土革木八者〔2〕,物之善鳴者也。維天之於時也亦然,擇其善鳴者而假之鳴。是故以鳥鳴春,以雷鳴夏,以蟲鳴秋,以風鳴冬。四時之相推敓〔3〕,其必有不得其平者乎?其於人也亦然,人聲之精者爲言,文辭之於言,又其精也,尤擇其善鳴者而假之鳴。

〔1〕樂,音樂。

〔2〕這八種都是樂器。參看本册866頁通論第十九節。

〔3〕敓(duó),奪。推敓,等於説推移。

　　其在唐虞,咎陶、禹,其善鳴者也〔1〕,而假以鳴。夔弗能以文辭鳴,又自假於韶以鳴〔2〕。夏之時,五子以其歌鳴〔3〕。伊尹鳴殷〔4〕。周公鳴周〔5〕。凡載於《詩》《書》六藝〔6〕,皆鳴之善者也。周之衰,孔子之徒鳴之,其聲大而遠。傳曰:“天將以夫子爲木鐸〔7〕。”其弗信矣乎〔8〕?其末也,莊周以其荒唐之辭鳴〔9〕。楚,大國也,其亡也,以屈原鳴。臧孫辰、孟軻、荀卿〔10〕,以道鳴者也。楊朱、墨翟、管夷吾、晏嬰、老聃、申不害、韓非、眘到、田駢、鄒衍、尸佼、孫武、張儀、蘇秦之屬〔11〕,皆以其術鳴。秦之興,李斯鳴之〔12〕。漢之時,司馬遷、相如、揚雄,最其善鳴者也〔13〕。其下魏晉氏,鳴者不及於古,然亦未嘗絶也。就其善鳴者〔14〕,其聲清以浮,其節數以急〔15〕,其辭淫以哀[16]，其志弛以肆[17]；其爲言也，亂雜而無章。將天醜其德莫之顧邪[18]？何爲乎不鳴其善鳴者也？

[1]咎陶（gāo yáo），一作皋陶，又作咎繇，相傳爲虞舜的臣，爲舜掌司法，造律立獄。今《尚書》有《皋陶謨》，僞古文《尚書》有《大禹謨》。

[2]夔（kuí），相傳爲虞舜時的樂官。韶，相傳爲舜時的樂曲名。

[3]五子，夏王太康的五個弟弟。太康沉於遊樂，百姓都懷有貳心，有窮國后羿趁太康遊於洛水之南時，在黃河拒守，不讓他入國。五子怨太康失國，作歌述大禹的警戒。五子之歌現已亡佚。今僞古文《尚書》有《五子之歌》，係後人僞託。

[4]伊尹，名摯，商的賢臣，曾助湯伐桀。湯死，又輔佐湯的孫子帝太甲。據説他曾經作《汝鳩》、《汝方》、《咸有一德》、《伊訓》、《肆命》、《徂后》、《太甲》等文。今《尚書》有《伊訓》、《太甲》、《咸有一德》，都是後人的擬作。

[5]指周公曾作《大誥》、《嘉禾》、《康誥》等文。今《尚書》有《大誥》、《康誥》等。

[6]詩，《詩經》。書，《尚書》。六藝，這裏指六經。

[7]鐸，鈴。木鐸，木舌的鈴。古代宣佈新政令時，搖鈴召集百姓來聽。這句話見於《論語·八佾》。這是説孔子不被諸侯所用，將退而著述。

[8]難道不是真的嗎？

[9]荒唐，廣大無邊的樣子。《莊子·天下》説，莊子的學説是一種"荒唐之言"。這是説莊子的文章汪洋閎肆，無涯無涘，與現在所謂"荒唐"不同。

[10]臧孫辰，即臧文仲，春秋時魯國大夫。《左傳襄公二十四年》："魯有先大夫曰臧文仲既没，其言立。"

[11]楊朱，戰國時思想家，衛國人，字子居。他的著作已失傳，他的學説散見於《孟子》《列子》等書中。管夷吾，即管仲，後人將他的言論集爲《管子》。晏嬰，春秋時齊國大夫，謚平，字仲，史稱晏平仲，

後人採其行事和言論,輯爲《晏子春秋》。申不害,法家,戰國時韓昭侯之相,著有《申子》。眘到,即慎到(眘是古"慎"字),法家,戰國時趙人,著有《慎子》。田駢,道家,戰國時齊人,齊宣王時爲上大夫。鄒衍,陰陽家,戰國時齊人,爲燕昭王師。尸佼(jiǎo),雜家,戰國時魯人,曾經是秦相商鞅的門客,著有《尸子》。孫武,春秋時軍事家,齊人,著有《孫子》。張儀,戰國時魏人,秦惠王之相,倡連橫之説。蘇秦,戰國時周人,爲六國之相,倡合縱之説,與張儀同屬縱橫家。

〔12〕李斯,戰國時楚國人,後爲秦始皇的丞相。李斯有《諫逐客書》和《論督責書》,皆見於《史記·李斯列傳》。

〔13〕相如,即司馬相如,字長卿,西漢成都人。揚雄,字子雲,西漢成都人。二人都是有名的辭賦家。

〔14〕即使就其善鳴者而論。

〔15〕節,節拍。數(shuò),頻繁,密。

〔16〕淫,放蕩。

〔17〕弛,鬆弛,懈怠。肆,放縱。

〔18〕大概上天認爲他們的德行醜惡而不顧念他們吧? 將,副詞,大概,或者。醜,用如動詞,意動用法。

　　唐之有天下,陳子昂、蘇源明、元結、李白、杜甫、李觀〔1〕,皆以其所能鳴。其存而在下者,孟郊東野,始以其詩鳴。其高出魏晉,不懈而及於古;其他浸淫乎漢氏矣〔2〕。從吾遊者,李翱、張籍其尤也〔3〕。三子者之鳴信善矣。抑不知天將和其聲而使鳴國家之盛邪? 抑將窮餓其身、思愁其心腸而使自鳴其不幸邪? 三子者之命則懸乎天矣。其在上也奚以喜? 其在下也奚以悲? 東野之役於江南也〔4〕,有若不釋然者〔5〕,故吾道其命於天者以解之。

〔1〕陳子昂,字伯玉,梓州射洪縣(今四川射洪縣)人,初唐著名詩人。蘇源明,初名預,字弱夫,京兆武功(今陝西武功縣)人,唐代文學家。元結,字次山,河南人,唐代詩人。李觀,字元賓,趙州贊皇(在今河北臨城縣北)人,唐代文學家。

〔2〕不懈,這裏指作品無懈可擊。浸淫,叠韻連緜字,逐漸滲透。這裏比喻接近,大意是,他的詩超過了魏晉時代的詩,有些精妙的詩達到了上古詩歌的水平,其他的詩也接近漢詩的水平了。

〔3〕李翱,字習之,趙郡(今河北趙縣)人,一説成紀(今甘肅秦安縣東)人,以古文著稱。張籍,字文昌,蘇州人,擅長樂府。尤,特出。

〔4〕指孟東野做溧陽尉的事。溧陽在唐代屬江南道。役,服役。

〔5〕不釋,指心放不開,即鬱鬱不樂的意思。

送李愿歸盤谷序〔1〕

太行之陽有盤谷〔2〕,盤谷之間,泉甘而土肥,草木藂茂〔3〕,居民鮮少。或曰:"謂其環兩山之間,故曰盤。"或曰:"是谷也,宅幽而勢阻〔4〕,隱者之所盤旋〔5〕。"友人李愿居之。

〔1〕李愿,生平不詳,與唐西平忠武王李晟的兒子李愿不是一人(依閻若璩説)。盤谷,地名,在河南濟源縣北。本文作於唐德宗貞元十七年,當時政治昏亂,藩鎮恣橫。作者在貞元十六年失官後,到京師求官,但一直未達到目的,心情沈重,牢騷滿腹。所以在這篇文章中表現了對隱居生活的嚮往,對名利之徒的蔑視。

〔2〕太行(háng),太行山。陽,山南爲陽。

〔3〕藂,通"叢"。

〔4〕宅,位置。幽,深暗。

〔5〕盤旋,盤桓,留連。

愿之言曰:"人之稱大丈夫者,我知之矣。利澤施於人,名聲昭於時,坐於廟朝[1],進退百官而佐天子出令[2]。其在外,則樹旗旄[3],羅弓矢,武夫前呵,從者塞途。供給之人,各執其物,夾道而疾馳。喜有賞,怒有刑。才畯滿前[4],道古今而譽盛德,入耳而不煩。曲眉豐頰,清聲而便體[5],秀外而惠中[6],飄輕裾[7],翳長袖[8],粉白黛綠者[9],列屋而閑居,妒寵而負恃[10],爭妍而取憐[11]。大丈夫之遇知於天子[12],用力於當世者之所爲也。吾非惡此而逃之,是有命焉,不可幸而致也[13]。

[1]廟,宗廟。朝,朝廷。古代聘享、命官、議事都在祖廟進行,與朝廷出政並重,所以廟朝並舉。坐於廟朝,指參與國家大事。

[2]進退,指任免,升降。

[3]旄,旗的一種,旗竿上附有犛牛尾或鳥的羽毛。

[4]畯,一本作“俊”。

[5]便(pián)體,體態輕盈。

[6]惠,通“慧”,聰明。外,指外表。中,指内心。

[7]裾(jū),衣服的前襟。

[8]翳,遮蔽。翳長袖,讓長袖遮蔽着身子。《韓非子·五蠹》說:“長袖善舞。”飄輕裾,翳長袖,都是描寫跳舞姿態的美。

[9]黛,古代女子用來畫眉的青黑色顏料。

[10]負,倚靠。恃,這裏用如名詞,指色藝。

[11]妍(yán),美。憐,愛。

[12]遇,遇合。知,被知,被了解。

[13]這兩句是說,這種作威作福的享樂生活是命運決定的,不能够徼倖取得。倖,徼倖。

“窮居而野處,升高而望遠,坐茂樹以終日,濯清泉以自潔。採於山,美可茹[1];釣於水,鮮可食。起居無時,

惟適之安〔2〕。與其有譽於前,孰若無毀於其後〔3〕;與其
有樂於身,孰若無憂於其心。車服不維〔4〕,刀鋸不
加〔5〕,理亂不知〔6〕,黜陟不聞〔7〕。大丈夫不遇於時者
之所爲也,我則行之。

〔1〕茹(rú),吃。
〔2〕適,舒適,用如名詞,是"安"的賓語。這話是說,怎樣舒服就怎樣
做。
〔3〕大意是,與其當面受到稱譽,不如背後不受毀謗。
〔4〕車服,古代官位高低,車服有所不同,這裏車服指官職。維,束縛。
這話是說沒有官職束縛我。
〔5〕刀鋸,指刑戮。這話是說刑戮加不到我身上。
〔6〕理,治(因避唐高宗諱改用"理"字),指天下太平。亂,指不太平。
〔7〕黜(chù),貶斥。陟,進用。

"伺候於公卿之門,奔走於形勢之途〔1〕,足將進而趑
趄〔2〕,口將言而囁嚅〔3〕,處穢污而不羞,觸刑辟而誅
戮〔4〕,徼倖於萬一、老死而後止者,其於爲人賢不肖何如
也〔5〕?"

〔1〕等於說奔走於勢利之途,也就是趨炎附勢的意思。
〔2〕趑趄(zī jū),躊躇不前的樣子。
〔3〕囁嚅(niè rú),想說話又不敢說出口的樣子。
〔4〕辟,法。
〔5〕他們在爲人方面賢不肖怎麼樣呢? 不肖,不賢。

昌黎韓愈,聞其言而壯之,與之酒而爲之歌曰:"盤之
中,維子之宮;盤之土,可以稼;盤之泉,可濯可沿〔1〕;盤
之阻〔2〕,誰爭子所〔3〕? 窈而深〔4〕,廓其有容〔5〕;繚而
曲,如往而復〔6〕。嗟盤之樂兮,樂且無央〔7〕! 虎豹遠跡

兮,蛟龍遁藏[8];鬼神守護兮,呵禁不祥[9]。飲且食兮壽而康;無不足兮奚所望? 膏吾車兮秣吾馬[10],從子於盤兮,終吾生以徜徉[11]。"

〔1〕沿,這裏指沿水散步。

〔2〕阻,險阻。指險阻梗塞的地方。

〔3〕所,處所。

〔4〕窈,幽遠。

〔5〕廓,空闊的樣子。有容,有所容,指寬闊。

〔6〕繚,纏繞,指迴環曲折。這話大意是,盤谷曲折迴環,行人好像在往前走,却不知不覺又走回來了。

〔7〕央,盡。

〔8〕這是雙關語,明說虎豹蛟龍,實則隱寓奸佞豪强。

〔9〕呵,呵斥。

〔10〕膏,油脂,塗在車軸和車轂之間,可使車輪運轉滑利,這裏用如動詞。秣,喂〔牲口〕。

〔11〕徜徉(cháng yáng),徘徊放蕩。這首歌的韻脚是:中宮;土稼;泉沿;阻所;深容;曲復;央藏祥康望(wáng)祥。土與稼押,深與容押,都是仿古。土與稼同屬古音魚部。深屬古音侵部,容屬古音東部,侵東通韻。

柳子厚墓誌銘[1]

子厚,諱宗元[2]。七世祖慶,爲拓跋魏侍中,封濟陰公[3]。曾伯祖奭[4],爲唐宰相,與褚遂良韓瑗俱得罪武后[5],死高宗朝。皇考諱鎮[6],以事母棄太常博士,求爲縣令江南[7]。其後以不能媚權貴,失御史[8]。權貴人死,乃復拜侍御史[9],號爲剛直。所與游皆當世名人。

〔1〕墓誌銘,古代的一種文體,表示對死者的紀念。文章通常分兩部分:第一部分是序文,叙述死者的姓氏、爵位和生平事蹟;後一部分是銘文,表示對死者的悼念和頌贊。這一篇墓誌銘的銘文很短,可說是一種變格。墓誌銘刻在石上,埋於墓中。

〔2〕諱,死去的人的名,敬稱。

〔3〕拓跋魏,指南北朝時的北魏王朝,因國君姓拓跋(後改姓元),所以稱爲拓跋魏。史書記載,柳慶任北魏侍中,入北周,被封爲平齊公。子柳旦爲北周中書侍郎,被封爲濟陰公。此處可能有脱文。

〔4〕奭(shì),先爲中書舍人,因外甥女王氏爲皇太子(唐高宗)妃,擢升爲兵部侍郎。王氏當了皇后後,又升爲中書侍郎。永徽三年(公元652年)代褚遂良爲中書令。高宗廢王氏,柳奭也被貶爲愛州刺史。後來朝臣許敬宗、李義府告發他企圖謀害皇帝,並説他與褚遂良等朋黨爲奸,高宗派人到愛州將他殺死了。按:柳奭是柳宗元的高伯祖,這裏説是曾伯祖。

〔5〕褚(chǔ)遂良,字登善,曾做過吏部尚書、同中書門下三品、尚書右僕射等官。後因勸阻唐高宗立武則天爲皇后,遭到貶黜。韓瑗(yuàn),字伯玉,做過同中書門下三品、侍中等官,爲救褚遂良,也被貶黜。

〔6〕皇考,見第二册555頁注〔3〕。

〔7〕事,侍奉。太常博士,太常指太常寺,掌禮樂、郊廟、社稷之事,長官爲太常卿。博士是其屬官,掌管禮儀祭祀和議定王公大臣的謚號。當時常袞爲吏部尚書,他推薦柳鎮爲太常博士。柳鎮因爲老母在江南,請求做宣城縣(今安徽宣城縣)令。

〔8〕柳鎮後升爲殿中侍御史,因不肯與御史中丞盧佋、宰相竇參一同誣陷侍御史穆贊,並且爲穆贊平反了冤獄,被竇參以别的事陷害,貶爲夔州(今四川奉節縣)司馬。這裏的"御史"即指殿中侍御史。唐代御史臺分三院:臺院、殿院、察院。殿中侍御史屬殿院,是皇帝周圍糾察羣僚的監察官。

〔9〕唐德宗貞元八年(公元792年),竇參因罪被貶,第二年皇帝賜他

死,任柳鎮爲侍御史。侍御史,屬臺院,掌糾舉百僚、審訊案件。

子厚少精敏,無不通達。逮其父時,雖少年,已自成人,能取進士第[1],嶄然見頭角[2]。衆謂柳氏有子矣。其後以博學宏辭[3],授集賢殿正字[4],藍田尉[5]。儁傑廉悍[6],議論證據今古,出入經史百子[7],踔厲風發[8],率常屈其座人[9]。名聲大振,一時皆慕與之交。諸公要人,爭欲令出我門下[10],交口薦譽之[11]。

〔1〕唐德宗貞元九年,柳宗元二十一歲時中進士。

〔2〕嶄(zhǎn)然,高峻的樣子。見(xiàn),顯露。這是比喻青年人顯露才華。

〔3〕博學宏辭,這裏指唐代吏部考選進士及第者的科目,取中後即授予官職。

〔4〕集賢殿,全名爲集賢殿書院,掌刊輯經籍,搜求佚書。置學士、正字等官。正字掌管校讎典籍、刊正文字的工作。

〔5〕藍田,地名,今陝西藍田縣。

〔6〕儁,同"俊"。儁傑,指才能出衆。廉,方正,有骨氣。悍,勇敢。

〔7〕百子,指諸子百家。

〔8〕踔厲,騰躍的樣子。踔厲風發,形容柳宗元發表議論時見識高遠、精神奮發的樣子。

〔9〕率(shuài),一般。

〔10〕這是説,因柳宗元有才學,當時的顯貴人物都想叫他做自己的門生。

〔11〕交口,等於説衆口同聲。

貞元十九年,由藍田尉拜監察御史[1],順宗即位,拜禮部員外郎。遇用事者得罪[2],例出爲刺史[3]。未至,又例貶永州司馬[4]。居閑[5],益自刻苦,務記覽[6]。

爲詞章泛濫停蓄〔7〕,爲深博無涯涘,而自肆於山水
閒〔8〕。

〔1〕監察御史,屬察院,掌分察百僚,巡按郡縣,糾視刑獄,整肅朝儀。

〔2〕用事,等於説當權。用事者,指王叔文。順宗時,王叔文任户部侍
　　郎,深得順宗信任。他看到當時政治黑暗,想進行改革,於是以韋
　　執誼爲尚書左丞、同中書門下平章事(宰相之職),更引用柳宗元、
　　劉禹錫等新進之士。當時憲宗爲太子,對王叔文很不滿意,即位
　　後,將王叔文貶黜,後來又把他殺死了。

〔3〕這裏指永貞元年(公元 805 年)柳宗元因坐王叔文黨,被貶爲邵州
　　(今湖南邵陽市)刺史一事。當時凡被視爲王叔文同黨的都被遣
　　出,所以稱"例出"。

〔4〕永州,今湖南永州市。司馬,唐代州行政長官刺史的屬官,是刺史
　　的助手,不掌武職。

〔5〕居閑,處於閑暇的時候。

〔6〕記覽,記誦和閲覽。這是説柳宗元刻苦讀書。

〔7〕形容文筆汪洋恣肆,像水的泛濫;雄厚凝鍊,像水的停蓄。

〔8〕肆,指放蕩。

　　元和中,嘗例召至京師,又偕出爲刺史〔1〕,而子厚得
柳州〔2〕。既至,嘆曰:"是豈不足爲政邪?"因其土俗〔3〕,
爲設教禁〔4〕,州人順賴。其俗以男女質錢〔5〕,約不時
贖〔6〕,子本相侔〔7〕,則没爲奴婢。子厚與設方計,悉令
贖歸。其尤貧力不能者,令書其傭〔8〕,足相當,則使歸其
質。觀察使下其法於他州〔9〕,比一歲〔10〕,免而歸者且千
人。衡湘以南爲進士者〔11〕,皆以子厚爲師,其經承子厚
口講指畫爲文詞者,悉有法度可觀。

　　〔1〕偕,指很多人一起。

〔2〕柳州,唐置的州名,故治即廣西舊馬平縣治。

〔3〕因,順着。土俗,當地的風俗。

〔4〕教,教化。禁,禁令。

〔5〕質,抵押。

〔6〕約,約定。時,按時。

〔7〕子,指利息。本,指本錢。相侔(móu),相等。

〔8〕書,寫,這裏指記下。傭,這裏指勞動所值。書其傭,把他們的勞動所值記下來。

〔9〕觀察使,官名,又叫觀察處置使,是中央派往地方掌管監察的官,每道設有一個(唐代把全國劃分爲十五個監察區,叫做道)。下其法,推行柳宗元使百姓贖回人質的辦法。

〔10〕比,及,等到。

〔11〕衡湘,衡山、湘水。

其召至京師而復爲刺史也,中山劉夢得禹錫亦在遣中〔1〕,當詣播州。子厚泣曰:"播州非人所居,而夢得親在堂〔2〕,吾不忍夢得之窮,無辭以白其大人。且萬無母子俱往理。"請於朝,將拜疏〔3〕,願以柳易播,雖重得罪,死不恨。遇有以夢得事白上者,夢得於是改刺連州〔4〕。嗚呼!士窮乃見節義。今夫平居里巷相慕悦,酒食游戲相徵逐〔5〕,詡詡强笑語以相取下〔6〕,握手出肺肝相示,指天日涕泣,誓生死不相背負,真若可信;一旦臨小利害,僅如毛髮比,反眼若不相識,落陷穽,不一引手救,反擠之,又下石焉者,皆是也。此宜禽獸夷狄所不忍爲,而其人自視以爲得計。聞子厚之風,亦可以少媿矣。

〔1〕中山,今河北省定縣。劉夢得,名禹錫,彭城(今江蘇省銅山縣)人,先爲王叔文所知,授屯田員外郎判度支鹽鐵案兼崇陵使判官。

王叔文失敗後,劉被貶爲朗州(今湖南常德市)司馬。後來召還,
又貶播州(在今貴州遵義縣西)刺史,改爲連州。

〔2〕親在堂,指母親健在。

〔3〕拜疏,向皇帝上疏。

〔4〕當時御史中丞裴度以劉禹錫母親年老不能同去爲理由,請憲宗派
他到較近的地方去,於是改任他爲連州(州治在今廣東省連縣)刺
史。刺,用如動詞,做刺史。

〔5〕徵,召,這裏指邀請。徵逐,指朋友之間互相邀請飲樂。

〔6〕詡詡(xǔ xǔ),和諧地聚集在一起的樣子。强(qiǎng),勉强。取下,
指採取謙下的態度。

子厚前時少年,勇於爲人[1],不自貴重顧藉[2],謂
功業可立就,故坐廢退。既退,又無相知有氣力得位者推
挽[3],故卒死於窮裔[4],材不爲世用,道不行於時也。
使子厚在臺省時[5],自持其身[6],已能如司馬刺史時,
亦自不斥[7];斥時,有人力能舉之,且必復用不窮。然子
厚斥不久,窮不極,雖有出於人,其文學辭章,必不能自力
以致必傳於後如今[8],無疑也。雖使子厚得所願,爲將
相於一時,以彼易此,孰得孰失,必有能辨之者。

〔1〕爲(wèi),等於說幫助。

〔2〕顧藉,愛惜。

〔3〕推挽,等於說推舉提拔。

〔4〕卒,終於。窮裔(yì),僻遠的邊地。

〔5〕臺,指御史臺。省,指尚書。在臺省,指柳宗元在御史臺任監察御
史,在尚書禮部任員外郎時。

〔6〕意爲謹慎持重,指不參與王叔文集團的政治改革活動。

〔7〕斥,貶斥。

〔8〕以致於一定傳到後世像今天這樣。

子厚以元和十四年十一月八日卒[1]，年四十七。以十五年七月十日，歸葬萬年先人墓側[2]。子厚有子男二人，長曰周六，始四歲；季曰周七，子厚卒乃生。女子二人，皆幼。其得歸葬也，費皆出觀察使河東裴君行立[3]。行立有節概，重然諾[4]，與子厚結交，子厚亦爲之盡，竟賴其力。葬子厚於萬年之墓者，舅弟盧遵[5]。遵，涿人[6]，性謹慎，學問不厭。自子厚之斥，遵從而家焉，逮其死不去。既往葬子厚，又將經紀其家[7]，庶幾有始終者。

銘曰：是惟子厚之室，既固既安，以利其嗣人。

〔1〕元和十四年，當公元819年。
〔2〕萬年，在今陝西長安縣境內。
〔3〕裴行立，絳州稷山（今山西稷山縣）人，元和十二年爲桂管觀察使。
〔4〕然、諾，都是應答的聲音。重然諾，看重許下的諾言，就是講信用的意思。
〔5〕舅弟，表弟。
〔6〕涿，今河北涿縣。
〔7〕經紀，安排料理。

柳 宗 元

柳宗元（773—819），河東（今山西永濟縣）人，因曾做過柳州刺史，所以後人又稱爲“柳柳州”。他當時參加了比較進步的王叔文集團，想改革時政。後來王叔文集團在舊官僚和宦官的聯合進攻下失敗了，於是被落後勢力説成是小人集團，而柳宗元也就長期被某些人看成品德上有欠缺的人,這實在是對他的誣衊。

柳宗元積極地參加了韓愈所倡導的古文運動。他在政治上較開明,加以遭到沉重的政治迫害,被貶到邊遠地區,這就使得他有機會深入社會,接觸下層人民。他的很多作品都暴露了封建政治的黑暗,反映了窮苦人民的痛苦生活,具有較強的人民性和現實主義精神。柳文的藝術性也很高。說理散文結構嚴密,筆鋒犀利,富於戰鬥性。寓言散文諷刺辛辣深刻。山水散文流暢清新。

柳宗元的作品由唐代劉禹錫保存下來,並編成集子。較流行的有宋廖瑩中編注的《柳河東集》和明蔣之翹輯注的《柳河東集》。

愚溪詩序[1]

灌水之陽有溪焉[2],東流入於瀟水[3]。或曰冉氏嘗居也,故姓是溪爲冉溪;或曰可以染也,名之以其能,故謂之染溪。余以愚觸罪,謫瀟水上[4]。愛是溪,入二三里,得其尤絕者,家焉。古有愚公谷[5],今余家是溪,而名莫能定。土之居者,猶齗齗然[6],不可以不更也,故更之爲愚溪。

[1]這篇文章是愚溪詩的序言,詩已亡佚。文中流露出被埋没受屈辱的牢騷,以及不得不愚的憤懣情緒。愚溪,在今湖南永州市西南。

[2]灌水,湘江的支流,在今廣西省全州、灌陽一帶。

[3]瀟水,也是湘江的支流,源出九疑山,在永州市入湘江。灌水、瀟水都在當時永州境內。

[4]指遭貶爲永州司馬事。

[5]《水經注·淄水》:“……西北逕黃山東,又北歷愚山。山東有愚公冢。時水又屈而逕杜山北,有愚公谷。”《說苑·政理》:“齊桓出獵,

逐鹿而走入山谷之中,見一老公而問之曰:'是爲何谷?'對曰:'爲愚公之谷。'桓公曰:'何故?'對曰:'以臣名之。'"按谷在今山東臨淄縣西。

〔6〕斷斷(yín yín)然,争辯的樣子。這幾句是說當地的居民,有的主張叫它冉溪,有的主張叫它染溪,在那裏爭論不休。

愚溪之上,買小丘,爲愚丘。自愚丘東北行六十步,得泉焉,又買居之,爲愚泉。愚泉凡六穴,皆出山下平地,蓋上出也〔1〕。合流屈曲而南,爲愚溝。遂負土累石,塞其隘,爲愚池。愚池之東,爲愚堂。其南,爲愚亭。池之中,爲愚島。嘉木異石錯置,皆山水之奇者,以余故,咸以愚辱焉。

夫水,智者樂也〔2〕;今是溪獨見辱於愚,何哉?蓋其流甚下,不可以灌溉;又峻急多坻石〔3〕,大舟不可入也;幽邃淺狹〔4〕,蛟龍不屑〔5〕,不能興雲雨。無以利世,而適類於余,然則雖辱而愚之可也〔6〕。

〔1〕上出,向上湧出。
〔2〕樂(yào),喜愛。《論語·雍也》:"知者樂水,仁者樂山。"
〔3〕坻(chí),水中小洲。
〔4〕邃(suì),深遠。
〔5〕不屑,等於說不屑居住。
〔6〕愚,用如動詞。愚之,叫它做愚。

甯武子"邦無道則愚"〔1〕,智而爲愚者也;顔子"終日不違如愚"〔2〕,睿而爲愚者也〔3〕。皆不得爲真愚。今余遭有道而違於理,悖於事,故凡爲愚者,莫我若也。夫然,則天下莫能争是溪,余得專而名焉。

〔1〕甯武子,名俞,謚武,春秋時衛國大夫。《論語·公冶長》:“甯武子,邦有道則知,邦無道則愚(指佯愚)。其知可及也,其愚不可及也。”

〔2〕《論語·爲政》:“子曰:‘吾與回言終日,不違如愚。退而省其私,亦足以發,回也不愚。’”(退,顏回退。省,指孔子觀察。私,指顏回的言論行爲。發,指能把孔子所講的道理加以發揮。)

〔3〕睿(ruì),聰明。

溪雖莫利於世,而善鑒萬類[1]。清瑩秀澈,鏘鳴金石[2]。能使愚者喜笑眷慕,樂而不能去也。余雖不合於俗,亦頗以文墨自慰。漱滌萬物[3],牢籠百態[4],而無所避之。以愚辭歌愚溪,則茫然而不違[5],昏然而同歸[6],超鴻蒙[7],混希夷[8],寂寥而莫我知也。於是作八愚詩于溪石上。

〔1〕鑒,照。萬類,即萬物。

〔2〕鏘,金玉的響聲。這是說水聲像鐘磬聲。

〔3〕漱(shù),洗滌。

〔4〕牢籠,包括。

〔5〕不違,指不違於外物。

〔6〕同歸,指與外物同歸於一體。

〔7〕鴻蒙,自然之元氣。超鴻蒙,等於説出世。

〔8〕《老子》:“視之不見名曰夷,聽之不聞名曰希,搏之不得名曰微。此三者,不可致詰,故混而爲一。”混希夷,指與自然混同,物我不分。

答韋中立論師道書[1]

二十一日宗元白。

辱書云欲相師。僕道不篤,業甚淺近,環顧其中,未見可師者。雖常好言論,爲文章,甚不自是也。不意吾子自京師來蠻夷間[2],乃幸見取[3]。僕自卜固無取[4];假令有取,亦不敢爲人師。爲衆人師且不敢[5],況敢爲吾子師乎?

〔1〕韋中立,潭州刺史韋彪的孫子,元和十四年(公元 819 年)中進士。元和八年,他曾請求柳宗元做他的老師,這是柳宗元答覆他的信。這封信的前半論師道之衰,表示自己不敢擔當老師的名義。後半著重闡述自己"文以明道"的文學主張,介紹自己的學習經驗和體會。

〔2〕柳宗元當時謫居永州,韋中立從長安來找他,所以説"自京師來蠻夷間"。

〔3〕見取,取我。就是説韋中立要拜柳宗元爲師。

〔4〕自卜,自己估量。無取,沒有可取之處。

〔5〕衆人,指普通的人。

孟子稱"人之患在好爲人師"[1]。由魏晉氏以下,人益不事師。今之世不聞有師。有,輒譁笑之,以爲狂人。獨韓愈奮不顧流俗,犯笑侮,收召後學,作《師説》[2],因抗顏而爲師[3]。世果羣怪聚駡,指目牽引[4],而增與爲言辭[5]。愈以是得狂名,居長安,炊不暇熟[6],又挈挈而東[7]。如是者數矣。屈子賦曰:"邑犬羣吠,吠所怪也。"[8]僕往聞庸蜀之南[9],恒雨少日,日出則犬吠,余以爲過言。前六七年,僕來南。二年冬[10],幸大雪踰嶺[11],被南越中數州[12]。數州之犬,皆蒼黄吠噬狂走者累日[13],至無雪乃已,然後始信前所聞者。今韓愈既自以爲蜀之日,而吾子又欲使吾爲越之雪,不以病乎[14]?
非獨見病,亦以病吾子。然雪與日豈有過哉? 顧吠者犬
耳。度今天下不吠者幾人? 而誰敢衒怪於羣目[15],以召
鬧取怒乎?

〔1〕見《孟子·離婁上》。

〔2〕韓愈作《師説》,專論從師之道。

〔3〕抗,舉。抗顔,毫不客氣的樣子。

〔4〕指目,手指而目視的意思。牽引,拉拉扯扯。這話是説,衆人看到
了韓愈,便指手畫脚,遞眼色,並互相拉扯示意,以表示對他的輕
視。

〔5〕這是説增添一些言辭來毀謗韓愈。

〔6〕煮飯都來不及煮熟,表示匆匆忙忙。

〔7〕挈挈(qiè qiè),孤獨的樣子。

〔8〕見《楚辭·九章·懷沙》。原文作:"邑犬之羣吠兮,吠所怪也。"

〔9〕往,從前。庸,古國名,在今湖北竹山縣東南。庸蜀,這裏泛指四
川。

〔10〕二年冬,指元和二年冬。

〔11〕嶺,指五嶺。嶺南一般是不下雪的。

〔12〕被,覆蓋。南越,泛指今廣東廣西一帶。

〔13〕蒼黄,同"倉皇",張皇失措的樣子。累日,連日。

〔14〕以,通"已",太甚。病,有毛病,不妥。

〔15〕衒(xuàn),通"炫",顯露自己。

僕自謫過以來[1],益少志慮。居南中九年[2],增脚
氣病,漸不喜鬧。豈可使呶呶者早暮咈吾耳[3],騷吾心?
則固僵仆煩憒[4],愈不可過矣[5]! 平居望外遭齒舌不
少[6],獨欠爲人師耳!

〔1〕謫過,指謫降,貶官。

〔2〕南中,泛指南方。

〔3〕呶呶(náo náo),喧鬧不休。咈(fú),拂逆。

〔4〕憒(kuì),心亂。

〔5〕不可過,不能過下去。

〔6〕望外,等於説意外。齒舌,等於説口舌。

抑又聞之,古者重冠禮,將以責成人之道[1],是聖人所尤用心者也[2]。數百年來,人不復行。近有孫昌胤者,獨發憤行之。既成禮,明日造朝[3],至外廷,薦笏言於卿士曰[4]:"某子冠畢[5]。"應之者咸憮然[6]。京兆尹鄭叔則[7],怫然曳笏却立[8],曰:"何預我邪[9]?"廷中皆大笑。天下不以非鄭尹而快孫子[10],何哉?獨爲所不爲也。今之命師者大類此。

〔1〕責,要求。

〔2〕尤,最。

〔3〕造朝,到朝廷去。

〔4〕薦,插。笏(hù),古代臣子朝見皇帝時所拿的手版。薦笏,把笏插在衣帶中。

〔5〕某,孫昌胤自稱。

〔6〕憮(wǔ)然,驚愕莫名的樣子。

〔7〕京兆尹,官名。漢以來,歷代以京城所在州爲京兆,京兆尹是其行政長官。唐時以雍州(今陝西長安縣西北一帶)爲京兆。

〔8〕怫然,不高興的樣子。曳,拖。曳笏,指一手拿着笏而垂下。却,後退。

〔9〕等於説與我何干?

〔10〕非,意動用法,以鄭尹的話爲非。快,意動用法,以孫子的行冠禮爲快。

吾子行厚而辭深,凡所作,皆恢恢然有古人形貌[1]。

雖僕敢爲師,亦何所增加也? 假而以僕年先吾子,聞道著書之日不後,誠欲往來言所聞,則僕固願悉陳中所得者[2]。吾子苟自擇之,取某事去某事則可矣。若定是非以教吾子,僕材不足,而又畏前所陳者,其爲不敢也決矣! 吾子前所欲見吾文,既悉以陳之。非以耀明於子,聊欲以觀子氣色,誠好惡何如也[3]。今書來,言者皆大過[4]。吾子誠非佞譽誣諛之徒,直見愛甚故然耳[5]。

〔1〕恢恢然,寬廣的樣子,這裏指氣魄宏大。

〔2〕中,指心中。

〔3〕好(hào),喜歡。惡(wù),討厭。

〔4〕大過,太過分。

〔5〕直,只不過。

始吾幼且少,爲文章,以辭爲工[1]。及長,乃知文者以明道,是固不苟爲炳炳烺烺[2],務采色[3],夸聲音[4],而以爲能也。凡吾所陳,皆自謂近道,而不知道之果近乎遠乎? 吾子好道而可吾文[5],或者其於道不遠矣。故吾每爲文章,未嘗敢以輕心掉之[6],懼其剽而不留也[7];未嘗敢以怠心易之[8],懼其弛而不嚴也[9];未嘗敢以昏氣出之[10],懼其昧没而雜也[11];未嘗敢以矜氣作之[12],懼其偃蹇而驕也[13]。抑之欲其奧[14],揚之欲其明[15]。疏之欲其通[16],廉之欲其節[17]。激而發之欲其清[18],固而存之欲其重[19]。此吾所以羽翼夫道也[20]。本之《書》以求其質[21];本之《詩》以求其恒[22];本之《禮》以求其宜[23];本之《春秋》以求其斷[24];本之

《易》以求其動[25]。此吾所以取道之原也。參之穀梁氏以厲其氣[26];參之孟荀以暢其支[27];參之莊老以肆其端[28];參之《國語》以博其趣[29];參之《離騷》以致其幽[30];參之太史以著其潔[31]。此吾所以旁推交通[32],而以爲之文也。

〔1〕辭,文辭。工,巧。柳宗元早年喜歡寫駢體文。這裏是說他早年以爲講究文辭就能把文章寫好。

〔2〕炳炳,明亮的樣子。烺烺(lǎng lǎng),意同炳炳。炳炳烺烺,等於說漂亮,形式上好看。

〔3〕采色,指華麗的辭藻。

〔4〕聲音,指文章的聲韻。

〔5〕可,意動用法,認爲可以,認爲還不錯。

〔6〕輕心,輕率之心。掉,大搖大擺,指放縱,隨便。後代成語有"掉以輕心"。

〔7〕剽(piāo),輕而易動。

〔8〕怠,不嚴肅。易,簡率。

〔9〕弛,鬆弛。嚴,謹嚴。

〔10〕昏氣,指不清醒的頭腦。

〔11〕昧沒,不明朗的樣子。

〔12〕矜氣,驕氣。

〔13〕偃蹇,驕傲的樣子。

〔14〕抑,抑制,指不盡情發揮。奧,深奧,這裏指含蓄。

〔15〕揚,發揚,這裏指發揮。從"抑之"到"欲其明",是說既要含蓄,又要明快。

〔16〕疏,疏通。通,通暢。

〔17〕廉,等於說收斂,指刪削繁冗。從"疏之"到"欲其節",是說既要暢達,又要簡潔。

〔18〕激,使水激起浪花,比喻揚去汙濁。

〔19〕固,凝聚。存,保存。從"激而發之"到"欲其重",是説既要不俗氣,
又要不輕浮。

〔20〕羽翼,等於説輔助。道,指聖人之道。即上文所謂文以明道。

〔21〕書,《尚書》。質,樸實。柳宗元認爲《尚書》的優點是樸實。

〔22〕詩,《詩經》。恒,常,久。柳宗元認爲《詩經》有永恒的情理。

〔23〕禮,《周禮》,《儀禮》,《禮記》。宜,合理。柳宗元認爲《禮》的優點是
合理。

〔24〕斷,判斷,指有褒有貶,能判斷是非。

〔25〕易,《周易》。動,有變化,有發展。《周易》由六爻推演爲六十四卦,
而"聖人有以見天下之動"(繫辭上),所以柳宗元認爲它有"動"的
優點。

〔26〕厲,磨,這裏有"加强"的意思。氣,文氣。柳宗元認爲《穀梁傳》的
文氣是值得學習的。

〔27〕支,枝,這裏指文章的條理。柳宗元認爲《孟子》《荀子》的文章是暢
達的。

〔28〕肆,放縱。莊子曾説他的文章是"荒唐之言,無端崖之辭"(見天下
篇),所以柳宗元這樣説。

〔29〕博,大,這裏用如動詞,使動用法。趣,情味。柳宗元認爲《國語》的
文章富有情味。

〔30〕致,這裏指窮盡。幽,隱微。柳宗元認爲《離騷》文意隱微。

〔31〕太史,指司馬遷著的《史記》。著(zhù),彰明,使動用法。柳宗元認
爲《史記》的文章是精練的。

〔32〕《穀梁》以下,不是經,而是子史,所以只説"參之",只説"旁推交
通"。柳宗元的意思是:道理從五經來,而文章作法則可以向子史
學習。

　　凡若此者,果是邪? 非邪? 有取乎? 抑其無取乎?
吾子幸觀焉,擇焉,有餘以告焉[1]。苟亟來以廣是

道[2]，子不有得焉，則我得矣[3]。又何以師云爾哉？取其實而去其名，無招越蜀吠怪，而爲外廷所笑，則幸矣。宗元白。

〔1〕餘，指閒暇。

〔2〕亟(qì)，屢次。亟來，常來。

〔3〕大意是你不因我的幫助而有所得，我却因你的幫助而有所得。這是客氣話。

段太尉逸事狀[1]

太尉始爲涇州刺史時[2]，汾陽王以副元帥居蒲[3]。王子晞爲尚書[4]，領行營節度使[5]，寓軍邠州[6]，縱士卒無賴。邠人偷嗜暴惡者[7]，卒以貨竄名軍伍中[8]，則肆志[9]，吏不得問。日羣行丐取於市[10]，不嗛[11]，輒奮擊，折人手足，椎釜鬲甕盎盈道上[12]，袒臂徐去，至撞殺孕婦人。邠寧節度使白孝德[13]，以王故[14]，戚不敢言[15]。太尉自州以狀白府[16]，願計事。至則曰：“天子以生人付公理[17]，公見人被暴害，因恬然[18]，且大亂，若何？”孝德曰：“願奉教。”太尉曰：“某爲涇州[19]，甚適，少事。今不忍人無寇暴死，以亂天子邊事。公誠以都虞候命某者[20]，能爲公已亂[21]，使公之人不得害。”孝德曰：“幸甚。”如太尉請。

〔1〕段太尉，名秀實，字成公，唐汧(qiān)陽(今陝西千陽縣)人。累官至涇原鄭潁節度使、司農卿。德宗建中四年(公元783年)，朱泚反，段秀實被殺。興元元年(公元784年)追贈太尉。逸事，同“軼

事",指散逸之事。逸事狀,是"行狀"(記述死者生平事蹟,供撰作
正式傳記者參考的傳狀類文體)的變體,只記録逸事(軼事),至於
死者的世系、名字、爵里、壽年以及其他生平事蹟,不詳細記載。
柳宗元於貞元十年(公元 794 年)曾至邠州(今陝西彬縣)軍中探望
叔父,得知段秀實逸事,元和九年(公元 814 年),寫成此文。

〔2〕涇州,即今甘肅涇川縣一帶。

〔3〕汾陽王,郭子儀。肅宗時,平安(禄山)史(思明)之亂,郭子儀功第
一,封汾陽王。以後,唐遭多次變亂,都靠他的力量轉危爲安。德
宗時,拜太尉中書令,死後,謚忠武。蒲,蒲州,在今山西永濟縣
境,爲唐河中府故治所在地。代宗時,郭子儀以關内副元帥兼河
東副元帥河中節度使,駐軍於此。

〔4〕晞,郭子儀第三子,在平定安史之亂時,隨父征伐,有軍功,官至御
史中丞。按郭晞當時爲左散騎常侍。

〔5〕行營,指副元帥的行營,即副元帥的辦公處。凡副元帥行營管轄
地區内的節度使,都可通稱爲行營節度使。

〔6〕寓軍,等於説駐軍。

〔7〕偷,懶惰。嗜,貪婪。暴,凶殘。惡,行爲不善。

〔8〕卒,終於。貨,財貨。竄,指添改。這話是説,各種各樣的壞人,終
於拿財物行賄,得以把姓名添進軍籍中。

〔9〕肆志,指任意胡作非爲。

〔10〕丐,指强求。丐取,敲詐勒索。

〔11〕慊(qiè),通"慊",滿足。

〔12〕椎(chuí),敲打,這裏指砸碎。鬲(lì),古代煮飯用的器皿,似鼎而
矮小。盎(àng),盆。

〔13〕白孝德,因軍功歷任北庭行營節度使,邠寧節度使,封昌化郡王。

〔14〕王,指汾陽王郭子儀。

〔15〕戚,憂愁。

〔16〕州,指涇州。狀,情況。白,告知。府,指節度使府,也就是指白孝
德。

〔17〕生人，即生民，指老百姓。因避唐太宗李世民諱，唐人於"民"往往
　　　改爲"人"。付公理，交給您管。理，治。因避唐高宗諱改用"理"
　　　字。

〔18〕因，仍然。恬(tián)然，安閑的樣子。

〔19〕爲，治。

〔20〕誠，果真，這裏含有假設的意思。都虞候，軍中執法的官。某，這
　　　類"某"字是說話人自稱其名的代替字。此處代秀實。

〔21〕已，停止。

　　既署一月〔1〕，晞軍士十七人入市取酒〔2〕，又以刃刺
酒翁，壞釀器，酒流溝中。太尉列卒取十七人，皆斷頭注
槊上〔3〕，植市門外，晞一營大譟〔4〕，盡甲〔5〕。孝德震
恐，召太尉曰："將奈何？"太尉曰："無傷也，請辭於
軍〔6〕。"孝德使數十人從太尉，太尉盡辭去。解佩刀，選
老躄者一人持馬〔7〕，至晞門下。甲者出，太尉笑且入曰：
"殺一老卒，何甲也？吾戴吾頭來矣。"甲者愕。因諭
曰〔8〕："尚書固負若屬邪〔9〕？副元帥固負若屬邪？奈何
欲以亂敗郭氏？爲白尚書，出聽我言。"晞出見太尉，太尉
曰："副元帥勳塞天地，當務始終〔10〕。今尚書恣卒爲
暴〔11〕，暴且亂，亂天子邊，欲誰歸罪？罪且及副元帥。今
邠人惡子弟，以貨竄名軍籍中〔12〕，殺害人如是不止，幾日
不大亂？大亂由尚書出，人皆曰尚書倚副元帥不戢
士〔13〕。然則郭氏功名，其與存者幾何？"言未畢，晞再拜
曰："公幸教晞以道，恩甚大，願奉軍以從。"顧叱左右曰：
"皆解甲散還火伍中〔14〕，敢譁者死。"太尉曰："吾未晡

食[15]，請假設草具[16]。”既食，曰：“吾疾作，願留宿門下。”命持馬者去，旦日來[17]。遂卧軍中。晞不解衣，戒候卒擊柝衛太尉[18]。旦，俱至孝德所，謝不能[19]，請改過，邠州由是無禍。

〔1〕署，代理，暫任或試充某官職，這裏指代理都虞候官職。

〔2〕取，這裏指搶掠。

〔3〕注，附着。槊，長矛。

〔4〕譟(zào)，吵鬧騷動。

〔5〕甲，鎧甲，這裏用如動詞。

〔6〕辭，這裏有解說的意思。

〔7〕躄(bì)，跛。

〔8〕諭，開導。

〔9〕若屬，等於說“你們這班人”。

〔10〕務，指努力從事。當務始終，應當做到有始有終。

〔11〕恣，放縱。

〔12〕籍，名册。

〔13〕倚，仗着。戢(jí)，禁止。

〔14〕火，《新唐書·兵志》：府兵十人爲火，火有長。纊騎(宿衛兵)，十人爲火，五火爲團。火伍，即隊伍。

〔15〕晡(bū)，申時，等於現在下午三時至五時。晡食，夕食，古人一日兩餐，這是指吃第二頓飯。

〔16〕假，借，等於說就便。草具，見本書第一册 102 頁注〔9〕。

〔17〕旦日，次日。

〔18〕候卒，負責巡邏警衛的士兵。柝(tuò)，巡夜時用來敲打的木梆子。

〔19〕旦，即旦日，次日。謝，謝罪。不能，等於說無能。

先是太尉在涇州爲營田官[1]，涇大將焦令諶取人田[2]，自占數十頃，給與農[3]，曰：“且熟，歸我半。”是歲

大旱,野無草。農以告諶,諶曰:"我知入數而已,不知旱
也。"督責益急〔4〕。且飢死,無以償,即告太尉。太尉判
狀〔5〕,辭甚巽〔6〕,使人求諭諶〔7〕。諶盛怒,召農者曰:
"我畏段某邪?何敢言我?"取判鋪背上,以大杖擊二十,
垂死〔8〕,舁來庭中〔9〕。太尉大泣曰:"乃我困汝。"即自
取水洗去血,裂裳衣瘡〔10〕,手注善藥〔11〕,旦夕自哺農者
然後食。取騎馬賣,市穀代償〔12〕,使勿知。淮西寓軍帥
尹少榮,剛直士也,入見諶,大罵曰:"汝誠人耶!涇州野
如赭〔13〕,人且飢死,而必得穀,又用大杖擊無罪者。段
公,仁信大人也,而汝不知敬。今段公唯一馬,賤賣市穀
入汝,汝又取不恥。凡爲人,傲天災、犯大人、擊無罪
者〔14〕,又取仁者穀,使主人出無馬,汝將何以視天地,尚
不愧奴隸邪〔15〕?"諶雖暴抗〔16〕,然聞言則大愧,流汗不能
食。曰:"吾終不可以見段公。"一夕,自恨死〔17〕。

〔1〕段秀實任涇州刺史前,曾在白孝德手下任支度營田副使(幫助節
　　度使掌管一方財政、召集流民爲官府墾田的官)。
〔2〕焦令諶(chén),人名。
〔3〕給與農,這裏指佃給農夫耕種。
〔4〕責,索取。
〔5〕判,裁決,判決。
〔6〕巽(xùn),通"遜",恭順。
〔7〕諭,告。
〔8〕垂,將近。
〔9〕舁(yú),抬。
〔10〕衣(yì),這裏指包紮。瘡,通"創",傷口。

〔11〕手,親手。注,附著,這裏指敷。

〔12〕市,買。

〔13〕赭,赤土。野如赭,指大旱。

〔14〕傲,這裏指輕視。大人,等於説"長者",這裏指段秀實。

〔15〕尚,還。奴隸,泛指卑賤者。這是説行事如此,連奴隸都不如。

〔16〕抗,等於説傲慢。

〔17〕據《通鑑考異》,代宗大曆八年(公元 773 年),焦令諶還活着,柳宗
　　　元這樣説,可能是根據傳聞。

　　及太尉自涇州以司農徵〔1〕,戒其族:"過岐〔2〕,朱泚
幸致貨幣〔3〕,慎勿納。"及過,泚固致大綾三百匹〔4〕。太
尉壻韋晤堅拒,不得命。至都,太尉怒曰:"果不用吾言。"
晤謝曰:"處賤無以拒也〔5〕。"太尉曰:"然終不以在吾
第〔6〕。"以如司農治事堂〔7〕,棲之梁木上。泚反,太尉
終,吏以告泚,泚取視,其故封識具存〔8〕。

〔1〕徵,召。以司農徵,指段秀實被召至京城作司農卿(主管儲糧和供
　　　應國家用糧的官)。

〔2〕岐,指岐州,今陝西鳳翔縣。這是朱泚軍隊駐紮的地方。

〔3〕朱泚,唐德宗時拜太尉,後反唐,立爲大秦皇帝。不久,又改國號
　　　爲漢,後來爲其部將所殺。幸,敬詞,等於説有幸。致,這裏指贈
　　　送。

〔4〕固,副詞,硬要,固執地。

〔5〕處賤,居於賤位。

〔6〕第,住宅。這句是説,不可把綾放在我的住宅裏。

〔7〕如,往。以如,指把綾送往。

〔8〕識(zhì),封條上所記的字。

　　大尉逸事如右。

　　元和九年月日,永州司馬員外置同正員柳宗元謹上

史館〔1〕。今之稱太尉大節者出入〔2〕,以爲武人一時奮不慮死,以取名天下,不知太尉之所立如是。宗元嘗出入岐周邠斄閒〔3〕,過真定,北上馬嶺〔4〕,歷亭鄣堡戍〔5〕。竊好問老校退卒〔6〕,能言其事。太尉爲人姁姁〔7〕,常低首拱手行步,言氣卑弱,未嘗以色待物〔8〕,人視之,儒者也。遇不可,必達其志〔9〕,決非偶然者。會州刺史崔公來〔10〕,言信行直,備得太尉遺事,覆校無疑〔11〕。或恐尚逸墜,未集太史氏〔12〕,敢以狀私於執事〔13〕。謹狀〔14〕。

〔1〕員外置同正員,指定額以外的與正員禄俸相同的官員。

〔2〕出入,指不符合實際情况。

〔3〕周,今陝西岐山縣。斄(tái),通"邰",古邰國故地,在今陝西武功縣西南。

〔4〕真定,不詳,疑爲馬嶺山南的一個地名。馬嶺,即馬嶺山,在甘肅慶陽縣西北。

〔5〕亭,這裏指邊防區的哨所。鄣,同"障",在邊塞險要處所築的防禦工事。堡,防守用的堡壘。戍,守邊,這裏指戍邊士兵的駐地。

〔6〕校,低級軍官。

〔7〕姁姁(xǔ xǔ),和悦的樣子。

〔8〕色,顏色,這裏指傲慢之色。物,這裏指人。

〔9〕不可,這裏指不合理的事。必達其志,這是説一定要達到糾正不合理的事的目的。

〔10〕崔公,指崔能。崔在元和六年任黔中觀察使,因郡邑被外族攻陷,坐罪,貶永州刺史。

〔11〕校(jiào),審查。

〔12〕逸,失。太史氏,指史官。

〔13〕私,用如動詞,有"私自送交"的意思。

〔14〕狀，用如動詞。

永州韋使君新堂記〔1〕

將爲穹谷嶔巖淵池於郊邑之中〔2〕，則必輦山石〔3〕，溝澗壑〔4〕，陵絕險阻〔5〕，疲極人力，乃可以有爲也。然而求天作地生之狀，咸無得焉。逸其人，因其地，全其天〔6〕，昔之所難，今於是乎在〔7〕。

〔1〕韋使君，當時的永州刺史。使君，對刺史的尊稱。

〔2〕穹谷，深谷。嶔(kān)巖，深巖。淵池，深池。

〔3〕輦，人拉的車，用如動詞。

〔4〕溝，用如動詞。

〔5〕陵，登。絕，越過。

〔6〕全，保全。天，指天然的形狀。

〔7〕是，指示代詞，指下文所說的新堂。

永州實惟九疑之麓〔1〕。其始度土者〔2〕，環山爲城。有石焉，翳於奧草〔3〕；有泉焉，伏於土塗〔4〕。蛇虺之所蟠〔5〕，狸鼠之所游。茂樹惡木，嘉葩毒卉〔6〕，亂雜而爭植〔7〕，號爲穢墟。

〔1〕九疑，即九嶷，山名，在今湖南省境。麓，山脚。

〔2〕度(duó)，量度，這裏有勘測的意思。度土，指度土建州。

〔3〕翳，遮蔽。奧草，深草。

〔4〕伏，隱藏。塗，污泥。

〔5〕虺(huǐ)，一種毒蛇。蟠，也寫作“盤”，屈曲，這裏指盤據。

〔6〕葩(pā)，花。卉(huì)，草。

〔7〕植，生長。

韋公之來，既逾月，理甚無事〔1〕。望其地，且異之。

始命芟其蕪[2]，行其塗[3]。積之丘如[4]，蠲之瀏
如[5]。既焚既釃[6]，奇勢迭出[7]。清濁辨質，美惡異
位[8]。視其植[9]，則清秀敷舒[10]；視其蓄[11]，則溶漾
紆餘[12]。怪石森然[13]，周於四隅[14]。或列或跪，或立
或仆，竅穴逶邃[15]，堆阜突怒[16]。乃作棟宇，以爲觀
游[17]。凡其物類，無不合形輔勢[18]，效伎於堂廡之
下[19]。外之連山高原[20]，林麓之崖[21]，間廁隱顯[22]。
邐延野綠[23]，遠混天碧，咸會於譙門之内[24]。

〔1〕理，形容詞，政治有成績。

〔2〕芟(shān)，削除。蕪，荒草。芟其蕪，與上文"翳於奧草"相應，又與
　　下文"積之丘如"相應。

〔3〕行，使動用法，指疏通。塗，泥。行其塗，與上文"伏於土塗"相應，
　　又與下文"蠲之瀏如"相應。

〔4〕之，指荒草。丘如，像山丘的樣子。

〔5〕蠲(juān)，除去。之，指泥塗。瀏如，水清澈的樣子。

〔6〕焚，指燒草。釃(shǐ)，疏濬。

〔7〕迭，副詞，等於説一個跟着一個。

〔8〕泉水樹木不再像以前那樣清濁美惡不分了。

〔9〕植，指樹木。

〔10〕敷舒，即"扶疏"，叠韻連緜字，枝葉茂盛的樣子。

〔11〕蓄，指積蓄的水。

〔12〕溶漾，一作"容漾"，雙聲連緜字，水動蕩的樣子。紆(yū)餘，叠韻連
　　緜字，曲折縈回的樣子。

〔13〕這是説怪石像樹木叢生的樣子。

〔14〕周，環繞。

〔15〕竅穴，這裏指山洞。逶，曲折。邃(suì)，深遠。

〔16〕堆，小阜。阜，小土山。突怒，等於説突兀。

〔17〕拿來做觀賞和游覽的地方。

〔18〕合形輔勢，配合自然的形勢。

〔19〕效，獻。伎，通“技”。廡(wǔ)，廊。

〔20〕外，指新堂外邊。

〔21〕林麓，佈滿樹木的山脚。崖，邊際。

〔22〕間(jiàn)廁，互相交雜。隱顯，若隱若現。

〔23〕邇，近。

〔24〕譙(qiáo)門，城門上的高樓，用來眺望敵人的，又叫譙樓。因爲新堂
　　設在城内，所以説“譙門之内”。

　　已乃延客入觀[1]，繼以宴娛。或贊且賀曰：“見公之
作，知公之志。公之因土而得勝[2]，豈不欲因俗以成
化[3]？公之擇惡而取美，豈不欲除殘而佑仁[4]？公之
蠲濁而流清，豈不欲廢貪而立廉？公之居高以望遠，豈不
欲家撫而户曉？”夫然，則是堂也，豈獨草木土石水泉之適
歟[5]？山原林麓之觀歟？將使繼公之理者[6]，視其細
知其大也。宗元請志諸石[7]，措諸壁[8]，編以爲二千石
楷法[9]。

〔1〕延，引進。

〔2〕因，藉，這裏指順着。勝，勝景。因土而得勝，順着山水的自然而
　　獲得勝景。

〔3〕因俗以成化，順着風俗而形成教化。

〔4〕佑，助。

〔5〕適，指適意。

〔6〕理，治理。繼公之理者，即下任刺史。

〔7〕志，記載，這個意義後來寫作“誌”。

〔8〕措，置。措諸壁，嵌置石刻於牆壁上。

〔9〕編，指編入卷册。二千石，襲用漢代郡國守相的稱呼，這裏指當時

州的行政長官刺史而言。楷法,楷模法式。

歐　陽　修

歐陽修(1007—1072),字永叔,晚年自號六一居士,北宋廬陵(今江西吉安市)人。仁宗天聖八年(公元 1030 年)中進士,累官至樞密副使(樞密院掌管全國軍事)、參知政事(副宰相)。最後因與王安石政見不合,辭官退休,死後謚文忠。

歐陽修出身較寒微,對人民疾苦、社會弊病有一定程度的了解,所以居官時曾提出許多改革時政的主張,要求減輕人民的負擔。在當時革新派范仲淹與守舊派呂夷簡的政治鬥爭中,他站在革新派一邊,曾因此數次被貶。可是當他晚年王安石變法時,他又採取保守的態度而反對新法。

歐陽修又是當時詩文革新運動的主將。他和尹洙、梅堯臣等人一起,極力反對當時內容空洞,辭藻華麗的文風,提倡寫平易樸素的詩文,強調內容重於形式,實際上繼承了韓愈文以載道的精神。經過多年的努力,加以三蘇、曾鞏、王安石等的支持,這一革新運動蓬勃地發展起來。

歐陽修的散文、詩、詞都有很高的成就,尤其是他的散文具有平易流暢、委曲婉轉的獨特風格,對後世影響很大。

他留下的作品很多,現存的有《歐陽文忠公集》共一百五十三卷。

醉翁亭記[1]

環滁皆山也[2]。其西南諸峰,林壑尤美,望之蔚然而深秀者,瑯琊也[3]。山行六七里,漸聞水聲潺潺,而瀉

出於兩峰之間者,釀泉也。峰回路轉[4],有亭翼然臨於
泉上者[5],醉翁亭也。作亭者誰? 山之僧曰智僊也[6]。
名之者誰? 太守自謂也[7]。太守與客來飲於此,飲少輒
醉,而年又最高,故自號曰醉翁也。醉翁之意不在酒,在
乎山水之間也。山水之樂,得之心而寓之酒也。

〔1〕宋仁宗慶曆五年(公元 1045 年),范仲淹、富弼等由於守舊派的陷
　　害,相繼去職,歐陽修上疏力爭。守舊派給歐陽修加上別的罪名,
　　貶知滁州。這篇文章是他在滁州時寫的。於寫景叙事之中,蘊蓄
　　着抑鬱的心情。

〔2〕滁,滁州,今安徽省滁州市。

〔3〕瑯琊,山名,在滁州西南。

〔4〕回,轉彎。

〔5〕翼然,像鳥展翅的樣子。

〔6〕僊,同“仙”。

〔7〕太守,即郡太守,這是襲用前代郡的行政長官的稱號。宋代有州
　　無郡,沒有太守的名稱,一州長官叫知州,全名是知某州軍州事。
　　這裏是歐陽修的自稱。

　　若夫日出而林霏開[1],雲歸而巖穴暝[2],晦明變化
者,山間之朝暮也。野芳發而幽香,佳木秀而繁陰[3],風
霜高潔,水落而石出者,山間之四時也[4]。朝而往,暮而
歸,四時之景不同,而樂亦無窮也。

〔1〕林霏(fēi),樹林中的雲氣。

〔2〕暝(míng),昏暗(指夜色)。

〔3〕秀,茂盛。

〔4〕四時,四季。

　　至於負者歌於塗,行者休於樹,前者呼,後者應,傴僂

提攜[1]，往來而不絶者，滁人遊也。臨谿而漁，谿深而魚肥；釀泉爲酒，泉香而酒洌[2]。山肴野蔌[3]，雜然而前陳者，太守宴也。宴酣之樂，非絲非竹，射者中[4]，弈者勝，觥籌交錯[5]，起坐而諠譁者，衆賓懽也[6]。蒼顏白髮，頹乎其中者[7]，太守醉也。

[1] 傴僂(yǔ lǚ)，叠韻連緜字，腰彎背曲的樣子，指老年。提攜，抱着攙着，指小孩。

[2] 洌(liè)，清。

[3] 肴(yáo)，魚肉等葷菜。山肴，指山裏得來的野味。蔌(sù)，菜。

[4] 射，指投壺。這是古代舉行宴會時常玩的一種遊戲，把箭投向壺裏，以投中多少決勝負，負者要罰酒。

[5] 籌，這裏指酒籌，用來計算飲酒的數量。

[6] 懽，同"歡"。

[7] 頹，倒。

已而夕陽在山，人影散亂，太守歸而賓客從也。樹林陰翳[1]，鳴聲上下，遊人去而禽鳥樂也。然而禽鳥知山林之樂，而不知人之樂；人知從太守遊而樂，而不知太守之樂其樂也。醉能同其樂，醒能述以文者，太守也。太守謂誰？廬陵歐陽修也。

[1] 翳(yì)，遮蔽。

王 安 石

王安石(1021—1086),字介甫,號半山,北宋臨川(今江西臨川市)人。仁宗慶曆二年(公元1042年)中進士,累官至參知政事、同中書門下平章事(宰相)、尚書左僕射兼門下侍郎(也是宰相,神宗改官制後用此名),封荆國公。王安石執政後,積極推行新法。他的新法是在北宋階級矛盾尖銳、民族危機嚴重的情況下產生的。新法的目的在於給大官僚大地主等特權階級以一定的限制,以增加朝廷收入,加強國防力量,因而遭到了大官僚大地主的堅決反對,屢受排擠,最後只得辭職。哲宗元祐元年(公元1086年),死在南京。

他的散文有較大的成就,他也是唐宋八大家之一。他主張作文章一定要"有福於世",因而他寫文章的態度很嚴肅,目的性很明確。他的散文大多數是政論性的,抨擊時政,指責時弊,多精闢中肯,富有說服力。他的詩也有一定的成就。

他的作品輯爲《臨川集》,共一百卷,由南宋詹大和核定。南宋李壁爲他的詩作了注。清沈欽韓爲他的文作了注,並補正了李壁所注王詩的闕誤。沈氏注中華書局有重印本。

遊褒禪山記[1]

褒禪山亦謂之華山。唐浮圖慧褒始舍於其址[2],而卒葬之,以故其後名之曰褒禪。今所謂慧空禪院者,褒之廬冢也[3]。距其院東五里,所謂華陽洞者,以其乃華山之陽名之也。距洞百餘步,有碑仆道,其文漫滅,獨其爲文猶可識,曰花山[4]。今言華如華實之華者,蓋音謬也[5]。其下平曠,有泉側出,而記遊者甚衆[6],所謂前洞也。由山以上五六里,有穴窈然[7],入之甚寒,問其深,則其好遊者不能窮也,謂之後洞。予與四人擁火以入,入之愈深,其進愈難,而其見愈奇。有怠而欲出者,曰:“不出,火且盡。”遂與之俱出。蓋予所至,比好遊者尚不能十一[8]。然視其左右,來而記之者已少。蓋其又深,則其至又加少矣。方是時,予之力尚足以入,火尚足以明也。既其出,則或咎其欲出者[9],而予亦悔其隨之,而不得極夫遊之樂也。

〔1〕褒禪山,在今安徽含山縣。

〔2〕浮圖,梵語譯音,佛家認爲僧人之中修行圓滿大徹大悟的叫浮圖。慧褒,唐代高僧。址,基,這裏指山脚下。

〔3〕廬,廬舍,指墓旁的房舍。冢,墳墓。

〔4〕其,指華山。這是説,碑上的字跡,已經模糊不清了,只有“花山”二字還可認出來。

〔5〕“花”“華”不同音,王安石認爲讀華是讀錯了。

〔6〕記遊,指題詩文在洞壁上以記遊。

〔7〕窈(yǎo)然,深遠的樣子。

〔8〕十一,十分之一。

〔9〕咎,責怪。

於是予有歎焉。古人之觀於天地、山川、草木、蟲魚、鳥獸,往往有得[1],以其求思之深,而無不在也。夫夷以近[2],則遊者衆;險以遠,則至者少。而世之奇偉瑰怪非常之觀[3]，常在於險遠，而人之所罕至焉，故非有志者不能至也。有志矣，不隨以止也[4]，然力不足者，亦不能至也。有志與力，而又不隨以怠，至於幽暗昏惑而無物以相之[5]，亦不能至也。然力足以至焉，於人爲可譏，而在己爲有悔。盡吾志也而不能至者，可以無悔矣，其孰能譏之乎？此予之所得也。

〔1〕得，指收獲。

〔2〕夷，平坦。以，連詞，等於説而。

〔3〕瑰(guī)怪，珍貴而奇特。

〔4〕不跟隨別人中途停止。

〔5〕相(xiàng)，輔助。

予於仆碑，又以悲夫古書之不存，後世之謬其傳而莫能名者[1]，何可勝道也哉？此所以學者不可以不深思而慎取之也。

四人者，廬陵蕭君圭君玉[2]、長樂王回深父[3]、予弟安國平父、安上純父。至和元年七月某日，臨川王某記[4]。

〔1〕謬其傳，以訛傳訛。莫能名，不能稱名，這裏泛指古説失傳。

〔2〕君圭是名，君玉是字。下文王回深父，安國平父，安上純父仿此。

〔3〕長樂，地名，今福建長樂縣。

〔4〕至和，宋仁宗年號。至和元年，當公元1054年。

蘇　軾

蘇軾(1037—1101)，字子瞻，號東坡居士，四川眉山(今四川眉州市)人。仁宗嘉祐二年(公元 1057 年)中進士,歷任翰林學士兼侍讀、兵部尚書兼侍讀、端明殿翰林侍讀等職,死後諡爲文忠公。他反對王安石新法,因而多次被捲入政治鬥爭的漩渦。他一生的宦途是不平靜的,曾屢次遭到貶黜,最遠被貶到瓊州(今海南島),爲瓊州別駕。六十六歲時死在常州。

蘇軾是有多方面成就的作家。他的散文與詩詞都很有名。在散文方面,他是唐宋八大家之一;在詞方面,他和辛棄疾齊名。豪放是他的詩文的特點。

他有時在作品中也流露出消極頹廢的感傷情調,且常常闡發老莊的哲理。

蘇軾的作品,保存下來的共一百一十卷,收入《東坡七集》。南宋郎曄把他的文章選出四百幾十篇,編成六十卷,爲之作注,定名爲《經進東坡文集事略》。這兩種本子,解放後都有重印本。關於詩,有宋施元之的《施注蘇詩》、清王文誥的《蘇詩編注集成》、翁方綱的《蘇詩補注》等。關於詞,有《東坡詞》和《東坡樂府》。

賈　誼　論[1]

非才之難,所以自用者實難。惜乎! 賈生王者之佐[2],而不能自用其才也。

夫君子之所取者遠[3],則必有所待;所就者大[4],則必有所忍。古之賢人,皆負可致之才[5],而卒不能行其萬一者,未必皆其時君之罪,或者其自取也。

[1]賈誼,見本冊 891 頁。蘇軾在這篇文章裏分析了賈誼在政治上不得志的原因。他歸結爲賈誼不能自用其才,不能等待和不能容忍。其實根本原因在於賈誼對朝廷的建議不利於當時的當權派,

　　　　因而遭到排擠。

〔2〕賈生，漢代的儒者稱爲“生”，如賈生、董生（董仲舒）。

〔3〕所取者，指功業。

〔4〕所就者，也是指功業。

〔5〕致，指致功業。

　　愚觀賈生之論，如其所言，雖三代何以遠過？得君如漢文[1]，猶且以不用死。然則是天下無堯舜，終不可有所爲耶？仲尼聖人，歷試於天下，苟非大無道之國，皆欲勉强扶持，庶幾一日得行其道。將之荆，先之以冉有，申之以子夏[2]。君子之欲得其君，如此其勤也。孟子去齊，三宿而後出晝[3]，猶曰：“王其庶幾召我。”君子之不忍棄其君，如此其厚也。公孫丑問曰：“夫子何爲不豫？”孟子曰：“方今天下，舍我其誰哉？而吾何爲不豫？”[4]君子之愛其身，如此其至也。夫如此而不用，然後知天下果不足與有爲，而可以無憾矣。若賈生者，非漢文之不能用生，生之不能用漢文也。

〔1〕漢文，漢文帝。

〔2〕見第一册《有子之言似夫子》。此處與原文略有不同。

〔3〕晝，齊地名。孟子曾在齊國爲卿，後來見齊王不能行王道，便辭官
　　而去，但是在齊地晝停留了三天，想等齊王改過，重新召他入朝。
　　事見《孟子·公孫丑下》。

〔4〕《孟子·公孫丑下》：“孟子去齊，充虞路問曰：‘夫子若不豫色然，前
　　日虞聞諸夫子曰：“君子不怨天，不尤人。”’曰：‘……夫天未欲平治
　　天下也，如欲平治天下，當今之世，舍我其誰也？吾何爲不豫哉？’”
　　充虞，孟子弟子，蘇軾這裏誤爲公孫丑。豫，喜悦。

　　夫絳侯親握天子璽而授之文帝[1]，灌嬰連兵數十

萬,以決劉呂之雌雄[2],又皆高帝之舊將,此其君臣相得之分,豈特父子骨肉手足哉[3]?賈生,洛陽之少年,欲使其一朝之間,盡棄其舊而謀其新[4],亦已難矣。爲賈生者,上得其君,下得其大臣,如絳灌之屬,優游浸漬而深交之[5],使天子不疑,大臣不忌,然後舉天下而唯吾之所欲爲,不過十年,可以得志。安有立談之間,而遽爲人痛哭哉[6]!觀其過湘爲賦以弔屈原[7],縈紆鬱悶[8],趯然有遠舉之志[9]。其後以自傷哭泣,至於夭絕[10],是亦不善處窮者也。夫謀之一不見用,則安知終不復用也。不知默默以待其變,而自殘至此。嗚呼!賈生志大而量小,才有餘而識不足也。

〔1〕絳侯,周勃。參看本册727頁注〔3〕。漢文帝劉恒是劉邦第二子,初封爲代王。呂后死後,諸呂想篡奪劉家天下,於是以周勃、陳平、灌嬰爲首的劉邦舊臣共誅諸呂,迎立劉恒爲皇帝。劉恒回京城路過渭橋時,周勃曾向他跪上天子璽。

〔2〕諸呂作亂,齊哀王聽到了消息,便舉兵討伐。呂祿等派灌嬰迎擊,灌嬰率兵到滎陽(今河南滎陽縣)後,不擊齊王,而與周勃等共謀,並屯兵滎陽,與齊連和,爲齊王助威。周勃等誅諸呂後,齊王撤兵回國。灌嬰便回到長安,與周勃、陳平等共立文帝。

〔3〕這是説他們君臣之間,比父子兄弟還親。

〔4〕賈誼爲太中大夫時,曾向文帝提出“改正朔,易服色,法制度,定官名,興禮樂”,以及列侯就國,更改律令等一系列建議,得罪了周勃、灌嬰等人。他做梁懷王太傅時,又向文帝獻治安策,對治國、禦外等方面提出了建議。

〔5〕優游,疊韻連緜字,從容不迫的樣子。浸漬(zì),雙聲連緜字,漸漸滲透的樣子。

〔6〕遽,副詞,迫不及待地。賈誼《治安策序》:"臣竊惟事勢,可爲痛哭者一,可爲流涕者二,可爲長太息者六。"

〔7〕賈誼因被朝中大臣排擠,貶爲長沙王太傅,路過湘水,作賦弔屈原。

〔8〕縈紆(yíng yū),雙聲連緜字,繚繞的樣子。這裏比喻心緒不寧。

〔9〕趯(tì)然,超然的樣子,形容遠舉。遠舉,原指高飛,這裏比喻退隱。賈誼《弔屈原賦》:"見細德之險徵兮,遥曾擊而去之。"正是遠舉的意思。

〔10〕賈誼在做梁懷王太傅時,梁懷王騎馬摔死,他自傷未能盡職,時常哭泣,一年多後就死了。夭絕,指賈誼早死。

　　古之人,有高世之才,必有遺俗之累〔1〕。是故非聰明睿智不惑之主〔2〕,則不能全其用。古今稱苻堅得王猛於草茅之中〔3〕,一朝盡斥去其舊臣而與之謀〔4〕。彼其匹夫略有天下之半〔5〕,其以此哉! 愚深悲生之志,故備論之。亦使人君得如賈生之臣,則知其有狷介之操〔6〕,一不見用,則憂傷病沮〔7〕,不能復振。而爲賈生者,亦謹其所發哉〔8〕!

〔1〕累,憂慮。

〔2〕睿(ruì),智慧通達。

〔3〕苻堅,晉時前秦的國君。王猛,字景略,初隱居華山,後受苻堅召,拜爲中書侍郎。

〔4〕王猛被用後,受到苻堅的寵信,屢有升遷,權傾內外,遭到舊臣仇騰、席寶的反對。苻堅大怒,貶黜仇、席二人,於是上下皆服(見《晉書·載記·王猛傳》)。

〔5〕匹夫,指苻堅。略,奪取。當時前秦削平羣雄,佔據着北中國,與東晉對抗,所以説"略有天下之半"。

〔6〕狷(juàn)介,孤高,不同流合污。

〔7〕沮(jǔ)，頹喪。

〔8〕發，泛指立身處世，也就是上文所謂自用其才。

喜雨亭記

亭以雨名，志喜也〔1〕。古者有喜，則以名物，示不忘也。周公得禾，以名其書〔2〕；漢武得鼎，以名其年〔3〕；叔孫勝敵，以名其子〔4〕。其喜之大小不齊，其示不忘一也。

〔1〕志，記，後來寫作"誌"。

〔2〕周成王的同母弟唐叔得一異禾。這種禾是兩禾生在不同的田畝上，而合生一穗。於是獻給成王，成王送給周公。周公受禾後，作《嘉禾》一篇。《嘉禾》文已佚亡，今《尚書》僅存篇名。

〔3〕據《漢書·武帝紀》記載，元鼎元年(公元前116年)五月，得寶鼎於汾水上，於是改元為元鼎元年。《通鑑考異》認為得寶鼎應在元鼎四年，元鼎年號是後來追改的。

〔4〕魯文公十一年，北狄鄋(sōu)瞞國伐魯，魯文公派叔孫得臣禦敵，打敗了鄋瞞，並擊殺其國君僑如，於是將自己的兒子命名為僑如，以表其功。

予至扶風之明年〔1〕，始治官舍。為亭於堂之北，而鑿池其南。引流種樹，以為休息之所。是歲之春，雨麥於岐山之陽〔2〕，其占為有年〔3〕。既而彌月不雨〔4〕，民方以為憂。越三月，乙卯乃雨，甲子又雨，民以為未足。丁卯大雨，三日乃止〔5〕。官吏相與慶於庭，商賈相與歌於市，農夫相與忭於野〔6〕。憂者以喜〔7〕，病者以愈，而吾亭適成。

〔1〕扶風，即鳳翔府，今陝西鳳翔縣。蘇軾曾做過鳳翔府判官，於嘉祐六年(公元1061年)到任。

〔2〕雨麥,上天下麥子。岐山,今陝西岐山縣。

〔3〕占,占卦。年,年成,收成。有年,指豐收。人們不知道雨麥是不是"祥瑞",所以占卦。

〔4〕彌,滿。彌月,整月。

〔5〕乙卯,四月初二日;甲子,四月十一日;丁卯,四月十四日。

〔6〕忭(biàn),高興,喜歡。

〔7〕以,介詞,因,省略了賓語。

於是舉酒於亭上,以屬客而告之〔1〕,曰:"五日不雨可乎? 曰:五日不雨則無麥。——十日不雨可乎? 曰:十日不雨則無禾。——無麥無禾,歲且薦饑〔2〕,獄訟繁興而盜賊滋熾,則吾與二三子,雖欲優游以樂於此亭〔3〕,其可得耶? 今天不遺斯民,始旱而賜之以雨,使吾與二三子得相與優游而樂於此亭者,皆雨之賜也,其又可忘耶?"

〔1〕屬(zhǔ),注,酌。屬客,指斟酒給客人喝。

〔2〕薦,重。薦饑,重複地遭到饑荒。

〔3〕優游,見本冊1061頁注〔5〕。

既以名亭,又從而歌之,曰:"使天而雨珠,寒者不得以爲襦;使天而雨玉,飢者不得以爲粟。一雨三日,伊誰之力? 民曰太守,太守不有;歸之天子,天子曰不然;歸之造物〔1〕,造物不自以爲功;歸之太空,太空冥冥,不可得而名,吾以名吾亭。"〔2〕

〔1〕造物,造物主。

〔2〕珠襦押韻;玉粟押韻;日力押韻;守有押韻;功空押韻;冥名亭押韻。

常 用 詞(十) 95字

議論諷　貶謫斥宣　褒贈　顛覆　率詣歷　寓寄　禁戒　恃玩肆　敷化　加損　刻勒　鬱舒　張弛　是非　能可以

凡聖　殘暴　甘苦　鮮敝　寒溫　幽冥奧　精衆　便嘉　遽速　彌愈尤極甚最

夫婦　嬰孩　親眷　竹木　谷壑　亭臺　郊墟　材才　簿籍狀類　壽命　志趣　涕泣　膏澤　帷蓋　梗概　本末

637.【議】

(一)發表言論。詩經小雅北山："或出入風~。"又特指議論政事。論語季氏："天下有道,則庶人不~。"左傳襄公三十一年："夫人朝夕退而游焉,以~執政之善否。"漢書藝文志："如或一言可采,此亦芻蕘狂夫之~也。"蕭統文選序："所謂坐狙丘,~稷下。"引申爲討論政事以便決定措施。司馬遷報任安書："陪外廷末~。"漢書李廣蘇建傳："召諸貴人~。""議官"二字連用,指議論政事的官。漢書藝文志："雜家者流,蓋出於~官。"又引申爲判罪。司馬遷報任安書："因爲誣上,卒從吏~。"又爲評論。劉伶酒德頌："~其所以。"韓愈柳子厚墓誌銘:"~論證據今古。"

(二)文體之一種。古代的"議"是上給皇帝的奏章,議論得失的。文心雕龍議對："若賈誼之遍代諸生,可謂捷於~也。"

638.【論】

(一)評論,研究。論語憲問："世叔討~之。"孟子萬章下："尚

~古之人。"又爲辯論。史記魏其武安侯列傳:"今日廷～。"又爲議論。司馬遷報任安書:"～列是非。"曾鞏戰國策目録序:"豈好爲異～哉?"

(二)判罪。史記魏其武安侯列傳:"故以十二月晦～棄市渭城。"

(三)文體之一種。這是對人或對事的議論。蕭統文選序:"～則析理精微。"

"論"字作動詞用時讀 lún,陽平聲;作名詞用時讀 lùn,去聲。

[辨]議,論。"議"着重在得失,所以"議"的結果往往是作出決定;"論"着重在是非,所以"論"的結果往往是作出判斷。"議"往往是許多人在一起,你一句我一句地交換意見;"論"不一定要有許多人在一起。作爲名詞用時,"議"和"論"更有分別:"議"是建議,而"論"是評論或議論。

639.【諷】

(一)背誦。周禮春官大司樂:"以樂語教國子興道～誦言語。"杜甫寄岑嘉州詩:"謝朓每篇堪～詠。"

(二)微言婉詞進諫。史記滑稽列傳:"(優孟)常以談笑～諫。"文心雕龍情采:"而吟詠情性,以～其上。"蘇轍快哉亭記:"玉之言蓋有～焉。"(玉:宋玉。)引申爲譏諷,諷刺(後起義)。諸葛亮正議:"欲以誣毀唐帝,～解禹稷,所謂徒喪文藻,煩勞翰墨者矣。"蘇軾送李公恕詩:"酒酣箕坐語驚衆,雜以嘲～窮詩騷。"[～刺](1)用比喻或隱語批評勸説。文心雕龍書記:"刺者,達也。詩人～刺,周禮三刺,事叙相達,若針之通結矣。"(2)今指以比喻、誇張手段進行揭露、批評或嘲笑。

640.【貶】

(一)減損。左傳僖公二十一年：“～食省用。”現代有雙音詞“～值”。

(二)給予低的評價。跟“褒”相對。公羊傳隱公二年：“何以不氏？～。”杜甫哭韋大夫之晉詩：“春秋褒～例，名器重雙全。”

(三)降職。三國志蜀志諸葛亮傳：“是當請自～三等，以督厥咎。”引申爲降職並外放。韓愈柳子厚墓誌銘：“未至，又例～永州司馬。”韓愈左遷至藍關示姪孫湘詩：“一封朝奏九重天，夕～潮州路八千。”

641.【謫】

(一)譴責，責怪。左傳成公十七年：“國子～我。”這個意義又寫作“讁”。詩經邶風北門：“室人交徧讁我。”又寫作“適”。史記魏其武安侯列傳：“舉適諸竇宗室毋節行者。”

(二)降職並外放。柳宗元愚溪詩序：“余以愚觸罪～瀟水上。”蘇轍快哉亭記：“清河張君夢得～居齊安。”這個意義又寫作“適”。史記屈原賈生列傳：“自以壽不得長，又以適去。”

642.【斥】

(一)屏棄，不用。漢書武帝紀：“與聞國政而無益於民者～，在上位而不能進賢者退。”韓愈柳子厚墓誌銘：“使子厚在臺省時，自持其身，已能如司馬刺史時，亦自不～。”蘇軾賈誼論：“一朝盡～去其舊臣。”現代有雙音詞“～退”，“排～”。

(二)斥責，責罵(後起義)。秦觀春日詩：“兒曹獨何事？詆～幾覆醬。”

(三)[～候](1)偵察或偵察敵情的士兵。史記李將軍列傳：

“然亦遠～候，未嘗遇害。”(2)瞭望敵情的土堡。尹耕紫荆關詩：“～候直通沙磧外。”

(四)[充～]雙聲連緜字。多的樣子。左傳襄公三十一年：“敝邑以政刑之不脩，盜賊充～。”

[辨]貶，謫，斥。在貶斥的意義上，這三個字是同義詞。但是，由於詞源的不同，意義也有細微的分別。“貶”字着重在降職，“謫”字着重在譴責，“斥”字着重在屏棄。因此，有時候可以“貶”而不“謫”，如諸葛亮的“自貶三等”。有時候，“謫”字表面上表示譴責，實際上表示貶斥，如柳子厚答韋中立論師道書：“僕自謫過以來，益少志慮。”在這些地方，該用“貶”的不能用“謫”，該用“謫”的不能用“貶”。“斥”的意義只是屏棄不用，與“貶”、“謫”差別更大些，所以“一朝盡斥去其舊臣”不能換成“貶去”或“謫去”。但是有時候作者明指屏棄不用，暗指貶謫，如韓愈在柳子厚墓誌銘中所說的，那又跟“貶”、“謫”相通了。

643.【宣】

(一)散佈，傳播。楊惲報孫會宗書：“曾不能以此時有所建樹，以～德化。”李華弔古戰場文：“文教失～。”現代有雙音詞“～佈”，“～揚”，“～傳”等。引申爲公開地做某一件事(貶義)。仲長統昌言理亂：“君臣～淫。”“相宣”二字連用，表示互相襯托。沈約謝靈運傳論：“夫五色相～，八音協暢。”

(二)以君王的命令宣召(後起義)。水經注江水：“或王命急～，有時朝發白帝，暮到江陵。”

(三)[～室]天子的宮殿名。淮南子本經：“武王甲卒三千，破紂牧野，殺之于～室。王勃滕王閣序：“懷帝閽而不見，奉～室以何年?"

644.【褒】(襃)

表揚。跟"貶"相對。公羊傳隱公元年:"曷爲稱字? ～之也。"漢書霍光傳:"夫～有德,賞元功。"蕭統文選序:"頌者所以游揚德業,～讚成功。"

645.【贈】

(一)贈送。詩經秦風渭陽:"何以～之? 瓊瑰玉佩。"又特指以言相贈。文心雕龍物色:"情往似～,興來如答。"王勃滕王閣序:"臨別～言。"杜甫天末懷李白詩:"應共冤魂語,投詩～汨羅。"

(二)死後追封爵位(後起義)。晉書荀勖傳:"太康十年卒,詔～司徒。"又山簡傳:"年六十卒,追～征南大將軍、儀同三司。"歐陽修瀧岡阡表:"列官於朝,始得封～其親。"又:"皇曾祖府君累～金紫光禄大夫,太師中書令兼尚書令。"

[辨]封,贈。生時封爲封,死後封爲贈。

646.【顛】

(一)頭頂。詩經秦風車鄰:"有馬白～。"後漢書蔡邕傳:"爾有務世公子,誨於華～胡老。"(華顛:白頭。胡老:老人。)引申爲山頂。詩經唐風采苓:"采苓采苓,首陽之～。"山頂的意義後來寫作"巔"。(今本詩經寫作"首陽之巔"。)

(二)跌倒。尚書盤庚中:"～越不恭。"(越:墜。)論語季氏:"～而不扶。"蘇軾荔支嘆詩:"～阬仆谷相枕藉。"[～覆]原意是跌倒。一般用於抽象的意義,表示破壞,搞跨,滅亡。孟子萬章上:"太甲～覆湯之典刑。"蘇洵六國論:"至於～覆,理固宜然。"[～沛][～連]生活困難,流離失所。論語里仁:"～沛必於是。"張載西銘:"凡天下疲癃殘疾惸獨鰥寡,皆吾兄弟之~連而無告者也。"[~倒]倒,倒過來。詩經齊風東方未明:"~倒衣裳。"

(三)精神錯亂(後起義)。北史齊紀中:"問婦人曰:'天子何如?'答曰:'~~癡癡,何成天子。'帝乃殺之。"張籍贈道士詩:"對花歌詠似狂~。"這個意義後來寫作"癲"。

647.【覆】

(一)反。詩經小雅小明:"豈不懷歸?畏此反~。"引申爲翻。莊子達生:"視舟之~猶其車卻也。"荀子王制:"水則載舟,水則~舟。"漢書賈誼傳:"前車~,後車戒。"孔稚珪北山移文:"蒼黃翻~。"又引申爲覆沒。李華弔古戰場文:"常~三軍。"又:"將軍~没。"

(二)倒,傾倒,使傾倒。論語子罕:"雖~一簣,進,吾往也。"莊子逍遙遊:"~杯水於坳堂之上。"[傾~]顛覆。左傳成公十三年:"傾~我國家。"這個意義也可以單說"覆"。論語陽貨:"惡利口之~邦家者。"

(三)蓋(動詞)。莊子德充符:"夫天無不~,地無不載。"庾信春賦:"麥纔青而~雉。"歐陽修瀧岡阡表:"無一瓦之~。"

(四)對上次的結果再進行一次檢驗。唐書選舉志有"覆試",李嶠傳有"覆驗"。宋史職官志有"覆議",食貨志有"覆檢"。

(五)回信(晚起義)。如"答覆","奉覆"。

舊時於(一)(二)(四)(五)諸義讀入聲(芳福切),於(三)義讀去聲(芳救切)。今無別。

[辨]復,覆,複。"復"是回來或回去,"覆"是遮蓋、翻或倒,"複"是雙層的衣服。它們的本義各不相同,但在用法上卻出現了

交叉現象。這主要表現在上古,後來就各有固定用法了。如復、覆,孟子梁惠王上"有復於王者曰",後世這個意義多寫作"覆"。復、複,史記留侯世家和漢書高帝紀"從復道望見諸將……",後來這個意義只作"複",不再寫成"復"。至於"覆"的遮蓋、翻或倒等義,是從不寫作"復"或"複"的。

648.【率】

(一)循,沿着。詩經大雅縣:"~西水滸。"引申爲遵循,依照。詩經大雅假樂:"~由舊章。"韓愈子產不毀鄉校頌:"誠~是道,相天下君。""率性"二字連用,表示"依循性之所感而行"。禮記中庸:"~性之謂道。"由此引申爲"坦率"、"直率"、"輕率"(後起義)。

(二)率領。孟子梁惠王上:"此~獸而食人也。"楊惲報孫會宗書:"是故身~妻子,勠力耕桑。"

(三)大概,一般。禮記祭義:"其~用此與?"史記老莊申韓列傳:"大抵~寓言也。"漢書宣帝紀:"~常在下。"韓愈柳子厚墓誌銘:"~常屈其座人。"這個意義又説成"大率"。漢書百官表:"大~十里一亭。"引申爲一概,一律。韓愈進學解:"占小善者~以録,名一藝者無不庸。"蘇洵六國論:"六國互喪,~賂秦耶?"

(四)讀 lǜ。一定的標準。孟子盡心上:"羿不爲拙射變其彀~。"(羿 yì:人名,古之善射者。彀 gòu:張弓。)現代漢語有"税率","效率","生產率"等。

649.【詣】

到,到達。史記文帝本紀:"乘傳~長安。"世説新語言語:"~門者皆儁才清稱及中表親戚乃通。"韓愈柳子厚墓誌銘:"當~播州。"現代雙音詞"造詣"是由此發展而來的。引申爲拜訪。梁書張續傳:"裴子野自云年出三十不復~人。"又:"有過~續者。"

650.【歷】

(一)經過。司馬遷報任安書:"足~王庭。"後漢書張儉傳:"其所經~,伏重誅者以十數。"水經注汶水:"水出泰山南溪,南流~中下兩廟間。"洛陽伽藍記白馬寺:"得者不敢輒食,乃~數家。""歷"又用於抽象意義,表示經過時間。丘遲與陳伯之書:"北虜僭盜中原,多~年所。""歷世"二字連用,表示過去的各個時代。論衡問孔:"故謂七十子~世希有。"後來說成"歷代"。

(二)副詞。逐一地。漢書藝文志:"~記成敗存亡禍福古今之道。"蕭統文選序:"~觀文囿,泛覽辭林。"蘇軾賈誼論:"仲尼聖人,~試於天下。"

(三)清晰。左思嬌女詩:"口齒自清~。"[~~]清晰,分明。晉書劉寔傳:"~~相次,不可得而亂也。"杜甫歷歷詩:"~~開元事,分明在目前。"成語有"歷歷在目"。

(四)紀載曆法的書。漢書藝文志:"敬順昊天,~象日月星辰,敬授民時。"也寫作"曆"。尚書堯典:"曆象日月星辰。"又寫作"厤"。荀子天論:"日月星辰瑞厤。"引申爲曆法,即推算歲時的方法。周易革卦:"君子以治~明時。"也指掌管推算歲時的人。司馬遷報任安書:"文史星~,近乎卜祝之間。"這個意義後來寫作"曆"。

[辨]厤,歷,曆。在"曆象"的意義上,"歷"和"曆"是古今字;"厤"雖與"歷"、"曆"相通,但後代少見。"歷"的其他意義,古代都不作"曆"或"厤"。

651.【寓】

寄居。禮記郊特牲:"諸侯不臣~公。"孟子離婁下:"無~人於我室。"（寓：使動用法。）庾信詠懷詩："～衞非所～，安齊獨未安。"
今人稱在故鄉以外的住所爲"寓所"。引申爲寄託。左傳成公二
年："請～乘。"文心雕龍頌讚："比類～意。"歐陽修醉翁亭記："得之
心而～之酒也。""寓目"二字連用，表示過目，看一看。左傳僖公二
十八年："得臣與～目焉。"[～言]有所寄託的話。史記老莊申韓列
傳："大抵率～言也。"

652.【寄】

寄居。漢書息夫躬傳："未有第宅，～居丘亭。"曹丕燕歌行：
"君何淹留～他方。"杜甫自京赴奉先縣詠懷五百字詩："老妻～異
縣。"引申爲寄託。論語泰伯："可以託六尺之孤，可以～百里之
命。"李華弔古戰場文："～身鋒刃，膃臆誰訴?"又特指寄託言語或
寄託書信。杜甫驅豎子摘蒼耳詩："～語惡少年，黃金且休擲。"白
居易長恨歌："臨別殷勤重～詞。"杜甫月夜憶舍弟詩："～書長不
達，況乃未休兵!""寄書"本來是託人帶信的意思，現代"寄信"的意
義由此發展而來。

[辨]寓，寄。從來源上說，"寓"和"寄"是同義詞，只在習慣用
法上略有不同。

653.【禁】

（一）禁止。韓非子五蠹："賞其功，必～無用。"楊惲報孫會宗
書："夫人情所不能止者，聖人弗～。"又名詞。禁令。孟子梁惠王
上："問國之大～。"

（二）天子所居。史記秦始皇本紀："二世常居～中。"漢書霍光
傳："召諸～門，毋內昌邑羣臣。"

654.【戒】

（一）警戒,防備。周易萃卦:"～不虞。"孟子公孫丑下:"當在薛也,予有～心。"現代有雙音詞"～嚴"。引申爲留神,當心。莊子養生主:"怵然爲～。"

（二）戒除,革除不良的習慣。論語季氏:"少之時,血氣未定,～之在色。""戒"又用作名詞。論語季氏:"君子有三～。"

（三）警告,勸人警惕。孟子梁惠王下:"～之～之。"蕭統文選序:"～敗遊則有長楊羽獵之制。"柳宗元段太尉逸事狀:"～候卒擊柝衛太尉。"這個意義後來寫作"誡"。引申爲文體的一種。蕭統文選序:"箴興於補闕,～出於弼匡。"

（四）齋戒。禮記禮器:"七日～。"[齋～]舊時迷信,祭祀前,穿整潔的衣服,戒絕嗜欲,使身心清静,以表示對鬼神的虔誠。孟子離婁下:"齋～沐浴,則可以祀上帝。"史記淮陰侯列傳:"齋～,設壇具禮,乃可耳。"

655.【恃】

依靠,依賴。詩經小雅蓼莪:"無母何～?"左傳僖公二十六年:"室如縣罄,野無青草,何～而不恐?"賈誼論積貯疏:"故其畜積足～。"歐陽修瀧岡阡表:"無一瓦之覆,一壟之植,以庇而爲生,吾何～而能自守邪?"引申爲仗着,指心理上的依賴(後起義)。韓愈送溫處士赴河陽軍序:"～才能深藏而不市者。"唐書程千里傳:"千里～勇,開縣門,率百騎,欲直擒希德。"(希德:指程希德。)

656.【玩】（翫）

（一）玩弄。僞古文尚書旅獒:"～人喪德,～物喪志。"蘇轍快哉亭記:"今乃得～之几席之上。"引申爲欣賞。文心雕龍鎔裁:"雖翫其采,不倍領袖。"韋應物月下會徐十一草堂詩:"暫輟觀書夜,還題~月詩。"

（二）名詞。供玩賞的物品。國語楚語下："若夫白珩，先王之~也。"（珩 héng：佩玉上的横玉。）[~好(hào)]供玩賞之物。穀梁傳僖公二年："且夫~好在耳目之前，而患在一國之後。"

（三）習慣而不留心，放鬆警惕。左傳僖公五年："寇不可翫。"

按：依説文，（一）（二）兩義應寫作"玩"，（三）義應寫作"翫"。但是，二字同音，古人通用。

657.【肆】

（一）陳設。詩經大雅行葦："或~之筵。"（筵：竹席。）又小雅楚茨："或~或將。"（將：捧持。）

（二）陳列貨物或工藝品的場所，作坊。論語子張："百工居~以成其事。"引申爲市場。莊子外物："曾不如早索我於枯魚之~。"左思吳都賦："樓船舉䫻而過~。"（䫻：同"帆"。）引申爲店鋪（晚起義）。

（三）放肆。用於褒義，表示不受拘束。韓愈答李翊書："其皆醇也，然後~焉。"又柳子厚墓誌銘："而自~於山水間。"又進學解："先生之於文，可謂閎其中而~其外矣。"柳宗元答韋中立論師道書："參之莊老以~其端。"蘇轍快哉亭記："其流奔放~大。"又用於貶義，表示不依法度，不守規矩。韓愈送孟東野序："其辭淫以哀，其志弛以~。"在現代漢語裏，"放肆"只用於貶義。成語有"~無忌憚"。

658.【敷】

鋪，鋪開。穆天子傳："~筵席。"柳宗元永州韋使君新堂記："視其植則清秀~舒。"引申爲展開。楚辭離騷："跪~衽以陳辭

兮。"又用於抽象的意義,表示散佈。僞古文尚書大禹謨:"帝乃誕
~文德。"(誕:大。)又君牙:"弘~五典。"又表示擴大,鋪張。文心
雕龍鎔裁:"思贍者善~,才覈者善删。"

659.【化】

(一)變化。周易乾卦:"乾道變~。"楚辭離騷:"傷靈脩之數
~。"禮記月令:"田鼠~爲鴽。"(鴽 rú:鳥名。)李白蜀道難詩:"所
守或匪親,~爲狼與豺。"引申爲死,這是委婉的説法。孟子公孫丑
下:"且比~者無使土親膚。"莊子大宗師:"無怛~。"(無:同"毋"。
怛 dá:驚動。)陶潛自祭文:"余今斯~,可以無恨。"[造~]原意是
創造而使之變化。用作雙音詞,表示宇宙的主宰者。莊子大宗師:
"偉哉造~。"又:"夫造~者必以爲不祥之人。"文心雕龍麗辭:"造
~賦形,支體必雙。"

(二)教化,使民俗歸淳。孟子盡心上:"夫君子所過者~。"鄒
陽獄中上梁王書:"是以聖王制俗,獨~於陶鈞之上。"楊惲報孫會
宗書:"明明求仁義,常恐不能~民者,卿大夫之意也。"韓愈子產不
毀鄉校頌:"~止一國。"又名詞。教化。李密陳情表:"逮奉聖朝,
沐浴清~。"柳宗元永州韋使君新堂記:"豈不欲因俗以成~?"

[辨](一)變,化。變是改變,變換;化是由某一物轉化爲另一
物。因此,"天變"不能説成"天化",而"田鼠化爲鴽"(禮記·月令)
不能説成"田鼠變爲鴽"。(二)教,化。教是教育,化是教育所産生
的影響,有時候"化"還可以指潜移默化,二者並不相同。因此,"因
俗以成化"不能説成"因俗以成教"。

660.【加】

(一)把一物放在另一物的上面。左傳昭公八年:"~経於顙而

逃。"(絰 dié：居喪時用粗麻做的帽子。顙 sǎng：額。)莊子馬蹄：
"夫～之以衡軛。"引申爲施恩或刑於某人身上。戰國策魏策四：
"大王～惠。"歐陽修瀧岡阡表："逢國大慶,必～寵錫。"司馬遷報任
安書："及罪至罔～。"韓愈送李愿歸盤谷序："刀鋸不～。"又爲敷在
臉上。曹植洛神賦："芳澤無～,鉛華弗御。"注意：這些"加"字都不
應該解釋爲"增加"的"加"。

(二)增加。論語子路："既富矣,又何～焉?"蕭統文選序："蓋
踵其事而增華,變其本而～厲。"韓愈答李翊書："～其膏而希其
光。"

(三)加以,予以。仲長統昌言法誡："猶～譴責。"

(四)副詞。更,更加。孟子梁惠王上："鄰國之民不～少,寡人
之民不～多。"王安石遊褒禪山記："則其至又～少矣。"注意：這種
"加"字不能解作"增加",否則"加少"不好講。

661.【損】

(一)減少。跟"益"相對。孟子滕文公下："請～之,月攘一
雞。"枚乘上書諫吳王："磨礲底厲,不見其～,有時而盡。"

(二)損害。也跟"益"相對。論語季氏："益者三友,～者三
友。"司馬遷報任安書："欲益反～。"

662.【刻】

(一)雕刻。禮記哀公問："器不～鏤。"杜甫歲晏行："～泥爲之
最易得。"[漏～]又稱"刻漏"。古代計時的器具。以銅壺盛水,底
穿一孔,壺中立箭,上刻度數,水漏則所刻度數依次顯露,用以計
時。舊法每一晝夜共一百刻。杜甫湖城東遇孟雲卿詩："可惜～漏
隨更箭。"蘇軾春宵詩："春宵一～值千金。"依舊法,每刻合 14.4 分

鐘,現代以十五分鐘爲一刻。

(二)不厚道,不寬大。漢書藝文志:"及~者爲之,則無教化,去仁愛,專任刑法。""刻薄"二字連用,也表示不厚道。史記商君列傳:"商君,天資~薄人也。"現代漢語雙音詞"~薄"、"~毒"由此發展而來。

663.【勒】

(一)套在馬頭上帶嚼口的籠頭。漢書匈奴傳:"鞌~一具。"(鞌:同"鞍"。)杜甫哀江頭詩:"白馬嚼齧黃金~。"引申爲勒馬(後起義)。魏書世祖紀:"詔發高平,勒~騎赴長安。"今成語有"懸崖~馬"。

(二)强制執行(後起義)。隋書食貨志:"于是僑居者各~還本屬。"今有雙音詞"~令"。

(三)統率。後漢書光武紀:"親~六軍。"

(四)刻。禮記月令:"〔孟冬之月〕物~工名,以考其誠。"(物:器物。工:指工匠。)又特指刻石,刻碑。司馬相如封禪書:"~功中岳。"孔稚珪北山移文:"~移山庭。"陸游夜泊水村詩:"太息燕然未~銘。"引申爲編寫。裴駰史記集解序:"雖時有紕繆,實~成一家。"

664.【鬱】

(一)茂盛的樣子。詩經秦風晨風:"~彼北林。"左思詠史詩:"~~澗底松。"蘇軾前赤壁賦:"山川相繆,~乎蒼蒼。"〔~律〕煙氣上升很盛的樣子。杜甫自京赴奉先縣詠懷五百字詩:"瑤池氣~律。"

(二)積滯不通的樣子。楚辭九章哀郢:"慘~~而不通兮。"又用作動詞。漢書路溫舒傳:"忠良切言,皆～於胸。"司馬遷報任安書:"此人皆意有所～結,不得通其道。"韓愈送孟東野序:"樂也者,～於中而泄於外者也。"蘇軾賈誼論:"縈紆～悶,趯然有遠舉之志。"[～邑][堙～][抑～][壹～]都是雙聲連緜字。憂愁煩悶的樣子。楚辭離騷:"忳～邑余侘傺兮。"賈誼弔屈原賦:"獨堙～兮其誰語?"(漢書作"壹鬱"。)司馬遷報任安書:"是以獨抑～而誰與語?"蕭統文選序:"耿介之意既傷,壹～之懷靡愬。"[～陶]連緜字。思念的樣子。孟子萬章上:"～陶思君爾。"文心雕龍情采:"諸子之徒,心非～陶。"

665.【舒】

(一)展開。跟"卷"相對。淮南子本經:"嬴縮卷～。"蕭統文選序:"～布爲詩。"文心雕龍鎔裁:"然後～華布實。"杜甫小至詩:"岸容待臘將～柳,山意衝寒欲放梅。"柳宗元永州韋使君新堂記:"視其植則清秀敷～。"引申爲宣洩〔積滯〕。楚辭離騷:"聊以～吾憂心。"司馬遷報任安書:"退而論書策以～其憤。"

(二)遲緩。詩經召南野有死麕:"～而脫脫兮。"(脫脫:遲緩的樣子。)又陳風月出:"～窈糾兮。"

666.【張】

(一)把弓弦繃緊。跟"弛"相對。詩經小雅吉日:"既～我弓,既挾我矢。"老子七十七章:"天之道其猶～弓與?"司馬遷報任安書:"～空弮,冒白刃。"引申爲把琴絃繃緊(準備彈琴)。江淹別賦:"琴羽～兮簫鼓陳。"

(二)張開,擴大。老子三十六章:"將欲歙之,必固～之。"(歙xī:合。)紫玉歌:"南山有鳥,北山～羅。"蘇轍快哉亭記:"其流奔放肆大,南合湘沅,北合漢沔,其勢益~。"

(三)量詞。指可張之物的單位。左傳昭公十三年:"子產以帷幕九~行。"

667.【弛】

把弓弦放鬆。跟"張"相對。左傳襄公十八年:"乃~弓而自後縛之。"禮記雜記:"張而不~,文武弗能也;~而不張,文武弗爲也;一張一~,文武之道也。"(這是比喻。文武,指周文王、武王。)引申爲鬆懈。韓愈送孟東野序:"其志~以肆。"柳宗元答韋中立論師道書:"未嘗敢以怠心易之,懼其~而不嚴也。"

668.【是】

(一)對的,合理的。跟"非"相對。孟子盡心下:"自以爲~。"莊子大宗師:"堯謂我:汝必躬服仁義而明言~非。"柳宗元答韋中立論師道書:"若定~非以教吾子。"

(二)代詞。這,這個,這些。莊子逍遙遊:"~鳥也,海運則將徙於南冥。"孟子梁惠王上:"直不百步耳,~亦走也。"又:"吾何快於~?"又:"王之不王,~折枝之類也。"又滕文公上:"戎狄~膺,荆舒~懲。"

(三)繫詞。是。史記刺客列傳:"此必~豫讓也。"(豫讓:人名。)王勃滕王閣序:"萍水相逢,盡~他鄉之客。"[~處]到處,處處(晚起義)。柳永八聲甘州詞:"~處紅衰翠減。"孔平仲八月十六日翫月詩:"地闊天空~處宜。"

669.【非】

(一)不對的,不合理的。孟子公孫丑下:"前日之不受是,則今日之受~也。"莊子齊物論:"彼亦一是~,此亦一是~。""非"又用作動詞,表示以爲不對。柳宗元答韋中立論師道書:"天下不以～鄭尹而快孫子。"韓愈答李翊書:"其觀於人,不知其～笑之爲～笑也。"

(二)否定副詞。用於判斷句,以否定謂語。論語憲問:"管仲～仁者與?"又用於複合句的從屬子句,表示撇開。論語雍也:"～不說子之道,力不足也。"又:"～敢後也,馬不進也。"

670.【能】

(一)動詞。能夠做到。論語先進:"非曰～之,願學焉。"孟子梁惠王上:"無恒産而有恒心者,惟士爲～。"韓愈送孟東野序:"皆以其所～鳴。"又能願動詞。能夠。論語八佾:"夏禮吾～言之。"又述而:"聞義不～徙,不善不～改,是吾憂也。"注意:在現代漢語裏,"能"字一般只用作能願動詞;在古代漢語裏,"能"字還可以用作謂語。今天的成語"各盡所～",就是用的古代的意義。

(二)名詞。能力,才幹。論語子罕:"固天縱之將聖,又多～也。"沈約謝靈運傳論:"並標～擅美,獨映當時。"

(三)形容詞,名詞。有才能的,有才能的人。禮記禮運:"選賢與～。"孟子公孫丑上:"賢者在位,～者在職。"又:"尊賢使～。"司馬遷報任安書:"次之又不能拾遺補闕,招賢進～,顯嚴穴之士。"

671.【可】

(一)形容詞。可以,能行。左傳襄公三年:"午也～。"又:"赤也～。"又莊公十年:"劌曰:'未～。'"又僖公二十二年:"公曰:'不～。'"[～也](1)可以〔但不能令人感到滿足〕。論語學而:"子貢曰:'貧而無諂,富而無驕,何如?'子曰:'～也。未若貧而樂,富而好禮者也。'"又子路:"苟有用我者,期月而已～也,三年有成。"(期

jī月：一周年。)(2)表示容許這樣作。論語先進："小子鳴鼓而攻之
～也。"[～矣](1)表示條件成熟,事情可以進行了。略等於現代的
"行了"。左傳莊公十年："下視其轍,登軾而望之,曰：'～矣。'"(2)
表示够了。論語公冶長："再,斯～矣。"

（二）助動詞。可以。孟子梁惠王上："不違農時,穀不～勝食
也。"[～以](1)可以用來〔做某事物〕。詩經小雅大東："維南有箕,
不～以簸揚;維北有斗,不～以挹酒漿。"莊子馬蹄："馬蹄～以踐
霜,毛～以禦風寒。"(2)表示情況容許。左傳襄公十五年："小人懷
璧,不～以越鄉。"孟子梁惠王上："五畝之宅,樹之以桑,五十者～
以衣帛矣。"

（三）副詞。大約。史記滑稽列傳："飲～五六斗。"

[辨]能,可。"能"字表示能力所及,"可"字表示客觀情況容
許。"能"字後面的動詞用於主動意義,"可"字後面的動詞用於被
動意義。試比較"能爲"和"可爲"："能爲"表示某人有此能力,"可
爲"表示某事可以(被)做到。

672.【以】

（一）動詞。用。論語爲政："視其所～。"又先進："如或知爾,
則何～哉？"

（二）介詞。帶"以"字的介詞結構表示工具、方式等。論語子
罕："博我～文,約我～禮。"孟子梁惠王上："～羊易之。"[～爲](1)
拿來做。莊子逍遙遊："剖之～爲瓢。"(2)認爲。戰國策齊策一：
"自～爲不如。"史記陳涉世家："或～爲死,或～爲亡。"[何～](1)
拿什麽,憑什麽。左傳莊公十年："問何～戰。"史記淮陰侯列傳：
"後有大者,何～加之？"

（三）介詞。由,由於。史記項羽本紀："～是知其能。"又表示

目的,有"藉以"、"以便"的意思,可以譯爲現代漢語的"來"。左傳僖公二十二年:"楚人伐宋~救鄭。"[何~](2)爲什麽。史記項羽本紀:"不然,籍何~至此?"[是~]因此。孟子梁惠王上:"仲尼之徒無道桓文之事者,是~後世無傳焉。"[有~]有原因,有理由。詩經邶風旄丘:"何其久也? 必有~也。"

(四)"以上"、"以下"、"以前"、"以後"、"以東"、"以西"、"以往"、"以來"等,二字連用,表示時間、方位、質量的界限。論語雍也:"中人~下不可以語上也。"戰國策趙策四:"今三世~前。"史記陳涉世家:"乃令符離人葛嬰將兵徇蘄~東。"

(五)連詞。義同"而"。禮記樂記:"治世之音安~樂,其政和;亂世之音怨~怒,其政乖;亡國之音哀~思,其民困。"王勃滕王閣序:"酌貪泉而覺爽,處涸轍~猶懽。"

(六)副詞。通"已"。史記陳涉世家:"固~怪之矣。"柳宗元答韋中立論師道書:"今韓愈既自以爲蜀之日,而吾子又欲使吾爲越之雪,不~病乎!"按:"以"和"已"不但同音,而且在篆文中是同一個字,都寫作𠃠。

673.【凡】

(一)平凡,平庸。孟子盡心上:"待文王而後興者~民也。"杜甫丹青引:"一洗萬古~馬空。"引申爲塵世的。跟"仙"相對(後起義)。司空圖携仙籙詩:"仙~路阻兩難留。"

(二)副詞。表示概括。詩經小雅常棣:"~今之人,莫如兄弟。"孟子盡心上:"故~同類者舉相似也。"韓愈送孟東野序:"~載於詩書六藝,皆鳴之善者也。"[大~]大概,一般地説。韓愈送孟東野序:"大~物不得其平則鳴。"

（三）副詞。總共。司馬遷報任安書："～百三十篇。"柳宗元愚溪詩序："愚泉～六穴。"

674.【聖】

形容詞。懂道理，通達事理。詩經邶風凱風："母氏～善。"引申爲無所不知，無所不通，合於最高的道德標準。論語述而："若～與仁，則吾豈敢?"又名詞。聖人。司馬遷報任安書："大底～賢發憤之所爲作也。"

[辨]聖，賢。在最初的時候，聖是從知識方面説，賢是從道德方面説，應用範圍較寬。後來儒家把聖的概念神秘化了，有"不學而知，不學而能"的意思。在中古時代，皇帝被尊稱爲聖人。此後，除皇帝以外，只有周公孔子被稱爲聖人了。這樣，聖和賢就變成人品高下的差別：賢是經過努力可以達到的道德標準，聖則被認爲是"天生"的。

675.【殘】

（一）動詞。殺害，傷害，害。史記淮陰侯列傳："項王所過無不～滅者。"蘇軾賈誼論："而自～至此!"又形容詞，名詞。殘害他人的。僞古文尚書泰誓："取彼凶～。"孟子梁惠王下："～賊之人，謂之一夫。"（賊：戕害。）柳宗元永州韋使君新堂記："豈不欲除～而佑仁。"現代有雙音詞"～殺"，"摧～"，"～暴"，"～忍"。由傷害的意義引申爲殘廢。司馬遷報任安書："顧自以爲身～處穢。"

（二）殘餘，剩餘。吕氏春秋權勳："達子又帥其～卒。"杜甫重題鄭氏東亭詩："向晚尋征路，～雲傍馬飛。"

676.【暴】

（一）讀 pù，去聲，舊讀入聲。曬。孟子滕文公上："秋陽以～

之。"這個意義後來寫作"曝"。引申爲暴露。司馬遷報任安書："功亦足以～於天下矣。"李華弔古戰場文："連年～露。"又："骨～沙礫。"

（二）强大而突然來的，又猛又急的。詩經邶風終風："終風且～。"引申爲突然。史記項羽本紀："何興之～也！"後代有成語"～卒"，"～富"，"～發户"。又爲急躁。荀子彊國："有～察之威者。"又爲兇惡殘毒的。孟子滕文公上："是故～君汙吏必慢其經界。"（慢：弄亂。經界：田的界限。）蘇洵六國論："～秦之欲無厭。"

677.【甘】

（一）好吃，味美。孟子梁惠王上："爲肥～不足於口與？"用作動詞，表示以爲味美。論語陽貨："夫君子之居喪，食旨不～，聞樂不樂。"（旨：好吃的東西。）引申爲甜。史記燕召公世家："燕王弔死問孤，與百姓同～苦。"韓愈送李愿歸盤谷序："泉～而土肥。"注意：上古没有"甜"字，凡"甜"的意義都説成"甘"。引申爲〔言語〕好聽，動聽。左傳昭公十一年："幣重而言～，誘我也。"

（二）心裏痛快。左傳莊公九年："請受而～心焉。"引申爲甘心，情願。杜甫病後遇王倚飲贈歌："素知賤子～貧賤。"

678.【辛】

辣。楚辭招魂："大苦鹹酸，～甘行些。"（些：語氣詞。）常用來比喻心情。李密陳情表："臣之～苦，非獨蜀之人士及二州牧伯所見明知。"杜甫赴奉先縣詠懷詩："撫迹猶酸～。"注意："辛苦""酸辛"都是以辣味比喻心中的痛苦；"辛苦"應作兩個詞講，不等於現代漢語的雙音詞"辛苦"。引申爲勞苦。高適燕歌行："鐵衣遠戍～勤久。"現代有雙音詞"辛勤"。

679.【鮮】

(一)讀 xiān。鮮魚,對乾魚而言。詩經大雅韓奕:"炰鼈～
魚。"禮記曲禮下:"槁魚曰商祭,～魚曰脡祭。"(槀:同"槁"。乾
枯。)老子六十章:"治大國若烹小～。"引申爲新鮮。儀禮士昏禮:
"腊必用～。"(腊 xī:乾肉。)又爲鮮明,鮮艷。文心雕龍物色:"灼灼
狀桃花之～。"

(二)讀 xiǎn。少。論語學而:"其爲人也孝弟,而好犯上者～
矣。"詩經大雅蕩:"靡不有初,～克有終。"韓愈送李愿歸盤谷序:
"居民～少。"也寫作"尟"或"尠"。

680.【敝】

(一)破爛。詩經鄭風緇衣:"緇衣之宜兮,～予又改爲兮。"論
語子罕:"衣～縕袍。"孟子盡心上:"舜視棄天下猶棄～蹝也。"(蹝
xǐ:鞋。)引申爲過時,不能再用。曾鞏戰國策目錄序:"而考之無
疵,用之無～。"

(二)謙稱。左傳僖公四年:"君惠徼福於～邑之社稷。"

681.【寒】

冷。論語子罕:"歲～,然後知松柏之後彫也。"楊惲報孫會宗
書:"衆毀所歸,不～而慄。"王安石遊褒禪山記:"有穴窈然,入之甚
～。""寒心"二字連用,表示害怕。司馬遷報任安書:"商鞅因景監
見,趙良～心。""寒"又特指缺乏冬衣而受凍的情況。常與飢並舉。
孟子梁惠王上:"黎民不飢不～。"賈誼論積貯疏:"一夫不耕,或受
之饑(飢);一女不織,或受之～。"韓愈進學解:"冬煖而兒號～,年
豐而妻啼飢。"注意:先秦書面語言中,"冷"的意義一般多用"寒"。

682.【溫】

（一）煖。墨子辭過：“古之民，未知爲衣服時，衣皮帶茭，冬則不輕而～，夏則不輕而清。”（茭：乾草。清 jìng：涼。）李華弔古戰場文：“繒纊無～。”白居易長恨歌：“～泉水滑洗凝脂。”

（二）和氣，柔和。詩經邶風燕燕：“終～且惠。”論語述而：“子～而厲，威而不猛，恭而安。”

（三）溫習。論語爲政：“～故而知新。”

［辨］溫，暖。二字是同義詞，所以“飢寒”的反面可以是“溫飽”，也可以是“飽暖”。但是“溫”字的(二)(三)兩義則是“暖”字所不具備的。

683.【幽】

（一）暗，深暗。跟“明”相對，又跟“顯”相對。詩經小雅伐木：“出自～谷，遷於喬木。”韓愈送李愿歸盤谷序：“宅～而勢阻。”王安石遊襃禪山記：“至於～暗昏惑。”引申爲隱晦的，隱微的。柳宗元答韋中立論師道書：“參之離騷以致其～。”歐陽修醉翁亭記：“野芳發而～香。”“幽人”二字連用，表示隱士。孔稚珪北山移文：“或歎～人長往，或怨王孫不遊。”又引申爲僻靜。杜甫卜居詩：“主人爲卜林塘～。”又爲清勝，幽雅。杜甫江村詩：“長夏江村事事～。”又北征詩：“青雲動高興，～事亦可悅。”

（二）拘囚，監禁。司馬遷報任安書：“身～囹圄之中。”楊惲報孫會宗書：“身～北闕。”

（三）古十二州之一。大致在今河北省東北部及遼寧省西南部。曹植白馬篇：“借問誰家子，～并游俠兒。”

684.【冥】

暗，深暗。詩經小雅斯干：“噦噦其～。”（噦噦 huì huì：深廣的

樣子。)引申爲深。杜牧阿房宫賦:"高低~迷,不知西東。"[~~]
昏暗的樣子。楚辭九歌山鬼:"靁填填兮雨~~。"荀子勸學:"是故
無~~之志者,無昭昭之明。"又深遠的樣子。蘇軾喜雨亭記:"太
空~~,不可得而名。"

[辨]幽,冥。在"暗"的意義上,"幽"和"冥"是同義詞。但"幽"
引申爲"幽静""幽雅"等義,則是"冥"所不具備的。

685.【奥】

(一)屋子裏的西南角。論語八佾:"與其媚於~,寧媚於竈。"
(奥:指房屋西南角的神。竈:指竈神。)

(二)深,不容易看透其中的妙處。蕭統文選序:"若夫姬公之
籍,孔父之書,與日月俱懸,鬼神争~。"文心雕龍物色:"若乃山林
皋壤,實文思之~府。"引申爲不是淺露的。柳宗元答韋中立論師
道書:"抑之欲其~。"

686.【精】

(一)上等細米。跟"粗"相對。論語鄉黨:"食不厭~。"引申爲
精華的,少而好的。也跟"粗"相對。文心雕龍鎔裁:"~論要語,極
略之體。"韓愈送孟東野序:"人聲之~者爲言。"又爲美妙。文心雕
龍情采:"而五千~妙,則非棄美矣。"江淹別賦:"雖淵雲之墨妙,嚴
樂之筆~。"又爲細密。蕭統文選序:"論則析理~微。"又爲造就
高。韓愈進學解:"業~於勤,荒於嬉。"

(二)精誠,誠心。鄒陽獄中上梁王書:"夫~誠變天地,而信不
諭兩主,豈不哀哉?"[~神]精力。鄒陽獄中上梁王書:"雖竭~神,
欲開忠於當世之君。"

（三）精氣，靈魂。李華弔古戰場文：“～魂何依？”

687.【衆】

多，特指人多。孟子梁惠王上：“寡固不可以敵～。”引申爲羣。論語爲政：“譬如北辰，居其所而～星共之。”又名詞。衆人。論語學而：“汎愛～。”又子張：“君子尊賢而容～。”[～人]一般人，普普通通的人。楚辭漁父：“～人皆醉我獨醒。”柳宗元答韋中立論師道書：“爲～人師且不敢，況敢爲吾子師乎？”

688.【便】

（一）安。墨子天志中：“百姓皆得煖衣飽食，～寧無憂。”引申爲方便。史記李將軍列傳：“人人自～。”

（二）有利，有好處。戰國策秦策二：“或謂救之～。”曾鞏戰國策目錄序：“論詐之～而諱其敗。”引申爲有利的機會，適宜的機會。李華弔古戰場文：“胡兵伺～。”[～宜]名詞。應做的事，特指對國家有利的事。漢書婁敬傳：“臣願見上言～宜。”又嚴助傳：“因言國家～宜。”又副詞。不經過合法手續，從權地。史記魏其武安侯列傳：“事有不便，以～宜論上。”

（三）讀 pián，陽平聲。[～辟][～嬖]善於討好的。論語季氏：“友～辟，友善柔，友便佞，損矣。”孟子梁惠王上：“～嬖不足使令於前與？”

（四）輕便。韓愈送李愿歸盤谷序：“清聲而～體，秀外而惠中。”

（五）副詞。就。莊子達生：“若乃夫没人之未嘗見舟而～操之也。彼視淵若陵，視舟之覆猶其車卻也。”陶潛桃花源記：“～要還家。”周邦彦蘭陵王詞：“回頭迢遞～數驛。”

689.【嘉】

好的，美好的。詩經小雅鹿鳴：“我有～賓。”楚辭離騷：“肇錫余以～名。”柳宗元永州韋使君新堂記：“茂樹惡木，～葩毒卉，亂雜而争植。”引申爲贊美，贊許。論語子張：“～善而矜不能。”漢書霍光傳：“朕甚～之。”今成語有“其志可～”。

690.【遽】

(一)傳車，送信的快車或快馬。左傳僖公三十三年：“且使～告於鄭。”又哀公二十一年：“羣臣將傳～以告寡君。”國語晉語九：“～人來告。”

(二)匆忙。左傳昭公五年：“～不設備。”又副詞。匆匆忙忙地，迫不及待地。蘇軾賈誼論：“安有立談之間，而～爲人痛哭哉？”

691.【速】

(一)快。禮記檀弓上：“喪欲～貧，死欲～朽。”孟子梁惠王下：“王～出令。”

(二)招致。周易需卦：“有不～之客三人來。”詩經召南行露：“誰謂女無家，何以～我獄？”左傳閔公二年：“與其危身以～罪也。”蘇洵六國論：“至丹以荆軻爲計，始～禍焉。”

692.【彌】

(一)滿。楚辭離騷：“芳菲菲其～章。”蘇軾喜雨亭記：“既而～月不雨，民方以爲憂。”

(二)副詞。更加。論語子罕：“仰之～高，鑽之～堅。”司馬遷報任安書：“雖累百世，垢～甚耳。”

693.【愈】

(一)病好了。孟子公孫丑下：“昔者疾，今日～。”蘇軾喜雨亭記:"憂者以喜,病者以~。"這個意義又寫作"瘉"、"癒"。

(二)勝過。論語公冶長:"女與回也孰~?"又先進:"然則師~與?"

(三)副詞。更加,越發。老子八十一章:"既以爲人,己~有;既以與人,己~多。"莊子列禦寇:"所治~下,得車~多。"史記魏其武安侯列傳:"夫~怒,不肯謝。"在這個意義上,古人說"愈"不說"越"。

694.【尤】

(一)罪過,過失。論語爲政:"言寡~,行寡悔。"賈誼弔屈原賦:"般紛紛其離此~兮。"引申爲歸罪,怨恨。論語憲問:"不怨天,不~人。"孟子梁惠王下:"君無~焉。"司馬遷報任安書:"動而見~,欲益反損。"後代成語有"怨天~人"。

(二)優異。左傳昭公二十八年:"夫有~物,足以移人。"(這裏"尤物"指美人。)蘇軾荔支嘆詩:"我願天公憐赤子,莫生~物成瘡痏。"(這裏"尤物"指荔枝。)韓愈送孟東野序:"從吾遊者,李翺、張籍其~也。"又送溫處士赴河陽軍序:"朝取一人焉,拔其~;暮取一人焉,拔其~。"柳宗元愚溪詩序:"愛是溪,入二三里,得其~絕者家焉。"

(三)特別,格外。李密陳情表:"況臣孤苦,特爲~甚。"韓愈柳子厚墓誌銘:"其~貧力不能者,令書其傭。"柳宗元答韋中立論師道書:"是聖人所~用心者也"引申爲尤其,更。史記刺客列傳:"秦所以~追燕急者,以太子丹故也。"歐陽修醉翁亭記:"其西南諸峰,林壑尤美。"

[辨]彌,愈,尤。"彌"字簡單地表示"更加","愈"字則表示事

物進一層的發展。因此，"奉之彌繁，侵之愈急"不能换成"奉之愈繁，侵之彌急"。"尤"和"彌""愈"更不相同。"尤"字表示在同類事物中顯得特出：它表示質量上的特別好或特別壞，而不表示事物進一層的發展。因此，"林壑尤美"不能説成"林壑彌美"或"林壑愈美"。

695.【極】

(一)名詞。原爲房屋的脊檁(在房屋的最高處)，引申爲房梁。莊子則陽："其鄰有夫妻臣妾登～者。"張衡西京賦："跱遊～於浮柱。"(跱 zhì：置，安放。)又指井梁。枚乘上書諫吳王："泰山之霤穿石，單～之統斷幹。"引申爲屋脊，房頂。方苞獄中雜記："屋～有牕以達氣。"

(二)極點，最高限度。枚乘上書諫吳王："上懸之無～之高，下垂之不測之淵。"司馬遷報任安書："立名者，行之～也。"引申爲達到極點。枚乘上書諫吳王："今欲～天命之上壽，弊無窮之～樂。"王安石遊褒禪山記："而予亦悔其隨之，而不得～乎遊之樂也。"又爲最高的，達到極點的。司馬遷報任安書："是以就～刑而無愠色。"

(三)至。詩經大雅崧高："崧高維嶽，駿～於天。"(崧：中嶽嵩山。駿：通"峻"。高。)國語魯語下："齊朝駕則夕～於魯國。"引申爲終止，盡頭。尚書盤庚下："罔有定～。"詩經唐風鴇羽："悠悠蒼天，曷其有～。"莊子逍遙遊："其遠而無所至～邪？"

696.【甚】

(一)形容詞。厲害，達到了很厲害的程度。莊子天下："沐～雨，櫛疾風。"老子二十九章："去～，去奢，去泰。"孟子梁惠王上：

"物皆然,心爲～。""甚於"二字連用,表示勝於,勝過。論語衛靈公:"民之於仁也,～於水火。"也可以單用"甚"字,表示"甚於"。墨子非攻上:"至攘人犬豕雞豚者,其不義又～入人園圃竊桃李。"吳均與宋元思書:"急湍～箭,猛浪若奔。"

（二）副詞。很。莊子養生主:"動刀～微。"蘇洵六國論:"子孫視之不～惜。"

（三）疑問代詞。什麼（晚起義）。周邦彦西河詞:"酒旗戲鼓～處市?"引申爲副詞。爲什麼。辛棄疾滿江紅詞:"～當年,寂寞賈長沙,傷時哭?"又八聲甘州詞:"漢開邊,功名萬里,～當時健者也曾閒?"

697.【最】

（一）最。莊子天下:"然惠施之口談,自以爲～賢。"史記項羽本紀:"～其後,郎中騎楊喜、騎司馬呂馬童、郎中呂勝、楊武各得其一體。"歐陽修醉翁亭記:"而年又～高。"

（二）名詞。上等政績,上功。跟"殿"相對。漢書宣帝紀:"課殿～以聞。"陸機文賦:"考殿～於錙銖,定去留於毫釐。"（這是比喻。）又形容詞。〔功〕最高,〔政績〕最好。陳書周鐵虎傳:"鐵虎功～。"唐書劉禹錫傳:"禹錫出爲蘇州刺史,以政～賜金紫。""考最"二字連用,等於說"考績"。唐書百官志:"月終則進課於内,歲終則考～於外。"

[辨]甚,最,至,極。"甚"、"最"、"至"都是程度副詞。"甚"字表示程度相當高,但未達到頂點,等於現代的"很"。"最"字表示達到頂點,即最高級。"最"和"至"是同義詞,但是上古漢語表示最高級時,一般用"至"不用"最"。例如老子四十三章:"天下之至柔,馳

騁天下之至堅。""極"字一般只用作名詞和形容詞,很少用作副詞,所以它跟"至"字也是有區別的。

698.【夫】

(一)成年男人。詩經周南兔罝:"赳赳武～,公侯干城。"論語憲問:"豈若匹～匹婦之爲諒也?"又特指勞動力。賈誼論積貯疏:"一～不耕,或受之饑。"列子湯問:"遂率子孫荷擔者三～。"[丈～]男子。戰國策趙策四:"丈～亦愛憐其少子乎?"韓非子五蠹:"丈～不耕,草木之實足食也。"

(二)[～子]對男子的敬稱,又對師的敬稱。論語季氏:"今由與求也,相～子。"又微子:"孰爲～子?"[～人]對君之妻的敬稱。左傳隱公元年:"～人將啟之。"其後變爲對高級官員之妻的敬稱。

(三)丈夫。跟"妻"相對。左傳桓公十五年:"父與～孰親?"孟子滕文公上:"～婦有別。"

(四)讀 fú,陽平聲。指示代詞。這,那。左傳宣公二年:"公嗾～獒焉。"論語先進:"～三子者之言何如?"賈誼弔屈原賦:"使騏驥可得係而羈兮,豈云異～犬羊!""夫"字放在比較複雜的賓語結構前面,指示整個賓語結構。論語季氏:"君子疾～舍曰欲之而必爲之辭。"李華弔古戰場文:"吾聞～齊魏徭戍,荆韓召募。"又:"吾想～北風振漠,胡兵伺便。"

(五)也讀 fú,句首語氣詞。表示將對某事進行判斷。論語季氏:"～顓臾,昔者先王以爲東蒙主,且在邦域之中矣,是社稷之臣也。何以伐爲?"蘇軾賈誼論:"～君子之所取者遠,則必有所待;所就者大,則必有所忍。"

(六)句尾語氣詞。表示感嘆。論語子罕:"逝者如斯～!"又憲問:"莫我知也～!"

699.【婦】

(一)妻。詩經衞風氓:"三歲爲～。"孟子滕文公上:"夫～有別。"古詩爲焦仲卿妻作:"十七爲君～。"

(二)女人,已婚的女子。論語泰伯:"有～人焉。"歐陽修瀧岡阡表:"自吾爲汝家～,不及事吾姑。"蘇軾前赤壁賦:"泣孤舟之嫠～。"

[辨]婦,女。婦是已婚女子,女是未婚女子,古人分得很清楚。有時候,特別是男女對舉的時候,"女"也用作婦女的通稱,但未婚的女子絕對不能叫做"婦"。

700.【嬰】

(一)纏繞,被……纏着。司馬遷報任安書:"其次剔毛髮,～金鐵受辱。"李密陳情表:"而劉夙～疾病,常在牀蓐。"杜甫前出塞詩:"亡命～禍羅。"又回棹詩:"散才～薄俗。"

(二)嬰兒,初生的孩兒。老子十章:"專氣致柔,能～兒乎?"列子天瑞:"其在～孩,氣專志一,和之至也。"

701.【孩】

(一)小兒笑。老子二十章:"如嬰兒之未～。"(未孩:還不會笑。)孟子盡心上:"～提之童,無不知愛其親者。"(孩提:指知孩笑可提抱。)李密陳情表:"生～六月,慈父見背。"這個意義又寫作"咳"。史記扁鵲倉公列傳:"不能若是,而欲生之,曾不可以告咳嬰之兒!"

(二)小孩(後起義)。杜甫山寺詩:"自哂同嬰～。"

702.【親】

（一）父母。孟子梁惠王上："未有仁而遺其～者也。"歐陽修瀧岡阡表："始得贈封其～。"現代有雙音詞"父～"，"母～"。引申爲親屬，親人。論語泰伯："君子篤於～，則民興於仁。"[～戚]孟子公孫丑下："寡助之至，～戚畔之。"（這是指同姓和異姓的親屬。畔：通"叛"。）左傳昭公二十年："～戚爲戮，不可以莫之報。"（這是指父兄。）大戴禮曾子疾病："～戚既没，雖欲孝，誰爲孝?"（這是指父母。）注意：上古的"親戚"所指較廣，不同於現代。現代"親戚"專指異姓的親屬。中古以來也稱"親情"。

（二）親近，親愛。論語學而："汎愛衆，而～仁。"司馬遷報任安書："以求～媚於主上。"

（三）親自。孟子萬章上："吾豈若於吾身～見之哉?"蘇軾賈誼論："夫絳侯～握天子璽而授之文帝。"

703.【眷】

（一）回顧而表示戀戀不捨。詩經大雅皇矣："乃～西顧。"這個意義又寫作"睠"。詩經小雅大東："睠言顧之，潸焉出涕。"引申爲懷戀。束晳補亡詩："～戀庭闈。"陶潛自祭文："疇能罔～?"又爲愛。杜甫奉贈鮮于京兆詩："獻納紆皇～。"柳宗元愚溪詩序："能使愚者喜笑～慕，樂而不能去也。"

（二）親屬（後起義）。這個意義也寫作"婘"。史記樊酈滕灌列傳："大臣誅諸呂、呂須婘屬，因誅伉。"（伉，呂須之子。）鮑照吳興黃浦亭庾中郎別詩："已經江海別，復與親～違。"

704.【竹】

（一）竹。詩經衛風淇奧："綠～青青。"

（二）八音之一，即簫笛之類。韓愈送孟東野序："金石絲～匏土革木八者,物之善鳴者也。"劉禹錫陋室銘:"無絲~之亂耳。"

705.【木】

(一)樹。孟子梁惠王上:"猶緣~而求魚也。"柳宗元愚溪詩序:"嘉~異石錯置。"又永州韋使君新堂記:"茂樹惡~,嘉葩毒卉,亂雜而爭植。"蘇轍快哉亭記:"長林古~。"

(二)木材。論語公冶長:"朽~不可雕也。"孟子梁惠王上:"材~不可勝用也。"又梁惠王下:"爲巨室,則必使工師求大~。"

(三)八音之一,指木製的樂器。韓愈送孟東野序:"金石絲竹匏土革~八者,物之善鳴者也。"

706.【谷】

(一)兩山之間的溪流。公羊傳僖公三年:"無障~。"(不要攔斷了溪流。)引申爲兩山之間的狹形地帶。孟子滕文公上:"吾聞出於幽~,遷於喬木者,未聞下喬木而入於幽~者。"孔稚珪北山移文:"及其鳴騶入~。"韓愈送李愿歸盤谷序:"是~也,宅幽而勢阻。"

(二)形容詞。走不通,沒有出路。詩經大雅桑柔:"人亦有言,進退維~。"注意:這個意義只用於"進退維~"這個成語裏。

707.【壑】

山溝。國語晉語八:"谿~可盈。"張衡西京賦:"陵巒超~。"孔稚珪北山移文:"誘我松桂,欺我雲~。"王維終南山詩:"陰晴衆~殊。"歐陽修醉翁亭記:"林~尤美。"引申爲一般的水溝,常以"溝壑"二字連用。戰國策趙策四:"願及未填溝~而託之。"

708.【亭】

(一)秦漢時地方基層行政機構。漢書百官公卿表:"大率十里

一～,～有長,十～一鄉。"史記淮陰侯列傳:"常數從其下鄉南昌～
長寄食。"

(二)秦漢以來亭所設的供過往官吏、旅客食宿之所。風俗通
過譽:"爲高唐令,密乘轚車徑至高唐,變易姓名,止都～中十餘
日。"李白菩薩蠻詞:"何處是歸程? 長～連短～!"

(三)亭子。一種建築物,有頂無牆(後起義)。劉禹錫陋室銘:
"南陽諸葛廬,西蜀子雲～。"歐陽修醉翁亭記:"有～翼然。"蘇軾喜
雨亭記:"而吾～適成。"

(四)[～～]聳立的樣子。曹丕雜詩:"西北有浮雲,～～如車
蓋。"孔稚珪北山移文:"若其～～物表,皎皎霞外。"

(五)[～午]正午。李白古風:"大車揚飛塵,～午暗阡陌。"

709.【臺】

(一)臺。一種建築物,築土成正方形,高一丈以上,以便觀望。
臺上可以有屋,也可以無屋。詩經大雅靈臺:"經始靈～,經之營
之。"左傳宣公二年:"從～上彈人。"杜甫登高詩:"百年多病獨登
～。"杜牧阿房宮賦:"歌～暖響,春光融融。"

(二)中央政府機關。漢代稱尚書爲中臺,御史爲憲臺。唐代
中臺爲尚書省,東臺爲門下省,西臺爲中書省,總稱"臺省"。韓愈
柳子厚墓誌銘:"使子厚在～省時,自持其身,已能如司馬刺史時,
亦自不斥。"

[辨]亭,臺,榭,樓。"亭"字在上古時代只指旅宿的亭和監守
盜賊的亭;園亭的亭的意義是後起的。園亭的亭有頂無牆,跟臺榭
樓都不同。臺的特點是築土很高,也就是一種高壇。榭是臺上的
房子。樓和臺榭都不同:樓是"重屋",樓上樓下都可以住人。

710.【郊】

(一)郊。上古時代,國都百里之外爲郊。又五十里爲近郊,百里爲遠郊。孟子梁惠王下:"臣聞～關之内有囿方四十里。"引申爲泛指城外(後起義)。杜甫野望詩:"跨馬出～時極目,不堪人事日蕭條。"

(二)祭祀名。天子每年冬至祭天於近郊五十里,所以這種祭叫"郊"。歐陽修瀧岡阡表:"今上初～。"

711.【墟】

(一)大丘。這個意義本寫作"虛"。詩經鄘風定之方中:"升彼虛矣。"引申爲廢墟,多指原來繁華而後來變爲荒丘的地方。漢書賈誼傳:"凡十三歲而社稷爲虛。"王勃滕王閣序:"蘭亭已矣,梓澤丘～。"柳宗元永州韋使君新堂記:"號爲穢～。"蘇轍快哉亭記:"至於長洲之濱,故城之～。"

(二)[～里][～落]村落,鄉下許多人家聚居的地方。陶潛歸田園居詩:"曖曖遠人村,依依～里煙。"王維渭川田家詩:"斜光照～落,窮巷牛羊歸。"

712.【材】

(一)木材。孟子梁惠王上:"～木不可勝用也。"文心雕龍鎔裁:"美～既斲。"

(二)才能。司馬遷報任安書:"雖～懷隨和,行若由夷,終不可以爲榮。"又:"夫中～之人,事有關於宦豎,莫不傷氣。"楊惲報孫會宗書:"惲～朽行穢。"("材"字語意雙關,以木材比喻才能。)柳宗元答韋中立論師道書:"僕～不足。"

713.【才】

(一)才能。論語子路:"舉賢～。"司馬遷報任安書:"日夜思竭其不肖之～力。"蘇軾賈誼論:"惜乎! 賈生王者之佐,而不能自用其～也。"

(二)形容詞。有才能的。論語先進:"～不～,亦各言其子也。"[～人]宫中女官名。杜甫哀江頭詩:"輦前～人帶弓箭。"[～子]有文才的人。孟浩然訪袁拾遺不遇詩:"洛陽訪～子,江嶺作流人。"

(三)副詞。纔,只有,僅僅。晉書謝混傳:"～小富貴,便豫人家事。"

[辨]材,才。木材的意義爲"材"字所專有,不寫作"才"。在"才能"的意義上,"材"和"才"通用,所以上面所舉司馬遷報任安書的兩個"材"字,漢書寫作"材",而昭明文選作"才"。但是當用作形容詞的時候,習慣上只寫作"才",不寫作"材"。

714.【簿】

(一)册子,上面記録着審問的材料或罪人的供狀。史記李將軍列傳:"大將軍使長史急責廣之幕府對～。"又魏其武安侯列傳:"於是上使御史～責魏其。"漢書霍光傳:"吏～問急。"後代成語有"對～公庭"。

(二)册子,上面登記賬目、事物等。史記張釋之列傳:"上問上林尉諸禽獸～。"[～書]文書,檔案。杜甫早秋苦熱詩:"～書何急來相仍!"[主～]官名,主管文書、檔案。杜甫逢唐興劉主簿弟詩:"輕舟下吴會,主～意何如?"

715.【籍】

(一)文獻,書籍。孟子萬章下:"諸侯惡其害己也,而皆去其～。"又告子下:"諸侯地方百里;不百里,不足以守宗廟之典～。"班固東都賦："蓋六~所不能談。"(六籍:指六經,即詩、書、易、禮、樂、春秋。)蕭統文選序："若夫姬公之~,孔父之書。"又："概見墳~。"

(二)登記冊,户口冊。周禮秋官小行人:"掌邦國賓客之禮~,以待四方之使者。"論衡自紀:"户口衆,簿~不得少。"曹植白馬篇詩:"名編壯士~。"柳宗元段太尉逸事狀:"以貨竄名軍~中。"[門~][通~]出入宮禁的名籍。漢時將出入宮廷者的姓名、年齡、形貌,寫於二尺長的竹牒上,懸於宮門,核對相符才可進入。史記魏其武安侯列傳:"太后除竇嬰門~,不得入朝請。"漢書元帝紀:"令從官給事宫司馬中者,得爲大父母、父母、兄弟通~。"後代稱進入仕途叫"通籍"。意思是説宮禁中有了他的姓名。作動詞時,表示登記。史記項羽本紀:"~吏民,封府庫,而待將軍。"[~没]登記其財産而没收,即抄家。三國志魏志王修傳:"太祖破鄴,~没審配等家財貨物以萬數。"(審配:人名。)

(三)讀 jiè。通"藉"。韓非子五蠹:"則稱先王之道以~仁義。"左思詠史詩:"金張~舊業。"

[辨]書,籍。在書籍的意義上,"書"與"籍"是同義詞。但是,"書"偏重指書上的文字和内容,"籍"偏重指簿册。因此,"讀書"不能换成"讀籍"。

716.【狀】

形狀,樣子。世説新語雅量:"~如不覺。"水經注廬江水:"其~若門。"柳宗元永州韋使君新堂記:"然而求天作地生之~,咸無得焉。"引申爲狀況。史記淮陰侯列傳:"告信欲反~於吕后。""無狀"二字連用,表示不像樣,没有好的表現。史記項羽本紀:"秦中吏卒遇之多無~。"又夏本紀:"鯀之治水無~。"漢書賈誼傳:"自傷

爲傳無～,常哭泣。"又動詞。描寫,描繪,描述。文心雕龍物色:
"灼灼～桃花之鮮。"

717.【類】

種類。孟子梁惠王上:"王之不王,是折枝之～也。""萬類"二
字連用,等於説萬物。柳宗元愚溪詩序:"溪雖莫利於世,而善鑒萬
～。"引申爲同類。孟子公孫丑上:"聖人之於民,亦～也。"荀子勸
學:"物各從其～也。"韓愈進學解:"絶～離倫,優入聖域。"又爲類
似,像。左傳莊公八年:"非君也,不～。"吕氏春秋察傳:"辭多～非
而是,多～是而非。"柳宗元愚溪詩序:"無以利世,而適～於余。"又
答韋中立論師道書:"今之命師者,大～此。"

718.【壽】

(一)長命。詩經小雅天保:"如南山之～。"李華弔古戰場文:
"畏其不～。"引申爲年壽,壽命。左傳僖公三十二年:"中～,爾墓
之木拱矣。"陶潛自祭文:"～涉百齡。"

(二)贈金帛、禮品、敬酒都叫"壽"。戰國策趙策三:"以千金爲
魯連～。"史記項羽本紀:"沛公奉卮酒爲～。"又魏其武安侯列傳:
"武安起爲～。"又廉頗藺相如列傳:"請以秦之咸陽爲趙王～。"

719.【命】

(一)動詞。命令。左傳隱公元年:"～子封帥車二百乘以伐
京。"又僖公三十二年:"君～大事。"又名詞。左傳宣公二年:"棄君
之～,不信。"孟子公孫丑上:"德之流行,速於置郵而傳～。"引申爲
使命。論語子路:"使於西方,不辱君～。"孟子滕文公上:"然友反
～。"(然友:人名。)

(二)命運。論語顏淵:"死生有～。"陶潛自祭文:"識運知～。"

韓愈送孟東野序:"三子者之~則懸乎天矣。"又送李愿歸盤谷序:"是有~焉,不可幸而致也。"

(三)生命。論語雍也:"不幸短~死矣。"史記魏其武安侯列傳:"遷怒及人,~亦不延。"李密陳情表:"母孫二人更相爲~。"李華弔古戰場文:"威尊~賤。"[性~](1)性指人的天生的性質,如剛柔之別;命指命運,如貴賤壽夭。周易乾卦:"乾道變化,各正性~。"(2)等於説"生命"。曹植白馬篇詩:"棄身鋒刃端,性~安可懷?"

[辨]命,令。二者都有"使"的意思,但"令"往往用作不及物動詞(不帶賓語),表示發出命令。如論語子路:"其身正,不令而行:其身不正,雖令不從。"又如孟子離婁上:"既不能令,又不受命。"這裏的"令"都不能換。"令"帶賓語時,和"命"也有區別。"命",往往指上級命令下級;"令",往往只有一般"使"的意思。

720.【志】

(一)心的傾向,志向,志願。論語公冶長:"盍各言爾~。"韓愈送孟東野序:"其~弛以肆。"蘇軾賈誼論:"賈生~大而量小,才有餘而識不足也。""得志"二字連用,表示得遂志願,達到目的。莊子繕性:"樂全之謂得~。"又特指仕宦,得高位。莊子繕性:"今之所謂得~者,軒冕之謂也。"孟子滕文公下:"得~,與民由之;不得~,獨行其道。"蘇軾賈誼論:"不過十年,可以得~。"

(二)記載下來。柳宗元永州韋使君新堂記:"宗元請~諸石,措諸壁。"歐陽修瀧岡阡表:"修泣而~之。"蘇軾喜雨亭記:"亭以雨名,~喜也。"這個意義又寫作"誌"。現代有雙音詞"雜誌"(雜志)。

[辨]意,志。兩字意義相近,但不完全相同。"志"是心之所

向，“意”是心之所想。

721.【趣】

（一）讀 qù。朝某一方向奔去。跟“舍”相對。史記孫子吳起列傳：“兵法：百里而～利者蹶上將。”（蹶 jué：垮掉。）司馬遷報任安書：“～舍異路。”

（二）讀 qù。傾向，意向。淮南子原道：“秉其要歸之～。”嵇康琴賦序：“覽其旨～，亦未達禮樂之情也。”引申爲趣味，興趣。陶潛歸去來辭：“園日涉以成～。”杜甫送高司直尋封閬州詩：“荒山甚無～。”

（三）讀 cù，舊讀入聲。催促。禮記月令：“～民收斂。”史記陳涉世家：“～趙兵亟入關。”引申爲趕快，急。史記項羽本紀：“若不～降漢，漢今虜若，若非漢敵也。”漢書周勃傳：“～爲我語！”

[辨]趨，趣。“趨”是一般的疾行，“趣”是有目的奔往。但“趨”的引申義“嚮往”的意思與“趣”（一）有某些相近。如“趣利”也説“趨利”。“趣”（二）是“趨”所沒有的。在“催促”“急促”的意義上，“趨”、“趣”相通。

722.【涕】

眼淚。詩經衞風氓：“泣～漣漣。”楚辭九章哀郢：“～淫淫其若霰。”左傳襄公二十三年：“臧叔入，哭甚哀，多～。”司馬遷報任安書：“士無不起，躬自流～。”庾信哀江南賦序：“自然流～。”又爲鼻涕。王褒僮約：“目淚下落，鼻～長一尺。”

723.【泣】

（一）眼淚。史記項羽本紀：“項羽～數行下。”司馬遷報任安書：“沬血飲～。”江淹別賦：“瀝～共訣，抆血相視。”

(二)哭,指無聲而有淚的。戰國策趙策四:"持其踵爲之～。"庾信哀江南賦序:"～將何及?"歐陽修瀧岡阡表:"於是小子修～而言曰。"蘇軾賈誼論:"其後自傷哭～。"陸游夜泊水村詩:"老子猶堪絕大漠,諸君何至～新亭?"

[辨]泣,哭,號。無聲有淚叫泣;有聲有淚叫哭;哭而有言叫號。

724.【膏】

脂肪,脂肪所熬的油。莊子山木:"～火自煎也。"韓愈進學解:"焚～油以繼晷。"又答李翊書:"加其～而希其光。""膏"又用如動詞,讀 gào,比喻滋潤。詩經曹風下泉:"芃芃黍苗,陰雨～之。"(芃芃 péng péng:茂盛的樣子。)又表示上油。韓愈送李愿歸盤谷序:"～吾車兮秣吾馬。"[～粱]膏指肥肉,粱是上等的小米。孟子告子上:"所以不願人之～粱之味也。"後代有成語"～粱子弟"。[～澤]恩澤。孟子離婁下:"～澤下於民。"[～腴]肥沃。賈誼過秦論上:"東割～腴之地。"[～肓]心尖脂肪叫膏,橫膈膜叫肓(huāng)。左傳成公十年:"疾不可爲也,在肓之上,～之下。"後代成語有"病入～肓"。

725.【澤】

(一)水所聚的地方,一般指湖沼。孟子滕文公上:"益烈山～而焚之。"史記項羽本紀:"乃陷大～中。"又淮陰侯列傳:"右倍山陵,前左水～。"王勃滕王閣序:"山原曠其盈視,川～盱其駭矚。"

(二)光潤。左傳襄公二十八年:"獻車於季武子,美～可以鑑。"楚辭離騷:"芳與～其雜糅兮。"孟子滕文公上:"若夫潤～之,則在君與子矣。"

(三)恩澤,恩惠,好處。莊子大宗師:"～及萬世而不爲仁。"韓愈送李愿歸盤谷序:"利～施於人。"白居易長恨歌:"始是新承恩～時。"

726.【帷】

圍在四周的帳幕,布製的圍牆。鄒陽獄中上梁王書:"今人主沈諂諛之辭,牽～牆之制。"[襜～]車帷。王勃滕王閣序:"襜～暫駐。"

[辨]帷,幕,幄,帳,幬。圍在四周的叫帷,有頂的叫幕。幄是帛圍的板屋。帳就是幕,但是後來床上的帳子也叫"帳",就跟"幕"分了工,因爲床上的帳子不能稱爲"幕"。幬本來就是帷,但是後來床上的帳子也叫"幬"(詩的用語),也跟"帷"分了工,因爲床上的帳子不能稱爲"帷"(古代"帷""幬"不同音)。古詩十九首:"明月何皎皎!照我羅牀幬。"李白春思詩:"春風不相識,何事入羅幬?"這些"幬"字都不能換成"帷"。

727.【蓋】

(一)茅草編織物,用來蓋屋的,又用來遮蔽身體保煖的。左傳襄公十四年:"乃祖吾離被苫～,蒙荆棘,以來歸我先君。"(吾離:人名。苫 shān:茅草編織物。)

(二)器物的蓋子。儀禮聘禮:"夫人使下大夫勞以二竹簋方……有～。"

(三)車蓋。古代車上傘狀的篷子。鄒陽獄中上梁王書:"白頭如新,傾～如故。"(傾蓋:旅途相遇,停車交談,雙方車蓋相接。指初交。)陶潛詠荆軻詩:"登車何時顧,飛～入秦庭。"(飛蓋:形容車走得快。)[冠～]官員的冠服和車蓋。史記平準書:"冠～相望。"李白古風詩:"路遇鬥雞者,冠～何輝赫!"

(四)遮蔽,掩蓋。淮南子說林:"日月欲明,而浮雲～之。"史記項羽本紀:"力拔山兮氣～世。"又淮陰侯列傳:"且臣聞勇略震主者身危,而功～天下者不賞。"杜甫自京赴奉先縣詠懷五百字詩:"～榰事則已。"

(五)副詞。大概。論語里仁:"～有之矣,我未之見也。"蘇轍快哉亭記:"玉之言～有諷焉。"(玉:指宋玉。)

(六)連詞。連接上句或上文一段,表示原因。論語季氏:"～均無貧,和無寡,安無傾。"蕭統文選序:"何哉?～踵其事而增華,變其本而加厲。"引申爲句首語氣詞,並非連接上文,也没有明確的具體意義。朱浮爲幽州牧與彭寵書:"～聞智者順時而謀,愚者逆時而動。"

728.【梗】

(一)植物的枝或莖。戰國策齊策三:"有土偶人與桃～相與語。"(桃梗:這裏指以桃枝作的木偶。)李商隱蟬詩:"薄宦～猶泛。"夢溪筆談二四卷:"自後人有爲蜂螫者,挼芋～傅之則愈。"(挼nuó:揉搓。傅:敷,塗上。)

(二)正直。楚辭九章橘頌:"淑離不淫,～其有理兮。"(淑:美,善。離:通"麗"。)[～直]剛直。北史景穆十二王傳上:"子文都,性～直。"(文都:人名。)

(三)[～概]概況,概要。張衡東京賦:"故粗爲賓言其～概如此。"左思吳都賦:"略舉其～概。"白居易與元九書:"然去詩未遠,～概尚存。"

(四)動詞。阻塞。韓愈送孟東野序:"其趨也或～之。"

729.【概】（槩）

(一)量米粟的工具。這是一種木板，量米粟時，放在斗斛上刮平，不使過滿。禮記月令："正權~。"荀子宥坐："〔水〕盈不求~。"管子水地："量之不可使~，至滿而止。"漢書律曆志："以井水準其~。"[一~]比喻把不同的事物等同起來。楚辭九章懷沙："同糅玉石兮，一~而相量。"揚雄法言："一~諸聖。"引申爲一律。杜甫秦州詩："萬方聲一~。"

(二)節操，風度。楊惲報孫會宗書："凜然皆有節~。"晉書桓溫傳："溫豪爽有風~。"杜甫投贈哥舒開府詩："勳業青冥上，交親氣~中。"今以正直豪邁的態度爲"氣~"。

(三)情況，景象(後起義)。杜甫奉留贈集賢院崔于二學士詩："故山多藥物，勝~憶桃源。"按：這個意義只用於極少數的詞組裏。

(四)副詞。大略，大概。史記伯夷列傳："其文辭不少~見。"蕭統文選序："~見墳籍，旁出子史。"

730.【本】

(一)樹的主幹。跟"末"相對。左傳成公二年："禽之而乘其車，繫桑~焉。"又昭公元年："我在伯父，猶衣服之有冠冕，木水之有~原。"引申爲根本，基礎，主要的東西。論語學而："君子務~。"孟子梁惠王上："蓋亦反其~矣。"賈誼論積貯疏："今毆民而歸之農，皆著於~。"司馬遷報任安書："且事~末未易明也。""本"又用如動詞，表示以爲基礎。柳宗元答韋中立論師道書："~之書以求其質。"

(二)本來。莊子至樂："是其始死也，我獨無慨然？察其始而~無生，非徒無生也，而~無形。"諸葛亮前出師表："臣~布衣，躬

耕於南陽。"李密陳情表:"~圖宦達,不矜名節。"李白廬山謠詩:
"我~楚狂人,鳳歌笑孔丘。"

(三)本錢。跟"子"、"息"相對(子~,~息)。漢書食貨志下:
"人君不理,則畜賈游於市,乘民之不給,百倍其~矣。"韓愈柳子厚
墓誌銘:"子~相侔,則没爲奴婢。"

[辨]根,本。根是地下的部分;本則一般指地上的部分。一木
只有一本,但可以有多根。

731.【末】

(一)樹杪,樹梢。跟"本"相對。楚辭九歌湘君:"采薜荔兮水
中,搴芙蓉兮木~。"引申爲尖端。孟子梁惠王上:"明足以察秋毫
之~。"又爲非根本的東西,不重要的事。賈誼論積貯疏:"今背本
而趨~。"

(二)微末的,淺薄的,小的,不重要的。司馬遷報任安書:"陪
外廷~議。"張衡東京賦:"~學膚受。"

古漢語通論(二十三)

古文的文體及其特點

古人很早就注意到各種文體的特點。例如曹丕在《典論論文》
中説:"夫文本同而末異。蓋奏議宜雅,書論宜理,銘誄尚實,詩賦
欲麗。"他的意思是説:奏議應該做到雅,雅就是善於運用經典;書
信和論説應該做到理,理就是條理明暢;銘誄應該做到實,實就是
切實而不浮誇;詩賦應該做到麗,麗就是敷陳辭藻。此外,陸機《文

賦》、劉勰《文心雕龍》也講到各種文體的特點,《文心雕龍》的前二十五篇,可以説是當時論述文體的集大成的著作。後人討論文體的著作還很多,這裏不一一列舉了。

姚鼐《古文辭類篹》把文章分爲論辨、序跋、奏議、書説(shuì)、贈序、詔令、傳(zhuàn)狀、碑誌、雜記、箴銘、頌贊、辭賦、哀祭十三類。現在我們按照這十三類大致談談各種文體的特點。

1. 論辨類就是論説文,包括哲學論文、政治論文、史論、文論等。先秦諸子書,一般都可認爲論文集。單篇論文則以賈誼《過秦論》爲最早。論辨類或者是發表自己的主張,闡明一個道理(論):或者是辨別事理的是非,駁斥別人的言論(辨)。舉例來説,《淮南子》是論,而《論衡》則是辨;《過秦論》是論,而《神滅論》則是辨。

2. 序跋類是一部書(或一篇文章)的序言或後序。序(叙)是一般的序言,放在書的前面;跋則放在書的後面,即後序。上古時代的序都是放在後面的。有人認爲《莊子·天下》就是《莊子》的序。至於《淮南子·要略》,《論衡·自紀》,《史記·太史公自序》,《漢書·叙傳》等,更顯然都是序言,它們都是在書的後面。《説文解字》的叙也在後面。後來像蕭統《文選》等書,序才移到前面。

3. 奏議類是臣子上給皇帝的書信,包括《文心雕龍》所説的章表、奏啟、議對三類。《文心雕龍·章表》説:“章以謝恩,奏以按劾,表以陳請,議以執異。”可見較古的時候(漢代)四者是有分別的,後來逐漸變爲没有多大分別了。此外還有疏、上書、封事。疏的本意是條陳(逐條陳説),封事是預防洩漏的意思,是一種秘密的奏議。

對策(簡稱策),是奏議的一個附類。《文心雕龍·議對》説:“對策者,應詔而陳政也。”這是應舉時由皇帝出題目,寫在簡上,叫做策問;應舉者按題陳述自己的意見,叫做對策。漢代鼂錯、董仲舒都以對策著名。

4.書説類包括書和説。書指一般的書信,説大多是游士説别國人君的言詞。

5.贈序類是一種特殊的文體,古人有所謂"贈言"。到了唐初,贈言才成爲一種文體,叫做"序"。韓愈所作的贈序最多,也被認爲最好。

6.詔令類是皇帝對臣下的書信。詔令和奏議本來都是書信,但因封建時代最高統治者被認爲與一般人不同,所以臣子給皇帝的書信叫奏議,皇帝給臣下的書信叫詔令。

皇帝下達的文書還有"制""誥"等等,這裏没有必要細説。

檄(xí),是詔令的一個附類。它被用來曉諭、或者用來聲討罪惡。檄,不一定是皇帝發出的;有時候,也可能是敵國互相聲討,或者是所謂"討賊"。由於封建社會很少正義戰争,互相攻擊的人往往是一丘之貉,所謂檄就往往是强詞奪理,或者是捏造事實。

7.傳狀類是記述個人生平事跡的文章,一般是記述死者的事跡。傳指傳記,狀指行狀。傳來源於《史記》《漢書》。拿《史記》來説,《項羽本紀》,《孔子世家》,《淮陰侯列傳》,《魏其武安侯列傳》等,都應該屬於傳①。"行狀"又稱"行述""行略""事略"等。行狀本來是提供禮官爲死者議定謚號或提供史官采擇立傳的。又,請人寫墓誌銘碑表之類(見後),也往往提供行狀。有的行狀實際上就是一篇很好的傳記,柳宗元的《段太尉逸事狀》被認爲是傳狀類

① 姚鼐以爲正史的傳不算傳狀類,所以《古文辭類纂》只收韓愈《圬者王承福傳》、柳宗元《種樹郭橐駝傳》等。那是錯誤的。

的名篇①。

传奇小説，如《霍小玉傳》，《李娃傳》，《鶯鶯傳》等，可歸入傳狀一類。

8.碑誌類包括碑銘和墓誌銘。碑銘的範圍頗廣。有封禪和紀功的刻文，例如秦始皇《泰山刻文》，班固《封燕然山銘》，韓愈《平淮西碑》等。有寺觀、橋梁等建築物的刻文，例如王簡栖《頭陀寺碑文》，韓愈《南海神廟碑》等。此外還有墓碑，這是紀載死者生前事跡的，文章最後有銘（韻語）。封建時代大官的墓碑是樹立在墓前道路（神道）上的，所以叫做神道碑，官階低的則樹立墓碣。碑碣的文體没有什麼差别，只是碑碣本身的形制有所不同②。此外還有一種墓表，無論死者入仕與否都可以樹立。墓表也是立在神道上的，所以又稱爲神道表。墓表一般没有銘（韻語）。

墓誌銘（墓誌）也是紀載死者生前事跡的，前有誌，後有銘。它一般是兩塊方石，一底一蓋，底刻誌銘，蓋刻標題（某朝某官某人墓誌），安葬時埋在墓壙裏；據説是防備陵谷變遷，以便後人辨認的，所以後來又稱爲埋銘、壙銘、壙志等。

9.雜記類包括除傳狀、碑誌以外的一切記叙文。有刻石的；有不刻石的。刻石的如柳宗元的《永州韋使君新堂記》；不刻石的如柳宗元的山水遊記。雜記文的特點是叙事，但唐宋古文家的雜記往往是叙中夾論，像蘇轍的《快哉亭記》，范仲淹的《岳陽樓記》則是

---

① 徐師曾《文體明辨》説："逸事狀則但録其逸者，其所已載，不必詳焉，乃狀之變體也。"

② 《唐六典》卷四載碑碣之制説："五品以上立碑，螭首龜趺（碑首盤螭，碑座龜形），趺上高不過九尺。七品以上立碣，圭首方趺（碣首圭形，碣座方形），趺上高不過四尺。若隱論道素，孝義著聞，雖不仕亦立碣。"明代三品以上立神道碑。

議論多於記事。

10.箴銘類是用於規戒的文章,大多是用來戒勉自己的。劉禹錫的《陋室銘》屬於這一類。

11.頌贊類是用於頌贊的文章,一般是對別人的歌頌和贊揚。韓愈的《子産不毀鄉校頌》屬於這一類。

12.辭賦類近似於長詩,可以抒情,可以詠物。本書第十二單元將有專文討論。

13.哀祭類包括哀辭和祭文。二者都是哀弔死者的文章,但祭文則是設祭時拿來宣讀的。

誄,就内容來説,是在碑誌與哀辭之間的。《文心雕龍·誄碑》説:"大夫之材,臨喪能誄。誄者,累也;累其德行,旌之不朽也。"由此看來,誄就很像碑誌,只是不刻石罷了。顏延年作《陶徵士誄》,就是叙述陶淵明的德行的。後來誄和哀辭没有多大的差別。

以上十三類有些類的界限不是十分清楚的。就名稱來看,有的是同名而異實:序跋的序和贈序的序完全不同;座右銘的銘和墓誌銘的銘也完全不同。就内容來看,有些作品可能跨類。例如賈誼的《論積貯疏》雖屬奏議類,但通篇是發議論,很像一篇論説文;韓愈的《送孟東野序》雖屬贈序類,但通篇是説理,也很像一篇論説文。揚雄的《解嘲》,蕭統《文選》把它歸入"設論"類,《古文辭類篹》則歸入辭賦類,因爲就内容説應該屬論辨,就形式説則應該屬辭賦。韓愈的《進學解》是仿照《解嘲》的體裁的,《古文辭類篹》也把它歸入辭賦類。

我們不能機械地看待古人這種分類,因爲這種分類還是不夠科學的。同時,我們也不宜完全抹殺這種分類,因爲這種分類還是有一些客觀根據的。

　　下面我們再從用韻的角度來看文體。辭賦、頌贊、箴銘、碑誌、哀祭,這五類一般都是有韻的文章,我們把它叫做"韻文"。但是,有完全的韻文,有不完全的韻文。個别的也有完全不用韻的。五類用韻的情況又各有不同,所以必須分别加以討論。

　　1.辭賦類是完全的韻文,從頭到尾都是有韻的①。所以古人往往把詩賦並稱。班固《兩都賦序》説"賦者,古詩之流也",《文選》也把賦與詩放在一起(賦在詩前),可見一向認爲賦是接近詩的。姚鼐在《古文辭類籑序目》中説:"辭賦固當有韻,然古人亦有無韻者。"這話不合事實。枚乘《七發》不完全用韻,正因爲它不是純粹的賦體。揚雄《解嘲》,韓愈《進學解》等,基本上是用韻的,只不過稍有變通罷了。

　　2.頌贊類也是完全的韻文。雖然有些頌贊也容許有序(散文),如柳宗元的《伊尹五就桀贊》,但是這種頌贊仍屬韻文,因爲韻語是全篇的主體。一般頌贊是没有序的,從頭到尾都用韻,如韓愈的《子産不毀鄉校頌》。

　　另有一種贊與頌贊的贊不同,那只是幾句結論性的話,通常是四字一句,如《文心雕龍》每篇後面的贊。但是,這種贊也是從頭到尾用韻的。

　　3.箴銘類也是完全的韻文。劉禹錫《陋室銘》一開頭就有韻,而且是以"名、靈、馨、青、丁、經、形、亭"一韻到底。只有最後一句是不入韻的。

　　4.碑誌類的情況稍有不同。封禪的刻文還是自首至尾用韻的。但是,紀功的刻文就不一定完全用韻,特别是唐代以後,碑文

────────────

　①　賦的前頭如有序,序文當然不用韻。

往往是序長於銘,也就是散文部分長於韻文部分。如韓愈的《平淮西碑》有大半篇幅是序。

墓碑和墓誌銘的韻文部分更少①。一般情況是敘述佔了大部分的篇幅,略等於一篇行狀,最後才是幾句銘。試舉歐陽修《徂徠石先生墓誌銘》爲例。全文千餘字,最後只有七十八個字的銘:

> 徂徠之巖巖,與子之德兮,魯人之所瞻。汶水之湯湯,與子之道兮,逾遠而彌長。道之難行兮,孔孟亦云遑遑。一世之屯兮,萬世之光。曰:吾不有命兮,安在夫桓魋與臧倉②?自古聖賢皆然兮,噫子雖毀其何傷?

墓誌銘的銘也有不用韻的,如韓愈的《柳子厚墓誌銘》,但那是很少的例外。

5.哀祭類是接近辭賦類的。《古文辭類篹》把賈誼的《弔屈原賦》歸入哀祭類,《文選》認爲《弔屈原賦》是"弔文",把它和"祭文"平列。祭文一般是完全的韻文,所以和辭賦是同一性質的(從語言角度看)。韓愈《祭柳子厚文》,除開頭幾句外,完全用韻。李翱《祭韓侍郎文》則自首至尾全部用韻。

祭文中長距離押韻,而且句子長短參差,這是宋人的一種風氣。王安石《祭歐陽文忠公文》可以作爲代表。

祭文中也有完全不押韻的,這種情況極爲少見。韓愈《祭十二郎文》便是一例。

祭文與哀辭(或誄)都可能有序。但是唐以後的祭文就不再有

---

① 這是就唐以後的情況說的。《文選》載有任昉所作的一篇墓誌,與此恰恰相反,那是一篇完全的韻文。

② 桓魋(tuí),春秋時宋國的司馬,曾欲殺孔子。臧倉,魯平公嬖臣,曾阻止魯君見孟子。

序;相反地,唐以後的哀辭一般都有長序。因此,哀辭在形式上近似碑誌。

除了以上五類之外,別的文體也可能用韻。比如柳宗元的《愚溪詩序》,就體裁説,是完全可以不用韻的,但其中却有韻語:

> 以愚辭歌愚溪,則茫然而不違,昏然而同歸。超鴻蒙,混希夷,寂寥而莫我知也。

其中"違"和"歸"押韻,"夷"和"知"押韻(也可以認爲四字一起押韻,算是支微通押)。

此外,雜記中也經常可以見到一些押韻的情況。試看柳宗元《永州韋使君新堂記》中的一段:

> 始命芟其蕪,行其塗。積之丘如,蠲之瀏如。既焚既釃,奇勢迭出。清濁辨質,美惡異位。視其植,則清秀敷舒;視其蓄,則溶漾紆餘。怪石森然,周於四隅。或列或跪,或立或仆,竅穴逶邃,堆阜突怒。

其中"蕪"和"塗"押韻,"丘"和"瀏"押韻(虛字前韻),"出"(尺類切,讀 chuì)和"位"押韻,"舒"、"餘"和"隅"押韻,"仆"和"怒"押韻。又如范仲淹《岳陽樓記》中的一段:

> 若夫霪雨霏霏,連月不開。陰風怒號,濁浪排空;日星隱曜,山岳潛形。商旅不行,檣傾楫摧。薄暮冥冥,虎嘯猿啼。登斯樓也,則有去國懷鄉,憂讒畏譏,滿目蕭然,感極而悲者矣。至若春和景明,波瀾不驚。上下天光,一碧萬頃。沙鷗翔集,錦鱗游泳。岸芷汀蘭,郁郁青青。而或長烟一空,皓月千里,浮光耀金,静影沉璧。漁歌互答,此樂何極!登斯樓也,則有心曠神怡,寵辱皆忘,把酒臨風,其喜洋洋者矣!

其中"霏"和"開"押韻(不完全韻),"空"和"形"押韻(不完全韻),"摧"和"啼"押韻(不完全韻),"譏"和"悲"押韻,"明"、"驚"和"頃"、"泳"、"青"押韻(平仄通押),"璧"和"極"押韻,"忘"和"洋"押韻。

這是自由式的韻文,它的押韻在有意無意之間,不受任何格律的約束,所以可以用不完全韻,可以平仄通押,可以不遵守韻書的規定(如"譏"和"悲"押,"明"、"驚"和"青"押,"璧"和"極"押)。其所以這樣做,是使讀者朗誦起來覺得有聲調鏗鏘之美。

散文中夾雜着韻語的做法來源很遠。先秦散文中就常常夾雜有一些韻語(參看本書第二册 500—501 頁)。這種做法,是值得注意的。

古漢語通論(二十四)

古書的句讀

古書一般是不斷句的,前人讀書時要自己斷句。古代斷句用"、"作爲標誌。《説文解字》説:"、(zhǔ),有所絶止而識之也。"有人認爲這就是句讀(dòu)的"讀"的本字①。前人在語意未完而需要停頓的地方,點在兩個字的中間;在句終的地方,點在字的旁邊。後來用圈號作爲句終的標誌。古代又有一個"亅"(jué)字,《説文解字》説:"亅,鉤識也。"這也是古人讀書時所用的句讀標誌②。

古人很重視句讀的訓練,因爲明辨句讀是讀懂古書的起點。假使斷句沒有錯誤,也就可以證明對古書有了初步的了解。所以《禮記·學記》説:"一年視離經辨志。"這就是説,小孩讀書一年以後,要考查"離經辨志",所謂"離經",就是句讀經典的能力。

---

① 見楊樹達《古書句讀釋例·叙論》。
② 王筠説這是分章所用的標誌(見《説文句讀》)。

　　當然,能點句無誤,還不能説就是完全了解了;但是,反過來説,如果點句有誤,那就一定是對古書某些詞句没有讀懂。現存的古書,經過標點的只是一小部分。我們要具備閲讀古書的能力,首先就要培養句讀的能力。

　　在閲讀古書時怎樣才能不斷錯句,不用錯標點呢? 這先要研究錯誤的原因。原因是多方面的。歸納起來大致可以分爲三個方面[①]:一是意義不明,二是語法不明,三是音韻不明。下面分别加以討論(討論以斷句爲主,也涉及標點符號的使用)。

(一)意義不明

　　詞和句子的意義有未了解清楚的地方,這是弄錯句讀最主要的原因。不明詞義,不通文理,缺乏古代文化常識,不知出典等,都容易導致句讀錯誤。

1.不明詞義,不通文理

　　有時是不明瞭一個單音詞的意義,有時是不明瞭一個複音詞的意義,有時是把甲義誤認爲乙義。這些情況都會把句子斷錯。有時,讀者並不是不明詞義,而是不能把上下文連貫起來,不能串講;讀時不求甚解,不從上下文仔細體會古人的用意,也可以説是不通文理。這樣,拿起筆來斷句,就容易産生錯誤。

　　例一

　　　　(正)收天下之兵,聚之咸陽,銷鋒鏑,鑄以爲金人十二,以弱天下之民。(賈誼過秦論)

---

① 在分類之中,有跨類的情況,不一一説明。

(誤)收天下之兵。聚之咸陽。銷鋒鍉鑄。以爲金人十二。以弱天下之民。[1]

“鍉”又作“鏑”，就是箭鏃。“鑄”是“鎔鑄”的意思。《文選》的斷句者將“銷鋒鍉鑄”連讀，這是講不通的。《漢書·項羽傳》載賈誼《過秦論》，如淳，顏師古諸家皆讀“鍉”字斷句[2]。爲什麼《文選》的斷句者會斷錯句呢？因爲《史記·秦始皇本紀》所載賈誼《過秦論》在這裏作“銷鋒鑄鐻”（鐻，鐘類）[3]，斷句者大約受了這個影響，沒有仔細考慮“鍉”“鑄”兩字的意義，就把“鑄”字歸到上句去了。

　　例二

　　　　(正)洪於大義，不得不死；念諸君無事空與此禍，可先城未敗，將
　　　　妻子出(資治通鑑卷六十一)。

　　　　(誤)洪於大義，不得不死；念諸君無事，空與此禍，可先城未敗，將
　　　　妻子出。[4]

這段文章是寫臧洪守東郡，糧盡援絕，叫部下將士和百姓棄城逃命。斷句者沒有弄懂這段話中的複音詞“無事”是“沒有必要”、“犯不上”的意思，並不是現代漢語“無事生非”中“無事”的意思，因此把句子斷錯了。

　　例三

　　　　(正)使盡之，而爲之簞食與肉；寘諸橐以與之。(左傳宣公二年)

---

① 引自商務印書館出版的《國學基本叢書簡編》本《文選》；下引《文選》，版本同
　　此，不再注明。
② 他們雖没有斷句，但是在“鍉”字下面加注，依《漢書》注的規矩，必須在斷句處
　　加注，所以知道是這裏斷句。
③ 《古文辭類箋》根據《史記》，也作“銷鋒鑄鐻”。
④ 見中華書局《資治通鑑》標點本 1956 年初版(下同)。轉引自呂叔湘《“通鑑”標
　　點瑣議》(見《中國語文》1979 年第 2 期)。

(誤)使盡之,而爲之簞食,與肉,眞諸橐以與之。①

這裏是説,"給他預備一筐飯和肉,放在口袋裏給他"。標點者把連詞"與"看成動詞"給予"的"與",就和後面"以與之"的"與"重複了。

例四

　　(正)世儒學者,好信師而是古,以爲賢聖所言皆無非,專精講習,不知難問。(論衡·問孔)

　　(誤)世儒學者,好信師而是古,以爲賢聖所言,皆無非專精講習,不知難問。②

這裏的"非"字應當作"錯誤"講,《諸子集成》本《論衡》的標點者誤認爲否定副詞,所以弄錯了。

例五

　　(正)今往僕少小所著辭賦一通相與。夫街談巷説,必有可采⋯⋯(曹植與楊德祖書)

　　(誤)今往僕少小。所著辭賦一通。相與夫街談巷説。必有可采。

第一句意思是説,"現在送我少年時代所著的辭賦一篇給你"。《文選》的斷句者不懂"往"是"送往"的意思,"相與"的"與"是"給予"的意思,"少小"一詞也不懂,這就全句不了解了。"少小"措少年時代,這是古人常用的詞語。曹植自己在《白馬篇》就説"少小去鄉邑,揚聲沙漠垂"。像上述的《文選》標點者這樣斷句,"今往僕少小"還成什麼話呢?

例六

　　(正)時人始而驚。中而笑且排,先生益堅,終而翕然隨以定。(李

---

①　參看王伯祥《春秋左傳讀本》201頁。
②　以下所引《論衡》的例子,都是採自中華書局出版的《諸子集成》本,國學整理社整理,其中標點錯誤很多。

漢韓昌黎集序)

(誤)時人始而驚。中而笑。且排先生益堅。終而翕然隨以定。①
"笑且排",意思是"嘲笑而且排斥";"先生益堅",意思是"韓愈受到嘲笑和排斥以後,不但不氣餒,而且更加堅定"。這才顯出了韓愈的戰鬥精神。如果把"且排先生益堅"讀成一句,那是説"時人更堅決地排斥韓愈",和作者的原意正相違反了。

例七

> (正)或時賢而輔惡;或以大才從於小才;或俱大才,道有清濁;或
> 無道德,而以技合;或無技能,而以色幸。(論衡·逢遇)

> (誤)或時賢而輔惡,或以大才從於小才,或俱大才。道有清濁。
> 或無道德而以技合,或無技能而以色幸。

假使用舊式點句法,這裏的錯誤就顯露不出來。現在用的是新式標點,錯誤就很明顯了。"或俱大才,道有清濁"本是"或俱大才而道有清濁"的意思。現在把"道有清濁"獨立成句,上下文都講不通了。

例八

> (正)綦毋張喪車,從韓厥曰:"請寓乘。"從左右,皆肘之,使立於
> 後。(左傳成公二年)

> (誤)綦母(毋)張喪車,從韓厥曰:"請寓乘,從左右。"皆肘之,使立
> 於後。②

這裏是説綦毋張站在左邊和右邊,韓厥都用手肘制止他,讓他站在後面。如果把"從左右"看成是綦毋張説的話,那末"皆肘之"就無所繫屬,上下文的意思都説不通了。杜預注和孔穎達疏都是把"從

---

① 參看商務印書館出版的《國學基本叢書簡編》本《韓昌黎集》。
② 參看王伯祥《春秋左傳讀本》250頁。

左右"和"皆肘之"連起來解釋的。

2.缺乏古代文化知識,不知出典

缺乏古代天文地理典章制度等方面的常識,就影響對某些特定詞語的了解。不知出典,就容易用錯引號。

例一

> (正)《史記·天官書》云:"牽牛爲犧牲,其北河鼓。河鼓:大星,上將;左右,左右將。"(胡仔苕溪漁隱叢話後集卷七)

> (誤)史記天官書云。牽牛爲犧牲。其北河鼓。河鼓大星。上將左右。左右將。

《史記》張守節《正義》說:"河鼓三星①,在牽牛北,主軍鼓。蓋天子三將軍:中央大星,大將軍;其南左星,左將軍;其北右星,右將軍。所以備關梁而拒難也。"這就是說,"河鼓"有三顆星,中間的大星爲上將,左右二星爲左右將②。《萬有文庫》本《苕溪漁隱叢話》的斷句者沒有這種古代的天文常識,把句子斷得完全不可理解。

例二

> (正)彗星復見西方十六日。夏太后死。(史記·秦始皇本紀)

> (誤)彗星復見西方。十六日,夏太后死。

這裏是說彗星又在西方出現,一共經過十六天;不是說夏太后死在十六日那天。因爲古人是用干支記日的,《史記》也是這樣。就以《秦始皇本紀》來說,凡記日都用干支。如四年十(七)月"庚寅",九年四月"己酉",三十七年十月"癸丑",三十七年七月"丙寅",二世

---

① 河鼓三星即我國民間所說的扁担星,中央大星即牛郎星。

② 古人迷信,有所謂占星術,把天上的某些星和人間的某些職官聯繫起來,認爲河鼓三星"明大光潤,將軍吉;動搖差戾,亂兵起;直,將有功;曲則將失計"。

三年八月"己亥"等。在《史記》中,數字和"日"連用總是說多少天,而不是說某月某日①。用數字記日,大概起自東漢,但史書和其他正式的文件中,一般仍用干支記日。《史記會注考證》的斷句者沒有細心考察中國古代的記日制度,因而弄錯了。

　　例三

　　　　(正)泰山聳左爲龍,華山聳右爲虎,嵩爲前案,淮南諸山爲第二重案。(聽雨叢談卷五京城建置里數)

　　　　(誤)泰山聳左爲龍華山。聳右爲虎嵩。爲前案。淮南諸山。爲第二重案。②

泰山、華山、嵩山都是屬於五嶽的。泰山是東嶽,在北京之左,所以說聳左爲龍;華山是西嶽,在北京之右,所以說聳右爲虎;嵩山是中嶽,在北京之前,所以說嵩爲前案。斷句的人沒有弄清楚這一地理關係,錯誤很大,這話變得完全不可理解。

　　例四

　　　　(正)冬,十一月,初令郡國舉孝廉各一人,從董仲舒之言也。(資治通鑑卷十七)

　　　　(誤)冬,十一月,初令郡國舉孝、廉各一人,從董仲舒之言也。③

孝、廉分科,古代不曾有過。這裏"孝廉"不宜斷開。"各一人"是說各郡或國分別推舉一人。

　　例五

　　　　(正)凡他官入院,未除學士,謂之直院。學士俱闕,他官暫行文書,謂之權直。(歷代職官表卷二十三引山堂考索)

---

① 《史記·孟嘗君列傳》:"文以五月五日生,其父勿舉。"這是一個特殊的例子。
② 參看中華書局 1959 年版《聽雨叢談》。
③ 引自呂叔湘《"通鑑"標點瑣議》。

　　　(誤)凡他官入院未除學士。謂之直院學士。俱闕他官。暫行文
　　書。謂之權直。①

宋代翰林學士院有翰林學士等掌管起草制誥詔令,别的官到翰林
學士院没有被任命爲翰林學士時,叫做"直院"(直學士院)②;翰林
學士院一時闕員暫由别的官掌管文書,叫做"權直"(翰林權直、學
士院直)。《叢書集成》本《歷代職官表》的斷句者不懂宋代翰林學
士院的官制,斷句就完全弄錯了。宋代翰林學士院没有"直院學
士"銜。"俱闕他官",在意思上也講不通。

　　例六

　　　(正)故有所覽,輒省記。通籍後,俸去書來,落落大滿。(袁枚黄
　　生借書説,見小倉山房文集卷二十二)

　　　(誤)故有所覽,輒省記通籍。後俸去書來,落落大滿。③

"省記"等於説"記得",這裏是把它記在腦子裏的意思。"通籍後,
俸去書來",是説通籍後有俸可以買書。過去中了進士的,他的名
字就上通到朝廷了,叫做"通籍"。標點者不知道什麽是通籍,所以
弄錯了。

　　例七

　　　(正)傳書曰:"……是夕也,火星果徙三舍。"如子韋之言……則必
　　得景公祐矣。(論衡·變虚)

　　　(誤)傳書曰:"……是夕也,火星果徙三舍。如子韋之言……則必
　　得景公祐矣。"

"傳書",指的是《史記》等書。《史記·宋微子世家》所載,與此大同

---

①　引自《叢書集成》本《歷代職官表》。
②　《文獻通考》卷十一"職官"八:"資淺者爲直院,暫行者爲權直。"
③　參看 1961 年 1 月 23 日和 30 日的《人民日報》第四版。

小異,最後一句是"果徙三度"。可見引號應該放在"果徙三舍"後面。至於"如子韋之言"以下,那是《論衡》作者的話了。標點者不明出典,把作者的話也歸到引文裏去了。

(二)語法方面

語句總是按照一定的規則組織起來的,語法就是組詞造句的規則。不通語法,自然也容易弄錯句讀。在這個題目下,附帶討論由於不了解對偶和文體而產生的句讀錯誤。

　　例一

　　　　(正)夫拜謁,禮義之效,非益身之實也。(論衡·非韓)

　　　　(誤)夫拜謁禮義之效,非益身之實也。

這句話的意思應該是,"拜謁是禮義之效,而不是益身之實"。判斷句在古代一般不用繫詞,依傳統的句讀法,"拜謁"後面應該斷句,依新式標點用法也應該用逗號。這裏是動詞用作主語,《諸子集成》本標點者沒有弄清,所以錯了。

　　例二

　　　　(正)厩焚,子退朝,曰:"傷人乎?"不問馬。(論語·鄉黨)

　　　　(誤)厩焚。子退朝。曰。傷人乎不。問馬。

一般都是在"乎"字斷句。陸德明《經典釋文》說,"一讀至不字絕句"。王若虛在《滹南遺老集》卷五《論語辨惑》中就曾批評這種斷法。他說,這樣斷句,意謂"聖人至仁,必不至賤畜而無所恤也。義理之是非,姑置勿論,且道世之爲文者,有如此語法乎?故凡解經,其論雖高,其於文勢語法不順者,亦未可遽從,況未高乎!"王若虛的意見無疑是正確的。古漢語沒有這種在疑問語氣詞後再加"不"字的疑問句。不問語法規律而去推求"義理",這種義理是主觀的產物,不可能不錯。

　　例三

　　　　(正)且夫天者,氣邪? 體也?(論衡·談天)

　　　　(誤)且夫天者,氣邪? 體也。

這是説,"再説,天是氣呢? 還是實體呢?"這是選擇性問句,這種句子往往用"邪"字和"也"字相呼應。《諸子集成》本標點者不懂這個規則,所以不知道在"也"字後面也要用疑問號。

　　例四

　　　　(正)是故治世之音安以樂,其政和;亂世之音怨以怒,其政乖;亡
　　　　　　國之音哀以思,其民困。(禮記·樂記)

　　　　(誤)是故治世之音安。以樂其政和。亂世之音怨。以怒其政乖。
　　　　　　亡國之音哀。以思其民困。

《禮記·樂記》這一段話,從唐代起就有幾種不同的斷句法。《經典釋文》卷一三載:"雷讀上至安絶句,樂音岳,二字爲句。崔讀上句依雷,下'以樂其政和',總爲一句。下'亂世''亡國'各放此。"雷讀、崔讀都是錯誤的。因爲這裏的"以"字是連詞,正如《經傳釋詞》所指出的,它和"而"字的作用相同。"安以樂"就是"安而樂","怨以怒"就是"怨而怒","哀以思"就是"哀而思"。下文"其政""其民"是主語,"和""乖""困"都是形容詞作謂語。按照崔讀斷句,"以"只能看作介詞,"樂""怒""思"是動詞謂語,"其政""其民"是賓語,"和""乖""困"無所隸屬。漢語没有這種句法結構,因此"以樂""以怒""以思"只能屬上。

　　例五

　　　　(正)問今是何世,乃不知有漢,無論魏晉。此人一一爲具言所聞,
　　　　　　皆歎惋。(陶淵明桃花源記)

(誤)問今是何世,乃不知有漢,無論魏晉。此人一一爲具言,所聞
　　皆歎惋。

"所聞","所"指代"聞"的對象,即漁人聞知的漢和魏晉間的情況。
它不可能指代"聞"這一行爲的主動者——聽漁人説話的村中人。
如果指村中人,就只能説"聞者"。《古文觀止》的斷句者不懂"者"
"所"的用法的不同,誤將"所聞"屬下①。

　　例六

(正)夫王者有過,異見於國。不改,災見草木;不改,災見於五穀;
　　不改,災至身。(論衡·異虛)

(誤)夫王者有過,異見於國,不改;災見草木,不改;災見於五穀,
　　不改,災至身。

假設句不用連詞,在現代漢語裏也不是罕見的,在古代漢語裏更是
常見。特別是否定的假設,往往不用"如""若"等字。這裏《諸子集
成》本標點者不懂"不改"是一種假設,等於説"如果再不改",因而
把分號用錯了。

　　例七

(正)虞舜爲父弟所害,幾死再三,有遇唐堯,堯禪舜,立爲帝。嘗
　　見害,未有非;立爲帝,未有是。前時未到,後則命時至也。
　　(論衡·禍虛)

(誤)……堯禪舜立爲帝。嘗見害,未有非;立爲帝,未有是前時未
　　到,後則命時至也。

《諸子集成》本在"堯禪舜"後不斷句,不對。"未有是"不斷句,更不

────────────

① 　參看文學古籍刊行社 1956 年本的《古文觀止》,解放前某些版本的《古文觀止》
　　也將"所聞"屬下。文學古籍刊行社 1956 年版的《靖節先生集》則將"所聞"屬
　　上。

對。作者明顯地以"未有是"和"未有非"相對,意思是説,"虞舜被謀害的時候,他並没有做錯什麽;他立爲帝的時候,也没有做對什麽"。古人行文,往往愛用對偶。了解這一點,有助於我們識辨古書的句讀。

　　例八

　　　　(正)維是子産,執政之式。維其不遇,化止一國。誠率是道,相天
　　　　　　下君。交暢旁達,施及無垠。於虖! 四海所以不理,有君無
　　　　　　臣。(韓愈子産不毀鄉校頌)

　　　　(誤)……於虖四海。所以不理。有君無臣。①

這是一篇頌贊體的文章,每句四字("四海所以不理"六字),兩句一換韻,中間插入一個"於虖"(嗚呼),算是外加的。如果按照後一種句讀法,就失其韻讀,與文體不合了。而且,"四海所以不理"等於説"四海之所以不理","四海"斷句是不通的。

　　例九

　　　　(正)……自作清歌傳皓齒,風起,雪飛炎海變清涼。……試問嶺
　　　　　　南應不好,卻道,此心安處是吾鄉。(蘇軾定風波)

　　　　(誤)……自作清歌傳皓齒。風起雪飛。炎海變清涼。……試問
　　　　　　嶺南應不好。卻道此心安處是吾鄉。

"定風波"這一詞牌分前後兩闋,最後三句的字數都是七、二、七,而且二字句與前面七字句還要押仄聲韻②。這裏前闋應該在"風起"處斷句,後闋應該在"卻道"後斷句。《苕溪漁隱叢話·後集》卷第四十引用了蘇東坡這首詞,《萬有文庫》本的斷句者不懂"定風波"詞牌的格律,把它斷錯了。

----

①　參看《國學基本叢書簡編》本《韓昌黎集》四,第1頁。
②　關於什麽是仄聲,參看通論(二十六)。

(三)音韻方面

不懂音韻,也可能影響到句讀的正確性。雖然這方面的情況比較少見,但也值得注意。

例一

(正)衛侯貞卜,其繇曰:"如魚窺尾,衡流而方羊,裔焉大國,滅之將亡。闔門塞竇,乃自後踰。"(左傳哀公十七年)

(誤)衛侯貞卜。其繇曰。如魚窺尾。衡流而方羊裔焉。大國滅之。將亡。闔門塞竇。乃自後踰。[1]

世界書局銅版《四書五經》這樣斷句,大概是根據杜注孔疏。杜預和孔穎達以"衡流而方羊裔焉"爲句,顧炎武、王引之、武億等都不同意[2]。顧炎武《杜解補正》說:"當以'裔焉大國'爲句。言其邊於大國,將見滅而亡。"這是對的。孔穎達認爲"繇詞之例,未必皆韻","或韻或不韻,理無定準";因而說"竇""踰"不與"將亡"爲韻。實際上"竇""踰"兩字雖不與"將亡"押韻,但是"羊"字與"亡"字押韻(古音同在陽部),"竇"字與"踰"字押韻(古音同在侯部)。這是換韻,不能說是"或韻或不韻"。

例二

(正)養氣自守,適食則酒。閉明塞聰,愛精自保。適輔服藥引導,庶冀性命可延,斯須不老。既晚無還,垂書示後。(論衡·自紀)

(誤)養氣自守,適食則酒,閉明塞聰,愛精自保。適輔服藥引導,庶冀性命可延。斯須不老,既晚無還,垂書示後。

①　引自世界書局銅版《四書五經》下冊 542 頁。

②　參看王引之《經傳釋詞》卷二和楊樹達《古書句讀釋例》。

"守""酒""保""導""老""後"都是韻脚。《諸子集成》本在"延"字後面用句號是不對的,因爲"延"字不是韻脚;"老"字是韻脚,句號應該移到"老"字後面。"斯須不老"是"暫時不老"的意思,和"性命可延"的意思是連貫的。

由上所述,可見造成句讀錯誤的原因是複雜的。今人整理的古籍常常有標點錯誤的地方,我們必須注意;就是古代的注疏家,對某些文句,也有不同的句讀法,需要有審辨能力。古代不同的句讀,有的是某一注疏家弄錯了,如上面所舉《左傳》哀公十七年一例。有的是數讀皆可通的。其實數讀皆可通,也可分爲兩種情况:一種只是不同的斷法,如《論語·季氏》:"君子疾夫,舍曰欲之,而必爲之辭。"一讀"夫"字後不斷句,還有一讀"欲之"後也不讀斷[1]。無論哪一讀法,意思都是一樣。另一種情况則是因爲時代久遠,目前無法確定作者的原意,暫時數讀皆可通,如《論語·公冶長》:"願車馬,衣輕裘,與朋友共,敝之而無憾。"《白虎通》引作"願車馬輕裘與朋友共敝之",無"衣"字,從"敝之"斷句;《一切經音義》引作"共敝之而無憾",是以"共"與"敝之而無憾"連爲一句[2]。"共"字屬下不屬下,意思稍有區別,現在還無從確定哪一斷法符合作者的原意。

總之,正確地標點古書不是十分容易的事情,要避免標點古書的錯誤,是没有簡單的辦法的。一方面要重視詞義、語法、音韻以及古代文化等各方面的知識;另一方面還要多讀古書,多掌握材料,並進行適當的句讀練習。等到詞義、語法、音韻、文化常識等各

---

[1]　參看武億《經讀考異》。
[2]　參看武億《經讀考異》。

方面的知識都具備了,又讀了一定數量的古文,自然就不至於不會斷句了。

第十一單元

文　選

沈　約

　　沈約(441—513)，字休文，武康(今浙江德清縣武康鎮)人，歷仕宋、齊、梁三朝，梁武帝時官至尚書令。博通羣書，著述很多，有《晉書》《宋書》《齊紀》《四聲譜》等書。他主張作詩必須講求聲律對仗。他和謝朓、王融作詩就努力在這方面下功夫，世稱爲"永明體"(永明是齊武帝的年號，永明體就是指這一時期詩的風格)。永明體偏重形式，忽視作品的思想內容，助長了當時綺麗柔靡的文風。但是他的聲律論對詩歌的發展也有一定的貢獻。

謝靈運傳論[1]

　　史臣曰[2]：民稟天地之靈，含五常之德[3]，剛柔迭用[4]，喜愠分情[5]。夫志動於中，則歌詠外發[6]。六義所因[7]，四始攸繫[8]，升降謳謠[9]，紛披風什[10]。雖虞夏以前，遺文不覩[11]，稟氣懷靈，理無或異[12]。然則歌詠所興，宜自生民始也。

　　〔1〕謝靈運，南北朝時陳郡陽夏(今河南太康縣)人，襲封祖父謝玄的爵位康樂公，所以後人稱他爲謝康樂。他的詩文都很好，特別長

於山水詩。他先做永嘉太守,遊山玩水,不理政務。後來做臨川內史,放浪無異過去。被人彈劾,徙廣州。不久,因有人告他謀反,被殺。這篇是附在《宋書·謝靈運傳》後的一段議論文字,《昭明文選》列入"史論"一類。文中共談兩個問題,一是情和文的問題,一是聲律問題,並以此來評論前人的作品。全文以後者爲主,因爲這在沈約看來是他獨得之秘。

〔2〕史臣曰,史臣即指沈約自己,這是仿《史記》"太史公曰"之例。

〔3〕五常,即五行,指水、火、木、金、土。德,德性,性質。古人説人承受天地的精氣,含有五行的本性,這是古人不科學的説法。

〔4〕剛柔,指人的本性有剛有柔。迭,更替,輪換。

〔5〕愠,怒。情,感情。舊有所謂七情,即喜、怒、哀、懼、愛、惡、欲。

〔6〕志,心意,即思想感情。《毛詩序》:"情動於中而形於言,言之不足,故嗟歎之;嗟歎之不足,故永歌之。"《漢書·藝文志》:"《書》曰:'詩言志,歌詠言。'故哀樂之心感,而歌詠之聲發。"

〔7〕六義,詩有六義,即風、賦、比、興、雅、頌,見《毛詩序》。

〔8〕四始,古來有不同的説法。《史記·孔子世家》:"《關雎》之亂以爲《風》始,《鹿鳴》爲《小雅》始,《文王》爲《大雅》始,《清廟》爲《頌》始。"攸,所。

〔9〕升降,指歌唱,唱時聲音有高有低。謳,歌。謠,不用樂器伴奏的歌。

〔10〕紛披,雙聲連緜字,等於説繽紛,繁盛的樣子。風,指國風。什,指雅頌,因雅頌十篇爲一什。

〔11〕虞夏以前,未見有遺文(遺詩)留傳下來。僞古文《尚書·虞書·益稷謨》:"帝庸(乃)作歌。"又僞古文《尚書·夏書》有《五子之歌》。

〔12〕李善注《文選》作"理或無異"。以"理無或異"爲是。無或異,沒有什麼不同。這是説,雖然遠古沒有詩歌傳下來,只要是稟氣懷靈的人,志動於中,就一定要歌詠外發,和後代沒有什麼差異。

周室既衰,風流彌著〔1〕。屈平、宋玉導清源於前〔2〕,

賈誼、相如振芳塵於後[3]。英辭潤金石[4]，高義薄雲天[5]。自兹以降，情志愈廣。王褒、劉向、揚、班、崔、蔡之徒[6]，異軌同奔[7]，遞相師祖[8]。雖清辭麗曲[9]，時發乎篇，而蕪音累氣[10]，固亦多矣。若夫平子豔發[11]，文以情變[12]，絕唱高蹤[13]，久無嗣響[14]。至於建安[15]，曹氏基命[16]，三祖陳王[17]，咸蓄盛藻[18]。甫乃以情緯文，以文被質[19]。自漢至魏，四百餘年，辭人才子，文體三變：相如工爲形似之言[20]，二班長於情理之説[21]，子建仲宣以氣質爲體[22]。並摽能擅美[23]，獨映當時。是以一世之士，各相慕習。源其颺流所始[24]，莫不同祖風騷[25]；徒以賞好異情[26]，故意製相詭[27]。

〔1〕這是說到了西周末季，王室無道，人們作詩（以諷刺王室）的風氣盛起來了。風流，指作詩的風氣。

〔2〕屈平，即屈原。導清源，比喻開闢了好的先路。

〔3〕相如，即司馬相如。振，舉。芳塵，等於説美好的名聲。振芳塵，指創作上取得巨大的成就。

〔4〕英辭，華美的文辭。潤金石，使金石增光生色。金，指鐘鼎之類。石，指碑碣之類。古人頌功、紀事、寓戒之文，常刻在金石之上，以垂久遠。

〔5〕高義，表現於作品中的作者的高潔的思想。薄，迫近。

〔6〕王褒，字子淵。劉向，字子政。揚，指揚雄，字子雲。班，指班固。崔，指崔駰（yīn），字亭伯。蔡，指蔡邕。這幾個人都是漢代的辭賦家。

〔7〕異軌，等於説不同的道路。同奔，一齊向前奔馳。這是說所取的道路雖然不同，卻共同努力於創作。

〔8〕遞，順次，一個接一個地。師祖，等於説效法。這句是說王、劉、

揚、班、崔、蔡等人一個接一個地以前人爲師祖。

〔9〕曲，樂曲，曲調。這裏指文章的聲韻。

〔10〕蕪音，蕪雜之音。累氣，累贅的言辭。

〔11〕平子，張衡的字。張衡，東漢西鄂(今河南南陽一帶)人，是我國古
代有名的科學家和文學家。他作《兩京賦》，構思十年乃成。豔發，
指文章漂亮有文采。

〔12〕情，思想感情。這是說文章隨着思想感情不同而變化。

〔13〕絶唱，等於說絶調，指無人能及的文章。高蹤，等於說高的造詣。

〔14〕嗣響，指能繼續平子之作的作品。"響"字和"唱"字相應。

〔15〕建安，漢獻帝年號(196—220)，當時曹操執政。

〔16〕基命，等於說始受命，指建安末曹丕做了皇帝。基，始。

〔17〕三祖，曹操是魏太祖，曹丕是魏高祖，曹叡是魏烈祖。陳王，指曹
植。植字子建，封爲陳王。

〔18〕這是說曹氏諸人具有文學的才華。盛藻，豐盛的辭藻。

〔19〕甫，開始。緯，織物的橫線，這裏用如動詞，等於說組織。這兩句
是說根據思想感情來組織文辭，用文辭來潤飾内容，也就是思想
内容與形式並重。

〔20〕工，巧，擅長。形似之言，指描寫物態之文。

〔21〕二班，指班彪、班固父子。情理之說，指抒情說理之文。

〔22〕仲宣，王粲的字。王粲是建安七子之一。氣質，指材性。

〔23〕摽(biāo)能，表現出才能。擅美，獨具優點。

〔24〕源，用如動詞，等於說推尋。飈(biāo)，暴風。飈流，略等於上文的
"風流"，這裏指漢魏四百餘年的詩賦創作。

〔25〕風騷，指國風(《詩經》)、離騷。

〔26〕賞好，欣賞愛好。

〔27〕意，指内容。製，指體裁。詭，異，不同。

降及元康〔1〕，潘陸特秀〔2〕，律異班賈〔3〕，體變曹
王〔4〕。縟旨星稠〔5〕，繁文綺合〔6〕，綴平臺之逸響〔7〕，

采南皮之高韻[8]。遺風餘烈[9]，事極江右[10]。在晉中興[11]，玄風獨扇[12]，爲學窮於柱下，博物止乎七篇[13]。馳騁文辭，義殫乎此[14]。自建武暨于義熙[15]，歷載將百。雖綴響聯辭，波屬雲委[16]；莫不寄言上德，託意玄珠[17]，遒麗之辭，無聞焉爾[18]。仲文始革孫、許之風，叔源大變太元之氣[19]。爰逮宋氏[20]，顏謝騰聲[21]，靈運之興會標舉[22]，延年之體裁明密[23]，並方軌前秀[24]，垂範後昆[25]。

〔1〕元康，晉惠帝年號（291—299）。

〔2〕潘，指潘岳，字安仁。陸，指陸機、陸雲。

〔3〕律，指詩文的聲律。班賈，指班固、賈誼。

〔4〕體，指詩文的體裁。曹王，指曹植、王粲。

〔5〕縟，繁，複雜。旨，指作品的思想。星稠，像星辰一樣稠密。

〔6〕文，指作品的文采，即指辭藻。綺，有花紋的絲織物。合，和。綺合，像綺一樣組織得那麼協調。

〔7〕綴，聯接，這裏指繼續。平臺，西漢梁孝王在睢陽（今河南商丘縣）修建宮室，築複道，從王宮到城東北的平臺，招攬四方才士。司馬相如也曾客遊於梁，和諸文人一起住了幾年，並著《子虛賦》。逸響，指司馬相如的文章。逸，高超。

〔8〕南皮，今河北南皮縣，魏文帝爲五官中郎將時，曾與諸文士遊於此。高韻，指應瑒、徐幹的文章（依《文選》李善注）。

〔9〕餘烈，餘業。

〔10〕極，盡。江右，指西晉。東晉建都建業（今南京），稱江左；西晉建都洛陽，故稱江右。

〔11〕中興，衰而復興。西晉亡後，元帝建都建業，東晉建國，故稱中興。

〔12〕玄風，玄學的風氣，指老莊之學。扇，後來寫作“煽”，熾盛。東晉時士大夫崇尚老莊之學，清談之風很盛。

〔13〕爲學,治學。柱下,指老子,老子曾做過周柱下史。博物,多識事物。七篇,指《莊子》内篇七篇。這兩句是説當時人所學習研究的只是老莊之學。

〔14〕義,理。殫,盡。這兩句是説當時人作起詩文來,所談的道理完全是老莊的思想。

〔15〕建武,晉元帝年號,當公元 317 年。暨,到。義熙,晉安帝年號(405—418)。

〔16〕綴,《文選》作“比”。綴響聯辭,指詩文寫作。屬(zhǔ),連接。委,聚積。波屬雲委,比喻作品衆多。

〔17〕寄言,寄託言論。上德,指老子的學説。《老子》三十八章:“上德不德,是以有德。”玄珠,指莊子的學説。《莊子·天地》:“黄帝遊乎赤水之北,登乎崑崙之丘,而南望還歸,遺其玄珠。”

〔18〕遒(qiú),剛勁。大意是説,這一百年之間,没有見到遒麗的文章。

〔19〕仲文,姓殷,陳郡(今河南淮陽一帶)人。孫,指孫綽,字興公,太原中都(今山西榆次縣)人。許,指許詢,字玄度,高陽人。孫、許都是東晉的玄言詩人。叔原,謝混的字,陳郡陽夏(今河南太康縣)人。太元,晉孝武帝年號(376—396)。太元之氣,仍指以孫、許爲首的玄言詩風。

〔20〕宋氏,指南朝宋(420—479)。

〔21〕顏,指顏延之,字延年,臨沂(今山東臨沂市)人。謝,指謝靈運。《南史·顏延之傳》:“延之、靈運,自潘岳、陸機之後,文士莫及。江右稱潘陸,江左稱顏謝焉。”騰,飛騰。聲,名望。

〔22〕興會,情興所會。標舉,高舉,昂揚。

〔23〕明密,明白細密。

〔24〕與前代的優秀作家並駕齊驅。方軌,見本册 711 頁注〔8〕。

〔25〕垂範,傳下法式。後昆,後代子孫,指後人。

若夫敷衽論心〔1〕,商搉前藻〔2〕,工拙之數,如有可言〔3〕。夫五色相宣〔4〕,八音協暢〔5〕,由乎玄黄律呂〔6〕,各適物宜〔7〕。欲使宮羽相變,低昂互節〔8〕,若前有浮聲,則後須切響〔9〕。一簡之内〔10〕,音韻盡殊〔11〕;兩句之中,輕重悉異〔12〕。妙達此旨,始可言文。

〔1〕衽,裳(下衣)兩旁的襟,用以掩前後幅間的縫隙。敷衽,鋪開衣襟。古人席地而坐,坐時襟要鋪開。《離騷》:"跪敷衽以陳詞兮。"心,指文心。

〔2〕商榷(què),商討。前藻,前人的作品。

〔3〕敷,術。如,好像,似乎。

〔4〕五色互相映襯,使彼此顯得更加鮮明。五色,青黄赤白黑,這裏指文學作品的藻飾。宣,顯。

〔5〕八音合奏,聲音協調流暢。八音,金、石、絲、竹、匏、土、革、木八類樂器所奏出的聲音,這裏指文學作品的聲律節奏。

〔6〕玄,黑中帶赤之色。玄黄,泛指顏色。律吕,古代用來確定樂音高低的十二個律管,這裏指律吕所發的聲音。

〔7〕每一樣都安排得當。宜,安,得其所。

〔8〕宮羽,泛指五聲。在這裏宮指平聲,羽指仄聲(包括上去入三聲)。必須四聲交替,文章才有聲律的美。互節,《文選》作"舛節"。低昂互節,高低的聲音互相節制。

〔9〕切,不浮。《文心雕龍·聲律》説:"凡聲有飛沈。"浮聲正是飛,切響正是沈。浮聲可能指平聲,切響可能指仄聲。

〔10〕一簡,指五言詩的一句。《南史·陸厥傳》説沈約以平上去入四聲制韻,"五字之中,音韻各異;兩句之内,角徵不同"。與本文相比,可知"一簡"即等於一句"五字"。

〔11〕音韻,指雙聲叠韻。除連綿字外,一句之中不能用雙聲叠韻。例如曹植《贈丁儀、王粲》"壯哉帝王居,佳麗殊百城","殊""城"雙聲,又"皇佐揚天惠,四海無交兵","皇""揚"叠韻。這是沈約所主張避免的(參照《文鏡祕府論》)。

〔12〕輕重,指聲調的高低。輕重悉異,即五言詩第五字不得與第十字

同聲之類。例如《古詩十九首》"西北有高樓,上與浮雲齊","樓""齊"都是平聲,就犯"上尾"的毛病(參照《文鏡祕府論》)。

至於先士茂製[1],諷高歷賞[2]。子建"函京"之作[3],仲宣"灞岸"之篇[4],子荆"零雨"之章[5],正長"朔風"之句[6],並直舉胸情,非傍詩史[7]。正以音律調韻,取高前式[8]。自靈均以來[9],多歷年代,雖文體稍精,而此祕未覩[10]。至於高言妙句,音韻天成,皆暗與理合,匪由思至[11]。張、蔡、曹、王[12],曾無先覺;潘、陸、顏、謝[13],去之彌遠[14]。世之知音者,有以得之,知此言之非謬[15]。如曰不然,請待來哲[16]。

〔1〕先士,前代的文士。茂製,好的作品。

〔2〕諷高,諷誦的人都以爲高妙。歷賞,歷代辭人共同欣賞。

〔3〕曹植《贈丁儀、王粲》:"從軍度函谷,驅馬過西京。"

〔4〕王粲《七哀詩》:"南登霸陵岸,回首望長安。"

〔5〕子荆,孫楚的字。孫楚是孫綽的祖父。他的《征西官屬送於陟陽候作》中有"晨風飄歧路,零雨被秋草"之句。

〔6〕正長,王瓚的字。王瓚,義陽(今河南信陽市一帶)人。他的《雜詩》中有"朔風動秋草,邊馬有歸心"之句。

〔7〕傍,依靠。詩史,指別人的詩句和史實(歷史典故)。

〔8〕比起前人作詩的法度來,取得更高的成就。式,法度。

〔9〕靈均,屈原的字。

〔10〕稍精,漸精。此祕,指聲律方面的道理,沈約認爲這是他獨得之祕。

〔11〕理,也指聲律方面的道理。匪由思至,不是自覺地經過思考達到的。

〔12〕張蔡曹王,指張衡、蔡邕、曹植、王粲。

〔13〕潘陸顏謝,指潘岳、陸機、陸雲、顏延之、謝靈運。

〔14〕去，離。之，指聲律的美。

〔15〕《文選》作“此言非謬”。

〔16〕來哲，將來的明智之人。

陶　弘　景

陶弘景(452—536)，字通明，秣陵(今江蘇江寧縣)人。不到二十歲時，蕭道成爲相，就引用他爲諸王侍讀，後隱居於句容的句曲山。梁武帝遇有國家大事，常去徵詢他的意見，時人稱他爲“山中宰相”。他愛山水，好道術，精通陰陽五行、地理、醫藥。著有《帝代年曆》《古今州郡記》《本草集注》等書，都秘而不傳。今傳《陶隱居集》輯本一卷。又《古今刀劍錄》舊題爲陶弘景所作。

答謝中書書〔1〕

山川之美，古來共談。高峰入雲，清流見底。兩岸石壁，五色交輝〔2〕。青林翠竹，四時俱備。曉霧將歇〔3〕，猿鳥亂鳴。夕日欲頹〔4〕，沈鱗競躍〔5〕。實是欲界之仙都〔6〕。自康樂以來〔7〕，未復有能與其奇者〔8〕。

〔1〕謝中書，指謝徵(或作微)，字元度，陽夏(今河南太康縣)人。曾做中書鴻臚，所以稱“謝中書”。這段文字是原信的一部分，很像一首清新優美的山水詩。

〔2〕交輝，交相輝映。

〔3〕歇，這裏指散盡。

〔4〕頹，墜落。

〔5〕沈鱗，指潛游水中的魚。

〔6〕欲界，指人世。佛家把生死往來的世界分爲三界：一、欲界，有淫

欲和食欲。二、色界，在欲界之上。色指外在的有形物質。色界
已無淫食二欲，但還有物質的障礙。三、無色界，在色界之上。此
界已無一切物質。欲界之仙都，等於説人間之仙境。

〔7〕康樂，指謝靈運，襲封康樂公。生平喜遊山玩水，以山水詩著稱於世。

〔8〕與，參與。這裏指欣賞。

吳　均

吳均（469—519），字叔庠，故鄣（故城在今浙江安吉縣西北）
人。好學，有俊才。南朝梁時曾任吳興刺史、郡主簿，官至奉朝請。
他的詩文清新挺拔，當時有些人摹仿他，號爲“吳均體”。有《吳朝
請集》輯本一卷傳世。

與顧章書[1]

僕去月謝病[2]，還覓薜蘿[3]。梅谿之西[4]，有石
門山者，森壁爭霞[5]，孤峰限日[6]；幽岫含雲[7]，深谿
蓄翠[8]；蟬吟鶴唳[9]，水響猿嘷[10]，英英相襍[11]，綿綿
成韻[12]。既素重幽居[13]，遂葺宇其上[14]。幸富菊花，
偏饒竹實[15]。山谷所資[16]，於斯已辦[17]。仁智所
樂[18]，豈徒語哉[19]！

〔1〕顧章，生平不詳。本文語言清新，意境高遠，是一篇六朝山水小品
　　中的優秀作品。

〔2〕去月，上月。謝病，告病，即因病辭官。

〔3〕薜蘿，即薜荔與女蘿。《楚辭·九歌·山鬼》：“若有人兮山之阿，被
　　薜荔兮帶女蘿。”（參看第二册563頁）後世以稱隱者之居。還覓薜
　　蘿，是説自己要隱居。

〔4〕梅谿,在浙江安吉縣境。

〔5〕森,衆多的樣子。壁,險峻的山崖。霞,早晚的彩雲。

〔6〕限,阻,這裏指攔住。

〔7〕岫(xiù),山洞。

〔8〕翠,指緑水。

〔9〕唳(lì),鶴鳴。

〔10〕嘽,同"啼",鳴。

〔11〕英英,和盛的樣子。《吕氏春秋·古樂》:"其音英英。"襍,同"雜"。

〔12〕緜緜,連緜不斷的樣子。韻,和聲。

〔13〕幽居,指隱居。

〔14〕葺(qì)宇,蓋房子。

〔15〕饒,富裕。菊花、竹實,都是隱者之所食。《楚辭·離騷》:"夕餐秋菊之落英。"《三國志·魏志·王粲傳》裴松之注:"蘇門山有隱者,莫知姓名,有竹實數斛,曰杵而已。"

〔16〕資,藉。所資,所需的東西。

〔17〕這幾句是說,有了很富饒的菊花與竹實,隱居的需要已經具備了。辦,具備。

〔18〕仁智所樂,指山水。《論語·雍也》:"智者樂水,仁者樂山。"

〔19〕徒語,等於說空話。

劉　勰

　　劉勰(生卒年不可詳考,約在 465—521),字彦和,東莞莒(今山東莒縣)人,世居京口(今江蘇丹徒縣)。他出身於貧寒家庭,早年喪父。青年時代依靠沙門僧侶生活,專心學問,博通經論。南朝梁時,做過東宫通事舍人等幾任小官,昭明太子很看得起他。晚年出家,改名慧地。他的思想受儒家和佛家的影響都很深。

他最有名的著作是《文心雕龍》，這部書完成於齊代，分上下兩篇（編）共五十篇。上篇前五篇闡述他的文學應宣揚聖道以便有益風化的道理，其餘各篇詳論文體，闡明各種文體的源流和特徵，並評論前人作品的優缺點。下篇全面系統地討論了創作問題。這部書可以說是六朝以前文學批評的全面的總結，是我國古典文學批評史上傑出的巨著。

現在通行的《文心雕龍》，有黃叔琳注本和范文瀾注本。

情　采[1]

聖賢書辭[2]，總稱文章，非采而何[3]？夫水性虛而淪漪結[4]，木體實而花萼振，文附質也[5]。虎豹無文，則鞹同犬羊[6]，犀兕有皮，而色資丹漆[7]，質待文也。若乃綜述性靈[8]，敷寫器象[9]，鏤心鳥跡之中[10]，織辭魚網之上[11]，其為彪炳縟采名矣[12]。故立文之道，其理有三：一曰形文，五色是也[13]；二曰聲文，五音是也[14]；三曰情文，五性是也[15]。五色雜而成黼黻[16]，五音比而成韶夏[17]，五情發而為辭章[18]，神理之數也[19]。《孝經》垂典[20]，喪言不文[21]；故知君子常言未嘗質也[22]。老子疾偽[23]，故稱"美言不信"[24]；而五千精妙[25]，則非棄美矣。莊周云，"辯雕萬物"[26]，謂藻飾也[27]；韓非云，"豔采辯說"[28]，謂綺麗也[29]。綺麗以豔說，藻飾以辯雕[30]，文辭之變，於斯極矣。研味李老，則知文質附乎性情[31]；詳覽莊韓，則見華實過乎淫侈[32]。若擇源於涇渭

之流,按轡於邪正之路〔33〕,亦可以馭文采矣。夫鉛黛所
以飾容〔34〕,而盼倩生於淑姿〔35〕;文采所以飾言,而辯麗
本於情性。故情者文之經,辭者理之緯〔36〕;經正而後緯
成,理定而後辭暢〔37〕:此立文之本源也。

〔1〕情,指文章的思想内容。采,指文章的修辭,亦即文章的形式。全
　　篇先論情與采不可偏廢,内容要有真情實感,而形式要美。進而
　　着重説明思想内容決定表現形式,形式爲内容服務,抨擊了當時
　　的淫麗文風。

〔2〕書辭,指著作。

〔3〕文章原指繪畫與刺繡上彩色的交錯,所以説“非采而何”。

〔4〕淪,小的波紋。《詩經·魏風·伐檀》:“河水清且淪猗。”“猗”本是語
　　氣詞,後人把“淪猗”當作雙音詞,並加水旁於“猗”爲“漪”。

〔5〕文,指表現形式。質,指思想内容。

〔6〕語出《論語》,參看第一册192頁。鞟,同“韓”,去掉了毛的皮。

〔7〕犀兕雖然有皮,但要憑藉丹漆才能有色彩。資,等於説憑藉。《左
　　傳宣公二年》:“牛則有皮,犀兕尚多。……從(縱)其有皮,丹漆若
　　何?”

〔8〕若乃,至於。性靈,性情。綜述性靈,是説抒情。

〔9〕敷,鋪陳。寫,描繪。器,指萬物。《周易·繫辭》:“形而上者謂之
　　道,形而下者謂之器。”(這是説凡是具體的東西都叫做器。)敷寫
　　器象,是説狀物。

〔10〕鏤心,刻畫思想感情。鳥跡,指文字。許慎《説文解字叙》:“黄帝
　　之史倉頡,見鳥獸蹏迒之迹,知分理之可相別異也,初造書契。”
　　(這是説倉頡因見鳥獸的足跡得到啟發而創造了文字。)

〔11〕織辭,組織文辭。魚網,指紙。《後漢書·宦者傳》:“〔蔡〕倫乃造意
　　用樹膚、麻頭及敝布、魚網以爲紙。”

〔12〕彪炳,文采焕發的樣子。縟采,豐富的文采。名,當作“明”。

〔13〕形文,形中之文。這就是由青黄赤白黑五色構成的繪畫。

〔14〕聲文,聲中之文。這就是由宮商角徵羽五音構成的音樂。

〔15〕情文,情中之文。五性,喜怒哀樂怨。這就是由喜怒哀樂怨構成的辭章。作者在這裏用廣義的文,包括繪畫音樂在內,而以繪畫音樂來襯托辭章。

〔16〕黼黻(fǔ fú),古代禮服上繡飾的花紋。白與黑相間的花紋叫黼,黑與青相間的花紋叫黻。這句與“形文”相應。

〔17〕比(bǐ),並列,這裏指配合在一起。韶夏,古樂章名,這裏泛指音樂。這句與“聲文”相應。

〔18〕五情,當作“五性”。這句與“情文”相應。

〔19〕神理之數,天然的規律。神理,等於說天理。數,等於說規律。

〔20〕孝經,書名,十三經之一,是一部宣傳封建孝道的書。垂典,傳下法則。

〔21〕喪言不文,父母死了,居喪期間,説話不加文采。《孝經·喪親》:“孝子之喪親也……言不文,服美不安,聞樂不樂。”

〔22〕常言,平常説的話。未嘗質,未曾沒有文采。

〔23〕疾,憎惡。

〔24〕信,真實。《老子》八十一章:“信言不美,美言不信。”

〔25〕五千,指《老子》,因爲《老子》有五千字。

〔26〕辯,巧言。雕,雕飾。《莊子·天道》:“故古之王天下者,……辯雖雕萬物,不自説(悦)也。”

〔27〕藻飾,文采。

〔28〕豔采,豔麗的文采。辯説,巧妙的語言。《韓非子·外儲説左上》:“夫不謀治强之功,而豔乎辯説文麗之聲。”這裏作“豔采”,“采”可能是“乎”字之誤。

〔29〕綺(qǐ),華麗,有文采。

〔30〕用豔麗的言辭使文章達到綺麗,用巧言的雕飾使文章達到藻飾。

〔31〕研,窮究。味,體會。李老,當作“孝老”,因上文提到《孝經》《老子》。文質附乎性情,文章的華美或樸質依附於所表現的性情。文,文采。質,樸質。

〔32〕華實過乎淫侈，文采（即形式）和實質（即内容）過於淫侈。華實，《左傳文公五年》：“且華而不實，怨之所聚也。”淫侈，凡事過分都叫淫或侈。

〔33〕涇渭，二水名。《詩經·邶風·谷風》：“涇以渭濁。”舊説涇濁渭清，其實是涇清渭濁。按轡，指停住車馬不前進。這裏用選擇清流和正路來比喻情采不偏廢。采過於情，就是擇濁流，趨邪路。

〔34〕鉛，古人用鉛粉化妝。黛，青黑色的顔料，古時婦女用以畫眉。

〔35〕盼，眼睛黑白分明。倩（qiàn），口頰含笑的樣子。盼倩，這裏泛指女子妍媚之態。《詩經·衞風·碩人》：“巧笑倩兮，美目盼兮。”淑，善，美好。

〔36〕經、緯，織物所用的直線叫經，横線叫緯。必先有直線才能織，所以經被認爲比緯重要。

〔37〕劉永濟《文心雕龍校釋》認爲上文以經配緯，則“理定”句應以情配辭，作“情定而後辭暢”。

昔詩人什篇〔1〕，爲情而造文；辭人賦頌〔2〕，爲文而造情。何以明其然？蓋風雅之興〔3〕，志思蓄憤，而吟詠情性，以諷其上〔4〕，此爲情而造文也。諸子之徒〔5〕，心非鬱陶〔6〕，苟馳誇飾〔7〕，鬻聲釣世〔8〕，此爲文而造情也。故爲情者要約而寫真〔9〕，爲文者淫麗而煩濫〔10〕。而後之作者，採濫忽真〔11〕，遠棄風雅，近師辭賦，故體情之製日疏〔12〕，逐文之篇愈盛〔13〕。故有志深軒冕〔14〕，而汎詠皋壤〔15〕；心纏幾務〔16〕，而虚述人外〔17〕。真宰弗存〔18〕，翩其反矣〔19〕。夫桃李不言而成蹊，有實存也〔20〕；男子樹蘭而不芳〔21〕，無其情也。夫以草木之微，依情待實；況乎文章，述志爲本，言與志反，文豈足徵〔22〕！

〔1〕詩人，指《詩經》的作者。什篇，即篇什。《詩經》的“雅”和“頌”都

以十篇爲什(什就是以十爲一個單位的意思),所以後人泛稱詩篇
爲"什篇"或"篇什"。

〔2〕辭人,泛指漢代的辭賦家。

〔3〕風雅,這裏指全部《詩經》。

〔4〕志思蓄憤,《毛詩序》:"詩者,志之所之也,在心爲志,發言爲詩。"
司馬遷《報任安書》:"《詩》三百篇,大底聖賢發憤之所爲作也。""吟
詠情性,以諷其上"見《毛詩序》,但"諷"作"風"。

〔5〕諸子之徒,指上文所説的"辭人"。

〔6〕鬱陶(yáo),精神鬱結的樣子。僞古文《尚書·五子之歌》:"鬱陶乎
予心。"《孟子·萬章上》:"鬱陶思君爾。"

〔7〕誇飾,指誇張修飾之辭。

〔8〕鬻(yù)聲釣世,等於説沽名釣譽。鬻,這裏是買的意思。釣世,作
僞來騙取世人對自己的稱讚,好像釣者用餌來誘魚上鈎。

〔9〕要,扼要。約,簡約。

〔10〕淫,過分。煩,多而亂。濫,指浮辭,即無真情實感的話。

〔11〕忽,忽略,輕視。

〔12〕體情,體現出思想感情。製,指作品。疎,稀少。

〔13〕逐文,追求文采。

〔14〕軒,古代大夫以上所乘的車。冕,古代大夫以上所戴的禮帽。軒
冕,指官爵。

〔15〕汎,浮泛。皐壤,澤邊地,這裏指隱居。《莊子·知北游》:"山林與,
皐壤與,使我欣欣然而樂與!"

〔16〕幾,事務,這個意義後來寫作"機"。幾務,官府中的事務。嵇康
《與山巨源絶交書》:"機務纏其心。"

〔17〕人外,等於説世外。

〔18〕真宰,這裏指性情。真,指本性。宰,主宰。《莊子·齊物論》:"若有
真宰而不得其朕(同朕,徵兆,跡象)。"

〔19〕翩其反矣,等於説結果適得其反。《詩經·小雅·角弓》:"騂騂角
弓,翩其反矣。"(騂騂,調和的樣子。翩,清人陳奂認爲是"偏"的假

借字,見《詩毛氏傳疏》。)

〔20〕蹊(xī),人們踐踏出來的小路。實,果實。這話的大意是:桃李從來不說話,而人們常常到樹下去,因而走出路來,因爲那裏有果實。《史記·李將軍列傳》:"桃李不言,下自成蹊。"

〔21〕《淮南子·繆稱訓》:"男子樹蘭,美而不芳。"

〔22〕徵,憑信。《論語·八佾》:"夏禮吾能言之,杞不足徵也;殷禮吾能言之,宋不足徵也。文獻不足故也。"

是以聯辭結采,將欲明經[1];采濫辭詭[2],則心理愈翳[3]。固知翠綸桂餌[4],反所以失魚;言隱榮華[5],殆謂此也。是以衣錦褧衣[6],惡文太章[7];賁象窮白,貴乎反本[8]。夫能設謨以位理[9],擬地以置心[10],心定而後結音[11],理正而後摛藻[12]。使文不滅質,博不溺心[13],正采耀乎朱藍[14],間色屏於紅紫[15],乃可謂雕琢其章[16],彬彬君子矣[17]。

〔1〕經,一本作"理",從上下文來看,理字是。

〔2〕采濫,文采過多。辭詭,言辭虛僞。

〔3〕心,思想。理,道理。翳(yì),掩蔽。

〔4〕翠綸,用翡翠裝飾着的釣魚的絲線。桂餌,用丹桂(肉桂)做釣魚的魚食。《太平御覽》八三四引《闕子》:"魯人有好釣者,以桂爲餌,黃金之鈎,錯以銀碧(鍍上銀白色和青綠色),垂翡翠之綸,其持竿處位即是,然其得魚不幾矣(不能希望了)。"

〔5〕言語的真義被文采所隱蔽了。隱,隱蔽。榮,草的花。華,木的花。榮華,在這裏指文采。《莊子·齊物論》:"言隱於榮華。"

〔6〕穿着錦衣,外面再罩上一件麻布衣。第一個"衣"字讀 yì。錦,有彩色花紋的絲織物。褧(jiǒng),麻布衣。《詩經·衞風·碩人》:"衣錦褧衣。"《禮記·中庸》:"衣錦尚褧,惡其文之著也。"(尚,指套在上面。)

〔7〕章,通"彰",明顯。

〔8〕賁(bì),卦名。象,指卦象。《易經·賁》:"上九,白賁无咎。"賁是裝
飾的意思,"白賁无咎"是說用白色做裝飾,就不會有什麼過錯。
窮,極,到最後。上九是賁卦的最後一爻(卦的每一橫行叫一爻),
象徵着裝飾到極點又返回到素,即用白色做裝飾,所以說"窮白",
即終於白,也就是返本之意。文辭太華麗不好,應回到素樸上來。

〔9〕設謨,指佈局。謨,通"謀"。位,動詞,安置。理,指思想。

〔10〕擬地,也指佈局。擬,酌量。地,地位。置,安排。心,指感情。

〔11〕結音,把聲音聯結起來,即組成篇章。

〔12〕摛(chī)藻,鋪陳辭藻。

〔13〕文不滅質,文采不隱没内容。博不溺心,博學而不淹没心靈。《莊
子·繕性》:"文滅質,博溺心。"

〔14〕正采,正色。古人以青黄赤白黑爲正色,這裏的朱藍就是赤色和
青色。

〔15〕間(jiàn)色,雜色,指不正的顏色。古人以紅紫爲間色。按:赤白相
間爲紅(今稱粉紅),赤青相間爲紫。屏(bǐng),除去,抛棄。《論
語·鄉黨》:"紅紫不以爲褻服。"又《陽貨》:"惡紫之奪朱也。"

〔16〕雕,刻金。琢,治玉。章,這裏指花紋。《詩經·大雅·棫樸》:"追琢
其章,金玉其相。"(追琢即雕琢。相,當質講。)《詩經》的話是說:
雕琢的是器物的花紋,金玉是器物的本質。這裏只說了"雕琢其
章",其實兼有"金玉其相"的意思,比喻文章的形式固然要美,但
不能忽視思想内容。

〔17〕彬彬,文質各半的樣子。《論語·雍也》:"文質彬彬,然後君子。"這
裏用"彬彬君子"來比喻内容豐富正確、文采美麗焕發的文章。

　　贊曰〔1〕:言以文遠〔2〕,誠哉斯驗〔3〕。心術既
形〔4〕,英華乃贍〔5〕。吳錦好渝〔6〕,舜英徒豔〔7〕。繁采
寡情,味之必厭〔8〕。

〔1〕贊,文體的一種。《文心雕龍》的贊則是概括全篇大意,作爲簡短

的結論,和一般的贊不同。贊一般是韻文。

〔2〕《左傳襄公二十五年》:"言之無文,行而不遠。"

〔3〕驗,證明。

〔4〕心術,等於説内心的活動。形,表現。《禮記·樂記》:"應感起物而動,然後心術形焉。"

〔5〕英華,指文藻。贍,豐富,充足。

〔6〕吴錦,吴地織的錦。好(hào),等於説容易。渝,變質。

〔7〕舜英,木槿花。徒豔,白白地豔麗。木槿花朝開暮落,所以説"徒豔"。連上句是比喻文章只有華麗的形式而無真實的内容,就不能垂之久遠。

〔8〕厭,厭煩,膩煩。

鎔　裁〔1〕

情理設位〔2〕,文采行乎其中。剛柔以立本〔3〕,變通以趨時〔4〕。立本有體,意或偏長〔5〕;趨時無方,辭或繁雜〔6〕。蹊要所司,職在鎔裁〔7〕,櫽括情理,矯揉文采也〔8〕。規範本體謂之鎔〔9〕,剪截浮詞謂之裁〔10〕。裁則蕪穢不生〔11〕,鎔則綱領昭暢〔12〕,譬繩墨之審分〔13〕,斧斤之斲削矣。駢拇枝指,由侈於性;附贅懸肬,實侈於形〔14〕。二意兩出〔15〕,義之駢枝也;同辭重句,文之肬贅也。

〔1〕鎔,鎔鑄,指使文章内容得體合度。裁,剪裁,指斟酌繁略,使文辭不致蕪雜。本文指出處理文章的思想内容和表現形式,應該像鑄金器、製衣服一樣,要做到恰到好處。思想内容的雜亂、空乏,語言的繁雜、枯竭,都是不好的。

〔2〕情理,情感道理,指思想内容。設位,安排位置,即佈局。

〔3〕憑着氣勢的剛柔來建立文章之本。剛柔,指文章的氣勢而言。本,指文章的思想内容。

〔4〕文辭的變化是爲了適應臨時的需要。變通,等於説變化,指文辭而言。趨時,追隨時勢,等於説適應情況。

〔5〕確定文章的思想内容有一定的體製,但有時意思偏頗冗長,就超出體製的限制。體,即體製。或,有時。偏,偏頗,不正。長,冗長。

〔6〕適應情況,没有固定的方法,所以有時文辭顯得繁蕪雜亂。

〔7〕蹊,路。要,要衝。蹊要,這裏指寫作的關鍵。司,主管。職,主要。

〔8〕檃(yǐn)括,矯正邪曲的工具,這裏用如動詞,當矯正講。矯,使曲者直。揉,使直者曲。矯揉,使……屈伸。這兩句大意是:使文章的情理和文采都納入正規。

〔9〕本體,指思想内容,即情理。規範本體,使思想内容納入一定的規範,即納入一定的綱領中。

〔10〕浮詞,虚飾不實的言辭。

〔11〕蕪穢,田不整治,生出許多雜草。這裏指没用的詞句。

〔12〕昭暢,明白暢通。

〔13〕審分,指審定曲直、分辨曲直。

〔14〕駢拇,脚的大拇指和二指相連,合成一指。枝指,手的大拇指旁枝生一指。侈,過多,多餘。駢拇枝指都是先天生長的,所以説是性。附贅,附生的多餘的肉。肬(yóu),通“疣”。懸肬,懸在身上的小瘤。附贅懸肬都是後天形成的,所以説是形。《莊子·駢拇》:“駢拇枝指,出乎性哉,而侈於德;附贅縣(懸)疣,出乎形哉,而侈於性。”

〔15〕二意,黄丕烈校本作“一意”,甚是。一意兩出,同一個意思兩次出現。

凡思緒初發〔1〕,辭采苦雜;心非權衡,勢必輕重〔2〕。是以草創鴻筆〔3〕,先標三準:履端於始,則設情以位體〔4〕;舉正於中,則酌事以取類〔5〕;歸餘於終,則撮辭以舉要〔6〕。然後舒華布實,獻替節文〔7〕。繩墨以外,美材既斲〔8〕,故能首尾圓合〔9〕,條貫統序〔10〕。若術不素定,而委心逐辭〔11〕,異端叢至〔12〕,駢贅必多。

〔1〕思緒,思想的頭緒,等於說思路。

〔2〕權衡,就是秤。輕重,指或輕或重,即有偏差。

〔3〕草創,指起草。《論語·憲問》:"爲命,裨諶草創之。"鴻筆,等於說鴻文,大文。

〔4〕開始走第一步,就要確定思想內容,安排綱領。履,踐,走。端,開始,即第一步。設情,立意,即確定思想內容。位體,安排綱領,亦即佈局。

〔5〕其次,取用正確的合適的材料,也就是要斟酌用典。《文心雕龍》有《事類》篇,專講用典。舉,取,用。於中,等於說其次。

〔6〕最後,歸到餘下的事,就是要用最精練的言辭來突出要點。於終,等於說最後。撮,撮取。以上所說三準,可概括爲:一、立意與佈局,二、考慮用典,三、用精練語句突出要點。《左傳文公元年》:"先王之正時也,履端於始,舉正於中,歸餘於終。"那是講曆法的。這裏斷章取義,和《左傳》原文的意義不同。

〔7〕舒,鋪展。華,指辭藻。布,鋪陳。實,指思想內容。獻替,"獻可替否"的畧語,比喻斟酌損益。節,節制。這句是說要刪除蕪雜,節制辭采。

〔8〕美材,好的木材,比喻文章所用的好材料。斲(zhuó),砍削。大意是:美材之在繩墨以外的也去掉了。

〔9〕首尾圓合,前後圓滿吻合。

〔10〕條貫,條理,系統。統序,有次序,有層次。

〔11〕術,方法,路子。素,預先。委心逐辭,指一心放在追求辭藻上。

〔12〕異端,指繩墨以外的東西。

故三準既定,次討字句〔1〕。句有可削,足見其疎〔2〕;

字不得减,乃知其密。精論要語,極略之體;游心竄句〔3〕,極繁之體。謂繁與略,隨分所好〔4〕。引而申之,則兩句敷爲一章;約以貫之〔5〕,則一章删成兩句。思贍者善敷,才覈者善删〔6〕。善删者字去而意留;善敷者辭殊而意顯〔7〕。字删而意闕,則短乏而非覈;辭敷而言重〔8〕,則蕪穢而非贍。

〔1〕討,探討,研究。

〔2〕疎,這裏當鬆散講。

〔3〕游心,游蕩心思。竄句,穿鑿文句(依司馬彪説,見《經典釋文》引)。《莊子·駢拇》:"駢於辯者,纍瓦結繩,竄句游心於堅白同異之間。"

〔4〕隨分所好,隨着作者性之所好。分,天分,秉性。剪裁不一定要删削,有時反而要敷陳。這要看各人的天分。下文即講明這個道理。

〔5〕約,約束,壓縮。

〔6〕覈(hé),謹嚴。

〔7〕辭殊,辭句不同,即多變化。意顯,黃叔琳校本:"汪本作義。"甚是。

〔8〕重(chóng),重複。

昔謝艾、王濟,西河文士〔1〕。張俊以爲艾繁而不可删〔2〕,濟略而不可益。若二子者,可謂練鎔裁而曉繁略矣〔3〕。至如士衡才優〔4〕,而綴辭尤繁;士龍思劣〔5〕,而雅好清省〔6〕。及雲之論機,亟恨其多,而稱清新相接,不以爲病〔7〕,蓋崇友于耳〔8〕。夫美錦製衣,脩短有度,雖翫其采〔9〕,不倍領袖〔10〕。巧猶難繁,況在乎拙〔11〕?而《文賦》以爲榛楛勿剪,庸音足曲〔12〕。其識非不鑒〔13〕,乃情苦芟繁也[14]。夫百節成體,共資榮衛[15],萬趣會文[16],不離辭情[17]。若情周而不繁[18],辭運而不濫[19],非夫鎔裁,可以行之乎?

[1]謝艾、王濟,二人名。謝艾見《晉書·張重華傳》,王濟不見於傳。西河,指涼州(在今甘肅)。

[2]張俊,應作張駿,字公庭,東晉時人,十歲能屬文,《晉書》有傳。

[3]練,熟練,這裏指擅長,會。

[4]士衡,陸機的字。陸機,晉華亭(今上海市松江縣)人,與弟雲並有才名。武帝末,兄弟二人一同到洛陽,太常張華說:"伐吳之役,利獲二俊。"後事成都王穎,爲人所讒,與弟雲同時被殺。

[5]士龍,陸雲的字。

[6]雅,甚,很。清省,清淡省略。陸雲《與兄平原(即陸機,因機曾爲平原内史,故稱)書》:"雲今意視文,乃好清省。"

[7]亟(qì),屢次。陸雲《與兄平原書》:"兄文章之高遠絶異,不可復稱謇,然猶皆欲微多,但清新相接,不以此爲病耳。"

[8]崇,尊重。友于,指兄弟。《尚書·君陳》:"惟孝友于兄弟。"(友,指兄愛弟,弟敬兄。)"于"本是介詞,後人把"友于"連用,作爲兄弟的代稱。

[9]翫,玩習,這裏是欣賞、喜愛的意思。

[10]倍,加倍,指加寬加大。領,衣領。

[11]即使文章工巧,也不能讓它蕪穢,何況是拙的呢?

[12]榛(zhēn),樹名。楛(hù),樹名。榛楛都是不好的樹。庸音足曲,平凡之音能補足樂曲。陸機《文賦》:"石韞玉而山輝,水懷珠而川媚。彼榛楛之勿翦,亦蒙榮於集翠。"這是比喻因有珠玉之句,所以榛楛之辭也美。《文賦》又說:"放庸音以足曲。"這是說平凡的辭句,配合着美妙的辭句,也顯得美妙。按:劉勰不同意陸機的説法,所以在下面批評他。

[13]識,見識,見解。鑒,等於説高明。

〔14〕苦,意動用法。

〔15〕百個關節共成一個身體,必須依靠血脉的流通。節,關節。榮
　　(營)衞,指血脉。《黄帝内經》:"營衞不行,五藏(臟)不通。"

〔16〕萬趣,萬種意趣。會文,會合成文。

〔17〕辭情,辭句和思想内容。

〔18〕周,周密。

〔19〕運,運用。

　　贊曰:篇章户牖,左右相瞰〔1〕。辭如川流,溢則汎
濫。權衡損益〔2〕,斟酌濃淡〔3〕,芟繁剪穢,弛於負
擔〔4〕。

〔1〕大意是:文章好比門窗,左右對照着,要求配置得當。牖(yǒu),
　　窗。瞰(kàn),窺看。

〔2〕權衡,衡量。損益,删增。

〔3〕濃淡,指詳和簡。

〔4〕弛,解除。

蕭　統

　　蕭統(501—531),字德施,小字維摩,南朝梁武帝的長子。兩
歲時立爲太子。長大後博覽羣書,和一些才學之士共同研討,並從
事著述。年三十一,病卒,謚昭明,所以世稱"昭明太子"。他的著
述以《文選》三十卷(今本分六十卷)爲最有名。這部書集先秦至梁
代的詩文很多,包括各種文體的代表作品,是我國現存最早的文章
總集。唐以後很受世人的重視;但是文體分得太碎雜,爲後世所
譏。

文 選 序[1]

　　式觀元始[2]，眇覿玄風[3]，冬穴夏巢之時，茹毛飲血之世[4]，世質民淳，斯文未作[5]。逮乎伏羲氏之王天下也，始畫八卦，造書契，以代結繩之政，由是文籍生焉[6]。《易》曰：“觀乎天文，以察時變；觀乎人文，以化成天下。”[7]文之時義遠矣哉[8]！若夫椎輪爲大輅之始，大輅寧有椎輪之質[9]？增冰爲積水所成，積水曾微增冰之凜[10]。何哉？蓋踵其事而增華[11]，變其本而加厲[12]。物既有之，文亦宜然；隨時變改，難可詳悉[13]。

〔1〕這是《文選》的序文，叙述文章的源起、體製及選文的標準，從中也論述了文學的性質。

〔2〕式，句首語氣詞。元始，指原始時代。

〔3〕眇，遠。覿（dí），見。玄風，遠古的風俗、風氣。

〔4〕《禮記·禮運》：“昔者先王未有宮室，冬則居營窟，夏則居橧（zēng）巢（聚柴木所做的巢）；未有火化，食草木之實，鳥獸之肉，飲其血，茹其毛。”茹，吃。

〔5〕質，質樸。淳，淳厚。斯文，指文章。作，興起。《論語·子罕》：“天之將喪斯文也，後死者不得與於斯文也。”這裏借用“斯文”二字來指文。

〔6〕逮，及，到。伏羲氏，相傳爲我國遠古時代的一位帝王。八卦，☰（乾）、☷（坤）、☳（震）、☴（巽）、☵（坎）、☲（離）、☶（艮）、☱（兑）。書契，指文字。結繩，上古用繩子打結以記事。從“逮乎”到“生焉”，見《尚書序》，只是“逮乎”作“古者”。

〔7〕語見《周易·賁（bì）》。天文，指日月星辰。時變，四時的變化。人文，指詩書禮樂。化成，教化人民使有成就。

〔8〕時義,等於説時代的意義,作用。這句是説,文隨時代而産生、演進,這很早就體現了。《周易·隨》:"隨之時義大矣哉。"(依王肅本)王巾《頭陀寺碑文》:"時義遠矣,能事畢矣。"

〔9〕椎輪,指古代無輻無輞的車,是極原始的簡陋的車。大輅(lù),天子所乘的車。質,樸質。

〔10〕增冰,即層冰,等於説厚冰。曾微,曾無,並没有。凛(lǐn),冷。

〔11〕踵,繼。華,文飾。

〔12〕變其本,變了它本來的樣子。加厲,加甚,這裏等於説更加寒冷。後代因此有"變本加厲"的成語,但是用於貶義,指變得更加厲害或嚴重。

〔13〕悉,知道。

嘗試論之曰:《詩序》云〔1〕:"詩有六義焉:一曰風,二曰賦,三曰比,四曰興,五曰雅,六曰頌。"〔2〕至於今之作者,異乎古昔。古詩之體,今則全取賦名〔3〕。荀宋表之於前〔4〕,賈馬繼之於末〔5〕。自兹以降,源流寔繁〔6〕。述邑居則有"憑虛""亡是"之作〔7〕,戒畋遊則有《長楊》《羽獵》之制〔8〕。若其紀一事,詠一物,風雲草木之興,魚蟲禽獸之流,推而廣之,不可勝載矣。

〔1〕詩序,指《毛詩序》。

〔2〕賦、比、興,是詩的寫作方法。直陳其事叫賦,比喻叫比,先言他物以引起正意叫興。

〔3〕大意是:古代所謂賦只是詩的一體;現在直陳其事的詩却索性叫做賦,不再叫做詩了。

〔4〕荀,指荀卿。宋,指宋玉。《漢書·藝文志》載荀卿賦十篇,宋玉賦十六篇。按:《文選》所説的賦是以體物爲主的賦,以荀宋爲宗;而屈原等人的以抒情爲主的作品則歸入騷一類。

〔5〕賈,指賈誼。馬,指司馬相如。駢體文爲了字句整齊和對仗,往往

把複姓改成單姓。至於用“馬”而不用“司”，則是習慣。《漢書·藝文志》載賈誼賦七篇，司馬相如賦二十九篇。

〔6〕源流，偏義複詞，這裏就是流的意思。寔，通“實”。

〔7〕憑虛，張衡《西京賦》託憑虛公子(憑，依託；虛，無。意思是無有此公子)述西京咸陽。亡(wú)是，司馬相如《上林賦》託亡是公(意思是無此人)誇上林苑。

〔8〕畋(tián)，打獵。長楊、羽獵，指揚雄的《長楊賦》《羽獵賦》。

又楚人屈原，含忠履潔，君匪從流〔1〕，臣進逆耳〔2〕，深思遠慮，遂放湘南。耿介之意既傷，壹鬱之懷靡愬〔3〕。臨淵有“懷沙”之志〔4〕，吟澤有“憔悴”之容〔5〕。騷人之文，自茲而作。

〔1〕君，指楚王。匪，通“非”。從流，指從善如流。《左傳成公八年》：“從善如流。”如流，比喻快速。

〔2〕臣，指屈原。逆耳，不順耳，指忠言。《孔子家語·六本》：“良藥苦於口而利於病，忠言逆於耳而利於行。”

〔3〕耿介，守正不阿。壹鬱，等於抑鬱。靡愬，無處申訴。

〔4〕懷沙，指懷石自沈。《史記·屈原賈生列傳》：“屈原至於江濱……乃作懷沙之賦。……於是懷石，遂自投汨羅以死。”

〔5〕這裏用《楚辭·漁父》的語意，參看第二冊575頁。

詩者，蓋志之所之也，情動於中而形於言〔1〕。《關雎》《麟趾》，正始之道著〔2〕；桑間濮上，亡國之音表〔3〕。故風雅之道，粲然可觀〔4〕。自炎漢中葉〔5〕，厥塗漸異〔6〕，退傅有“在鄒”之作〔7〕，降將著“河梁”之篇〔8〕。四言五言〔9〕，區以別矣〔10〕。又少則三字，多則九言〔11〕，各體互興，分鑣並驅〔12〕。頌者，所以游揚德業，褒讚成功〔13〕。吉甫有“穆若”之談〔14〕，季子有“至矣”之歎〔15〕。

舒布爲詩，既言如彼[16]；總成爲頌，又亦若此[17]。次則箴興於補闕[18]，戒出於弼匡[19]，論則析理精微，銘則序事清潤[20]，美終則誄發[21]，圖像則讚興[22]。又詔誥教令之流[23]，表奏牋記之列[24]，書誓符檄之品[25]，弔祭悲哀之作[26]，答客指事之制[27]，三言八字之文[28]，篇辭引序[29]，碑碣誌狀[30]，衆制鋒起[31]，源流間出[32]。譬陶匏異器[33]，並爲入耳之娛；黼黻不同[34]，俱爲悅目之玩。作者之致，蓋云備矣[35]。

〔1〕這話出自《毛詩序》。《毛詩序》原文是："詩者，志之所之也，在心爲志，發言爲詩，情動於中而形於言。"志，心意，即思想感情。"所之"的"之"，在這裏是向往的意思。

〔2〕《關雎》是《周南》的第一篇，《麟趾》是《周南》的最末一篇，這裏用這兩篇代表全部《周南》。《毛詩序》："《周南》《召南》，正始之道，王化之基。"正始之道，正其初始的大道，指先正家而後正國的大道。

〔3〕《禮記·樂記》："桑間濮上之音，亡國之音也。"鄭玄注："濮水之上，地有桑間者，亡國之音於此之水出也。昔殷紂使師延作靡靡之樂，已而自沈於濮水。後師涓過焉，夜聞而寫之，爲晉平公鼓之，是之謂也。桑間在濮陽南。"

〔4〕風雅，指《詩經》中的國風、小雅、大雅。粲然，鮮明的樣子。

〔5〕炎漢，古人以水火木金土五行生剋作爲帝王遞相更代之應，認爲漢是火德，所以稱炎漢。

〔6〕厥，其。厥塗，指詩歌發展的道路。

〔7〕退傅，指西漢韋孟。孟爲楚元王、夷王及王戊祖孫三代之傅，戊荒淫不遵正道，孟作詩諷諫。後退職居鄒，又作了一篇。因爲是退職後在鄒作的，所以稱"退傅"，稱"在鄒之作"。

〔8〕降將，指李陵。河梁之篇，相傳李陵爲蘇武在河梁（河橋）上送別，

作了三首詩送他,其中的第三首有"攜手上河梁,遊子暮何之"之句。

〔9〕四言,指韋孟的諷諫詩和在鄒詩。五言,指李陵給蘇武的詩。蕭統認爲這是最早的五言詩,其實這是後人僞託的。

〔10〕《論語·子張》:"譬諸草木,區以別矣。"區即區域,區域用來分別,所以區就是別(依劉寶楠説,見《論語正義》)。

〔11〕《文選》五臣注吕向説:"《文始》:三字起夏侯湛,九言出高貴鄉公。"夏侯湛,西晉人。高貴鄉公,名髦,曹丕之孫。

〔12〕分鑣並驅,這裏用來比喻不同的詩體同時並起。鑣(biāo),馬勒,在馬口中爲銜,在馬口旁爲鑣。

〔13〕游揚,稱揚。《毛詩序》:"頌者,美盛德之形容,以其成功告於神明者也。"

〔14〕吉甫,指尹吉甫,周宣王之臣。《詩經·大雅》中有《烝民》一詩,是尹吉甫作的,通篇頌揚仲山甫。中有"吉甫作頌,穆如清風"之句。穆,和。穆若,等於穆如。"若"、"如"都是詞尾。

〔15〕季子,指春秋時吴公子季札。《左傳襄公二十九年》載:季札聘於魯,觀樂。爲他歌《頌》,他贊歎道:"至矣哉!……盛德之所同也。"

〔16〕舒布,展示鋪陳。"詩""舒"雙聲,這是從聲音上解釋,叫做聲訓。彼,指國風、小雅、大雅以及漢中葉以後的詩。

〔17〕總成爲頌,"頌""總"叠韵,這也是聲訓。此,指詩經中的頌和漢代以後的頌。

〔18〕由彌補缺陷過失的需要產生了箴。以下幾句的結構同。箴(zhēn),用以規戒勸告的一種文體。補闕,最初指臣彌補君王不盡職的地方。《詩經·大雅·烝民》:"衮職有闕,維仲山甫補之。"參看第一册 26 頁注〔22〕。

〔19〕戒,用以警戒的一種文體。弼(bì),輔助。匡,糾正。

〔20〕銘,用以稱揚功德或申明鑒戒的一種文體。

〔21〕美終,讚揚死去的人。誄(lěi),用以累列死者生前功業而加以稱揚

的一種文體。

〔22〕讚，以贊美爲主的一種文體。《文選》錄有夏侯湛《東方朔畫贊》一篇，蕭統可能以爲畫像與讚有關係，所以說“圖像則讚興”。

〔23〕詔誥教令，是四種文體。詔，皇帝頒發的詔書。誥，皇帝對臣下的一種訓戒或勉勵的文告。教，諸侯王公的文告。《文選》載有傅亮《爲宋公修張良廟教》、《爲宋公修楚元王墓教》。令，諸侯王公的書信。《文選》載有任昉《宣德皇后令》。

〔24〕表奏牋記，也是四種文體。表，臣對君有所陳請的書信。奏，進之於君以言事的書信。牋，下屬對上級的書信。記，又叫奏記，也是屬給上級的信。據《文心雕龍·書記》說：“公府奏記，而郡將奏牋。”《文選》載有楊脩《答臨淄侯牋》、阮籍《奏記詣蔣公》等。

〔25〕書誓符檄，也是四種文體。書，書信。誓，誓師的文告，如《尚書·甘誓》。符，用以傳達命令或聲討的文書。《全後漢文》載有《討羌符》。檄，用以徵召曉喻或聲討的文書。

〔26〕弔，指弔文；祭，指祭文；哀，指哀文。這三種文體的性質都差不多。但是祭有祭品，弔沒有祭品。哀文往往用以哀悼夭折的人，但也用於一般的哀悼。《文選》載有賈誼《弔屈原文》，謝惠連《祭古冢文》，潘岳《哀永逝文》等篇。弔祭悲哀只指三種文體，因爲要湊成四個字，所以加上一個“悲”字。

〔27〕答客，借答人問難以抒自己情懷的一種文體，如東方朔的《答客難》。指事，即“七”體，《文選》載有枚乘的《七發》，即說七事以啟發太子，所以稱“指事”。

〔28〕三言八字之文，不好懂。有人說這都指隱語。如《古微書》引《孝經援神契》：“寶文出，劉季握。卯金刀，在軫北。字禾子，天下服。”是三言之文。《後漢書·曹娥傳》注引《會稽典錄》：“(邯鄲淳作《曹娥碑》)援筆而成，無所點定……其後蔡邕又題八字曰：‘黄絹幼婦，外孫齏(jī)臼。’”是八字之文。按：“卯金刀”是“劉”，“禾子”是“季”。“黄絹”八字是“絶妙好辭”。《世說新語·捷悟》：“黄絹，色絲也，於字爲絶；幼婦，少女也，於字爲妙；外孫，女子也，於

字爲好;釐曰,受辛也,於字爲辤(辭)。所謂絶妙好辤也。"

〔29〕篇辭引序,也是四種文體。篇,詩篇,《文選》樂府類載的曹植《美女篇》,《白馬篇》,《名都篇》,這裏的"篇"可能是指樂府。辭,《文選》有辭一類,載有漢武帝《秋風辭》,陶淵明《歸去來辭》。引(yìn),歌曲之一種。《文選》載有曹植的《箜篌引》。序,用來陳述作者的意旨的文章。《文選》有卜子夏《毛詩序》等。

〔30〕碑碣誌狀,也是四種文體。碑,指碑文。碣(jié),也是碑文之類。誌,墓誌,記死者之年代行事。狀,行狀,敘述死者的德行。參看本册1109頁通論(二十三)。

〔31〕鋒起,同"蠭起",言其衆多。鋒,通"蠭"(蜂)。

〔32〕這是說:許多文體的源與流相互間雜交錯着出現。間(jiàn),間雜,交錯。

〔33〕陶,指塤(xūn),一種樂器,用土燒成。匏,指笙,笙用匏(葫蘆)爲座,上設簧管。

〔34〕黼黻,參看本册1145頁注〔16〕。

〔35〕由於有這許多文體,作者在各方面的情致意趣可以說是完備了。致,情致。

　　余監撫餘閑〔1〕,居多暇日。歷觀文囿,泛覽辭林〔2〕,未嘗不心遊目想〔3〕,移晷忘倦〔4〕。自姬、漢以來〔5〕,眇焉悠邈〔6〕,時更七代〔7〕,數逾千祀〔8〕。詞人才子,則名溢於縹囊〔9〕;飛文染翰〔10〕,則卷盈乎緗帙〔11〕。自非略其蕪穢〔12〕,集其清英〔13〕,蓋欲兼功,太半難矣〔14〕。

〔1〕監,指監國,皇帝外行,由太子代攝朝政。撫,指撫軍,太子隨從皇帝巡行外地。《左傳閔公二年》:"故曰冢子(太子),君行則守,有守則從。從曰撫軍,守曰監國。"蕭統當時是太子,所以這樣說。

〔2〕文囿,文章的園囿。辭林,文章之林。稱"囿"稱"林",極言其多。

〔3〕心遊目想,應理解爲"心想目遊",這是古人的一種修辭手法。

〔4〕晷(guǐ),日影。移晷,等於説移時,指經過一段長時間(例如一兩個時辰)。張衡《西京賦》:"白日未及移其晷。"那是甚言時隙之短,這裏用"移晷"則甚言時隙之長。

〔5〕姬,指周代,因周天子是姬姓。

〔6〕眇焉悠邈,指年代久遠。眇、悠、邈,都是久遠的意思。

〔7〕七代,指周、秦、漢、魏、晉、宋、齊。

〔8〕祀,年。

〔9〕縹(piǎo),青白色的帛。縹囊,指青白色帛做的書袋。

〔10〕飛文染翰,形容才思敏捷,書寫快速。翰,筆。染翰,用筆蘸墨。

〔11〕緗,淺黄色的帛。帙(zhì),書套。緗帙,用淺黄色帛做的書套。

〔12〕自非,若非。略,删略。蕪穢,指不好的文章。

〔13〕清英,指好的文章。

〔14〕要想兩方面兼顧,多半是很難的了。功,事。兼功,等於説兩方面(作家與作品)兼顧。太半,等於説多半。

若夫姬公之籍〔1〕,孔父之書〔2〕,與日月俱懸,鬼神爭奧〔3〕,孝敬之准式〔4〕,人倫之師友,豈可重以芟夷,加之剪截〔5〕?老、莊之作,管、孟之流〔6〕,蓋以立意爲宗,不以能文爲本。今之所撰,又以略諸〔7〕。若賢人之美辭,忠臣之抗直〔8〕,謀夫之話,辨士之端〔9〕,冰釋泉湧〔10〕,金相玉振〔11〕。所謂坐狙丘,議稷下〔12〕,仲連之却秦軍〔13〕,食其之下齊國〔14〕,留侯之發八難〔15〕,曲逆之吐六奇〔16〕,蓋乃事美一時,語流千載,概見墳籍〔17〕,旁出子史。若斯之流,又亦繁博,雖傳之簡牘〔18〕,而事異篇章〔19〕,今之所集,亦所不取。至於記事之史,繫年之書〔20〕,所以褒貶是非,紀別異同,方之篇翰〔21〕,亦已不

同。若其讚論之綜緝辭采，序述之錯比文華[22]，事出於
沈思，義歸乎翰藻[23]，故與夫篇什[24]，雜而集之。遠自
周室，迄于聖代[25]，都爲三十卷[26]，名曰《文選》云耳。

〔1〕姬公，指周公旦。

〔2〕孔父，指孔子。魯哀公誄孔子，稱孔子爲“尼父”。姬公之籍、孔父
之書，泛指儒家尊奉的經典。

〔3〕鬼神争奧，上文“與”直貫到這句，是説與鬼神競賽奧妙。

〔4〕准，同“準”，準則。式，法式。

〔5〕這是説，經典是不可以選録其中的一部分的。重（chóng），加。芟
（shān）夷，除草，這裏指删削。

〔6〕老莊之作、管孟之流，泛指諸子之書。

〔7〕撰，編纂。諸，之。

〔8〕抗直，這裏指高抗不屈、正直無私的話。

〔9〕辨，通“辯”。端，指舌端，實指言論。《韓詩外傳》七：“君子避三
端：避文士之筆端，避武士之鋒端，避辯士之舌端。”

〔10〕冰釋泉湧，形容言辭滔滔不絶。

〔11〕相，質。振，發聲。玉振，喻聲調鏗鏘。金相玉振，指文章的内容
和形式都很美。《詩經·大雅·棫樸》：“金玉其相。”王逸《離騷序》：
“所謂金相玉質，百世無匹。”《孟子·萬章下》：“集大成也者，金聲
而玉振之也。”參看本册 1149 頁注〔16〕。

〔12〕狙丘、稷，都是齊國的山名。稷下，稷山之下。曹植《與楊德祖書》
李善注引《魯連子》：“齊之辯者曰田巴，辯於狙丘而議於稷下，毁
五帝，罪三王，一日而服千人。”《史記·田敬仲完世家》：“宣王喜文
學游説之士，……是以齊稷下學士復盛，且數百千人。”《索隱》引
虞喜説：“齊有稷山，立館其下，以待游士。”

〔13〕見《戰國策·趙策》，參看第一册 114—123 頁。

〔14〕食其（yì jī），姓酈，陳留高陽（在今河南杞縣西）人。楚漢相争時，他
説齊王田廣歸漢，下齊七十餘城（見《史記·酈生陸賈列傳》）。

〔15〕留侯,指張良。難(nàn),辯駁。漢高祖用酈食其之計,想封六國之後來削弱楚權。張良連發八難來攔阻,這才作罷(見《史記·留侯世家》)。

〔16〕曲逆,指陳平,平封曲逆侯。《史記·陳丞相世家》:"凡六出奇計,奇計或頗祕,世莫能聞也。"

〔17〕概,梗概,大略。墳籍,《尚書序》:"伏犧、神農、黃帝之書,謂之三墳,言大道也。"這裏泛指典籍。

〔18〕簡牘,泛指書籍。古代沒有紙時,寫在竹上的叫簡,寫在版上的叫牘。

〔19〕事,指以上所說賢人、忠臣、謀夫、辯士之辭。篇章,指文學作品。

〔20〕繫年之書,亦指史書。杜預《左傳序》:"記事者以事繫日,以日繫月,以月繫時(四季),以時繫年,所以紀遠近,別同異也。"

〔21〕方,比。篇翰,也指文學作品。

〔22〕讚論,指"史論",是對某一史實加以評論,提出作者看法的文字。綜緝,綜合聯綴。辭采、文華,都指華美的辭藻。序述,指"史述贊",是對歷史人物加以重點扼要的叙述,於叙述之中,寓褒貶之意。讚論和序述都是史書裏的一部分。錯比,錯雜比次,亦即組織。

〔23〕事,指"史述贊"中的事實。沈思,深刻地構思。義,指"史論"中的道理。翰藻,指文學辭藻。這裏互文見義,即"事"與"義"都是出於沈思、歸乎翰藻的。

〔24〕與夫,等於說與。篇什,《詩經》的雅頌十篇爲什,後人泛稱詩篇爲篇什。

〔25〕聖代,指梁代。

〔26〕都,總共。

凡次文之體〔1〕,各以彙聚〔2〕。詩賦體既不一,又以類分〔3〕;類分之中,各以時代相次。

〔1〕次,編次,排列。

〔2〕彙,等於説類。《文選》把文體分爲三十七類:賦、詩、騷、七、詔、
　　册、令、教、文、表、上書、啟、彈事、牋、奏記、書、檄、對問、設論、辭、
　　序、頌、贊、符命、史論、史述贊、論、連珠、箴、銘、誄、哀、碑文、墓誌、
　　行狀、弔文、祭文。

〔3〕《文選》中賦分十五類,詩分二十三類。

庾　信

　　庾信(513—581),字子山,南朝梁新野(今河南新野縣)人。起
初在梁任抄撰學士、東宮學士等官,梁元帝承聖三年(公元 554 年)
出使西魏,被强留在長安(西魏國都),並在强迫下做了官。北周代
魏後,累遷驃騎大將軍,開府儀同三司,所以世稱"庾開府"。他雖
位望通顯,但由於梁元帝被西魏殺死,梁朝快要滅亡了,自己却屈
身仕敵,内心裏産生矛盾,因此常常懷念故土,自傷身世。後來陳
與北周通好,曾請求北周讓他回到南朝,但没有成功。

　　庾信前期在梁朝做抄撰學士時,爲迎合帝王的口味,與徐陵等
人作了許多綺豔靡麗的宫體詩和駢體文,世稱"徐庾體"。後期由
於生活境遇的改變,創作面貌也隨之而有所轉變。這期的作品裏,
充滿着故土之思和對自己身世的感傷。藝術上也更趨於成熟,風
格蒼勁悲凉,對唐代詩歌的發展有很大的影響。杜甫稱"庾信文章
老更成",就是指他後期的作品而言。有《庾子山集》傳世,清代倪
璠爲它作過注。

哀江南賦序〔1〕

　　粤以戊辰之年,建亥之月〔2〕,大盜移國〔3〕,金陵瓦

解〔4〕。余乃竄身荒谷〔5〕,公私塗炭〔6〕。華陽奔命〔7〕,有去無歸。中興道銷〔8〕,窮於甲戌〔9〕。三日哭於都亭〔10〕,三年囚於別館〔11〕。天道周星〔12〕,物極不反〔13〕。傅燮之但悲身世,無處求生〔14〕;袁安之每念王室,自然流涕〔15〕。昔桓君山之志事,杜元凱之平生,並有著書,咸能自序〔16〕。潘岳之文采,始述家風〔17〕;陸機之辭賦,先陳世德〔18〕。信年始二毛〔19〕,即逢喪亂;藐是流離,至於暮齒〔20〕。燕歌遠別,悲不自勝〔21〕;楚老相逢,泣將何及〔22〕!畏南山之雨,忽踐秦庭〔23〕;讓東海之濱,遂餐周粟〔24〕。下亭漂泊〔25〕,高橋羈旅〔26〕。楚歌非取樂之方,魯酒無忘憂之用〔27〕。追爲此賦,聊以記言〔28〕,不無危苦之辭,唯以悲哀爲主〔29〕。

〔1〕《哀江南賦》是中國古典文學中一篇有名的長賦,内容以自己的遭遇爲綫索,叙述梁朝的興亡和人民遭遇的痛苦,抒發了他内心的悲哀。"哀江南"出於《楚辭·招魂》的"魂兮歸來哀江南"。梁武帝建都建業(今南京),元帝建都江陵(今湖北江陵縣),都在江南,所以借用成語作爲賦名。本篇是賦前面的序,概括了賦的全篇大意,並説明作賦的動機。這篇序是用駢體文寫成的。庾信的駢體文,實集六朝之大成,而《哀江南賦序》更是其中最著名的一篇。

〔2〕粤,句首語氣詞。以,介詞,在這裏相當於"於"。戊辰之年,梁武帝太清二年(公元 548 年)。建亥之月,陰曆十月。

〔3〕大盜,指侯景。侯景原先在魏做官,後降梁。太清二年八月反,先攻進金陵(即建業),又攻陷臺城(梁的宮城),梁武帝被逼餓死。立簡文帝。後又逼簡文帝禪位於豫章王蕭棟而殺簡文帝。不久,又廢蕭棟,自立爲帝。移國,等於説篡國。

〔4〕瓦解,比喻崩潰。

〔5〕竄,逃匿。荒谷,春秋楚地名。《左傳桓公十三年》:"莫敖縊于荒谷。"這裏借指江陵。

〔6〕公私,公室和私門。塗,泥。炭,炭火。僞古文《尚書·仲虺之誥》:"有夏昏德,民墜塗炭。"塗炭,指陷入汙泥炭火之中,比喻陷於極端困苦的境地。

〔7〕華陽,指西魏。《尚書·禹貢》:"華陽黑水惟梁州。"據胡渭考證,華陽在今陝西商縣(見《禹貢錐指》)。西魏京都在長安,用華陽是活用典故。奔命,爲王命奔走。這是指梁元帝承聖三年(公元554年),庾信從江陵奉命出使西魏的事。

〔8〕中興,指梁元帝平定侯景之亂,即位江陵,梁亡而復興。銷,消,削減。《周易·泰卦》:"君子道長,小人道消也。"這裏借用"道銷"二字來説明中興越來越没有希望。

〔9〕窮,指中興道銷到了極點。甲戌,即承聖三年,這年西魏派于謹來攻,梁王詧(古詧字,元帝的姪子)與于謹合兵攻下江陵,殺死元帝。

〔10〕都亭,城郭附近的亭舍。三國時,魏兵攻蜀,後主劉禪降魏。守永安城的蜀將羅憲聽説後,率部下到都亭哭了三天。這是庾信寫他對梁朝滅亡的哀痛。

〔11〕囚於別館,庾信出使西魏後,梁朝接近滅亡,西魏扣留住他,他成了囚徒,不能居使臣的正館,而住在正館以外的館舍裏。

〔12〕天道,天理。周星,指歲星(木星)運行一周天,歲星約十二年繞天一周。

〔13〕物極不反,古人認爲事物發展的常理是"物極則反"(語見《鶡冠子》),而梁朝自江陵失敗至甲戌元帝被殺,却未能復興,所以説"物極不反"。連上是説:按天理,周星之時,應出現物極必反的現象,現在却是物極不反了。

〔14〕傅燮(xiè),字南容,東漢靈州(今寧夏靈武縣人),任漢陽(今甘肅天水一帶)太守。被王國、韓遂圍攻,城中兵少糧盡。他兒子勸他棄城歸鄉,他慨歎道:"世亂不能養浩然之志,食禄又欲避其難乎!

吾行何之？必死於此！"終於臨陣戰死。這裏用傅燮來比喻自己
的遭遇，是說梁不復興，身羈異國，只能悲歎自己的身世，而無處
求生。

〔15〕袁安，字邵公，東漢汝陽(故城在今河南商水縣西北)人。官至司
徒。因和帝幼弱，外戚竇憲專權，每當朝會進見及與公卿談論國
事時，總是嗚咽流涕。這裏以袁安自比，表明自己對梁朝的覆亡
時時悲歎。

〔16〕桓君山，名譚，東漢光武時人，著有《新論》。志事，有志於事業。
事，一本作"士"。杜元凱，名預，西晉時人，著有《春秋左氏經傳集
解》。序，通"叙"。自序，寫文章來叙述自己的身世和志趣。《太平
御覽》卷六百十四載杜預的自序，中有"少而好學，在官則觀於吏
治，在家則滋味典籍"等語。桓譚的自序已佚失。

〔17〕潘岳，字安仁，晉滎陽中牟(今河南中牟縣)人，曾作《家風詩》。

〔18〕潘岳首先以華美的辭采述其家風，陸機首先以辭賦陳其祖德。陸
機，字士衡，晉華亭(在今上海市松江縣)人，擅長詩賦，他曾作《祖
德》《述先》二賦。又，他的《文賦》中有"詠世德之駿烈，誦先人之
清芬"的句子。(陸機的祖父陸遜是吳國的丞相，父親陸抗是吳國
的大司馬，都有功於吳。)庾信在這裏隱含着自己要向潘陸學習的
意思。

〔19〕二毛，頭髮有黑有白，即花白頭髮，指年已半老。時庾信年三十六
歲。

〔20〕大意是：遠遠地離開故國，流落在異域，一直到晚年。藐，遠。流
離，因灾荒或戰亂而轉徙流落在異鄉。暮齒，晚年。

〔21〕燕歌，曹丕有《燕歌行》。王褒(庾信同時詩人)曾作《燕歌》，元帝
與庾信等諸文士都有和作。《燕歌》多是傷別之作。

〔22〕大意是：遇到故國遺老，也只有對泣，但哭又有什麼用呢！《後漢
書·逸民列傳》載：桓帝時，黨錮事起，兼代外黃令陳留張升棄官歸
鄉，路上遇見一位朋友，兩人坐在草上共談，談到悲痛處，相抱而
泣。陳留老父走過，放下拐杖長歎道："吁！二大夫何泣之悲也？

夫龍不隱鱗,鳳不藏羽,網羅高懸,去將安所,雖泣何及乎!"陳留古爲楚地。

〔23〕這是説本想潔身遠害,却又出使西魏。《列女傳》載:陶答子妻嫌丈夫貪位懷禄,不修名節,説道:"妾聞南山有玄豹,霧雨七日而不下食者,何也? 欲以澤其毛而成文章也,故藏而遠害。"忽,快速。秦庭,喻魏都。魏都長安,秦都咸陽,二城相距不遠。春秋時,吳兵攻陷楚都,楚國幾亡,申包胥到秦國乞師救楚,才恢復了楚國。

〔24〕讓東海之濱,讓位而居於東海之濱。戰國時,田和把齊康公遷到海濱,自立爲齊國的國君。這裏指宇文覺篡奪西魏,改國號爲北周。"讓"是委婉的説法。因庾信在北周做官,只好這樣説。餐周粟,周武王滅商,伯夷叔齊恥食周粟,餓死於首陽山。這話是説自己先失節於西魏,又失節於北周,不像伯夷叔齊恥食周粟而死,表示慚愧。

〔25〕下亭,《後漢書·獨行列傳》載:孔嵩被徵召,在去京師的路上,宿在下亭(地名),馬被盗去。這是説旅途漂泊之苦。

〔26〕高橋,又作皋橋,在江蘇吳縣闔門内,相傳漢時皋伯通居此橋旁。《後漢書·梁鴻傳》載:梁鴻曾至吳依皋伯通,居廡(廊下的小屋子)下。羈旅,寄迹於外,他鄉作客。這是説在異鄉過着羈旅生活。

〔27〕楚歌,項羽被圍垓下,夜聞漢軍四面皆楚歌。又《史記·留侯世家》載:漢高祖對戚夫人説:"爲我楚舞,吾爲若(你)楚歌。"魯酒,《莊子·胠篋》:"魯酒薄而邯鄲圍。"忘憂,陶潛《飲酒》:"汎此忘憂物,遠我遺世情。"這裏用"楚歌""魯酒"這兩個現成的詞泛指歌與酒。這是説歌與酒都不能取樂忘憂。

〔28〕《漢書·藝文志》:"左史記言,右史記事。"這裏説"記言"也是指記事。因爲"言"字平聲,合於這裏所要求的平仄。

〔29〕危苦,危懼愁苦。嵇康《琴賦》:"稱其材幹,則以危苦爲上;賦其聲音,則以悲哀爲主。"從"追爲"到"爲主",大意是:作賦是要記載歷史事實,雖有寫自己危苦的話,但主要是哀痛梁朝的滅亡。

日暮途遠,人間何世〔1〕! 將軍一去,大樹飄零〔2〕;

壯士不還,寒風蕭瑟[3]。荆璧睨柱,受連城而見欺[4];
載書橫階,捧珠盤而不定[5]。鍾儀君子,入就南冠之
囚[6];季孫行人,留守西河之館[7]。申包胥之頓地,碎
之以首[8];蔡威公之淚盡,加之以血[9]。釣臺移柳,非
玉關之可望[10];華亭鶴唳,豈河橋之可聞[11]!

〔1〕世變多故,不知現在是個怎樣的世界,而自己已老,不能再有所作
爲了。日暮,喻年已垂老。遠,一作"窮"。《史記·伍子胥列傳》:
"吾日暮途遠。"人間何世,《莊子》有《人間世》篇。

〔2〕《後漢書·馮異傳》:"每所止舍,諸將並坐論功,異常獨屏樹下。軍
中號曰大樹將軍。"這裏只借用字面,不用故事。"將軍"是庾信用
以自比。大樹飄零,比喻軍隊潰散。侯景進攻金陵時,信率宮中
文武千餘人駐紮於朱雀航(即朱雀橋),侯景兵到,信率衆先退。

〔3〕這是說他一去西魏,即不得重返故國。《戰國策·燕策》(又見《史
記·刺客列傳》)載:荆軻入秦,燕太子丹在易水上爲他餞行,高漸
離擊筑,荆軻歌曰:"風蕭蕭兮易水寒,壯士一去兮不復還。"蕭瑟,
雙聲連緜字,形容秋風吹拂樹木所發的聲音。

〔4〕這是說相如出使沒有被騙,而自己却爲西魏所欺。荆璧,即和氏
璧,因楚人卞和得玉於楚國的荆山,所以稱荆璧。睨柱,斜視着柱
子。連城,相連的城。《史記·廉頗藺相如列傳》載:趙得楚和氏
璧,秦昭王聽說後,願以十五連城換和氏璧。趙王使藺相如奉璧
見秦王。相如見秦王無意償趙城,於是詭稱璧上有瑕,要指給秦
王看。相如取回璧後說:"臣觀大王無意償趙王城邑,故臣復取
璧。大王必欲急臣,臣頭今與璧俱碎於柱矣。"說後就"持其璧睨
柱,欲以擊柱"。秦王怕他摔破了璧,於是向他道歉,並召有司案
圖指出所要給的十五城。

〔5〕這是說毛遂能訂盟而自己却不能。載書,盟書。珠盤,用珠子裝
飾的盤子。珠盤是盟會時所用的。《周禮·天官·玉府》:"若合諸

侯,則共(供)珠槃(盤)玉敦。"《史記·平原君列傳》載:平原君與楚
合從,從早晨到正午,還没談妥。毛遂按着寶劍邁幾層臺階闖上
堂去,責備楚王,楚王這才答應了。毛遂捧着銅盤和楚王歃(shà)血
(飲血,借以示信)而定合從之約。

〔6〕這是説自己本是楚人,而被留在北朝,有如南冠之囚。鍾儀,春秋
時楚人。入,指入晉。就,成。《左傳成公七年》載:楚伐鄭,鄭人
俘虜了鍾儀,獻給晉國。晉人把他囚在軍府(儲藏軍器的地方)。
又九年載:晉侯到軍府去,見了鍾儀,問道:"南冠(戴着南方楚國
式的帽子)而縶(拘禁)者誰也?"有司回答説:"鄭人所獻楚囚也。"
問明了鍾儀的先人是個伶人,於是讓他彈琴,奏出了南方楚國的
音樂。范文子説:"楚囚,君子也。"

〔7〕季孫,名意如,春秋時魯大夫。行人,官名,掌朝覲聘問之事。西
河,地名,在陝西東境。《左傳昭公十三年》載:晉侯與諸侯盟於平
丘,季孫意如相魯昭公去參加盟會,由於邾人莒人告魯侵伐他們,
以致無力給晉國進貢,於是晉人不讓昭公參加盟會,並把季孫意
如扣住帶回晉國。後來晉國要釋放季孫,季孫要求按禮把他送
回。晉人恐嚇他説要把他拘囚在西河。這是比喻自己被留在西
魏。

〔8〕頓地,叩頭。碎,破。碎之以首,即碎首,碰破了頭的意思。《左傳
定公四年》載:楚破於吳,申包胥到秦國乞師,秦哀公不肯出兵,申
包胥"立依於庭牆而哭,日夜不絶聲,勺飲不入口,七日"。等到秦
哀公允許出兵,申包胥才"九頓首而坐"。

〔9〕劉向《説苑·權謀》載:"下蔡威公閉門而哭,三日三夜,泣盡而繼以
血。"鄰人問他爲什麽哭,他説:"吾國且亡。"下蔡是春秋時邑名
(蔡昭侯時蔡國的都城),在今安徽壽縣一帶。從"申包胥"到"以
血"是説自己對於梁朝之亡,不能像申包胥那樣設法拯救,只能像
下蔡威公那樣痛哭罷了。

〔10〕釣臺,在武昌。移,一作"栘"(yí),柳的一種。《晉書·陶侃傳》載:
陶侃鎮守武昌,曾經考核諸營士兵種柳的情況。玉關,即玉門關,

在甘肅敦煌縣西北。這話表面是說釣臺的柳不是玉門關可以望見的,實際是說自己望不見故鄉的樹木。

〔11〕華亭,在今上海市所屬松江縣西平原村,陸機的故宅在這裏。唳(lì),鶴叫。河橋,在河南孟縣南。陸機和弟雲事成都王穎,穎進攻長沙王乂,使陸機都督前鋒諸軍事。機敗於河橋,受到盧志的讒毀,與弟雲同時被穎殺死。《世說新語·尤悔》載:機臨刑前歎道:"欲聞華亭鶴唳,可復得乎?"這話是說自己聽不到故鄉的鳥鳴。從"釣臺"到"可聞",表示懷念家國而不得見。

　　孫策以天下爲三分,衆纔一旅〔1〕;項籍用江東之子弟,人唯八千〔2〕。遂乃分裂山河,宰割天下〔3〕。豈有百萬義師,一朝卷甲〔4〕,芟夷斬伐〔5〕,如草木焉?江淮無涯岸之阻,亭壁無藩籬之固〔6〕。頭會箕斂者,合從締交〔7〕;鋤耰棘矜者,因利乘便〔8〕。將非江表王氣,終於三百年乎〔9〕?是知并吞六合,不免軹道之災〔10〕;混一車書,無救平陽之禍〔11〕。嗚呼!山嶽崩頹,既履危亡之運〔12〕;春秋迭代,必有去故之悲〔13〕。天意人事,可以悽愴傷心者矣〔14〕!況復舟楫路窮,星漢非乘槎可上〔15〕;風飆道阻,蓬萊無可到之期〔16〕。窮者欲達其言,勞者須歌其事〔17〕。陸士衡聞而撫掌,是所甘心〔18〕;張平子見而陋之,固其宜矣〔19〕。

〔1〕孫策,孫權的哥哥,字伯符。《三國志·吳志·陸遜傳》載:遜上疏曰:"昔桓王(孫策謚號爲長沙桓王)創基,兵不一旅,而開大業。"三分,指魏蜀吳三分天下。一旅,五百人。

〔2〕項籍,字羽。《史記·項羽本紀》載:項籍隨叔父梁起事,"舉吳中兵,使人收下縣(吳郡的屬縣),得精兵八千人"。項籍臨死前,對烏江亭長說:"籍與江東子弟八千人渡江而西,今無一人還。"江

東,長江下游南岸之地。

〔3〕賈誼《過秦論》:"宰割天下,分裂河山。"

〔4〕卷,同"捲"。卷甲,把戰衣捲起來,形容軍隊敗退的情況。侯景破金陵,梁兵號稱百萬紛紛敗走。

〔5〕芟(shān),割草。芟夷,削平。斬伐,砍伐。侯景入金陵,殺人很多。于謹入江陵,虜男女數萬口充當奴婢,弱小的都殺死。從"豈有"到"如草木焉",大意是:梁兵百萬,一旦潰退,使得侯景、于謹殺人像割草伐木一樣,難道古來有過這樣的事嗎?

〔6〕這是説,江淮不起險阻的作用,而防禦工事還不如藩籬堅固。涯岸,指河岸。亭,指亭候。古人在邊塞的險要處,築亭駐兵以伺候寇盜。壁,營壘。藩籬,用竹木編的籬笆或圍柵。

〔7〕這是説,人民因爲不堪橫徵暴斂之苦,於是互相聯合,結成武裝集團,起兵反抗。會、斂,抽税。頭會箕斂,秦時按人頭數抽税,用簸箕來收斂租穀,以充軍用。《漢書·張耳陳餘傳》:"頭會箕斂,以供軍費。"合從,戰國時六國南北聯合以抗秦叫合從。賈誼《過秦論》:"合從締交,相與爲一。"這裏指起事者互相聯合。

〔8〕這是説,南朝陳的開國皇帝陳高祖(名陳霸先)和拿着低劣武器的平民乘機推翻了梁朝。櫌(yōu),平整田地的一種農具。棘,棘木杖。矜,矛柄,這裏指戈戟的柄。鉏櫌棘矜,用如動詞,是拿着鉏櫌棘矜的意思。《過秦論》:"鉏櫌棘矜,非銛(xiān,鋒利)於鉤戟長鎩(shā,長刃矛)也。"因利乘便,是兩個同義詞組,乘時勢之便利的意思。《過秦論》:"因利乘便,宰割天下,分裂河山。"

〔9〕將非,等於説豈不是。江表,即江南,這裏指金陵。王氣,王者之氣。古人迷信,認爲某地出帝王,就有王氣。三百年,金陵作爲國都,自吳孫權黃龍元年至孫皓天紀四年(229—280)共五十二年;又自東晉元帝大興元年至梁敬帝太平二年(318—557)共二百四十年。兩段時間合計爲二百九十二年,説"三百年"是舉其整數。

〔10〕這是以秦始則强盛,終不免滅亡,比喻江陵陷後梁元帝投降西魏。六合,天地四方,指天下。《過秦論》説秦有"并吞八荒之心"。又

説秦始皇"吞二周而亡諸侯,履至尊而制六合"。軹(zhǐ)道,亭名,在今陝西咸陽縣東北。劉邦入關,秦王子嬰降於軹道旁。

〔11〕這是以晉比喻金陵陷後,梁武帝和簡文帝先後被害死。混一車書,即"車同軌,書同文"的意思(見《禮記·中庸》),這裏指統一天下。干寶《晉紀·總論》:"太康(晉開國皇帝武帝的年號)之中,天下書同文,車同軌。"平陽,今山西臨汾縣。西晉永嘉五年(公元311年),劉聰攻陷洛陽,懷帝被虜至平陽,後被殺。又建興四年(公元316年),劉曜攻陷長安,愍帝被俘至平陽,也被殺。從"是知吞併六合"到"無救平陽之禍",含有即便是統一了天下的國家也難免滅亡的意思,所以下文説"天意人事"。

〔12〕山嶽崩頹,比喻國家覆滅。覆,踐,走上。

〔13〕迭代,更替。春秋迭代,四時更替,比喻朝代更替。去故,指離開故土。班昭《東征賦》:"遂去故而就新兮,志愴恨(chuàng lǎng)而懷悲。"

〔14〕悽愴,悲傷。阮籍《詠懷詩》:"素質遊商聲,悽愴傷我心。"

〔15〕星漢,天河。槎(chá),用竹木編成的筏子。張華《博物志》有一段神話,説天河與海相通,年年八月,有浮槎按期往來。有個人好奇,帶着食糧乘槎而去。起初還能見到日月星辰,後來一片茫茫,不分晝夜。忽然來到一處,城郭環繞,房屋整齊。遠遠望見宮裏有許多織婦,又見一男子在水邊飲牛。牽牛人很驚奇,問他怎麼來到此處的。他説明之後,並問這是什麼地方。那人告訴他回去後到蜀郡問嚴君平便知。他回來後去問嚴君平,君平説某年月日有客星犯牽牛宿。經過計算,那正是他見到牽牛人的時間。

〔16〕蓬萊,傳説中的仙山,和方丈、瀛洲並稱海中三仙山。據説其上有不死之藥。戰國時齊燕諸王及漢武帝都曾派人去尋求。《漢書·郊祀志》説三仙山"未至,望之如雲;及到,三神山反居水下。臨之,患且至,則風輒引船而去,終莫能至云"。從"況復"到"可到之期",是説自己不可能回到江南,就像天河蓬萊之不能到達一樣。

〔17〕這兩句是説自己寫《哀江南賦》的動機。窮與達相反。不得志的
　　人希望立言,也就是在言中求得志(達)。《公羊傳宣公十五年》:
　　"什一行而頌聲作矣。"何休《解詁》:"勞者歌其事。"這是説勞役的
　　人只能唱歌以減少辛苦。

〔18〕陸士衡,即陸機。撫掌,拍手。《晉書·左思傳》載:陸機剛到洛陽,
　　打算作《三都賦》,聽説左思也在作,便拍掌大笑,並在給陸雲的信
　　中説:"此間有傖父(等於説鄙夫),欲作《三都賦》,須(等待)其成,
　　當以覆酒甕耳。"等左思把賦寫成之後,他見了却十分敬佩,自己
　　就不再寫了。

〔19〕張平子,即張衡。班固作《兩都賦》,張衡薄而陋之。另作《二京
　　賦》。陋之,認爲不好。從"陸士衡"到"宜矣",都是自謙之辭,意思
　　是:自己寫這篇賦,被人嘲笑,是甘心情願的,受人輕視,也是理所
　　當然的。

王　勃

　　王勃(649—676),字子安,龍門(今山西河津縣)人,是唐初有
才華的青年詩人。當他二十八歲時,在探視父親的路上,渡海溺
水,驚悸而死。他和楊炯、盧照鄰、駱賓王並稱爲初唐文壇四傑。
他們的作品突破了齊梁以來綺麗詩風的束縛,對開創唐代新詩風,
有一定的貢獻。王勃在五言律詩上曾起促進作用。他的文章以
《秋日登洪府滕王閣餞別序》(後人簡稱爲《滕王閣序》)爲最有名,
是一篇膾炙人口的作品。有《王子安集》傳世。

滕王閣序〔1〕

　　豫章故郡,洪都新府〔2〕。星分翼軫〔3〕,地接衡

廬〔4〕。襟三江而帶五湖〔5〕,控蠻荆而引甌越〔6〕。物華
天寶,龍光射牛斗之墟〔7〕;人傑地靈,徐孺下陳蕃之
榻〔8〕。雄州霧列〔9〕,俊采星馳〔10〕;臺隍枕夷夏之
交〔11〕,賓主盡東南之美。都督閻公之雅望〔12〕,棨戟遥
臨〔13〕;宇文新州之懿範〔14〕,襜帷暫駐〔15〕。十旬休
假〔16〕,勝友如雲;千里逢迎,高朋滿座。騰蛟起鳳〔17〕,孟
學士之詞宗〔18〕;紫電青霜〔19〕,王將軍之武庫〔20〕。家君
作宰〔21〕,路出名區〔22〕;童子何知〔23〕,躬逢勝餞〔24〕。

〔1〕唐高祖的兒子滕王元嬰任洪州都督時,在長洲上建閣,人稱滕王
　　閣。閻公(張遜業校正《王勃集》序,說是閻伯嶼,未知何據)任洪
　　州都督時,重修此閣。九月九日在閣上宴集賓客幕僚。正好王勃
　　省親經過洪州,也參加了宴會,對客寫成這篇序。本文描繪了滕
　　王閣周圍的景色,敘述了當時的熱鬧情況,也抒發了封建時代文
　　人懷才不遇的感慨。這篇序不像一般駢體文那樣單純堆砌辭藻
　　典故,而能生動流暢地表達了作者的真實感情。

〔2〕豫章,一作“南昌”。豫章是漢時郡名(郡治在南昌,今江西南昌
　　縣)。隋曾一度改爲洪州,不久又恢復豫章郡之名,所以稱“故郡”。
　　唐又改爲洪州,設大都督府,所以稱“新府”。這話大意是:豫章故
　　郡,它的郡治就是現在的洪州都督府所在地。

〔3〕翼軫,二星宿名,翼軫是楚的分野。豫章古爲楚地,所以說“星分
　　翼軫”。

〔4〕衡廬,指湖南的衡山和江西的廬山。

〔5〕襟三江,以三江爲襟。對“三江”有各種不同的解釋。《尚書·禹
　　貢》僞孔傳說:“自彭蠡江分爲三。”彭蠡即今鄱陽湖,在豫章附近,
　　王勃大約是用的這個典故。帶五湖,以五湖爲帶,五湖指菱湖、游
　　湖、莫湖、貢湖、胥湖,都在太湖東岸,古時各爲一湖,今則相連(依
　　高步瀛說,見《唐宋文舉要》)。

〔6〕蠻荆,指今兩湖全部及四川、貴州各一部分地區。甌越,包括東
　　甌、閩越、南越、西甌,指今浙江温州一帶以及福建、廣東、廣西等
　　地。由於甌越更遠,所以説引。

〔7〕物華天寶,物的精華就是天的珍寶。龍光,指寶劍的光。《晉書·
　　張華傳》載:晉惠帝時,張華見斗牛之間有紫氣,問雷焕是怎麽回
　　事。雷焕説是豐城(屬洪州)寶劍之精上通於天的緣故。張華於
　　是派雷焕爲豐城令,讓他尋找那寶劍。雷焕到縣後,掘獄屋基,得
　　到一個石匣,裏面有兩把寶劍,都刻着字,一把叫龍泉,一把叫太
　　阿,光芒奪目。雷焕送給張華一把,自己佩帶一把。後來張華被
　　殺,失劍所在。雷焕的那一把掉在水中,派人下水去找,只看見兩
　　條龍。牛斗,二星宿名。墟,居住的地方,這裏指星座。這兩句是
　　説洪州有奇寶。

〔8〕人傑地靈,人中之俊傑是由於地的靈氣。徐孺,即徐孺子,名稺,
　　東漢人。家貧,在家種地,不肯做官。陳蕃做豫章太守,素來不接
　　待賓客,只有徐稺來時才招待,並爲他特設一坐榻,徐稺去後,就
　　把坐榻懸掛起來,不准别人用。按:稱徐孺子爲徐孺,是駢體文要
　　求語句整齊的緣故。下文稱楊得意爲楊意,鍾子期爲鍾期,同此。
　　這是説洪州有傑出的人才。

〔9〕雄,雄偉。雄州,指洪州。霧列,〔房屋〕像霧一樣羅列着。這是形
　　容洪州的富庶和繁華。

〔10〕采,一作"彩"。俊采,指人才。星馳,比喻洪州才士之多。衆星看
　　起來是運行的,所以説馳。

〔11〕隍,指護城河,有水叫池,無水叫隍。夷,指我國古代少數民族居
　　住地。夏,指中原地區。交,指交接之地。這是説洪都處於要害
　　之地。

〔12〕都督,官名,唐有大都督府、中都督府、下都督府,設在各州,各設
　　都督一人。望,名望。

〔13〕棨(qǐ)戟,有衣套的戟,衣用赤黑繒做成。古代官吏出行,有騎吏
　　帶劍持棨戟前驅。這話大意是:閻公遠遠地來到洪州做官。

〔14〕宇文，名與事都未詳。有人説是宇文鈞，更有的説是《王子安集·
　　宇文德陽宅秋夜山亭宴序》中所説的宇文嶠，都無確證。新州，治
　　新興縣，今廣東新興縣治。大概宇文爲新州刺史，故稱宇文新州。
　　懿，美。

〔15〕襜（chān）帷，車帷，這裏指車馬。這是説宇文路過洪州暫住。

〔16〕旬，十天。十旬，這裏也等於説十天。唐制，官吏遇旬則休沐，叫
　　做旬休。假，一作"暇"。

〔17〕騰蛟起鳳，形容文才之豐富多采，有如蛟龍鳳凰騰空飛起，光彩奪
　　目。《西京雜記》卷二："董仲舒夢蛟龍入懷，乃作《春秋繁露》詞。"
　　又："（揚）雄著《太玄經》，夢吐鳳凰集《玄》之上，頃而滅。"

〔18〕孟學士，名未詳。王定保《唐摭言》説是閻公之婿，不可靠。孟學
　　士可能是用典，不是指參與宴會的人。有人説是指東晉時的孟
　　嘉。詞宗，衆人所仰望的文章能手。

〔19〕紫電，寶劍名。《古今注》卷上："吳大皇帝有……寶劍六，……二
　　曰紫電。"青霜，亦指劍。《西京雜記》載：漢高祖的斬白蛇劍，十二
　　年磨一次，劍刃常像霜雪那樣白亮。按：傳説主霜雪之神是青女，
　　所以稱爲"青霜"。見《淮南子·天文訓》。

〔20〕王將軍，名未詳。可能指王僧辯。梁徐陵《爲貞陽侯（蕭淵明）與
　　王太尉（王僧辯）書》："霜戈雪戟，無非武庫之兵。"又杜預被稱爲
　　"杜武庫"。從"騰蛟"到"武庫"，是説參與宴會的人無論文臣武
　　將，都是很有才學的。

〔21〕家君，家父。作宰，作縣官。當時王勃的父親作交趾令。

〔22〕名區，指洪州。

〔23〕童子，王勃自稱。

〔24〕餞（jiàn），餞行。這裏用如名詞，指餞別的酒宴。可能當時閻氏宴
　　會同時是給宇文餞行，所以這裏用"餞"字。

時維九月，序屬三秋〔1〕。潦水盡而寒潭清〔2〕，煙光
凝而暮山紫。儼驂騑於上路〔3〕，訪風景於崇阿〔4〕；臨帝

子之長洲[5],得仙人之舊館[6]。層巒聳翠,上出重霄[7];飛閣流丹[8],下臨無地[9]。鶴汀鳬渚[10],窮島嶼之縈迴[11];桂殿蘭宮,列岡巒之體勢[12]。

〔1〕序,時序。三秋,指秋季的第三個月,也就是九月。

〔2〕潦(lǎo)水,因雨而積的水。潭,淵,大的深水池。

〔3〕儼,整肅的樣子。楊炯《王公神道碑》:"車徒儼兮在門。"驂騑(fēi),駕在車轅兩旁的馬,這裏指車馬。上路,地勢高的路,跟下句"崇阿"的意思差不多。這句是形容來賓車馬之盛。

〔4〕崇阿,高的山陵。

〔5〕帝子,指滕王。長洲,指建滕王閣於其上的長洲。

〔6〕仙人,一本作"天人"。仙人之舊館,指滕王閣。這是説來到了滕王閣。

〔7〕翠,綠色。重霄,等於説高空。

〔8〕飛閣,架空的閣道。班固《西都賦》:"輦路經營,脩除飛閣。"(輦路:閣道;脩除:長級)。《三輔黃圖》:"於宮西跨城池作飛閣,通建章宮。"流丹,流着紅光,因閣是用紅色油飾了的。流,一本作"翔"。

〔9〕下臨無地,因爲飛閣是架空的,又高,所以人們覺得好像看不見地。王巾《頭陀寺碑文》:"飛閣逶迤,下臨無地。"

〔10〕汀(tīng),水邊平地。鶴汀,鶴所棲的汀。渚,水中小洲。鳬(fú)渚,野鴨所聚集的小洲。

〔11〕窮,極。這話大意是:達到了島嶼縈迴曲折的極點。

〔12〕高高低低的桂殿蘭宮,排列成岡巒的體勢,也就是説看樣子像起伏的岡巒。

披繡闥[1],俯雕甍[2],山原曠其盈視[3],川澤紆其駭矚[4]。閭閻撲地,鐘鳴鼎食之家[5];舸艦迷津,青雀黃龍之舳[6]。雲銷雨霽,彩徹區明[7]。落霞與孤鶩齊

飛,秋水共長天一色[8]。漁舟唱晚,響窮彭蠡之濱[9];
雁陣驚寒,聲斷衡陽之浦[10]。

〔1〕披,開。繡闥,繪飾華美的門。

〔2〕俯,指俯視。甍(méng),屋脊。

〔3〕曠,空闊。盈視,指山原盡入眼中。

〔4〕紆(yū),曲折。一作"肝"。矚(zhǔ),注視。駭矚,駭其所矚,等於
　　說對所看到的吃驚(驚的是曲折非常)。

〔5〕閭閻,里巷的門,這裏指住宅。撲地,等於說滿地、遍地。鮑照《蕪
　　城賦》:"廛閈撲地,歌吹沸天。"鐘鳴鼎食之家,鳴鐘列鼎而食的人
　　家,指富貴人家。張衡《西京賦》:"擊鐘鼎食,連騎相過。"這是說
　　遍地住宅都是富貴人家。

〔6〕舸(gě),大船。迷津,迷亂了渡口。青雀黃龍,船的形制像青雀黃
　　龍。舳(zhú),船後持舵的地方,這裏指船。

〔7〕霽(jì),雨止。彩,指陽光。區,指天空。

〔8〕鶩(wù),鴨,這裏當鳧(野鴨)講。落霞與孤鶩齊飛,秋水共長天一
　　色,脫胎於前人熟句,如庾信《馬射賦》:"落花與芝蓋同飛,楊柳共
　　春旗一色。"

〔9〕漁舟唱晚,漁船上的漁夫在傍晚歌唱。彭蠡,即鄱陽湖。

〔10〕衡陽,今湖南衡陽縣。斷,等於說止。浦,水邊。據《一統志》載:
　　衡陽有回鴈峰,鴈至此不過,遇春而迴。庾信《和侃法師》:"近學
　　衡陽雁,秋分俱渡河。"九月九日正是鴈南歸的時候,所以這樣說。

遙吟俯暢[1],逸興遄飛[2]。爽籟發而清風生[3],
纖歌凝而白雲遏[4]。睢園綠竹[5],氣凌彭澤之樽[6];
鄴水朱華[7],光照臨川之筆[8]。四美俱[9],二難
并[10]。

〔1〕遙,指遠望。俯,指登高俯視。吟,一本作"襟"。俯,一本作"甫"。

〔2〕逸興,超逸豪邁的興致。遄(chuán),急速。

〔3〕籟,類似簫的一種樂器,這裏比喻自然的聲音。《莊子·齊物論》:"女聞人籟而未聞地籟,女聞地籟而未聞天籟夫。"爽籟,比喻秋聲(爽是秋高氣爽的意思)。殷仲文《南州桓公九井作》:"爽籟警幽律。"

〔4〕纖歌,聲音柔細的歌。凝,指歌聲慢慢拉長。遏(è),阻止。白雲遏,流動的白雲被高入雲霄的歌聲阻止住。這是用"響遏行雲"的典故。《列子·湯問》:"薛譚學謳(歌唱)於秦青,未窮青之技,自謂盡之,遂辭歸。秦青弗止,餞於郊衢,撫節悲歌,聲振林木,響遏行雲。薛譚乃謝,求反(返),終身不敢言歸。"

〔5〕睢園綠竹,此用梁園事。《水經注》卷二四:"睢水又東南流,歷(經過)於竹圃,水次(水濱)綠竹蔭渚,菁菁(茂盛的樣子)實望。世人言梁王竹園也。"梁孝王常和能文善賦之客在這裏飲宴。

〔6〕淩,通"凌",壓倒。彭澤,指陶淵明,淵明曾做過彭澤令,喜飲酒。《歸去來辭》:"有酒盈尊。"從"睢園"到"之樽"是説,此日滕王閣上盛宴,座中嘉賓都有陶潛的雅量高致。

〔7〕此用曹植公讌事。鄴,故城在今河北臨漳縣西,是曹魏興起之地。朱華,指芙蓉,即荷花。曹植《公讌詩》:"朱華冒綠池。"

〔8〕臨川,郡名,故治在今江西臨川縣西,謝靈運曾做過臨川内史。這裏的臨川,即指謝靈運。從"鄴水"到"之筆",借曹植的公讌與謝靈運之善詩來贊美閣公及座中善於作詩的人。

〔9〕四美,指音、味、文、言。劉琨《答盧諶》詩:"音以賞奏,味以殊珍;文以明言,言以暢神。之子之往,四美不臻。"

〔10〕二難,指賢主嘉賓。

　　窮睇眄於中天〔1〕,極娛遊於暇日〔2〕。天高地迥〔3〕,覺宇宙之無窮;興盡悲來,識盈虚之有數〔4〕。望長安於日下,指吳會於雲間〔5〕。地勢極而南溟深〔6〕,天柱高而北辰遠〔7〕。關山難越,誰悲失路之人〔8〕?萍水相逢,盡是他鄉之客〔9〕。懷帝閽而不見〔10〕,奉宣室以何年[11]？

嗟乎！時運不齊[12]，命途多舛[13]。馮唐易老[14]，李廣難封[15]。屈賈誼於長沙[16]，非無聖主；竄梁鴻於海曲[17]，豈乏明時[18]！所賴君子見幾[19]，達人知命[20]。老當益壯，寧知白首之心；窮且益堅，不墜青雲之志[21]。酌貪泉而覺爽[22]，處涸轍以猶懽[23]。北海雖賒，扶搖可接[24]；東隅已逝，桑榆非晚[25]。孟嘗高潔[26]，空餘報國之情；阮籍猖狂，豈效窮途之哭[27]。

〔1〕窮，動詞，極，盡。睇眄(dì miàn)，邪視，這裏指目光左右流動着看。中天，半天空。

〔2〕極，動詞，盡。娛遊，娛樂嬉遊。

〔3〕迥(jiǒng)，遠。

〔4〕盈虛，指盛衰、興亡、貴賤、窮通等。數，運數，即命運。

〔5〕長安，唐之京城。指，一作"目"。吳會，指吳郡。《世說新語·排調》載陸雲與荀隱互通姓名，陸雲自稱"雲間陸士龍"，荀隱自稱"日下荀鳴鶴"。陸雲，字士龍，三國吳丞相陸遜孫。陸遜封華亭侯，陸氏世居華亭。華亭古稱"雲間"。荀隱，潁川人。潁川，地近京城。後以"日下"喻"京都"。這裏借用此典來表現地理相距的遙遠，以引起下文的悲哀。

〔6〕極，遠。南溟，《莊子·逍遙遊》："南冥(同溟)者，天池也。"參看第二冊378頁。

〔7〕天柱，《神異經》說：崑崙山上有一根銅柱，高入天際。叫作天柱。北辰，北天極。《論語·爲政》："爲政以德，譬如北辰，居其所而衆星共之。"這裏和上文一樣，越聯想到天高地迥，就越是悲從中來。

〔8〕失路，比喻不得志。

〔9〕萍水，指流浪生涯如萍隨水。萍，一本作"溝"。

〔10〕帝，指天帝。閽，看門的人。《楚辭·離騷》："吾令帝閽開關兮。"帝

閤,這裏喻君門,即宮門。

〔11〕宣室,漢未央殿前正室。漢文帝曾在這裏召見賈誼。這是説想入
　　　朝做官而不能。

〔12〕時運不齊,等於説運不好。

〔13〕舛(chuǎn),不順。

〔14〕馮唐,西漢人。文帝時,馮唐已經很老了,還只做個職位低下的郎
　　　中署長。(郎中署,官署名,主管宮中警衛的事。)

〔15〕李廣,西漢名將,功雖大,但終身未得封侯。

〔16〕漢文帝本想任賈誼爲公卿,但因朝中權貴反對,疏遠了賈誼,任他
　　　爲長沙王太傅。參看本册 891 頁。

〔17〕竄,隱匿,這裏是使動用法。梁鴻,見本册 1170 頁注〔26〕。他曾作
　　　《五噫歌》,漢章帝聽説後,不以爲然,派人去找他。他改名換姓,
　　　和妻子住在齊魯之間,後來又到吳地去。海曲,指海邊隱僻處。
　　　齊魯濱海,故以海曲稱齊魯。

〔18〕明時,指政治清明之時。

〔19〕見幾,事前洞察事物的動向。《周易·繫辭下》:“君子見幾而作,不
　　　俟終日。”見幾,一本作“安貧”。

〔20〕達人,通達事理的人。《左傳昭公七年》:“其後必有達人。”知命,
　　　知道自己的命運。《周易·繫辭上》:“樂天知命,故不憂。”

〔21〕老當益壯,年紀雖老,志氣應當更加旺盛。《後漢書·馬援傳》:
　　　“〔援〕嘗謂賓客曰:‘丈夫爲志,窮當益堅,老當益壯。’”寧,難道。
　　　知,一本作“移”。白首,指年老。青雲,比喻高遠。《史記·伯夷列
　　　傳》:“閭巷之士,欲砥行立名者,非附青雲之士,惡能施於後世
　　　哉!”從“老當”到“之志”,是説自己想建功立業,修德立名。

〔22〕貪泉,《晉書·吳隱之傳》載:廣州北二十里的石門有水叫貪泉。據
　　　説誰喝了那水就要懷無厭之欲。隱之到了那裏,喝了泉水,賦詩
　　　一首:“古人云此水,一歃懷千金。試使夷齊(伯夷叔齊)飲,終當
　　　不易心。”

〔23〕涸(hé)轍,水枯竭了的車轍,比喻困境。《莊子·外物》:“周昨來,

有中道而呼者,周顧視車轍中,有鮒魚焉。周問之曰:'鮒魚來,子何爲者邪?'對曰:'我東海之波臣也。君豈有斗升之水而活我哉?'周曰:'諾,我且南遊吳越之王,激西江之水而迎子,可乎?'鮒魚忿然作色曰:'吾失我常與,我無所處,吾得斗升之水然活耳。君乃言此,曾不如早索我於枯魚之肆。'"從"酌貪泉"到"猶懽",是説自己不爲外物所沾污,不因窮困而愁苦。

〔24〕賒,遠。扶摇,旋風。這是活用《莊子·逍遥遊》的語意。參看第二册382頁。這裏是説還有達到自己目的的機會。

〔25〕東隅,東方日出的地方,指早晨。桑榆,日落時,餘光還留在桑榆之上,喻黄昏。《後漢書·馮異傳》:"可謂失之東隅,收之桑榆。"這裏大意是説,如果能奮發有爲,還不算晚。

〔26〕孟嘗,字伯周,會稽上虞(今浙江上虞縣)人,操行高潔。漢順帝時,做合浦(郡名,今廣西合浦縣一帶)太守,後因病辭職。桓帝時,尚書楊喬上書推薦孟嘗,但終没被用,七十歲時,死在家裏。

〔27〕阮籍,魏晉間人。因不滿於司馬氏,藉飲酒來掩護自己,以免被害。常常自己駕車外出,也不順着路走。當前面有什麽障礙,再也不能前進時,就痛哭着回來。從"孟嘗"到"窮途之哭",是説雖然不爲世用,也不要頹廢。

勃三尺微命,一介書生〔1〕。無路請纓,等終軍之弱冠〔2〕;有懷投筆〔3〕,慕宗愨之長風〔4〕。舍簪笏於百齡〔5〕,奉晨昏於萬里〔6〕。非謝家之寶樹〔7〕,接孟氏之芳鄰〔8〕。他日趨庭,叨陪鯉對〔9〕;今晨捧袂〔10〕,喜託龍門〔11〕。楊意不逢,撫淩雲而自惜〔12〕;鍾期既遇,奏流水以何慚〔13〕?

〔1〕三尺,指衣帶結餘下垂的部分(紳)的長度。《禮記·玉藻》:"紳長制,士三尺。"微命,指卑賤的官階。《周禮·春官·典命》鄭注:"下士一命。"王勃曾爲虢州參軍,所以自比於一命之士,而説

"三尺微命"(依高步瀛説)。一介,一個,謙詞。

〔2〕請纓,請求賜與長纓,意思是請求賜與殺敵的命令。纓,繫在馬頸
　　用以駕車的皮條。等,等於。終軍,字子雲,西漢濟南人。二十多
　　歲時,曾請纓要去縛南越王。弱冠,二十歲。這是説自己雖同於
　　終軍的年齡,但没有請纓的門路。

〔3〕投筆,用班超投筆從戎故事。班超當初做抄寫工作,有一天,投筆歎
　　道:"大丈夫無他志略,猶當效傅介子、張騫,立功異域,以取封侯,安
　　能久事筆研(硯)間乎!"後來從軍,因通西域有功,封定遠侯。

〔4〕慕,一本作"愛"。宗慤(què),字元幹,南朝宋南陽(今河南南陽
　　縣)人。年少時,叔父問他有什麼志向,他説:"願乘長風破萬里
　　浪。"後來官至將軍。

〔5〕簪,冠簪。笏,手版一類的東西。都是做官者所用的。舍簪笏,指
　　不做官了。百齡,指一生。

〔6〕晨昏,早晚向父母問安。《禮記·曲禮》:"凡爲人子之禮,冬温而夏
　　凊(qìng,使涼),昏定(安其牀衽)而晨省(問其安否)。"大意是:捨
　　掉一生前程而到萬里之外去探望父親。

〔7〕謝家之寶樹,指謝玄。《世説新語·言語》載:謝安問他的子姪們,爲
　　什麼人們總希望子弟好。姪子謝玄答道:"譬如芝蘭玉樹,欲使其生
　　於階庭耳。"因之稱謝玄爲謝家寶樹。這是王勃謙言自己無才。

〔8〕據説孟子的母親三次搬家,爲了要找個好的鄰居。這是説自己能
　　和衆賢士相交遊。

〔9〕趨庭,在庭中疾步走過(趨是禮節)。叨(tāo),忝辱,謙詞。鯉,孔
　　子之子的名字。鯉對,指孔鯉在父親面前對答父親的話,並接受
　　父親的教導。《論語·季氏》有一章記載鯉趨而過庭,孔子問他學
　　了《詩》和《禮》没有,他回答説没有。孔子告訴他所以要學《詩》學
　　《禮》的原因,他從此就學《詩》學《禮》。

〔10〕晨,一作"兹"。袂(mèi),衣袖。捧袂,即奉手,恭敬的表示。

〔11〕龍門,在山西河津縣西北,陝西韓城縣東北,相傳爲禹所鑿。《後
　　漢書·李膺傳》注引辛氏《三秦記》:"河津一名龍門,水險不通,魚

鱉之屬不能上。江海大魚薄集龍門下數千,不得上,上則爲龍
也。"世因以龍門比喻高名碩望。《後漢書·李膺傳》載:李膺名望
很高,被他接見的,就叫登龍門。這是恭維閻都督的話。

〔12〕楊意,即楊得意。司馬相如得到他的推薦而做了官。凌雲,本指
超出塵世,在這裏用來代表司馬相如的賦。《史記·司馬相如列
傳》:"相如既奏《大人》之頌,天子大說(悦),飄飄有凌雲之氣,似
游天地之間意。"這是以司馬相如自比,又歎惜遇不到引薦的人。

〔13〕鍾期,即鍾子期,春秋時楚人。見本册909頁注〔14〕。這是以伯牙
自比,表示既遇閻都督知音,所以敢作此序。

嗚呼!勝地不常,盛筵難再。蘭亭已矣〔1〕,梓澤丘
墟〔2〕。臨別贈言〔3〕,幸承恩於偉餞;登高作賦,是所望
於羣公〔4〕。敢竭鄙誠,恭疏短引〔5〕。一言均賦,四韻俱
成〔6〕。請灑潘江,各傾陸海云爾〔7〕。

〔1〕蘭亭,在會稽郡山陰縣境,約在今浙江紹興縣境內。晉王羲之曾
與人在此宴集。

〔2〕梓澤,晉石崇之金谷園的別名,故址在今河南洛陽市西北。石崇
以奢侈著名。墟,大丘。這是說名園也荒廢成了丘墟。

〔3〕贈言,指作序。

〔4〕《韓詩外傳》七:"孔子曰:'君子登高必賦。'"《漢書·藝文志》:"登
高能賦,可以爲大夫。"這是恭維在座的賓客都是君子、大夫。

〔5〕誠,一本作"懷"。疏,陳述。引,序。

〔6〕這是說每人都按自己分得的韻字賦詩,完成一首四韻八句的詩。
一言,即一字,指分韻所得的字。

〔7〕潘,指潘岳。陸,指陸機。江、海,喻才學淵博。鍾嶸《詩品》卷上:
"晉平原相陸機","其源出於陳思(曹植)","晉黃門郎潘岳,其源
出於仲宣(王粲)","余常言陸才如海,潘才如江"。云爾,語氣詞,
表示結束。從"一言"到"云爾",是說請在座的客人各展才筆,賦
詩一首。

常 用 詞(十一) 89字

紀載　監撫　游揚　抗奮　沈没　通達　辨析判切　推移革
閏宿隨沮　擬測　當須

　饒秀麗工　博覈　奇偶　丹紅　允舛　寧豫尚攸甫聊匪厥

　經典　簡篇　詞賦序銘誄贊章表旨　風騷　翰藻　韻律
榮華　軌範規則準　昆弟　形迹　綺練　倫常　綱維　契幾
始終　羞辱

732.【紀】

(一)絲的頭緒,絲的條理。禮記禮器:"~散而衆亂。"淮南子
泰族:"繭之性爲絲,然非得女工煮以熱湯,而抽其統~,則不能成
絲。"引申爲法度,紀律,準則。揚雄解嘲:"吾聞上世之士,人綱人
~,不生則已,生必上尊人君,下榮父母。"

(二)記載。蕭統文選序:"若其~一事,詠一物。"韓愈進學解:
"~事者必提其要。"注意:在這個意義上也寫作"記"。史記太史公
自序:"書記先王之事,故長於政。"

(三)十二年爲一紀。國語晉語四:"蓄力一~,可以遠矣。"李
商隱馬嵬詩:"如何四~爲天子,不及盧家有莫愁。""年紀"二字連
用,等於説年代。謝靈運山居賦:"爰暨山樓,彌歷年~。"

[辨]記,紀。在"記載"這個意義上,二者相通,但各有一些習
慣用法,不容相混。如"五帝本紀"不作"五帝本記","漢紀"不作
"漢記",而"史記"也不作"史紀"。至如"記"作爲一種文體(奏記,
遊記),則是"紀"所没有的意義。

733.【載】

(一)用車裝載。禮記檀弓上:"南宮敬叔反,必～寶而朝。"戰國策楚策四:"飯封祿之粟,而～方府之金。"引申爲用船或其他工具裝載。柳宗元三戒:"黔無驢,有好事者船～以入。"李清照武陵春詞:"只恐雙溪舴艋舟,～不動許多愁。"又特指乘車。司馬遷報任安書:"昔衛靈公與雍渠同～,孔子適陳。"漢樂府陌上桑:"使君謝羅敷,寧可共～不?"又爲負擔,承載。禮記中庸:"今夫地,一撮土之多,及其廣厚,～華嶽而不重。"又:"萬物～焉。"荀子王制:"水則～舟,水則覆舟。"

(二)記載。蕭統文選序:"推而廣之,不可勝～矣。"

(三)開始。詩經豳風七月:"春日～陽。"孟子滕文公下:"湯始征,自葛～。"(葛:古國名。)

(四)動詞或形容詞詞頭。詩經邶風凱風:"～好其音。"陶潛歸去來辭:"～欣～奔。"

(五)讀 zǎi。年。尚書堯典:"朕在位七十～。"蕭統文選序:"蓋乃事美一時,語流千～。"

734.【監】

(一)讀 jiàn。對着盆水照看自己的形象。尚書酒誥:"古人有言曰:'人無於水～,當於民～。'"又名詞。用來照看自己形象的器具。這個意義又寫作"鑑"、"鑒"。左傳莊公二十一年:"王以后之鞶鑑予之。"後代又寫作"鏡"。按:原始的鏡子只是以盤盛水,先秦時代已有了銅鏡;至於玻璃鏡子,那是近代才有的。"監"字用於抽象意義時表示借鑑。論語八佾:"周～於二代,郁郁乎文哉!"詩經大雅蕩:"殷鑒不遠,在夏后之世。"

(二)讀 jiān。自上視下。詩經大雅皇矣:"～觀四方。"蕭統文選序:"余～撫餘閑,居多暇日。"引申爲察看,督促。禮記王制:"～於方伯之國。"今有"互相～督"。

735.【撫】

(一)撫摩。禮記喪大記:"主人降,北面於堂下,君～之,主人拜稽顙。"引申爲安撫,撫慰。史記淮陰侯列傳:"鎮趙,～其孤。"這個意義古書中也寫作"拊"。左傳宣公十二年:"王巡三軍,拊而勉之。"史記越王句踐世家:"拊循其士民。"又淮陰侯列傳:"且信非得素拊循士大夫也。"

(二)拍,敲。李白蜀道難詩:"以手～膺坐長歎。"這個意義古書也作"拊"。尚書舜典:"予擊石拊石,百獸率舞。"(石:樂器,石磬之類。)禮記喪大記:"凡主人之出也,徒跣,扱衽,拊心,降自西階。"(徒跣:赤足。扱衽:提着衣襟。拊心:即捶胸。)引申爲撫弄,彈奏。庾信春賦:"玉管初調,鳴弦暫～。"

(三)按,握。左傳襄公二十六年:"～劍從之。"孟子梁惠王下:"夫～劍疾視。"引申爲據有,佔有。左傳襄公十三年:"～有蠻夷。"又昭公三年:"～有晉國。"

[辨]拊,撫,拂。三者都有"撫摩"的意思。"拊"和"撫"是古今字。先秦兩漢古籍中,(一)(二)兩種意義多作"拊",兩漢以後多作"撫"。後代於"撫恤"、"巡撫"等義只用"撫",不用"拊"。在"撫弦"這種用法上,有時作"拂弦"。如李端聽箏詩:"欲得周郎顧,時時誤拂弦。"在"撫循","敲擊"等意義上決不能用"拂"。

736.【游】

(一)在水面上浮行。詩經邶風谷風:"就其淺矣,泳之～之。"引申爲浮動,飄蕩不定。晏殊踏莎行詞:"爐香静逐～絲轉。"

(二)通"遊"。墨子貴義:"子墨子南～於楚。"歐陽修浪淘沙詞:"今日北池～,漾漾輕舟。"[～揚]雙聲連緜字。稱揚。蕭統文選序:"頌者所以～揚德業。"注意:凡有關水中的活動,只能用"游",不可用"遊";而有關陸上活動的,"游"與"遊"可以通用。參看第六單元的"遊"字條及[辨](第二册513頁)。

737.【揚】

(一)舉起來。禮記檀弓下:"杜蕢洗而～觶。"(觶 zhì:酒器。)又:"～其目而視之。"引申爲抛起來,播揚。詩經小雅大東:"維南有箕,不可以簸～。"楚辭漁父:"何不淈其泥而～其波?"枚乘上書諫吳王:"一人炊之,百人～之。"成語有"～湯止沸"。又爲飛揚,飄揚。劉邦大風歌:"大風起兮雲飛～。"李白古風五十九首:"大車～飛塵。"

(二)振奮,昂奮。杜甫新婚別詩:"婦人在軍中,兵氣恐不～。"[～～]得意愉快的樣子。荀子儒效:"～～如也。"史記管晏列傳:"擁大蓋,策駟馬,意氣～～,甚自得也。"這個意義也作"陽陽"。詩經王風君子陽陽:"君子陽陽,左執簧。"

(三)稱說,傳播,宣揚。禮記中庸:"隱惡而～善。"史記魏其武安侯列傳:"是自明～主上之過。"曹植白馬篇詩:"～聲沙漠垂。"[對～]受天子賞賜後的頌揚之詞。原意是説答對君命,並向衆臣宣揚天子的美德。詩經大雅江漢:"虎拜稽首,對～王休。"(虎:召穆公的名。休:美。)後來成爲答對天子的套語。僞古文尚書説命下:"説拜稽首曰:'敢對～天子之休命!'"(説 yuè:傅説。)

(四)兵器(斧鉞之類)。詩經大雅公劉:"干戈戚～。"

(五)古九州之一。大致包括江蘇、安徽、江西、浙江、福建等地。尚書禹貢:"淮海惟～州。"

738.【抗】

(一)抵禦,抵抗。列子黃帝:"而以道與世～。"李華弔古戰場文:"古稱戎夏,不～王師。"引申爲不順從,違抗。荀子臣道:"有能～君之命。"又爲剛正不屈,持正不阿。蕭統文選序:"若賢人之美辭,忠臣之～直。""抗疏"二字連用,表示上書直陳。揚雄解嘲:"獨可～疏,時道是非。"杜甫秋興詩:"匡衡～疏功名薄。"又爲對抗。史記貨殖列傳:"所至,國君無不與之分庭～禮。"

(二)舉。禮記文王世子:"～世子法於伯禽,欲令成王之知父子君臣長幼之道也。"(伯禽:周公之子。)孔稚珪北山移文:"～塵容而走俗狀。"引申爲高。楚辭九章哀郢:"堯舜之～行兮,瞭杳杳而薄天。"

739.【奮】

鳥舉翅飛翔。詩經邶風柏舟:"靜言思之,不能～飛。"禮記樂記:"羽翼～。"引申爲舉起來。賈誼過秦論中:"～臂於大澤。"楊惲報孫會宗書:"～袖低昂。"揚雄解嘲:"是以士頗得信其舌而～其筆。"又爲振作,振奮,發揚。禮記樂記:"～至德之光。"賈誼過秦論上:"～六世之餘烈。"

740.【沈】(沉)

(一)没入水中。與"浮"相對。詩經小雅菁菁者莪:"載～載浮。"賈誼弔屈原賦:"側聞屈原兮,自～汨羅。"引申爲沉溺,陷溺。僞古文尚書胤征:"～亂於酒。"司馬遷報任安書:"何至自～溺縲紲之辱哉?"又爲不顯露,深沉。尚書洪範:"～潛剛克。"蕭統文選序:"事出於～思。"文心雕龍物色:"陰～之志遠。"又引申爲沉埋,埋没。史記禮書:"仲尼没後,受業之徒～湮而不舉。"左思詠史詩:

"世胄躡高位,英俊~下僚。"李煜浪淘沙詞:"金劍已~埋,壯氣蒿萊。"又爲銷沉,低沉。駱賓王在獄詠蟬詩:"風多響易~。"又爲落下去。辛棄疾生查子詞:"紅日又西~。"

(二)深,深重。杜甫新婚別詩:"~痛迫中腸。"李清照如夢令:"~醉不知歸路。"[~~]深邃或濃重的樣子。柳永雨霖鈴詞:"暮靄~~楚天闊。"蘇軾春宵詩:"鞦韆院落夜~~。"[~吟]叠韵連緜字。反覆思量。曹操短歌行:"但爲君故,~吟至今。"辛棄疾沁園春詞:"~吟久,怕君恩未許,此意徘徊。"

注意:"沈"字後代多寫作"沉",但於姓(讀 shěn)仍作"沈"。

741.【没】

(一)讀 mò。沉入水中有所取。莊子達生:"若乃夫~人,則未嘗見舟而便操之也。"蘇軾日喻:"七歲而能涉,十歲而能浮,十五而能~矣。"引申爲沉没,沉。史記滑稽列傳(褚少孫補):"始浮,行數十里乃~。"又爲淹没,埋没。史記滑稽列傳(褚少孫補):"水來漂~,溺其人民。"李華弔古戰場文:"積雪~脛。"又爲隱匿(對"出現"而言)。盧照鄰長安古意詩:"遙遙翠幰~金堤。"蘇轍快哉亭記:"晝則舟楫出~於其前。"今成語有"神出鬼没","出没無常"。又爲覆没。司馬遷報任安書:"陵未~時,使有來報。"

(二)死,去世(委婉語)。孟子滕文公上:"昔者孔子~。"陶潛詠荆軻詩:"其人雖已~。"李華弔古戰場文:"其存其~,家莫聞知。"[~世]終生,一輩子。論語衛靈公:"君子疾~世而名不稱焉。"司馬遷報任安書:"鄙陋~世。"永久,永遠。禮記大學:"此以~世不忘也。"

(三)依法收取犯人的財產家人入官。漢書刑法志:"妾願~入爲官婢,以贖父刑罪。"韓愈柳子厚墓誌銘:"子本相侔,則~爲奴婢。"現代有雙音詞"～收"。

[辨]歾,没。"歾"只用於"去世"一個意義,與"没"通。其餘都不能用"歾"。

742.【通】

(一)通,通到。莊子秋水:"舟車之所～。"又特指國與國之間的交通。漢書張騫傳:"大宛聞漢之饒財,欲～不得。"又:"於是漢以求大夏道始～滇國。"引申爲往來交好,酬酢。史記魏其武安侯列傳:"諸所與交～,無非豪桀大猾。"漢書季布傳:"吾聞曹丘生非長者,勿與～。"世説新語簡傲:"主已失望,猶冀還當～。"又爲靈活,變化,變通。文心雕龍鎔裁:"變～以趨時。"又物色:"曉會～也。"

(二)搞不正當的男女關係。左傳成公十六年:"宣伯～於穆姜。"又昭公二十年:"公子朝～於襄夫人宣姜。"

(三)形容詞。四通八達的,往來無阻的。跟"窮"相對。司馬遷報任安書:"～都大邑。"又用來比喻得志。莊子讓王:"古之得道者,窮亦樂,～亦樂。"由四通八達引申爲淹通,淵博。許慎説文解字叙:"不見～學。"又:"博采～人。"後漢書杜林傳:"博洽多聞,時稱～儒。"又動詞。通曉。漢書王吉傳:"吉兼～五經。"韓愈柳子厚墓誌銘:"子厚少精敏,無不～達。"

(四)形容詞。共同的。孟子滕文公上:"天下之～義也。"引申爲全。孟子離婁下:"匡章～國皆稱不孝焉。"

743.【達】

(一)通到,到。尚書禹貢:"浮於淮泗,～於河。"論語子路:"欲速則不～。"引申爲通曉事理。論語雍也:"賜也～,於從政乎何有?"(賜:端木賜。)又鄉黨:"丘未～,不敢嘗。"沈約謝靈運傳論:"妙～此旨,始可言文。"又爲豁達,不爲世俗之見所局限(後起義)。世說新語德行:"效之,不亦～乎?"王勃滕王閣序:"所賴君子見幾,～人知命。"

(二)得志,得行其道。跟"窮"相對。孟子盡心上:"窮則獨善其身,～則兼善天下。"引申爲通顯,顯貴。左思詠史詩:"主父宦不～。"(主父:指漢主父偃。主父是姓。)李密陳情表:"本圖宦～,不矜名節。"杜甫歲晏行:"高馬～官厭酒肉。"

(三)通行的,共同遵行的。禮記中庸:"天下之～道也。"

[辨]通,達。"通"與"達"古雙聲("達"古音如"撻"),二字音近義通,但也有一些差別。"通"字多指通往、通向;"達"字多指達到、到達。因此,如"通西域"、"通四夷"就不能用"達"。"不通"也不等於説"不達"。用作形容詞時,"通"字多指接觸面廣,"達"字多指胸懷寬,因此,"通人"不等於"達人"。

744.【辨】

(一)判別,分別。荀子榮辱:"目～白黑美惡,耳～音聲清濁,口～酸鹹甘苦。"

(二)通"辯"。陶潛飲酒詩:"此中有真意,欲～已忘言。"蕭統文選序:"謀夫之話,～士之端。"文心雕龍情采:"莊周云:'～雕萬物。'"又:"豔采～説。"

[辨]辨,辯。"辨"從"刀"(原作"辡"),本義是用刀剖分物體;"辯"從"言",本義是争論或争辯。但在古代,兩字可以通用。如莊子秋水的"不辯牛馬",陶潛飲酒詩中的"欲辨已忘言"都是互用的。後代兩字才嚴格地分別開來,"辯論"不作"辨論","辨別"不作"辯

別"。

745.【析】

劈。詩經齊風南山:"～薪如之何? 匪斧不克。"引申爲剖分。揚雄解嘲:"～人之珪。"又爲辨析,解釋,分析。陶潛移居詩:"奇文共欣賞,疑義相與～。"蕭統文選序:"論則～理精微。"

746.【判】

(一)分,分開,分離。國語周語中:"若七德離～,民乃攜貳。"(攜:離。)引申爲區別,分辨。蘇洵六國論:"强弱勝負已～矣。"今成語有"～若兩人"。

(二)分辨其是非而加以裁斷。北齊書許惇傳:"以能～斷,見知時人。"又特指官府判斷案件。宋書孔覬傳:"醒時～決,未嘗有壅。"柳宗元段太尉逸事狀:"太尉～狀,辭甚異。"[～官]唐宋時代地方長官的僚屬。

(三)拚,捨棄。吳越春秋卷十:"一士～死兮而當百夫。"王偁東都事略卷九十五:"能自～命者,能殺人也。"引申爲表示豁出去。杜甫曲江對酒詩:"縱飮久～人共棄。"按:唐詩中用作這個意義時都讀平聲(pān)。這種意義後來也作"拚"(今讀 pīn)。

(四)高位兼低職,或出任地方官叫"判"(後起義)。韻會:"宰相出典州曰～。"宋史趙挺之傳:"既而坐不論蔡確,通～徐州。"(趙原爲監察御史。)

747.【切】

(一)讀 qiē。用刀切開。禮記內則:"～蔥若薤。"白居易輕肥詩:"膾～天池鱗。"[一～(qiè)]一律,一概。史記李斯列傳:"請一～逐客。"王安石答司馬諫議書:"如曰今日當一～不事事。"

（二）讀 qiē。磨，特指磨骨製成工具。詩經衞風淇奥：“如～如磋，如琢如磨。”[～齒]表示憤恨到了極點。史記刺客列傳：“此臣之日夜～齒腐心也。”劉伶酒德頌：“怒目～齒。”今有成語“咬牙～齒”。按：今於“切磋”的“切”讀陰平(qiē)，“切齒”的“切”讀去聲(qiè)。

（三）讀 qiè。近，貼近。周易剥卦：“～近災也。”引申爲“切身”、“切膚”。引申爲密合。文心雕龍物色：“故巧言～狀，如印之印泥。”又爲不浮。跟“浮”相對。沈約謝靈運傳論：“若前有浮聲，則後須～響。”又爲急迫。李密陳情表：“詔書～峻，責臣逋慢。”又爲急促，淒切。辛棄疾賀新郎詞：“更那堪鷓鴣聲住，杜鵑聲～。”柳永雨霖鈴詞：“寒蟬淒～。”[～～](1)懇切的樣子。論語子路：“～～偲偲，怡怡如也。”(偲偲 sī sī：互相責備的樣子。怡怡 yí yí：和樂的樣子。)(2)淒切的樣子。柳永傾杯詞：“～～蛩吟如織。”(蛩qióng：蟋蟀。)注意：“切切”連用，所表示的意思還很多，往往隨上下文義變動，如白居易琵琶行的“小弦～～如私語”是形容聲音的細微。

748.【推】

（一）以手從後用力使物體前移。左傳成公二年：“苟有險，余必下～車。”引申爲移。史記淮陰侯列傳：“解衣衣我，～食食我。”又爲順着遷移。周易繫辭上：“剛柔相～而生變化。”又下：“寒暑相～而歲成焉。”楚辭漁父：“聖人不凝滯於物，故能與世～移。”

（二）推廣。孟子梁惠王上：“故～恩足以保四海，不～恩無以保妻子。”引申爲推論。韓非子五蠹：“～是言之，是無亂父子也。”

（三）舉，推舉。禮記儒行：“～賢而進達之。”僞古文尚書周官：

"～賢讓能。"司馬遷報任安書："教以慎於接物,～賢進士爲務。"

749.【移】

(一)遷移,移動。孟子梁惠王上："河内凶,則～其民於河東。"王勃滕王閣詩："物换星～幾度秋。"引申爲改變,變化。論語陽貨："唯上知與下愚不～。"荀子樂論："～風易俗,天下皆寧。"又爲動搖。孟子滕文公下："貧賤不能～,威武不能屈。"鄒陽獄中上梁王書："豈～於浮辭哉?"

(二)傳遞〔文書〕。漢書劉歆傳："歆因～書太常博士,責讓之曰。"又龔遂傳："～書敕屬縣,悉罷逐捕盜賊吏。"引申爲文體的一種。孔稚珪北山移文："馳烟驛路,勒～山庭。"按:移有文移武移兩種。文移是譴責性的公文,唐代成爲官府各平行機構之間相互交涉的一種文書;武移則跟檄文相似,是一種聲討性的公文。

[辨]遷,移,徙。參看第七單元"徙"字條。

750.【革】

(一)去毛的獸皮。詩經召南羔羊："羔羊之～。"左傳僖公二十三年："羽毛齒～則君地生焉。"

(二)皮製的戰時護身用具。即甲、盾之類。莊子徐无鬼："兵～之士樂戰。"孟子公孫丑下："威天下不以兵～之利。"也指代戰争,常"金～"(兵～)連用。揚雄解嘲："金～已平。"

(三)皮制的樂器,如鼓等。古代八音之一。韓愈送孟東野序："金石絲竹匏土～木八者,物之善鳴者也。"

(四)變革,除去舊的(换上新的)。周易雜卦傳："～,去故也。"又革卦："天地～而四時成。湯武～命,順乎天而應乎人。"沈約謝靈運傳論："仲文始～孫許之風。"

(五)通"亟"。讀 jí。急,重。特指疾病重。禮記檀弓上:"夫子之病~矣。"又:"子之病~矣。"

751.【聞】

(一)聽見。孟子梁惠王上:"~其聲,不忍食其肉。"又爲聽説,知道。左傳隱公元年:"公~其期,曰:'可矣!'"戰國策趙策四:"老婦不~也。"又特指使皇帝聞。司馬遷報任安書:"陵敗書~,主上爲之食不甘味。"揚雄解嘲:"下觸~罷。"李密陳情表:"謹拜表以~。"又引申爲名詞。知識,見聞。論語季氏:"友直,友諒,友多~。"(諒:誠信。)又爲傳説,事跡。司馬遷報任安書:"網羅天下放失舊~。"

(二)讀 wèn。名聲,聲望。詩經大雅卷阿:"令~令望。"孟子告子上:"令~廣譽施於身。"

[辨]聽,聞。"聽"是一般的聽,"聞"是聽見,意義不同。"聞"與"聽"的關係等於"見"與"視"的關係,所以禮記大學説"心不在焉,視而不見,聽而不聞"。

752.【宿】

(一)住宿,過夜。論語微子:"止子路~。"孟子公孫丑下:"三~而後出晝。"(晝:齊國地名。)引申爲夜。齊民要術水稻:"淨淘種子,漬經三~。"(漬 zì:浸泡。)又爲隔夜的。温庭筠酒泉子詞:"~粧惆悵倚高閣。"周邦彦蘇幕遮詞:"葉上初陽乾~雨。"[~衞]宮中的衞隊。因爲是值宿的,所以叫"宿衞"。楊惲報孫會宗書:"幸賴先人緒業,得備~衞。"又爲動詞。史記齊悼惠王世家:"其弟章入~衞於漢。"漢書霍光傳:"入~衞,察奸臣變。"

(二)舊日,素來。三國志蜀志諸葛亮傳:"~服仰備。"(備:劉備。)又爲舊日的,素來就有的。新唐書李道宗傳:"長孫無忌、褚遂良與道宗有～怨。"[～將]有經驗的老將。戰國策齊策二:"田肦,～將也。"(肦:讀 bān。)史記魏公子列傳:"晉鄙嚄唶～將,往恐不聽,必當殺之。"(嚄唶 huò jiè:大聲呼叫談笑。這裏形容威猛。)他如"宿儒"指飽學的老儒,"名宿"指有某種素養的名流。[～昔]早先,向來。曹植白馬篇:"～昔秉良弓。"按:這些意義又可寫作"夙"。參看"夙"字條。

(三)讀 xiù。星座,星宿。特指二十八宿。列子天瑞:"天果積氣,日月星～不當墜耶?"

[辨]居,住,宿。"居"是定居,"住"是暫住。"住"是比較後起的詞。它的反面是"去"。"去住"等於説"去留"。在這點上"居"和"住"的差別較大。唐代"住"已有"定居"的意思。杜甫曲江詩:"故將移住南山邊。"在這種情況下,"居"和"住"是同義詞。只是後來"居"成爲文言,"住"成了口語。"宿"指臨時寄宿或投宿。現在"宿舍"的"宿"距古義已經很遠了。

753.【隨】

(一)跟隨。莊子人間世:"自吾執斧斤以～夫子,未嘗見材如此美也。"引申爲循,沿着。尚書益稷:"～山刊木。"(刊:伐去。)又用於抽象意義,表示聽從。楊惲報孫會宗書:"而猥～俗之毀譽也。"又表示跟着,順着。楊惲報孫會宗書:"雖雅知惲者,猶～風而靡。"

(二)隨即,接着。時間副詞。司馬遷報任安書:"～而媒孽其短。"漢書鄧通傳:"長公主賜鄧通,吏輒～没入之。"

754.【沮】

讀 jǔ。阻止。孟子梁惠王下："嬖人有臧倉者～君,君是以不果來也。"引申爲敗壞,毀壞。司馬遷報任安書："以爲僕～貳師,而爲李陵遊説。"又爲喪氣,頹喪。嵇康幽憤詩："神辱志～。"蘇軾賈誼論："一不見用,則憂傷病～。"現代有雙音詞"沮喪"。

[辨]阻,沮。"阻"的本義是路難行,"沮"是水名。二者只有在"阻止"這種意義上是相通的,其他全不一樣。於"阻止"的意義先秦古籍多用"沮",後代多用"阻"。參看第六單元"阻"字條。

755.【擬】

(一)比量,比劃。漢書蘇武傳："復舉劍～之,武不動。"引申爲摹擬。漢書揚雄傳："雄心壯之,每作賦,常～之以爲式。"文心雕龍物色："灕灕～雨雪之狀。"[～古]仿古,特指詩歌仿古。陸機、陶潛、鮑照等都有"～古"詩,蕭統文選有"雜～"一類。又爲比擬。揚雄解嘲："戴縰垂纓者,皆～於阿衡。"(縰 xǐ:裹髮的絲織物。纓:繫冠的絲帶。"戴縰垂纓"是卿大夫的裝束。阿衡:伊尹,商湯的相。)字也作"儗"。禮記曲禮下:"儗人必於其倫。"(倫:類。)今成語有"擬於不倫"。

(二)比,比併。史記管晏列傳："管仲富～於公室。"(公室:指國君。)又貨殖列傳："卓王孫田池射獵之樂,～於人君。"

(三)忖度,思量。周易繫辭上："～之而後言,議之而後動。"引申爲打算,準備。杜甫自京赴奉先縣詠懷五百字詩："輒～偃溟渤。"(偃:偃卧,游息。溟渤:指海。)李清照武陵春詞:"也～泛輕舟。"又爲估量,預料。楊萬里傷春詩："準～今春樂事濃。"辛棄疾摸魚兒詞："準～佳期又誤。"

756.【測】

度量水的深淺。枚乘上書諫吳王："上懸之無極之高,下垂之不~之淵。"水經注廬江水："其深不~。"引申爲設想,預料。左傳莊公十年："夫大國難~也。"史記魏其武安侯列傳："身荷戟馳入不~之吳軍。""不測"連用又常當作"禍患"、"死亡"等不祥事情的委婉語。如說"倘有不~"。

757.【當】

(一)讀 dāng。對着,面對。禮記曲禮下："凡奉者~心。"(凡捧物對着胸口。)論衡變動："盛夏之時,~風而立。"又用於抽象意義。論語衛靈公："~仁,不讓於師。"引申爲擋住,阻擋。莊子人間世："汝不知夫螳螂乎? 怒其臂以~車轍。"今成語有"螳臂~車"。又爲抵禦,抵擋。史記項羽本紀："料大王士卒足以~項王乎?"又:"楚戰士莫不一以~十。"注意:古代無"擋"字,"當"就是"擋",但讀平聲,不讀去聲。

(二)處在某個地方。孟子公孫丑上："夫子~路於齊。"揚雄解嘲:"~塗者升青雲。"又指時間,"當在〔……時候〕"。孟子滕文公上:"~堯之時,天下猶未平。"

(三)讀 dāng。應該,必定。史記魏其武安侯列傳:"夫魏其毀君,君~免冠解印綬歸。"李密陳情表:"臣生~殞首。"[何~]幾時(後起義)。杜甫晦日尋崔戢李封詩:"何~甲兵休?"[會~]將來總會(後起義)。杜甫望嶽詩:"會~凌絕頂,一覽衆山小。"

(四)讀 dāng。判罪,判決。史記魏其武安侯列傳:"乃劾魏其矯先帝詔,罪~棄市。"(不是說"應當棄市",而是說"其罪合於棄市而判處以死刑。")又李將軍列傳:"漢法:博望侯留遲後期,~死,贖爲庶人。"(判處死刑後,自贖免死,廢爲庶人。)

(五)讀 dàng。合適,合宜。孟子萬章下:"會計~而已矣。"司馬遷報任安書:"今舉事一不～。"文心雕龍麗辭:"務在允～。"

758.【須】

(一)鬚。漢書高帝紀:"隆準而龍顏,美～髯。"(隆準:高鼻子。)又霍光傳:"疏眉目,美～髯。"注意:後代因爲"須"借來表示(二)(三)等意義了,所以於"鬍子"這種意義就另造一個"鬚"來代替了。

(二)等待。詩經邶風匏有苦葉:"卬～我友。"(卬 áng:代詞。我。)左傳成公十二年:"日云暮矣,寡君～矣,吾子其入也。"又爲遲延,遲緩。左傳成公二年:"師敗矣,子不少～,衆懼盡。"(意思是説:要打軍隊會敗的,您不少遲延一會以待援軍,一打怕要全軍覆没。)[～臾]短暫的時間。禮記中庸:"不可～臾離也。"劉伶酒德頌:"萬期爲～臾。"

(三)動詞。要,需要。沈約謝靈運傳論:"若前有浮聲,則後～切響。"林逋梅花詩:"不～檀板共金樽。"

(四)助動詞。必要,應當。漢書馮奉世傳:"不～煩大將。"杜甫聞官軍收復河南河北詩:"白日放歌～縱酒。"

759.【饒】

(一)富,豐足。史記陳丞相世家:"齎用益～,游道日廣。"洛陽伽藍記開善寺:"居川林之～。"引申爲多。吳均與顧章書:"偏～竹實。"

(二)寬恕,寬容,原諒(後起義)。鮑照擬行路難詩:"日月流邁不相～。"

760.【秀】

(一)穀類吐穗開花。詩經大雅生民:"實發實～。"論語子罕:

"苗而不~者有矣夫！~而不實者有矣夫！"引申爲某些草類開花。詩經豳風七月："四月~蔞。"又爲暢茂。歐陽修醉翁亭記："佳木~而繁陰。"用於抽象意義時，表示優異，特出。沈約謝靈運傳論："潘陸特~。"又："並方軌前~。"［~才］才學優異的人。漢代選拔人才所定的名稱。李密陳情表："舉臣~才。"按：東漢人爲避光武帝諱，曾改"秀才"爲"茂才"，後代仍稱"秀才"。

(二)俊秀，清秀，美麗。柳宗元愚溪詩序："清瑩~澈。"韓愈送李愿歸盤谷序："~外而惠中。"

761.【麗】

(一)雙，偶，成對。文心雕龍麗辭："豈營~辭，率然對爾。"又："故~辭之體，凡有四對。"這種意義也寫作"儷"。文心雕龍麗辭："則字字相儷。"

(二)附著。周易離卦："日月~乎天，百穀草木~乎土。"現代有雙音詞"附~"。

(三)華美。曹丕典論論文："辭賦欲~。"沈約謝靈運傳論："雖清辭~曲，時發乎篇。"文心雕龍情采："爲文者淫~而煩濫。"引申爲美貌，漂亮。特指女性的美貌。杜甫麗人行："長安水邊多~人。"

［辨］美，麗。在"美麗"、"華美"這種意義上，二者是同義詞。但"麗"應用的範圍比較狹，多表示具體的事物，而且只限於衣飾、宮室、器皿、容貌和顏色等視覺所能及的方面，如"絢麗"、"都麗"、"秀麗"等。"美"就不同，各種感官所及的方面，都可以用"美"來表示，既可用於具體事物，也可用於抽象事物，應用範圍極廣。

762.【工】

(一)工人，有技藝的人。論語衛靈公："~欲善其事，必先利其器。”孟子滕文公上:“百～之事,固不可耕且爲也。”

(二)精巧。沈約謝靈運傳論:“～拙之數。”韓愈進學解:“子雲相如,同～異曲。”引申爲擅長。韓非子五蠹:“～文學者非所用。”楚辭離騷:“固時俗之～巧兮。”古詩上山采蘼蕪:“新人～纖縑,故人～纖素。”

763.【博】

(一)寬廣,廣闊。禮記中庸:“～厚配地,高明配天。”引申爲廣泛,普遍。論語雍也:“～施於民,而能濟衆。”今成語有“旁徵～引”。又特指學識、技藝或文才的廣博。文心雕龍情采:“使文不滅質,～不溺心。”今成語有“～大精深”,雙音詞有“淵～”,“該～”。

(二)古代一種賭輸贏的遊戲(與棋相仿)。論語陽貨:“不有～弈者乎?爲之猶賢乎已!”孟子離婁下:“～弈好飲酒。”引申爲賭博。史記魏公子列傳:“公子聞趙有處士毛公藏於～徒。”又刺客列傳:“魯句踐與荊軻～。”

764.【覈】

(一)考究其内在的意義。孔稚珪北山移文:“～玄玄於道流。”引申爲一般的查對,考核,如說“～算”。

(二)謹嚴。後漢書第五倫傳:“峭～爲方。”文心雕龍鎔裁:“才～者善删。”注意:“覈”字後來都通作“核”。

765.【奇】

(一)異乎尋常的。跟“正”相對。史記淮陰侯列傳:“願足下假臣～兵三萬人。”韓愈進學解:“易～而法,詩正而葩。”特指軍事上或其他鬥爭策略上出人意料的措施。揚雄解嘲:“曾不能畫一～,出一策。”又:“留侯畫策,陳平出～。”又意動用法,表示“以爲奇”。

史記項羽本紀:"梁以此~籍。"(梁:項梁。籍:項羽的名。)引申爲卓越,奇特。司馬遷報任安書:"然僕觀其爲人,自守~士。"陶潛詠荆軻詩:"~功遂不成。"

(二)讀jī。單數,不成雙的。跟"偶"相對。禮記投壺:"一算爲~。"又:"遂以~算告曰。"(算:投壺用的箭。)周易繫辭下:"陽爲~,陰爲耦。"古人認爲單數不成雙,不吉利,所以於人的命運不好也叫"奇"。常是"數奇"二字連用。史記李將軍列傳:"以爲李廣老,數~,毋令當單于。"王維老將行:"衞青不敗由天幸,李廣無功緣數~。"

766.【偶】

(一)土或木作的人像。戰國策齊策三:"有土~人與桃梗相與語。桃梗謂土~人曰。"

(二)配偶。這個意義古代作"耦"。左傳桓公二年:"嘉耦曰妃。"引申爲雙,成雙。跟"奇"相對。禮記郊特牲:"鼎俎奇而籩豆~。"(鼎、俎、籩、豆:都是祭器。)又引申爲二人相對。史記秦始皇本紀:"有敢~言詩書者棄市。"又爲對偶,指兩兩相對的語言形式。文心雕龍麗辭:"奇~適變,不勞經營。"

(三)碰巧,偶然。列子楊朱:"鄭國之治,~耳。"白居易有木詩:"~依一株樹,遂抽百尺條。"

[辨]偶。耦。從本義看,"偶"是木偶,"耦"是一種耕作方法,二者毫不相干。但"耦"的引申義"雙數"和"配偶"等,後來被"偶"取代了,兩者遂有了糾葛。在先秦古籍中,"配偶"的意義一般都寫作"耦";兩漢以後則多作"偶",也可作"耦"。後代在習慣上"偶語"、"奇偶"、"不偶"中的"偶"不寫作"耦","耦耕"的"耦"不寫作"偶"。參看第六單元"耦"字條。

767.【丹】

（一）丹砂，朱砂，可以作彩色用。詩經秦風終南："顔如渥～。"文心雕龍情采："犀兕有皮，而色資～漆。"引申爲赤色，大紅色。揚雄解嘲："客徒欲朱～吾轂。"王勃滕王閣序："飛閣流～。"[～書]（1）皇帝賜給功臣的鐵券用丹色書寫。叫"鐵券～書"，簡稱"～書"。司馬遷報任安書："僕之先非有剖符～書之功。"漢書高帝紀："又與功臣剖符作誓，～書鐵券，金匱石室，藏之宗廟。"（2）皇帝的詔書用朱紅書寫；所以"詔書"也叫"～書"（也叫"～詔"）。[～青]繪畫。漢書蘇武傳："雖古竹帛所載，～青所畫，何以過子卿！"杜甫丹青引："～青不知老將至。"

（二）藥物名。漢代以後的道家方士以丹砂、丹汞鍊製成的藥叫"丹"。江淹別賦："守～竈而不顧。"後世引申爲舉凡從藥物中精鍊出的成品皆稱作"丹"。

768.【紅】

（一）淺紅，桃紅，粉紅。論語鄉黨："～紫不以爲褻服。"（褻服：家居所穿的。對朝服、禮服而言。）文心雕龍情采："間色屏於～紫。"又爲赤色。韓非子内儲說下："奉熾爐炭，火盡赤～。"泛指各種各樣紅色。史記司馬相如列傳："～杳渺以眩湣兮，焱風涌而雲浮。"庾信春賦："面共桃（花）而競～。"杜牧江南春詩："千里鶯啼綠映～。"

（二）婦女紡織、針黹操作之類的勞動。漢書景帝紀："錦繡纂組，害女～者也。"又哀帝紀："諸官織綺繡難成，害女～之物，皆止。"按：這種意義，先秦古籍或作"功"，或作"工"；兩漢起多作"紅"（讀 gōng），而且只限於婦女紡績、刺繡等事。

769.【允】

(一)信,誠。尚書舜典:"夙夜出納朕命,惟～。"又副詞。的確,確實。詩經大雅公劉:"幽居～荒。"

(二)得當,合適。文心雕龍麗辭:"務在～當。"

(三)答應,許諾。韓愈上鄭尚書相公啟:"不蒙察～。"

770.【舛】

錯亂,違背。楚辭九歎惜賢:"情～錯以曼憂。"引申爲不順利。王勃滕王閣序:"命途多～。"

771.【寧】

(一)安,安寧。詩經小雅常棣:"喪亂既平,既安且～。"又節南山:"俾民不～。"[歸～]已嫁的女子回家省親。詩經周南葛覃:"歸～父母。"

(二)副詞。難道,豈。詩經小雅小弁:"～莫之知?"蕭統文選序:"大輅～有椎輪之質?"王勃滕王閣序:"～知白首之心。"

(三)副詞。寧願,寧可。史記項羽本紀:"吾～鬥智,不能鬥力。"今格言有"～爲玉碎,不爲瓦全"。

[辨]寧,甯。二字在上古音義皆同,常常通用。後來漸有分工:"寧"(一)寫作"寧";"寧"(二)(三)寫作"甯",讀 nìng。但是直到中古,仍可用"寧"表示"甯"的三個意義。

772.【豫】

(一)出遊。特指天子秋日出巡。孟子梁惠王下:"夏諺曰:'吾王不遊,吾何以休? 吾王不～,吾何以助? 一遊一～,爲諸侯度。'"張衡東京賦:"既春遊以發生,啟諸蟄於潛户;度秋～以收成,觀豐年之多稌。"(稌 tú:稻子。)

(二)安樂,舒服。周易序卦:"有大而能謙必～。"詩經小雅白駒:"逸～無期。"尚書金縢:"王有疾,弗～。"引申爲喜悅。孟子公孫丑下:"舍我其誰也? 吾何爲不～哉?"文心雕龍物色:"是以獻歲發春,悅～之情暢。"

(三)古代九州之一。大致包括今河南,山東西部,湖北北部等地。尚書禹貢:"荊河惟～州。"今河南省簡稱"～"。

(四)通"預"。預備。禮記學記:"禁於未發之謂～。"又中庸:"凡事～則立,不～則廢。"

773.【尚】

(一)上。孟子萬章下:"以友天下之善士爲未足,又～論古之人。"又:"是～友也。"引申爲加於其上。論語里仁:"好仁者無以～之。"孟子滕文公上:"嶢嶢乎不可～矣!"又爲以爲上,尊尚,崇尚。禮記檀弓上:"夏后氏～黑。"墨子尚賢上:"不能以～賢事能爲政也。"文心雕龍物色:"析辭～簡。"又爲高尚。陶潛桃花源記:"南陽劉子驥,高～士也。"[～書](1)即書經。漢書藝文志:"事爲春秋,言爲尚書。"(2)官名。漢書鄭崇傳:"哀帝擢爲～書僕射。"(僕射 yè:尚書之長。)木蘭辭:"木蘭不用～書郎。"

(二)仰攀婚姻。史記司馬相如列傳:"卓王孫喟然而嘆,自以得使女～司馬長卿晚。"特指娶公主爲妻。史記魏其武安侯列傳:"列侯多～公主,皆不欲就國。"漢書霍光傳:"桀、安欲爲外人求封,幸依國家故事,以列侯～公主者,光不許。"

(三)副詞。猶,還,又。史記魏其武安侯列傳:"及夫至門,丞相～臥。"司馬遷報任安書:"如僕～何言哉! ～何言哉!"

(四)副詞。表示祈求或命令,略等於"庶幾"。尚書湯誓:"爾

~輔予一人,致天之罰!"僞古文尚書大禹謨:"爾~一乃心力,其克有勳!"

[辨]上,尚。在先秦兩漢古籍中,二者區別不嚴。"上"、"尚"可以通用,如戰國策趙策的"彼秦者,棄禮義而上首功之國也",詩經魏風陟岵的"上慎旃哉",都作"上"。兩漢以後二者區別漸嚴,原來可以相通的地方也不再通用了,"尚"的四個意義,都只能寫作"尚",不能寫作"上"了。

774.【攸】

(一)所。周易坤卦:"君子有~往。"沈約謝靈運傳論:"六義所因,四始~繫。"今成語有"責任~關","罪有~歸"。

(二)動詞詞頭或形容詞詞頭。詩經大雅靈臺:"麀鹿~伏。"又小雅斯干:"君子~寧。"

775.【甫】

(一)始,剛剛。表時間的副詞。漢書匈奴傳:"今歌唫之聲未絶,傷痍者~起。"(唫:同"吟"。痍:創傷。)沈約謝靈運傳論:"~乃以情緯文,以文被質。"

(二)通"父"。上古成年都可稱"父"。貴族男子行冠禮之後,多以"……甫(父)"爲字。詩經大雅烝民:"保茲天子,生仲山~。"左傳宣公二年:"又曰:'袞職有闕,惟仲山~補之。'"後代尊稱別人的名或字叫"台~"。[章~]古代禮帽的一種。禮帽成年人才能戴,"章甫"即表明成年男子的身份。論語先進:"端章~,願爲小相焉。"禮記儒行:"長居宋,冠章~之冠。"賈誼弔屈原賦:"章~薦履,漸不可久兮。"

[辨]甫,父。在"甫"(二)的意義上,古代"甫"、"父"通用。如稱孔子爲"尼父",也作"尼甫"(孔子字的全稱是"仲尼甫")。仲山

甫、尹吉甫(周宣王時大夫)漢書古今人表作"中山父"、"尹吉父"。其他義,一般不相通。注意:後世於"甫"(二)仍讀 fǔ。

776.【聊】

(一)藉,依賴,依靠。王粲登樓賦:"登兹樓以四望兮,~暇日以銷憂。"今成語有"民不~生"。"聊賴"二字連用,表示憑藉。蔡琰悲憤詩:"雖生何~賴?"[無~賴][無~]太閑了,提不起精神。賀鑄憶故人詞:"人閒晝永無~賴。"李玉賀新郎詞:"鎮無~,殢酒厭厭病。"

(二)副詞。姑且,暫且。楚辭九章哀郢:"~以舒吾憂心。"庾信哀江南賦序:"追爲此賦,~以記言。"杜甫登樓詩:"日暮~爲梁父吟。"

777.【匪】

(一)竹制的器皿,筐子之類。孟子滕文公下:"東征,綏厥士女,~厥玄黃。"(綏:安定。匪:用作動詞,用匪盛着。玄黃:指各種顏色的帛。人們用匪盛着帛迎接周武王。)這種意義也寫作"篚"。尚書禹貢:"厥篚織文。"(文:錦綺之類。)

(二)不,不是。副詞。詩經衛風氓:"~來貿絲。"又木瓜:"~報也,永以爲好也。"[~人](1)不是自己親近的人。周易比卦:"比之~人,不亦傷乎?"(2)行爲不正的人。李朝威柳毅傳:"不幸見辱於~人。"注意:古代的"匪"不當"土匪"、"匪徒"講。

778.【厥】

(一)代詞。他的,它的。賈誼弔屈原賦:"遭世罔極兮,乃殞~身。"蕭統文選序:"自炎漢中葉,~塗漸異。"

(二)語氣詞。司馬遷報任安書:"左丘失明,~有國語。"

[辨]其,厥。"其"與"厥"雖是同義詞,但用途廣狹不同。"其"

字後面可以是名詞、形容詞、動詞,也可以是整個動賓結構;“厥”字後面只能是名詞或名詞性詞組(詩經大雅文王有聲:“貽厥孫謀”)。又,“厥”字帶有存古性質,後代往往只用於成語中,不能像“其”字那樣自由運用。

779.【經】

(一)織布縱線爲經。跟“緯”(橫線)相對。常用作比喻。文心雕龍情采:“故情者文之～,辭者理之緯。”又:“～正而後緯成,理定而後辭暢。”引申爲道路南北走向的爲經(東西走向者爲緯)。周禮考工記匠人:“國中九～九緯。”中醫學於人體氣血循環通路的主幹叫“經”。如“～絡”,“～脈”。

(二)經典。指傳統的具有權威性的著作。西漢起,尊儒家的著作爲經。漢書藝文志:“詔光禄大夫劉向校～傳諸子詩賦。”韓愈柳子厚墓誌銘:“出入～史百子。”後來有“五～”、“九～”、“十三～”等名。引申爲各種學術思想流派對本派權威性著作的尊稱。如“道德～”、“佛～”、“太平～”等。又爲某種專門著作的名稱。如“水～”、“黃帝内～”、“茶～”等。

(三)原則,原則性。跟“權變”和“靈活性”相對。左傳桓公十一年:“權者及於～。”禮記中庸:“凡爲天下國家有九～,曰:脩身也,尊賢也……”柳宗元斷刑論:“～也者,常也;權也者,達～也。”(達經:實現這個原則。)

(四)經歷,經過。文心雕龍物色:“雖復思～千載,將何易奪?”白居易長恨歌:“悠悠生死別～年。”

(五)度量,畫分。周禮天官冢宰:“辨方正位,體國～野。”(體:分。)詩經大雅靈臺:“～始靈臺。”又:“～之營之。”(營:標記,表記。)引申爲治理。周禮天官大宰:"以～邦國,以治官府。"曹丕典論論文:"蓋文章～國之大業。"[～營]謀畫,安排。文心雕龍麗辭:"奇偶適變,不勞～營。"杜牧阿房宮賦:"燕趙之收藏,韓魏之～營。"[～紀]主持,操持,治辦。韓愈柳子厚墓誌銘:"又將～紀其家。"

(六)懸起來,懸掛。特指自縊。論語憲問:"自～於溝瀆而莫之知也。"史記田單列傳:"遂～其頸於樹枝,自奮絶脰而死。"(脰dòu:脖子。)

780.【典】

(一)簡册,重要的文獻,書籍。左傳昭公十二年:"是能讀三墳、五～、八索、九丘。"(三墳:三皇之書。五典:五帝之書。八索:有關八卦的書。九丘:九州之志。)又十五年:"司晉之～籍。"(司:主管。晉:晉國。)引申爲前代的典章、文物、故事。左傳昭公十五年:"數～而忘其祖。"(數:講説。祖:指先人的事業。)[會～]記載一代典章制度之類的類書。黃遵憲人境廬詩草自序:"官書會～。"現代有雙音詞"～故"。又爲應遵守的規則、法則。文心雕龍情采:"孝經垂～,喪言不文。"引申爲禮節,儀式(後起義)。如説"開國大～","盛～"。

(二)法律,法規。僞古文尚書五子之歌:"有～有則,貽厥子孫。"曹操敗軍抵罪令:"但賞功而不罰罪,非國～也。"[～刑](1)刑法,常刑。尚書舜典:"象以～刑。"後代有成語"明正～刑"(處以死刑)。(2)舊的法度。詩經大雅蕩:"雖無老成人,尚有～刑。"引申爲可學習的楷模,模範。文天祥正氣歌:"～刑在夙昔。"這個意義也寫作"～型"。蘇舜欽代人上申公祝壽詩:"人思奉～型。"

（三）典雅。指文章有文獻可依，且規範而不粗俗。蕭統答玄圃園講頌啟令："辭～文艷，既溫且雅。"顏氏家訓文章："吾家世文章,甚爲～正,不從流俗。"

（四）守,主管。尚書舜典："命汝～樂。"漢書霍光傳："還迺爲～屬國。"三國志吳志是儀傳："專～機密。"古代官名凡帶"典"字的,都是表示它的職掌。如周禮所載的"～瑞"、"～絲"、"～祀"等。

（五）典當（dàng）,用實物作抵押,向高利貸借錢（後起義）。杜甫曲江詩："朝回日日～春衣。"

781.【簡】

（一）竹簡,古代用來寫字的狹長竹片。一簡爲一行,若干簡並排編起來,成爲一篇文章或一本書,叫做"策"或"册"。左傳襄公二十五年："南史氏聞太史盡死,執～以往。"蕭統文選序："雖傳之～牘,而事異篇章。"

（二）簡略,簡單。論語雍也："居～而行～,無乃太～乎!"引申爲怠慢,傲慢,不敬。孟子離婁下："孟子獨不與驩言,是～驩也!"（驩:齊大夫右師王驩。）又:"子敖以我爲～,不亦異乎!"（子敖:王驩的字。）

（三）挑選,選拔。諸葛亮前出師表："是以先帝～拔以遺陛下。"

782.【篇】

古代文章寫在竹簡上,把首尾完整的一部分用絲繩或皮帶編在一起叫"篇"。司馬遷報任安書："詩三百～,大底聖賢發憤之所爲作也。"史記儒林列傳："漢定,伏生求其書,亡數十～,獨得二十九～,即以教於齊魯之間。"引申爲書的各部分。漢書張禹傳："時

魯扶卿及夏侯勝、王陽、蕭望之、韋玄成皆説論語，~第或異。"引申
爲書籍，典籍。漢書儒林傳："觀古今之~籍。"左思詠史詩："四賢
豈不偉？遺烈光~籍。"又特指詩歌、辭賦等文藝著作。沈約謝靈
運傳論："雖清辭麗曲，時發乎~。"蕭統文選序："降將著河梁之
~。"又："方之~翰，亦已不同。"

[辨]篇，編。二者既有聯繫，又有區別。"編"可以作動詞，
"篇"則不能。同用作名詞時，"編"指整部的書，如"簡編"、"長編"，
也可指書中較大的一部分，如"上編"、"下編"，"前編"、"後編"；
"篇"則只指"篇章"。"編"比"篇"的外延大。

783.【詞】

(一)詞句，言詞。文心雕龍鎔裁："剪截浮~謂之裁。"庾信哀
江南賦序："不無危苦之~。"又爲詞章，文詞。蕭統文選序："~人
才子，則名溢於縹囊。"注意：上述這些意義，後代一般都作"辭"，不
常作"詞"。

(二)文體的一種。起於唐五代，盛於宋。朱彝尊解佩令詞：
"老去填~，一半是空中傳恨。"

[辨]辭，詞。在言詞和文詞的意義上，"辭"和"詞"是同義詞。
在較古的時代，一般只説"辭"，不説"詞"，所以周易乾文言説"修辭
立其誠"，論語季氏説"而必爲之辭"。漢以後逐漸以"詞"代"辭"。
如史記儒林列傳："是時天子方好文詞。"至於推辭的"辭"決不寫作
"詞"；"詩詞"的"詞"決不能作"辭"。參看第二單元"辭"字條。

784.【賦】

(一)田賦，賦税。尚書禹貢："厥田惟上下，厥~中上。"漢書哀
帝紀："皆無出今年租~。"古代按田賦出兵，所以又特指兵賦。論

語公冶長：“千乘之國，可使治其~也。”

（二）授與，給與。國語晉語四：“公屬百官，~職任功。”呂氏春秋分職：“出高庫之兵以~民。”漢書平帝紀：“安漢公、四輔、三公、卿大夫、吏民爲百姓困乏獻其田宅者二百三十人，以口~貧民。”（以口：按人口。）又用於抽象意義。文心雕龍麗辭：“造化~形，支體必雙。”文天祥正氣歌：“天地有正氣，雜然~流形。”後代雙音詞“天~”、“稟~”由此發展而來。

（三）吟誦或歌詠〔詩篇〕。左傳隱公元年：“公入而~。”又僖公二十三年：“公子~河水，公~六月。”（公子：指晉公子重耳。河水：逸詩。公：指秦穆公。六月：詩經小雅六月。）引申爲做詩。陶潛自祭文：“酣飲~詩。”歸去來辭：“臨清流而~詩。”

（四）文體的一種。史記屈原賈生列傳：“爲~以弔屈原。”

785.【序】

（一）東西牆。尚書顧命：“西~東向。”又：“東~西向。”儀禮鄉飲酒禮：“當西~東面。”

（二）學校。孟子梁惠王上：“謹庠~之教。”又滕文公上：“夏曰校，殷曰~，周曰庠。”

（三）次序，秩序。孟子滕文公上：“長幼有~。”漢書藝文志：“悖上下之~。”文心雕龍鎔裁：“故能首尾圓合，條貫統~。”用作動詞時表示排列次序。禮記中庸：“所以~昭穆也。”又：“所以~齒也。”（齒：年齡。）

（四）叙述，說明。蕭統文選序：“銘則~事清潤。”這種意義也寫作“叙”。引申爲文體的一種。蕭統文選序：“篇辭引~，碑碣誌狀。”注意：古代序文是在全書的後面，綜述作書的宗旨，如史記太史公自序,漢書的叙傳,許慎説文解字的叙等,皆在書末。漢代以後,書序才置於書首。

(五)文體的另一種。贈序。這是臨別贈言,創於唐初。韓愈有送孟東野序,送李愿歸盤谷序等。

786.【銘】

在器物上刻鑄文辭用以自警,或稱述功德,叫做"銘"。禮記大學:"湯之盤~曰:'苟日新,日日新,又日新。'"用作動詞時表示刻,鏤。特用於"永記不忘"這種意義上。柳宗元謝除柳州刺史表:"~心鏤骨,無報上天。"引申爲文體的一種。蕭統文選序:"~則序事清潤。"

787.【誄】

讀 lěi。稱述死者生前的言行而加以哀悼。左傳哀公十六年:"公~之曰。"(公:哀公。這是誄孔子的。)引申爲一種文體。哀悼死者的文字。蕭統文選序:"美終則~發,圖像則讚興。"

788.【贊】

(一)輔助,輔佐。左傳僖公二十二年:"天~我也。"禮記中庸:"則可以~天地之化育。"三國志吳志魯肅傳:"以肅爲~軍校尉,助畫方略。"現代有雙音詞"參贊"、"贊助"。

(二)讚美,稱讚。三國志魏志許褚傳:"下詔褒~。"這個意義又寫作"讚"。後漢書崔駰傳:"進不黨以讚己。"

(三)文章的結尾部分,略等於一個總評。"贊"是闡明的意思。漢書叙傳:"總百氏,~篇章。"史記在本紀、世家、列傳的後面,漢書在紀和傳的後面都有贊。這是用散文寫的。另有一種贊是用韻文寫的,四字一句,兩句一韻(這是古代傳統所謂句),也是闡明篇章大旨的,放在全書的結尾,如史記太史公自序的後半,漢書叙傳的後半,都是贊的性質。後來後漢書把韻文的贊放在紀和傳的後邊,就不再有散文的贊了。文心雕龍每篇後面也都有韻文的贊。

(四)文體的一種。這種意義一般寫作"讚"。"讚"一般用於頌揚,也是韻文。蕭統文選序:"圖像則讚興。"

789.【章】

(一)音樂的一章。禮記曲禮下:"既葬,讀祭禮;喪復常,讀樂~。"今有雙音詞"樂~"。引申爲一般作品的一章。文心雕龍鎔裁:"引而申之,則兩句敷爲一~;約以貫之,則一~删成兩句。"蕭統文選序:"而事異篇~。"[~句]分析古書的篇章、句讀,解釋其文義。揚雄解嘲:"~句之徒,可與坐而守之。"引申爲注疏的名稱。如王逸有"楚辭~句",朱熹有"大學~句"等。

(二)赤白相間的絲織品。古詩十九首:"終日不成~,泣涕零如雨。"[文~]見第三單元"文"字條。[憲~]法制。常用作動詞,表示遵循其法制。漢書藝文志:"憲~文武。"

(三)奏章,上給皇帝的書信。劉知幾史通言語:"運籌畫策,自具於~表。"

(四)印章。孔稚珪北山移文:"至其紐金~,縋墨綬。"今有雙音詞"圖~"。

(五)通"彰"。明顯,鮮明。文心雕龍情采:"惡文太~。"

790.【表】

(一)穿在外面的衣服,罩衫。又爲衣服的外層。跟"裏"相對。左傳僖公二十八年:"~裏山河。"([晉國]以黃河爲表,以山爲裏。這是比喻。)"表裏"連用,也比喻互相補足,互相依存。後漢書盧植傳:"今毛詩、左氏、周禮各有傳記,其與春秋共相～裏。""表"又比喻爲屏障。左傳僖公五年:"虢,虞之～也。"引申爲外,外面。尚書堯典:"光被四～。"又立政:"至於海～。"今雙音詞有"外～"。作動詞時,表示穿在外面。論語鄉黨:"當暑,袗絺綌,必～而出之。"(在夏天,穿葛製的單衣,必穿裏衣,把葛衣穿在外面。袗 zhěn:單衣。用作動詞。絺 chī:細葛。綌 xì:粗葛。)引申爲出現,表現。蕭統文選序:"桑間濮上,亡國之音～。"

(二)測日影的儀表(日晷 guǐ)。史記司馬穰苴列傳:"穰苴先馳至軍,立～下漏,待賈。"(漏:漏壺。計時器。賈:指莊賈。)後漢書律曆志:"乃立儀～以校日影。"引申爲標準,表率。史記太史公自序:"國有賢相良將,民之師～也。"又爲表格,圖表。司馬遷報任安書:"爲十～,本紀十二。"

(三)樹立木石標志物以示表揚。史記留侯世家:"～商容之閭。"(商容:殷紂時賢臣。)晉書荀崧傳:"苟有一介之善,宜在旌～之列。"引申爲表揚,顯揚。漢書武帝紀贊:"罷黜百家,～章六經。"今雙音詞有:"～揚","～彰"。

(四)文體的一種,給皇帝的信,奏章。諸葛亮出師表:"臨～涕泣,不知所云。"李密陳情表:"謹拜～以聞。"蕭統文選序:"～奏牋記之列。"

(五)文體的另一種。墓誌,不帶銘文的。歐陽修有"瀧岡阡表"。

791.【旨】

(一)美味,好吃的東西。論語陽貨:"食～不甘,聞樂不樂。"引申爲美味的。詩經小雅鹿鳴:"我有～酒。"

(二)意,意思。文心雕龍附會:"故善附者,異~如肝膽。"沈約謝靈運傳論:"妙達此~,始可言文。"今有雙音詞"宗~","主~"。又特指皇帝的命令。漢書孔光傳:"成帝初即位,舉爲博士,數使録冤獄,行風俗,振贍流民,奉使稱~,由是知名。"杜甫入奏行:"密奉聖~恩宜殊。"舊唐書劉泊傳:"陛下降恩~。"

792.【風】

(一)風。詩經鄭風風雨:"~雨淒淒。"引申爲能流動傳播的事物。特指前代的政治、功令、制度、教化等。孟子公孫丑上:"其故家遺俗,流~善政,猶有存者。"又爲習俗,風氣。禮記樂記:"移易俗。"又爲風度,節操。司馬遷報任安書:"亦嘗側聞長者之遺~矣。"楊惲報孫會宗書:"有段干木、田子方之遺~。"成語有"高~亮節"。[~景]風和日光,即風光。世說新語言語:"~景不殊,舉目有山河之異。"

(二)歌謠,地方歌曲。左傳成公九年:"樂操土~,不忘舊也。"漢書藝文志詩賦略:"自孝武立樂府而採歌謠,於是有趙代之謳,秦楚之~。"文心雕龍樂府:"匹夫庶婦,謳吟土~。"詩經有十五國風,所以又特指詩經或國風。常"風雅"、"風騷"連用。文心雕龍情采:"蓋~雅之興,志思蓄憤。"又:"遠棄~雅。"又物色:"然屈平所以能洞監~騷之情者,抑亦江山之助乎?"

(三)微言婉詞勸諫。詩經小雅北山:"或出入~議。"詩大序:"吟詠性情,以~其上。"史記魏其武安侯列傳:"武安侯乃微言太后~上。"這個意義後來寫作"諷"。

793.【騷】

(一)擾亂,擾動。詩經大雅常武:"徐方繹~。"(徐方:周時江淮一帶的少數民族部落。）柳宗元答韋中立論師道書：“早暮咈吾耳，～吾心。”

（二）詩體的一種。由屈原的離騷得名。包括楚辭以及後世摹做楚辭的作品。蕭統文選有“騷”類。特指楚辭。文心雕龍辨騷：“昔漢武愛～，而淮南作傳。”韓愈進學解：“下逮莊～。”[～人]騷體詩人。蕭統文選序：“～人之文，自兹而作。”引申爲一般詩人。范仲淹岳陽樓記：“遷客～人，多會於此。”“風騷”連用，指詩經和楚辭。

794.【翰】

（一）鳥名。或名天雞。説文引逸周書：“文～若翬雉。”引申爲飛得高而疾。詩經小雅小宛：“～飛戾天。”（戾：至。）

（二）筆。潘岳秋興賦：“於是染～操紙。”蕭統文選序：“飛文染～。”賈至早朝大明宮：“朝朝染～事君王。”引申爲文章，文采。蕭統文選序：“方之篇～，亦已不同。”又：“事出於沉思，義歸乎～藻。”[～林]唐以來文學侍從官員名。唐代始設翰林院（意爲“文苑”，“文學之林”），置學士，專司起草詔書，以及承應皇帝的各種文字工作。宋明元清一直設有這種機構，但職權與具體工作歷代各有不同。

795.【藻】

水草之一種。莖大如釵股，葉蒙茸，深緑色。詩經召南采蘋：“于以采～，于彼行潦。”（行潦：流動的水。）古人認爲藻是有文采的草，故引申爲修飾。文心雕龍情采：“辨雕萬物，謂～飾也。”又：“～飾以辨雕。”又爲文采，文章。曹植與楊德祖書：“公幹振～於海隅。”（公幹：劉楨的字。）文心雕龍情采：“理正而後摛～。”也指文才。沈約謝靈運傳論:"三祖陳王,咸蓄盛～。"

796.【韻】(韵)

(一)和諧悦耳的聲音,旋律。文心雕龍物色:"喓喓學草蟲之
～。"(喓喓:蟲鳴聲。)吳均與宋元思書:"好鳥相鳴,嚶嚶成～。"比
喻文章。陸機文賦:"收百世之闕文,採千載之遺～。"又:"或託言
於短～。"沈約謝靈運傳論:"綴平臺之逸響,采南皮之高～。"

(二)詩賦中的韻脚,或押韻的字。文心雕龍聲律:"異音相從
謂之和,同聲相應謂之～。"王勃滕王閣序:"一言均賦,四～俱成。"
又指字的韻母部分。沈約謝靈運傳論:"一簡之内,音～盡殊。"[聲
～]聲律,特指詩歌的格律。白居易與元九書:"九歲諳識聲～。"

(三)氣韻,風度。世説新語任誕:"阮渾長成,風氣～度似父。"
(阮渾:阮籍之子。)晉書桓石秀傳:"石秀幼有令名,風～秀徹。"

797.【律】

(一)規則,法令。特指刑法的條文。漢書高帝紀:"天下既定,
令蕭何次～令。"(次:編次。)揚雄解嘲:"秦法酷烈,而蕭何造～。"
引申爲必須遵守的格式,準則。杜甫遣悶戲呈路十九曹長詩:"晚
節漸於詩～細。"用作動詞,表示按一定準則來要求。成語有"嚴以
律己"。

(二)古代用來正樂音的一種竹管。陽律六,陰律六,總稱"六
律"。孟子離婁上:"師曠之聰,不以六～,不能正五音。"莊子胠篋:
"擢亂六～,鑠絶竽瑟。"古人以十二律和十二月相配,所以"律"又
指稱季節,氣候,節令。文心雕龍物色:"陰～凝而丹鳥羞。"陸游春
望詩:"天地回春～,山川掃積陰。"張栻立春偶成詩:"～回歲晚冰
霜少,春到人間草木知。"[～呂]陽律六,叫"律";陰律六,叫"呂"。

常指音樂。杜甫吹笛詩:"風飄～呂相和切。"

[辨]法,律。"法"所指的範圍大,多偏重於"法則"、"制度"等意義,所以"遵先王之法"不能説成"遵先王之律","變法"不能説成"變律"。"律"所指的範圍小,多着重在具體的刑法條文。用作動詞時,"法"是"效法","做效";"律"是"根據某一準則來要求"。

798.【榮】

(一)花,開花。禮記月令:"木堇(槿)～。"古詩十九首:"攀條折其～。"用於抽象意義表示華美。文心雕龍情采:"言隱～華。"引申爲茂盛。和"枯"相對。陶潛歸去來辭:"木欣欣以向～。"白居易賦得古原草送別詩:"離離原上草,一歲一枯～。"

(二)光采,榮耀。跟"辱"相對。莊子逍遥遊:"辯乎～辱之境。"司馬遷報任安書:"終不可以爲～。"揚雄解嘲:"生必上尊人君,下～父母。"

799.【華】

(一)花,開花。詩經周南桃夭:"桃之夭夭,灼灼其～。"禮記月令:"桃始～。"注意:這種意義後代都寫作"花"。用於抽象意義時特表示文章的辭藻。文心雕龍情采:"英～乃贍。"韓愈進學解:"含英咀～。"引申爲文才。文心雕龍程器:"昔庾元規才～清英。"又引申爲事物之精美者。王勃滕王閣序:"物～天寶。"又爲光明,光采。卿雲歌:"日月光～,旦復旦兮。"又爲華麗,豪華。洛陽伽藍記開善寺:"況我大魏天王,不爲～侈?"[翠～]翡翠鳥的羽毛(作旗子的裝飾)。漢書司馬相如傳:"建翠～之旗。"後來"翠～"指天子的旗。杜甫北征詩:"都人望翠～。"[京～]京師,首都。杜甫秋興詩:"每依南斗望京～。"注意:後代於"花"的意義讀陰平,於其他意義讀陽平。

（二）讀 huà。華山，五嶽之一。又稱"太～"。尚書禹貢："至于太～。"

800.【軌】

車兩輪間的距離，車轍。禮記中庸："今天下車同～。"史記淮陰侯列傳："車不得方～。"沈約謝靈運傳論："異～同奔。"引申爲法則，法度，可遵行的常規。左傳隱公五年："君將納民於～物者也。"史記平準書："不～之臣，不可以爲化而亂法。"又爲遵循，合乎。韓非子五蠹："是境內之民，其言談者必～於法。"

801.【範】

鑄造器物用的竹模子。本作"笵"。論衡物勢："今之陶冶者，初埏埴作器，必模範爲形。"引申爲法式，楷模。沈約謝靈運傳論："垂～後昆。"王勃滕王閣序："宇文新州之懿～。"又用作動詞。文心雕龍鎔裁："規～本體謂之鎔。"〔～圍〕範，模範；圍，周圍。周易繫辭上："～圍天地之化而不過。"現代變爲雙音詞，指四周的界限。

802.【規】

（一）圓規，畫圓形的工具。孟子離婁上："不以～矩，不能成方圓。"莊子胠篋："毀絕鉤繩，而棄～矩。"引申爲畫，規畫。揚雄解嘲："蕭～曹隨。"又爲法度，準繩。文心雕龍才略："必循～以溫雅。"

（二）〔對上或對平輩〕告誡。詩經衛風淇奧序："又能聽其～諫。"今雙音詞有"～勸"。

803.【則】

（一）準則，模範。經詩豳風伐柯："伐柯伐柯，其～不遠。"

(柯:斧子把。)楚辭離騷:"願依彭咸之遺～。"成語有"以身作～"。引申爲效法。孟子滕文公上:"惟天爲大,惟堯～之。"

(二)連詞。表示兩件事在時間上的相承,往往表示條件或因果關係。左傳宣公二年:"不入,～子繼之。"論語季氏:"故遠人不服,～修文德以來之。"又子路:"名不正,～言不順。"文心雕龍鎔裁:"引而申之,～兩句敷爲一章。"表示一種發現,發現在某事之前,一事已經發生。論語微子:"至～行矣。"左傳僖公三十三年:"及諸河,～在舟中矣。"

804.【準】

(一)水平。引申爲一般的平。史記平準書:"置平～于京師,都受天下委輸。"引申爲標準,法則。漢書東方朔傳:"以道德爲麗,以仁義爲～。"文心雕龍鎔裁:"是以草創鴻筆,先標三～。"這種意義也作"准"。蕭統文選序:"孝敬之准式。"

(二)鼻子。史記高祖本紀:"高祖爲人,隆～而龍顏。"

[辨]準,准。"准"本是"準"的異體字,後來二者有了分工。"允許"的意義用"准",其餘一律用"準"。

805.【昆】

兄。詩經王風葛藟:"謂他人～。"論語先進:"人不間於其父母～弟之言。"鄒陽獄中上梁王書:"故意合則胡越爲～弟。"[後～]後嗣,後世。僞古文尚書仲虺之誥:"垂裕後～。"沈約謝靈運傳論:"垂範後～。"

806.【弟】

(一)兄弟。左傳隱公元年:"況君之寵～乎?"上古女性也可稱"弟"。孟子萬章上:"彌子之妻,與子路之妻兄～也。"[～子](1)泛稱年幼者。論語爲政："有事，～子服其勞。"這個意義後代作"子弟"。(2)學生，門徒。論語雍也："哀公問～子孰爲好學。"

（二）盡弟道。左傳隱公元年："段不～，故不言弟。"論語學而："其爲人也，孝～而好犯上者，鮮矣。"這個意義也寫作"悌"。論語學而："弟子入則孝，出則悌。"孟子梁惠王上："申之以孝悌之義。"

（三）次第，等第。史記禮書："子夏，門人之高～也。"(子夏是孔子門人中排在前列的。)漢書朱博傳："以高～入爲長安令。"按：後代以"高弟"稱別人的學生，但意思有變化。這個意義後來寫作"第"。

（四）副詞。但，只管。史記孫子吳起列傳："君～重射，臣能令君勝。"這個意義後來也寫作"第"。

按：舊時（一）讀上聲，（二）（三）（四）都讀去聲。今普通話（一）（三）（四）都讀 dì，（二）讀 tì。

807.【形】

形象，形體，形狀。文心雕龍物色："參差沃若，兩字窮～。"又："文貴～似。"用作動詞表示成爲某種形體。枚乘上書諫吳王："先其未～。"引申爲形勢。司馬遷報任安書："勇怯，勢也；强弱，～也。"柳宗元永州韋使君新堂記："無不合～輔勢效伎於堂廡之下。"又爲表現，使之形之於外。蕭統文選序："情動於中而～於言。"今成語有"喜～於色"。

808.【迹】（跡，蹟）

脚印。枚乘上書諫吳王："人性有畏其景而惡其～者，却背而走，景逾疾。"引申爲痕跡，過去的事情。孟子離婁下："王者之～熄而詩亡。"鄒陽獄中上梁王書："則人主必襲按劍相眄之～矣。"韓愈子產不毀鄉校頌："成敗之～，昭哉可觀。"按："迹""跡"二字完全通用,"蹟"字一般只用於"遺蹟"、"古蹟"、"事蹟"。

809.【綺】

花紋敧斜的絲織品。古詩十九首:"客從遠方來,遺我一端～。"謝朓晚登三山還望京邑詩:"餘霞散成～。"引申爲華麗。文心雕龍情采:"豔采辯説,謂～麗也。"

810.【練】

熟絹(白色的)。謝朓晚登三山還望京邑詩:"澄江静如～。"水經注廬江水:"若曳飛～。""練"字用作動詞,表示把生絹煮熟。淮南子説林:"墨子見～絲而泣之。"引申爲熟練,精熟。文心雕龍鎔裁:"可謂～鎔裁而曉繁略矣。"

811.【倫】

(一)人與人之間的正常關係。論語微子:"欲潔其身而亂大～。"孟子萬章上:"男女居室,人之大～也。"蕭統文選序:"人～之師友。"

(二)順序,條理。荀子解蔽:"衆異不得相蔽以亂其～。"(衆異:指事物的差異。)今成語有"語無～次"。

(三)類。禮記中庸:"毛猶有～。"三國志蜀志關羽傳:"猶未及髯之絶～超羣也。"韓愈進學解:"絶類離～。"今成語有"超羣絶～","無與～比"。

812.【常】

(一)永久的,固定的。論語子張:"而亦何～師之有?"韓非子五蠹:"不期修古,不法～可。"揚雄解嘲:"士無～君,國無定臣。"特指禮教中所規定的秩序(古人以爲它是永恒不變的)。僞古文尚書泰誓下:"今商王受,狎侮五～。"(受:紂王。五常:指仁、義、禮、智、信。)又用如副詞。表示常常。莊子天地:"身～無缺。"史記淮陰侯列傳:"～稱病不朝從。"引申爲平素,平常。穀梁傳隱公五年:"傳曰:～事曰視,非～曰觀。"文心雕龍情采:"故知君子～言未嘗質也。"

(二)兩尋爲常(十六尺)。韓非子五蠹:"布帛尋～,庸人不釋。"注意:"尋常"連用作"平常"解,那是後起義。杜甫曲江詩:"酒債尋～行處有。"又壯遊詩:"吾觀鴟夷子,才略出尋～。"(鴟夷子:范蠡的化名。)

813.【綱】

(一)魚網上的總繩。尚書盤庚上:"若網在～,有條而不紊。"韓非子外儲說右下:"引網之～。"(引:拉。)引申爲起決定作用的部分。北史源賀傳:"爲政貴當舉～。"[～領]網綱和衣領,比喻最關鍵或最主要的部分。文心雕龍鎔裁:"鎔則～領昭暢。"引申爲必須遵守的法紀,秩序。揚雄解嘲:"吾聞上世之士,人～人紀,生必上尊人君,下榮父母。"後代有雙音詞"～紀"。[三～]指維護封建秩序的三條基本紀律,即君爲臣綱,父爲子綱,夫爲妻綱。文天祥正氣歌:"三～實係命,道義爲之根。"

(二)唐宋時成批運送物資的組織名稱。如"茶～","鹽～","花石～",等等。

814.【維】

(一)繫物的大繩。淮南子天文:"〔共工〕怒而觸不周之山,天柱折,地～絕。"作動詞時,表示拴,繫。詩經小雅白駒:"縶之～之。"儀禮士相見禮:"～之以索。"引申爲維持,維係。詩經小雅節南山:"四方是～。"周禮夏官大司馬:"以～邦國。"引申爲法度,制度。司馬遷報任安書:"不以此時引綱~,盡思慮。"史記淮陰侯列傳:"秦之綱絶而~弛,山東大擾。"

(二)句首或句中語氣詞。詩經周南鵲巢:"~鵲有巢,~鳩居之。"又大雅文王:"周雖舊邦,其命~新。"王勃滕王閣序:"時~九月,序屬三秋。"注意:這個意義可以寫作"惟","唯"。

815.【契】

(一)用刀刻。詩經大雅緜:"爰~我龜。"這個意義也作"鍥"(讀 qiè)。荀子勸學:"鍥而舍之,朽木不折;鍥而不舍,金石可鏤。""書契"二字連用,表示文字。周易繫辭上:"上古結繩而治,後世聖人易之以書~。"蕭統文選序:"始畫八卦,造書~,以代結繩之政。"

(二)券,符契。韓非子主道:"符~之所合,賞罰之所生也。"文心雕龍徵聖:"文成規矩,思合符~。"古代符契,刻字之後,剖分爲二,雙方收存以爲憑證,驗看時雙方取出彌合起來。所以"契"又引申爲合。司空圖詩品超詣:"少有道~,終與俗違。"現代有雙音詞"投~"、"默~"。[~闊]離合。詩經邶風擊鼓:"死生~闊。"引申爲久別。曹操短歌行:"~闊談讌。"

816.【幾】

(一)讀 jī。隱微。特指事情的孕育、萌動。周易繫辭上:"夫易,聖人之所以極深而研~也。"引申爲先兆,預兆。周易繫辭下:"知~其神乎?"又:"~者動之微,吉之先見者也。故君子見~而作,不俟終日。"

(二)讀 jī。事務。尚書皋陶謨:"一日二日萬~。"漢代以來,"萬幾"連用,特指國政。又往往寫作"萬機"。漢書霍光傳:"光自後元秉持萬機。"又張禹傳:"朕以幼年執政,萬機懼失其中。"後代

“萬機”專指皇帝處理的政務。“幾務”連用，指行政事務。文心雕龍情采：“心纏～務，而虛述人外。”也寫作“機”。嵇康與山巨源絶交書：“機務纏其心。”

（三）讀 jì。近，接近，相去不遠。論語子路：“如知爲君之難也，不～乎一言而興邦乎？”賈誼論積貯疏：“漢之爲漢，～四十年矣。”韓愈答李翊書：“豈敢自謂～於成乎？”“庶幾”也是從這種意義來的。參看第六單元“庶”字條。又用作副詞，表示差一點，幾乎。史記留侯世家：“漢王吐哺罵曰：‘豎儒！～敗而公事！’”又叔孫通列傳：“我～不脱於虎口！”

（四）讀 jǐ。疑問詞。問數量。孟子離婁上：“子來～日矣？”柳宗元答韋中立論師道書：“度今天下不吠者～人？”

[辨]幾，機。“幾”的本義是微，“機”的本義是機械。“幾”（一）（二）的各種意義，先秦多用“幾”，後來逐漸與“機”通用。“幾”（三）（四）等義都不能作“機”。“機械”的意義也不作“幾”。

817.【始】

事情的開頭。跟“終”相對。論語公冶長：“～吾於人也，聽其言而信其行。”柳宗元段太尉逸事狀：“當務～終。”引申爲才，方才。曾鞏戰國策序：“臣訪之士大夫家，～盡得其書。”

818.【終】

（一）終結，終了。跟“始”相對。左傳宣公二年：“詩曰：‘靡不有初，鮮克有～。’”韓愈柳子厚墓誌銘：“庶幾有始～者。”[～日]一天到晚。論語衛靈公：“吾嘗～日不食。”荀子勸學：“吾嘗～日而思矣。”[～朝]從天亮到食時一段時間。詩經小雅采緑：“～朝采緑。”老子二十三章：“飄風不～朝，驟雨不～日。”[～身]一輩子。孟子梁惠王上：“樂歲～身飽。”

（二）副詞。自始至終，永遠。戰國策魏策四："受地於先王，願~守之。"又表示終于，畢竟。漢書卜式傳："上於是以式~爲長者。"

（三）壽命完結，死。禮記文王世子："文王九十七乃~。"蕭統文選序："美~則誄發。"歐陽修瀧岡阡表："太夫人以疾~於官舍。"今成語有"壽~正寢"。

819.【羞】

（一）進獻美味，薦。左傳隱公三年："可薦於鬼神，可~於王公。"陶潛自祭文："~以嘉蔬，薦以清酌。"又指所進獻的食物，美味。儀禮既夕禮："燕養饋~湯沐之饌如他日。"注意：這種意義後代都寫作"饈"。

（二）羞慚，丟臉。周易恒卦："不恒其德，或承之~。"戰國策齊策四："先生不~，乃有意爲文收責於薛者乎?"

820.【辱】

（一）名詞，形容詞。耻辱，可耻。跟"榮"、"寵"相對。詩經鄘風牆有茨："言之~也。"莊子逍遥遊："辨乎榮~之境。"封建文人以顯貴爲榮，以貶謫爲辱。柳宗元送薛存義序："吾賤且~。"范仲淹岳陽樓記："寵~偕忘。"用作狀語，是一種謙詞，意思是你這樣做是受屈辱了。左傳僖公四年："~收寡君，寡君之願也。"後代多用於書信中。司馬遷報任安書："曩者~賜書。"柳宗元答韋中立論師道書："~書云欲相師。"蘇軾答謝民師書："亟~問訊。"

［辨］羞，恥，辱。"羞"只表示羞慚，丟臉，語義比恥、辱輕。"恥"與"辱"用作名詞時是同義詞。但當它們用作及物動詞時，意義大不相同。"恥"表示以此爲恥；"辱"表示侮辱。例如孟子梁惠王上："南辱於楚，寡人恥之。""恥"與"辱"是不能互換的。

古漢語通論(二十五)

駢體文的構成(上)

　　駢體文是漢以後產生的一種特殊的文體。劉勰的《文心雕龍》以爲從司馬相如、揚雄以後就有了駢體文,清代李兆洛的《駢體文鈔》把賈誼《過秦論》、司馬遷《報任安書》、揚雄《解嘲》等都收錄進去。的確,司馬相如、揚雄等人的文章是用了許多平行的句子,東漢班固、蔡邕等人的文章更講求句法的整齊,可以認爲是駢體文的先河。但是上述諸家作品裏的平行句法,只是爲了修辭的需要,還沒有形成固定的格式,不能算作一種文體。明代王志堅在《四六法海序》中說,駢體文從魏晉才開始形成,這是有道理的。南北朝是駢體文的全盛時代,這時候,駢體文成爲文章的正宗。唐宋以後,駢體文的正統地位被"古文"代替了,但是仍舊有人寫駢體文。

　　駢體文的表達方式與一般的散文有所不同。我們要培養閱讀古書的能力,不能不了解駢體文,否則有些用駢體文寫的名著就不能徹底讀懂。在這兩節通論裏,我們從語言的角度來說明駢體文的構成,以便讀者對駢體文的語言特點有個基本的了解。

　　駢體文的語言有三方面的特點:第一是語句方面的特點,即駢偶和"四六";第二是語音方面的特點,即平仄相對;第三是用詞方面的特點,即用典和藻飾。

　　先談駢偶問題。

　　兩馬並駕叫做駢,兩人在一起叫做偶。駢偶就是兩兩相對。古代宮中衞隊的行列叫仗(儀仗),儀仗是兩兩相對的,所以駢偶又叫對仗。駢偶、對仗都是比喻的説法。駢體文一般是用平行的兩句話，兩兩配對，直到篇末。下面舉一些駢偶的例子：

> 英辭潤金石，高義薄雲天。(沈約謝靈運傳論)
>
> 高峰入雲，清流見底。(陶弘景答謝中書書)
>
> 經正而後緯成，理定而後辭暢。(文心雕龍·情采)
>
> 燕歌遠別，悲不自勝；楚老相逢，泣將何及。(庾信哀江南賦序)
>
> 無路請纓，等終軍之弱冠；有懷投筆，慕宗慤之長風。(王勃滕王閣序)

偶然也有兩個以上的意思平列的，那只算是特殊的情況：

> 五色雜而成黼黻，五音比而成韶夏，五情發而爲辭章。(文心雕龍·情采)
>
> 履端於始，則設情以位體；舉正於中，則酌事以取類；歸餘於終，則撮辭以舉要。(文心雕龍·鎔裁)

駢偶(對仗)的基本要求是句法結構的相互對稱：主謂結構對主謂結構，動賓結構對動賓結構，偏正結構對偏正結構，複句對複句。古代雖沒有這些語法術語，但事實上是這樣做的。現在各舉一些例子如下：

(1)主謂結構對主謂結構

> 靈運之興會標舉，延年之體裁明密。(沈約謝靈運傳論)
>
> 幽岫含雲，深谿蓄翠。(吳均與顧章書)
>
> 故情者文之經，辭者理之緯。(文心雕龍·情采)
>
> 潘岳之文采，始述家風；陸機之辭賦，先陳世德。(庾信哀江南賦序)

(2)動賓結構對動賓結構

> 莫不寄言上德，託意玄珠。(沈約謝靈運傳論)

若擇源於涇渭之流,按轡於邪正之路。(文心雕龍·情采)

遂乃分裂山河,宰割天下。(庾信哀江南賦序)

披繡闥,俯雕甍。(王勃滕王閣序)

(3)偏正結構對偏正結構

子建函京之作,仲宣霸岸之篇。(沈約謝靈運傳論)

風雲草木之興,魚蟲禽獸之流。(蕭統文選序)

粵以戊辰之年,建亥之月。(庾信哀江南賦序)

勃三尺微命,一介書生。(王勃滕王閣序)

(4)複句對複句

蟬吟鶴唳,水響猿啼。(吳均與顧章書)

水性虛而淪漪結,木質實而花萼振。(文心雕龍·情采)

若夫椎輪爲大輅之始,大輅寧有椎輪之質;增冰爲積水所成,積水曾微增冰之凛。(蕭統文選序)

北海雖賒,扶搖可接;東隅已逝,桑榆非晚。(王勃滕王閣序)

如果進一步分析,駢偶不僅要求整體對稱,而且上下聯內部的句法結構也要求一致:主語對主語,謂語對謂語,賓語對賓語,補語對補語,定語對定語,狀語對狀語。例如:

森壁爭霞,孤峰限日。(吳均與顧章書)

若乃綜述性靈,敷寫器象。(文心雕龍·情采)

規範本體謂之鎔,剪截浮詞謂之裁。(文心雕龍·鎔裁)

荀宋表之於前,賈馬繼之於末。(蕭統文選序)

例一"森壁"對"孤峰"是主語對主語,"爭霞"對"限日"是謂語對謂語;在主語中"森"對"孤"是定語對定語,在謂語中"霞"對"日"是賓語對賓語。例二"綜"對"敷"是狀語對狀語。例三"規範本體"對"剪裁浮辭"都是用動賓結構作主語。例四"荀宋"對"賈馬"是主語對主語，"表之於前"對"繼之於末"是謂語對謂語；在謂語中"於前"對"於末"是補語對補語。總之，各例的内部結構是完全一致的。内部結構參差不齊的，並不常見：

　　　　山谷所資，於斯已辦；仁智所樂，豈徒語哉！（吳均與顧章書）

　　　　至於士衡才優，而綴辭尤繁；士龍思劣，而雅好清省。（文心雕龍·鎔裁）

　　　　況復舟楫路窮，星漢非乘槎可上；風颸道阻，蓬萊無可到之期。（庾信哀江南賦序）

　　　　懷帝閽而不見，奉宣室以何年？（王勃滕王閣序）

以上例句，上下聯在句法結構方面都有些差異，似乎是半對半不對，但總的看來，仍然是對稱的。比如例一"於斯已辦"和"豈徒語哉"，内部結構雖然不同，但都是充當謂語，上下聯仍是主語對主語，謂語對謂語。最後一例"而不見"和"以何年"的語法結構差别較大，但上下聯都是省去了主語，整個來說，還是謂語對謂語。

駢偶注意句子結構的對稱，從另一角度來看，也就是注意詞語的相互配對。原則上總是名詞對名詞，動詞對動詞，形容詞對形容詞，副詞對副詞，連詞介詞也與連詞介詞相對。凡用作主語、賓語的，一律看成名詞（"幽岫含雲，深谿蓄翠"）。用作定語的，除"之"字隔開的名詞外，名詞和形容詞被看成一類，相互配對（"落霞與孤鶩齊飛，秋水共長天一色"）。用作狀語的，一般都看成副詞（"若乃綜述性靈，敷寫器物"）。用作叙述句謂語中心詞的，一般都看成動詞（"英辭潤金石，高義薄雲天"）；如果後面不帶賓語，那麼，動詞和形容詞（作謂語的形容詞）被認爲同屬一類，相爲對仗（"靈運之興會摽舉，延年之體裁明密"）。名詞、動詞、形容詞、副詞一般是異字相對；連詞、介詞大多是同字相對，但也有異字相對的。上文所舉的例子可以説明這些情況，這裏不再討論。

　　有一點值得提一提，駢偶在句法結構、詞性相互配對的原則下，上下聯的字數自必相等。但是句首句尾的虛詞以及共有的句子成分（主語、動詞、助動詞等）不算在對仗之内。例如：

　　　　民稟天地之靈，含五常之德。（沈約謝靈運傳論）

　　　　夫能設謨以位理，擬地以置心。（文心雕龍·情采）

　　　　譬繩墨之審分，斧斤之斲削矣。（文心雕龍·鎔裁）

　　　　若夫姬公之籍，孔父之書，與日月俱懸，鬼神爭奧。（蕭統文選序）

　　駢偶在達到上面所説的基本要求以後，進一步要求對仗工整。作者不以句法結構和詞性相對爲滿足，還要求分別"事類"。這就是説，要求把相近的概念作爲對仗。例如《哀江南賦序》："潘岳之文采，始述家風；陸機之辭賦，先陳世德。""潘岳"對"陸機"，是人名對人名；"始述"對"先陳"，一字扣一字；"家風"對"世德"，"文采"對"辭賦"，也是同類概念相對。現在再舉一些對仗工整的例子：

　　　　律異班賈，體變曹王。（沈約謝靈運傳論）

　　　　曉霧將歇，猿鳥亂鳴；夕日欲頹，沈鱗競躍。（陶弘景答謝中書書）

　　　　思贍者善敷，才覈者善删。（文心雕龍·鎔裁）

　　　　歷觀文囿，泛覽辭林。（蕭統文選序）

　　　　地勢極而南溟深，天柱高而北辰遠。（王勃滕王閣序）

當然，過於要求工整，就會弄到用同義詞配對（以"異"對"變"，以"將"對"欲"，以"觀"對"覽"）。同義詞用得太多，就顯得重複，是駢體文的毛病。《文選序》"豈可重以芟夷，加之剪截"，就是上下聯意思雷同的例子。與同義詞配對相反，用反義詞配對，内容既充實，又顯得很工整。例如：

　　　　並方軌前秀，垂範後昆。（沈約謝靈運傳論）

　　　遠棄風雅,近師辭賦。(文心雕龍·情采)

　　　艾繁而不可删,濟略而不可益。(文心雕龍·鎔裁)

　　　又少則三字,多則九言。(蕭統文選序)

　　數目對和顏色對是工整的典型,駢體文在這一點上儘可能做到。例如:

　　　一簡之内,音韻盡殊;兩句之中,輕重悉異。(沈約謝靈運傳論)

　　　夫百節成體,共資榮衞;萬趣會文,不離辭情。(文心雕龍·鎔裁)

　　　時更七代,數逾千祀。(蕭統文選序)

　　　層巒聳翠,上出重霄;飛閣流丹,下臨無地。(王勃滕王閣序)

　　　睢園緑竹,氣淩彭澤之樽;鄴水朱華,光照臨川之筆。(王勃滕王閣序)

　　　老當益壯,寧知白首之心;窮且益堅,不墜青雲之志。(王勃滕王閣序)

前三例是數目對數目,後三例是顏色對顏色。數目中的“一”字又用作一般的副詞,所以能和副詞相對,例如《哀江南賦序》“將軍一去,大樹飄零;壯士不還,寒風蕭瑟”,“一”字和副詞“不”字相對。

　　句中自對,然後兩句相對,也是工整對。因爲兩句相對已經很勻稱,句中再自相爲對,整個對仗就顯得更加工整了。例如:

　　　駢拇枝指,由侈於性;附贅懸肬,實侈於形。(文心雕龍·鎔裁)

　　　冰釋泉湧,金相玉振。(蕭統文選序)

　　　騰蛟起鳳,孟學士之詞宗;紫電清霜,王將軍之武庫。(王勃滕王閣序)

例一、例二上下聯的句法結構完全一致,句中自對又很工整,因此兩句相對更精巧。例三是兩個動賓結構和兩個偏正結構相對,句法結構雖有些不同,但是由於句中自對很精巧,兩句相對也就顯得工整。

　　駢體文的對仗是逐漸工整起來的。初期的駢體文，一般只要能對就行，不避同字對，不十分講究工整；後期的駢體文則力求避免同字對，力求工整和精巧。因此有人能把對仗分成聯緜對、雙聲對、叠韻對等二三十類①。這裏没有必要細説。

　　初期的駢體文，不僅不十分講究工整，而且有駢散兼行的作法，這就是説，在駢偶中參雜一些散句。《文心雕龍》雖然是寫在駢體文的全盛時期，但劉勰本人是主張“迭用奇偶，節以雜佩”的(文心雕龍·麗辭)，所以《文心雕龍》一書裏頗有一些散句。例如：

　　　　聖賢書辭，總稱文章。非采而何？夫水性虛而淪漪結，木質實而花萼振，文附質也。虎豹無文，則鞟同犬羊，犀兕有皮，而色資丹漆，質待文也。若乃綜述性靈，敷寫器象，鏤心鳥跡之中，織辭魚網之上，其爲彪炳縟采名矣。(文心雕龍·情采)

從這段文章可以看出，散句的作用在於引起下文或結束上文。這樣，文氣才容易通暢。後期的駢體文儘可能少用或不用散句，追求形式的整齊，《滕王閣序》就是一個典型的例子。

古漢語通論(二十六)

駢體文的構成(下)

　　上節我們談了駢偶問題，現在再談“四六”問題。

　　駢體文一般是用四字句和六字句。《文心雕龍·章句》説：“四

---

① 《文鏡祕府論》把對仗分成二十九種。

字密而不促,六字格而非緩;或變之以三五,蓋應機之權節也。"柳宗元《乞巧文》説:"駢四儷六,錦心繡口。"都是對駢體文這一特點的説明。因此駢體文在晚唐被稱爲"四六",李商隱的文集就題爲《樊南四六甲乙集》。從宋到明都沿用"四六"這個名稱,清代才叫做駢體文。

"四六"是有一個發展過程的。魏晉時代的駢體文,句子的字數還没有嚴格的限制,一般以四字句爲多。劉宋時代,"四六"的格式已具雛形。齊梁以後,"四六"的格式完全形成,所以劉勰能從理論上加以説明。唐宋以後,"四六"的格式就更加定型化了。本單元文選所選的庾信《哀江南賦序》、王勃《滕王閣序》都可以作爲代表。

"四六"的基本結構有五種:(1)四四;(2)六六;(3)四四四四;(4)四六四六;(5)六四六四。這五種基本結構是由對仗來決定的:四字句和四字句相對爲四四;六字句和六字句相對爲六六;上四下四和上四下四相對爲四四四四;上四下六和上四下六相對爲四六四六;上六下四和上六下四相對爲六四六四。現在分别舉例如下:

(1)四四

綷旨星稠,繁文綺合。(沈約謝靈運傳論)

英英相襍,緜緜成韻。(吳均與顧章書)

心非權衡,勢必輕重。(文心雕龍·鎔裁)

衆制鋒起,源流間出。(蕭統文選序)

(2)六六

綴平臺之逸響,采南皮之高韻。(沈約謝靈運傳論)

鏤心鳥跡之中,織辭魚網之上。(文心雕龍·情采)

蓋踵其事而增華,變其本而加厲。(蕭統文選序)

窮者欲達其言，勞者須歌其事。（庾信哀江南賦序）

(3)四四四四

張蔡曹王，曾無先覺；潘陸顏謝，去之彌遠。（沈約謝靈運傳論）

兩岸石壁，五色交輝；青林翠竹，四時俱備。（陶弘景答謝中書書）

舒布爲詩，既言如彼；總成爲頌，又亦若此。（蕭統文選序）

家君作宰，路出名區；童子何知，躬逢勝餞。（王勃滕王閣序）

(4)四六四六

譬陶匏異器，並爲入耳之娛；黼黻不同，俱爲悅目之玩。（蕭統文選序）

鍾儀君子，入就南冠之囚；季孫行人，留守西河之館。（庾信哀江南賦序）

鶴汀鳧渚，窮島嶼之縈迴；桂殿蘭宮，列岡巒之體勢。（王勃滕王閣序）

漁舟唱晚，響窮彭蠡之濱；雁陣驚寒，聲斷衡陽之浦。（王勃滕王閣序）

(5)六四六四

申包胥之頓地，碎之以首；蔡威公之淚盡，加之以血。（庾信哀江南賦序）

屈賈誼於長沙，非無聖主；竄梁鴻於海曲，豈乏明時。（王勃滕王閣序）

前期駢體文的對偶，主要是上述第一、二兩種句式；後期駢體文的對偶，則以第三、四兩種爲最常見。四字句的節奏一般是二二，六字句的節奏主要有三三（“酌貪泉而覺爽，處涸轍以猶懽”）二四（“流連萬象之際，沈吟視聽之區”）兩種。三三的句式，一般是第四字用個虛詞，也可以劃分爲三一二；二四的句式，是以二字爲基礎的,也可劃分爲二二二。

駢體文中,除四六句以外,還有五字句和七字句。駢體文的五字句和詩句的節奏不同:詩句的節奏一般是二三;駢體文五字句的節奏一般是二一二或一四。例如:

　　雖清辭麗曲,時發乎篇;而蕪音累氣,固亦多矣。(沈約謝靈運傳論)

　　美終則誄發,圖像則讚興。(蕭統文選序)

　　故有志深軒冕,而汎詠皐壤;心纏幾務,而虛述人外。(文心雕龍·情采)

　　若情周而不繁,辭運而不濫。(文心雕龍·鎔裁)

第一、三兩例是一四的五字句,這種格式大多是四字句的前面加一個連詞或別的虛詞;第二、四兩例是二一二的五字句,這種格式大多是四字句中間插進一個虛詞。

駢體文的七字句也和詩句的節奏不同:詩句的節奏一般是四三;駢體文七字句的節奏一般是三四、三一三、二五、四一二、二三二等。例如:

　　陸士衡——聞而撫掌,是所甘心;張平子——見而陋之,固其宜矣。(庾信哀江南賦序)

　　襟三江——而——帶五湖,控蠻荊——而——引甌越。(王勃滕王閣序)

　　臺隍——枕夷夏之交,賓主——盡東南之美。(王勃滕王閣序)

　　都督閻公——之——雅望,棨戟遥臨;宇文新州——之——懿範,襜帷暫駐。(王勃滕王閣序)

　　落霞——與孤鶩——齊飛,秋水——共長天——一色。(王勃滕王閣序)

七字句實際上也是以六字句爲基調增加一字而成。

　　短到三字句，長到八字句，如王勃《滕王閣序》："四美具，二難并。"沈約《謝靈運傳論》："相如巧爲形似之言，班固長於情理之說。"那是罕見的情況，這裏不詳細討論了。

　　下面我們談一談平仄問題。

　　"平仄"是與"四六"對仗有關的。平是平聲，仄是非平聲，包括上聲、去聲、入聲①。在對仗的時候，應該以平對仄，以仄對平。這是後期駢體文的特點，發端於齊梁，形成於盛唐。在我們的文選中，可以舉《滕王閣序》爲代表。現在分別加以說明②：

　　(1)四字句

　　　甲式：(平)平(仄)仄，(仄)仄(平)平
　　　例句：馮唐易老，李廣難封。
　　　乙式：(仄)仄(平)平，(平)平(仄)仄
　　　例句：敢竭鄙誠，恭疏短引。

　　(2)六字句

　　　二四甲式：(平)平——(仄)仄(平)平，(仄)仄——(平)平(仄)仄
　　　例句：(老當益壯,)寧知白首之心；(窮且益堅,)不墜青雲之志。

　　　二四乙式：(仄)仄——(平)平(仄)仄，(平)平——(仄)仄(平)平
　　　例句：坐昧先幾之兆，必貽後至之誅。③

　　　三三甲式：(平)(仄)仄——(仄)平平，(仄)(平)平——(平)仄仄
　　　例句：窮睇眄於中天，極娛遊於暇日。

----

①　這裏所說的是中古漢語的聲調系統，和現代漢語普通話的聲調系統不完全相同。普通話沒有入聲，而平聲分爲陰平、陽平。

②　下面例句，除第四例以外，均引自《滕王閣序》；字外加圈表示可平可仄。

③　駢體文中，一般多用甲式，《滕王閣序》沒有這種乙式，這裏舉駱賓王《代李敬業以武后臨朝移諸郡縣檄》。

三三乙式:仄平平——平仄仄,平仄仄——仄平平

例句:酌貪泉而覺爽,處涸轍以猶懽。

上文所述四六句的五種基本結構,其平仄都可以由此推知。節奏點的平仄是最嚴格的:四字句的第二第四字是節奏點;六字句如果是二四式,第二第四第六字是節奏點,如果是三三式,第三第六字是節奏點。五字句和七字句也可由此類推。五字句如果是二一二式,節奏點就是第二第五字,如果是一四式,節奏點就是第三第五字。七字句如果是三四式或三一三式,節奏點就落在第三第七字;如果是二五式或二三二式,節奏點就落在第二第五第七字;如果是四一二式,節奏點就落在第二第四第七字。我們只要記着平對仄,一切就都了解了。

現在,我們談用典的問題。

用典,古人叫做用事,《文心雕龍》有《事類》一章是專講用典的。不論什麼文章,完全不用典是很難的。先秦的古書就有不少引言引事的,漢代的文章用典更多。但這只是修辭的手段,不成爲文體的特點。魏晉以後,駢體文逐漸以數典爲工,以博雅見長,形成滿紙典故,用典成爲駢體文語言表達上的一個特點。

《文心雕龍·事類》說:"事類者,蓋文章之外,據事以類義,援古以證今者也。"這就是說,用典的目的是援引古事或古人的話來證明自己的觀點是古已有之,自己的話是正確的。例如蕭統《文選序》:"詩者,蓋志之所之也,情動於中而形於言。《關雎》《麟趾》,正始之道著;桑間濮上,亡國之音表。"第一句是引用《毛詩序》的話,表明這個觀點是有所本的。後面一聯對偶,上半聯也是引自《毛詩序》,下半聯是引自《禮記·樂記》。蕭統再引用這兩個典故,進一步證明自己提出的觀點是正確的。

　　但是駢體文用典的目的,更主要的還在於使文章委婉、含蓄、典雅、精練。例如:

　　　　三日哭於都亭,三年囚於別館。(庾信哀江南賦序)

　　　　釣臺移柳,非玉關之可望;華亭鶴唳,豈河橋之可聞。(庾信哀江南賦序)

　　　　馮唐易老,李廣難封。(王勃滕王閣序)

　　　　屈賈誼於長沙,非無聖主;竄梁鴻於海曲,豈乏明時。(王勃滕王閣序)

例一庾信用兩個典故表現了他對梁朝滅亡和自己被羈留西魏的悲痛心情,做到了言簡意賅。例二庾信用兩個典故表達了他的鄉關之思,能喚起很多聯想,耐人尋味。例三例四王勃用馮唐、李廣、賈誼、梁鴻的故事來暗喻他自己的不得志和受貶斥的遭遇,發洩他的"時運不齊,命運多舛"的感慨。其實是牢騷很深的話,但由于用了典故,表現得非常委婉。總之,駢體文用典,往往意在言外,說的是甲,影射的是乙,使讀者從典故中可以聯想到更多的内容。

　　駢體文用典,往往不指明出處,最講究剪截融化。剪截是裁取合乎本處屬對所需的古事古語,融化是把裁取的古事古語加以改易,使它同文中的本意相合。例如:

　　　　虎豹無文,則鞹同犬羊;犀兕有皮,而色資丹漆。(文心雕龍·情采)

　　　　駢拇枝指,由侈於性;附贅懸肬,實侈於形。(文心雕龍·鎔裁)

　　　　楚歌非取樂之方,魯酒無忘憂之用。(庾信哀江南賦序)

　　　　他日趨庭,叨陪鯉對;今晨捧袂,喜託龍門。(王勃滕王閣序)

例一的上半聯出自《論語·顏淵》,原話是:"文猶質也,質猶文也,虎豹之鞹,猶犬羊之鞹。"下半聯出自《左傳》,《左傳》宣公二年:"使其驂乘謂之曰：'牛則有皮，犀兕尚多，棄甲則那。'役人曰：'從其有皮，丹漆若何。'"劉勰從《論語》《左傳》這兩段話中裁取了需要的詞語，完全重新組織，融化成一聯對偶，使它符合下文所提出的"質待文也"的觀點。正如《文心雕龍·事類》所指出的，"不啻自其口出"。例二也是融化古語，例三例四則是援引古事。作者把這些古語古事都融化成自己的話，用的是古語或古事，表達的却是作者的思想感情。

有時候，融化到了和原文差別很大，已經等於改寫了。例如《文心雕龍·情采》："言以文遠。"《左傳》的原文是："言之無文，行而不遠。"但"文"和"遠"的關係則是《左傳》原意，這仍算是用典。有時候甚至不是一句話，而只是簡單的兩個字，也算是用典。例如：

莫不寄言上德，託意玄珠。(沈約謝靈運傳論)

(老子："上德不德，是以有德。"莊子·天地："黄帝游乎赤水之北，登乎崑崙之丘，而南望還歸，遺其玄珠。")

吳錦好渝，舜英徒豔。(文心雕龍·情采)

(詩經·鄭風·有女同車："有女同車，顏如舜英。")

夫百節成體，共資榮衞。(文心雕龍·鎔裁)

(黄帝内經："榮衞不行，五藏不通。")

有時候，極平常的一句話，或者一個詞或詞組，似乎沒有什麽出典，但是作者確實是有意識地用典。例如：

正采耀乎朱藍，間色屏於紅紫。(文心雕龍·情采)

(論語·鄉黨："紅紫不以爲褻服。")

大盜移國，金陵瓦解。(庾信哀江南賦序)

(後漢書·光武贊："炎政中微，大盜移國。"史記·秦本紀："土崩瓦解。")

　　　　遂乃分裂山河,宰割天下。(庾信哀江南賦序)

　　　　(賈誼過秦論:"宰割天下,分裂山河。")

　　駢體文用典,一般多是正用,但有時也反用。反用就是把古語古事反説。《哀江南賦序》中就有不少反用的例子:

　　　　讓東海之濱,遂餐周粟。

　　　　荆璧睨柱,受連城而見欺。

　　　　載書橫階,捧珠盤而不定。

　　　　況復舟楫路窮,星漢非乘槎可上。

　　　　風颷道阻,蓬萊無可到之期。

典故正用,如上面所分析的,可起比喻影射的作用,反用則有襯托、對比的效果。伯夷、叔齊,不食周粟;庾信卻做了北周的官,所以例一説"遂餐周粟"。庾信不能和伯夷、叔齊相比,用這個典故只是襯托他自己的處境。例二例三是同樣情況。庾信引用這些典故只是掩飾他的不光彩的事情,把話説得委婉一些。例四是引《博物志》上的典故,《博物志》載,海濱有一人,曾乘浮槎到達天河。這裏卻説"星漢非乘槎可上",這就獲得了對比的效果,使感情表現得更加深刻。例五是同樣的情況。

　　總之,駢體文要做到"典雅",所以大量用典。我們如果要深入了解駢體文,就要知道其中典故的出處,否則不容易懂得透徹,例如《文心雕龍·情采》:"研味李老,則知文質附於性情;詳覽莊韓,則見華實過於淫侈。"如果不知道"文質"出自《論語》(論語·雍也:"質勝文則野,文勝質則史,文質彬彬,然後君子"),"華實"出自《左傳》(左傳文公五年:"且華而不實,怨之所聚也"),也就不容易了解"文"與"質"對立,"華"與"實"並稱,對於整句的了解也就不够全面。特別是像"乃可謂雕琢其章,彬彬君子矣"(文心雕龍·情采),

如果不按《詩經》和《論語》原文去解釋，單憑字面就完全講不通。駢體文用典，最主要的是採取這種融化的辦法，這是閱讀駢體文時的難點，值得我們重視。

　　最後，我們附帶談談藻飾問題。藻飾就是追求詞藻華麗。顏色、金玉、靈禽、奇獸、香花、異草等類的詞是駢體文用得最多的詞語。正如楊炯《王勃集序》所説："糅之金玉龍鳳，亂之朱紫青黄。"六朝有的駢體文僅顔色一類詞就佔全文字數的十分之一以上。我們可以説，藻飾和用典共同構成駢體文詞彙方面的特色。

　　在這兩節通論裏，我們已經對駢體文的語言特點作了一個簡要的説明。駢體文的這些特點是與漢語的特點有一定的關係的。古漢語的單音詞多，組成對偶比較方便。但是駢體文的形成，主要地還是由於魏晉以後的文風。

　　對偶和四六，能使文章產生整齊的美感；用典容易引起聯想，並使文章變得典雅；協調平仄能增強語言的聲音美。但是過分追求形式整齊，詞句對偶，就往往使文章單調板滯，並影響內容的表達。例如《滕王閣序》："時維九月，序屬三秋。"一個意思，説了兩句，正是《文心雕龍·麗辭》所批評的"對句之駢枝"。又："楊意不逢，撫凌雲而自惜；鍾期既遇，奏流水以何慚。"爲了適合四六句式，就割裂詞語，把楊得意説成楊意，鍾子期説成鍾期。過多地用典，堆砌成篇，不僅使文章繁冗累贅，"殆同書抄"，而且使内容隱晦難懂，影響文章的效果。比如徐陵《玉臺新詠序》："新製連篇，寧止蒲葡之樹。"千多年來，就没有人知道它的出處。過分拘泥平仄，不僅妨礙内容的表達，並且影響語言的自然節奏，反而會削弱語言的聲音美。

　　就一般情況來說，駢體文總是追求形式美，而内容往往是平庸和貧乏的。在漢語文學語言的發展過程中，駢體文是一股逆流，它是宮廷文學、貴族文學的産物，是和人民口語背道而馳的書面語言。但是，駢體文不是没有好作品，六朝的駢體文中有許多作品確實是有文采的。駢體文寫得好，不爲格式所困，仍可言之有物，既能細膩地寫景，又能婉轉地抒情，也能精密地説理。古人文章，不少是用駢體文寫的；駢體文對唐宋以後的文學語言（特別是律詩）也有很大的影響。爲了培養閱讀古書的能力，爲了批判地吸收駢體文某些有用的藝術，駢體文作爲一種文體，還是值得研究分析的。